ESPRIT
DU DROIT.

PARIS, IMPRIMERIE DE E. POCHARD,
RUE DU POT-DE-FER, N° 14.

ESPRIT DU DROIT

ET

SES APPLICATIONS

A LA POLITIQUE ET A L'ORGANISATION

DE LA

MONARCHIE CONSTITUTIONNELLE;

PAR M. ALBERT FRITOT,

AVOCAT A LA COUR ROYALE DE PARIS :

Ouvrage contenant le résumé de la SCIENCE DU PUBLICISTE, du même auteur, et propre à diriger le législateur, l'homme d'état, l'électeur et le citoyen.

Virtutis, sapientiæ, felicitatis universa principium.

DEUXIÈME ÉDITION.

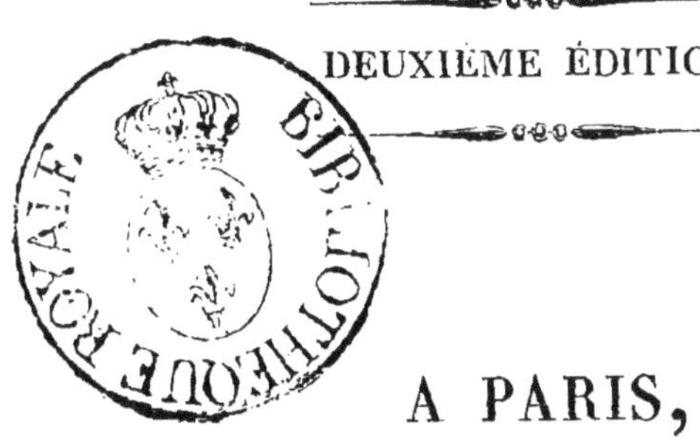

A PARIS,

CHEZ L'AUTEUR, RUE DAUPHINE, N° 36,

PREMIÈRE COUR DU PASSAGE;

ET CHEZ TOUS LES LIBRAIRES.

1827.

ESPRIT
DU DROIT.

Le vague et l'insuffisance des définitions, le défaut d'ordre, de concordance, de bonne classification, ont jeté un nuage et une sorte d'incertitude sur les principes les plus véritablement élémentaires de la science du Droit considéré dans l'ensemble de ses divisions principales.

Il importait de tenter la démonstration complète de ces principes; et l'on ne pouvait espérer d'y parvenir sans en parcourir le cercle entier, et sans donner en même temps à chacun d'eux un grand développement,

C'est pour atteindre ce but que nous avons entrepris la publication de la *Science du Publiciste*.

Cet ouvrage, à la composition duquel nous avons consacré dix années, est spécialement destiné à faciliter les travaux des législateurs et des hommes d'état, les recherches et les méditations des professeurs et des hommes qui sont animés du noble dessein d'étendre le domaine de la science.

Il n'est pas moins nécessaire, sous plus d'un rapport, de rassembler maintenant les résultats généraux, la substance de cette même science, dans un résumé très succinct et mis à la portée d'un plus grand nombre de lecteurs.

Telle est la tâche que nous allons essayer.

Afin d'éviter, disons-nous, l'écueil où les auteurs ont souvent échoué, et pour rendre facile la démonstration des principes, il importe d'adopter un plan simple, d'en indiquer la classification, et de fixer avec exactitude les définitions qu'elle rend nécessaires.

Voici donc la définition du Droit en général, ou Droit naturel : le Droit, dans l'acception la plus étendue du mot, est la réunion, l'ensemble des principes de toutes les sciences législatives, c'est-à-dire des règles qui doivent déterminer les rapports des hommes entre eux et des choses entre elles, en matière de législation.

Cette science du Droit se divise en deux parties : l'une que nous appellerons philosophique ou morale ; l'autre, organique ou constitutionnelle.

La première se subdivise en trois branches principales : le Droit public, le Droit politique, le Droit des gens.

Le Droit public ou social est celui qui règle les rapports, les droits et devoirs de chaque homme envers le peuple dont il fait partie, et les obligations du peuple envers chacun de ses membres.

Le Droit politique ou Droit des nations est celui qui règle les rapports et la conduite des différents peuples entre eux.

Le Droit des gens ou Droit commun est celui qui règle les rapports des hommes de nations différentes, à l'égard des peuples ou sociétés dont ils ne font point partie, et à l'égard des membres de ces diverses sociétés.

Le Droit constitutionnel (constitutif ou organique) est celui qui détermine et rassemble les principes et les règles de l'organisation intérieure ou sociale. Il a pour but de faire observer les vrais principes du Droit philosophique ou moral (du Droit public , du Droit politique et du Droit des gens), et d'atteindre ainsi les fins immuables que doivent se proposer les sociétés humaines.

PREMIÈRE PARTIE.

LIVRE PREMIER. — DROIT PUBLIC.

CHAPITRE I. — *Base des principes.*

§ Ier. Dans toutes les sciences de raisonnement, de même qu'en mathématiques , c'est d'une vérité simple que doivent découler les principes fondamentaux , les vérités ou règles secondaires , et toutes les conséquences plus ou moins éloignées. Si l'on se conforme, en matière de droit public , à cette marche nécessaire, on reconnaît qu'afin d'établir d'une manière certaine les principes de ce droit, il faut d'abord se fixer sur cette vérité première, que les hommes sont nés et constitués pour l'état de société ; que cet état est pour eux la loi, le véritable état de nature, le seul qui leur soit propre et convenable, le seul dans lequel ils puissent subsister et se perpétuer. Ils y sont soumis par une foule de circonstances résultantes de leur position à l'égard de leurs semblables , à l'égard des autres êtres animés qui peuplent avec eux la terre. Ces circonstances sont, dans l'enfance et la jeunesse, le besoin indispensable de surveillance et de protection, l'attachement mutuel qui résulte des soins donnés et reçus. Plus tard, ces liens sont resserrés par la nécessité de l'attaque et de la défense, par le penchant des deux sexes l'un vers l'autre, par l'affiliation et l'union toujours croissante des familles.

§ II. La nécessité pour l'homme de vivre en société est donc une vérité incontestable, et si quelquefois elle a été méconnue, les raisonnements qui ont servi à la combattre sont sans force et même sans vraisemblance. Le plus redoutable adversaire de cette vérité généralement reconue est l'auteur du *Discours sur l'origine et les fondements de l'inégalité parmi les hommes*. Il a supposé que la constitution physique et morale de l'homme était autrefois différente de ce qu'elle est aujourd'hui. Mais quelques faits isolés sur lesquels il semble s'appuyer, et que lui-même réfute dans ses notes, ne prouvent rien contre un ordre de choses général. Et d'ailleurs, quand même sa conjecture serait fondée, le changement survenu dans la constitution de l'homme en aurait naturellement amené un dans les lois auxquelles il doit être soumis.

Il résulte de cet état de choses, c'est-à-dire de la nécessité pour l'homme de vivre en société, que l'individu doit tout rapporter au bien-être de la société, et que la société doit tout faire pour celui de l'individu.

De là les véritables principes du droit public, les droits et devoirs de l'homme considéré comme citoyen.

Chapitre II.

Titre I. — *Principes.*

Des Droits. § I. Le premier des principes du droit public, c'est la Sûreté individuelle. Et, quoi qu'en dise encore Jean-Jacques, dans son *Contrat social*, si la société violait ce principe, si le prince (ou le peuple) * disait arbitrairement à un citoyen *il faut que tu meures*, et que, sur cela, sans motif ni examen, le citoyen dût mourir, parce que, ajoute-t-il, « ce n'est qu'à cette condition qu'il a vécu en sûreté jusqu'alors, et que la vie n'est plus un bienfait de la nature, mais *un don conditionnel de l'État*, » la société agirait contre sa fin principale, contre son obligation la plus expresse. Tout être raisonnable et libre repousserait avec autant d'indignation que d'effroi ce prétendu *don de l'État*, qui anéantirait un bienfait de la nature, et par conséquent un droit imprescriptible. On a mieux dit : « Il ne faut pas que vingt-cinq millions d'hommes existent pour un seul, mais il ne faut pas non plus qu'un seul soit malheureux injustement, même sous le prétexte du bonheur de vingt-cinq millions car une injustice quelconque, soit qu'elle atteigne le trône ou la cabane, rend impossible un gouvernement libre, c'est-à-dire équitable. » Jean-Jacques lui-même a fait cette réflexion, que « l'établissement de la liberté serait acheté trop chèrement s'il coûtait la vie à un seul homme. »

§ II. La Liberté, dans l'acception de ce mot en matière de droit public, et c'est dans ce sens seulement que nous devons en parler ici, la liberté naturelle ou

* Ces mots sont synonymes dans le *Contrat social.*

individuelle est un autre droit imprescriptible et sacré. Sans cette liberté la vie n'est plus qu'un fardeau. Cette liberté est l'une des causes et des fins de la société, et la société doit par conséquent la respecter et la faire respecter.

Une énumération des principales infractions de ce principe fixera d'autant mieux nos idées sur sa force et son étendue.

Reconnaissons donc qu'on ne peut, sans outrager la liberté naturelle ou individuelle,

1° Priver l'homme de l'usage de quelqu'un de ses membres, de quelqu'une de ses facultés physiques (ainsi qu'on le fait encore aujourd'hui en Turquie et même en Italie), ou de ses facultés intellectuelles, même du droit de publier sa pensée, sauf la répression légale de l'abus de ces facultés;

2° Soumettre l'homme à de mauvais traitements (ce que Montaigne affirme, à l'égard des enfants mêmes, n'avoir aucun autre effet que de rendre les ames plus lâches et plus malicieusement opiniâtres);

3° Forcer les individus des deux sexes à s'unir par le mariage contre leur volonté (ce qui a lieu, dans quelques contrées, à l'égard des hommes de couleur, dont l'esclavage n'est malheureusement pas universellement aboli);

4° et 5° Enlever l'époux à la femme qu'il a choisie, et réciproquement celle-ci à l'époux auquel elle a librement uni son sort; ou bien encore, les enfants à leurs pères et mères, ou les pères et mères à leurs enfants (Montesquieu met ces outrages à la liberté au nombre de ceux dont les peuples sont ordinairement le plus révoltés; et Machiavel conseille aux princes de s'en abstenir);

6° Exclure le citoyen de l'exercice d'une profession, ou le contraindre dans son choix à cet égard; l'obliger même à embrasser la carrière des armes, si ce n'est dans le cas d'un intérêt général et d'une nécessité régulièrement constatée (sous ce rapport la liberté a été naguère assez manifestement violée en France et dans l'Europe entière);

7° L'empêcher de recueillir le fruit de son industrie et de son travail, et se l'approprier (ce qui se fait encore dans plus d'un pays en Europe, où des hommes qui exercent des professions utiles et de première nécessité appartiennent, eux et le produit de leurs travaux, aux nobles ou seigneurs. Ces hommes sont obligés de rendre compte à leurs maîtres et de leur remettre les bénéfices qu'ils font dans leur état, sauf la rétribution, plus ou moins modique, que ceux-ci veulent bien leur remettre) ;

8° S'opposer à ce qu'il puisse disposer volontairement, et en faveur de qui il le juge convenable, de son temps et de son industrie (comme cela se pratiquait autrefois dans les républiques que l'on a souvent considérées comme les États où les hommes jouissaient de plus de liberté, à Sparte, à Athènes, à Rome; comme cela a eu lieu en France ; et comme cela se pratique encore dans quelques pays dont la civilisation est arriérée);

9° Le retenir dans le lieu qu'il ne veut pas habiter, l'attacher à la glèbe (ce qui a de même eu lieu en France à l'égard des serfs et des hommes de *poëte* *);

10° Violer le domicile du citoyen, qui, chez un peuple libre, doit être un asyle sacré ; l'en éloigner contre son gré; l'exiler de sa résidence habituelle; le bannir de sa patrie, même par la voie de l'ostracisme (admise

* C'est ainsi que l'on désignait les hommes spécialement attachés à la terre.

chez les anciens peuples de la Grèce), et autrement que pour des crimes légalement jugés et reconnus ;

11° Enfin, l'emprisonner ou le détenir arbitrairement (comme cela a encore lieu trop souvent et partout).

Certes, si sur quelques-uns, ou même sur un seul de ces différents points la liberté est violée, la société ne remplit pas l'une de ses fins et obligations essentielles, causes premières de son existence ; elle se rend pesante et insupportable aux cœurs généreux ; elle marche directement vers sa dissolution.

§ III. Le droit de Propriété est encore l'une des causes premières de la société, et conséquemment aussi l'une des conditions obligées de son existence et de sa prospérité.

Les hommes s'unissent et s'associent spécialement pour assurer la possession paisible du fruit de leurs travaux, ainsi que leur vie et leur liberté. Ce droit n'est donc et ne peut être ignoré d'aucun peuple de la terre, du moins à l'égard des objets dont, suivant la position particulière de chacun d'eux, ses membres tirent quelque utilité, et qui nécessitent l'application de leurs facultés et de leur intelligence. Sous ce rapport, il est aussi ancien que l'homme lui-même.

Il était si bien connu et si respecté chez les Scythes, peuples nomades et pasteurs, que nul crime parmi eux n'était aussi grand que le vol ; ce qui fait dire à Hérodote que ces peuples avaient établi la loi pour gardienne de leurs troupeaux.

Plus l'industrie reçoit de développements et de modifications, plus le droit de propriété doit avoir d'applications différentes. Lorsque, par exemple, l'agriculture est découverte et pratiquée, les fruits et la terre même doivent naturellement devenir la propriété particulière de la famille ou de l'individu qui lés a soignés et cultivés. On ne peut donc voir encore qu'un vain sophisme dans l'opinion ou plutôt dans le langage de Jean-Jacques sur l'origine et les conséquences de ce droit, même à l'égard des propriétés territoriales ou immobilières, lorsqu'il parle ainsi : « Le premier qui, ayant enclos un terrein, s'avisa de dire *Ceci est à moi* et trouva des gens assez simples pour le croire, fut un imposteur qu'il eût fallu se garder d'écouter, et qui causa les misères du genre humain. » La question se réduit à ceci : il vaut mieux avoir pour sa subsistance un pain salutaire et nourrissant que d'être réduit à ne manger qu'un gland amer et sauvage. Il fallait donc cultiver la terre ; et l'agriculture est, ainsi que l'industrie, l'une des premières et des plus fécondes sources du bien-être et de la richesse nationale. Mais l'agriculture, non plus que l'industrie, ne peuvent naître ni prospérer si le droit de la propriété individuelle n'est strictement et religieusement respecté. Les opinions contraires, les systèmes imaginés pour l'exercice forcé de toute industrie et pour la culture des terres en commun, par des peuples nombreux surtout, sont des chimères impraticables. Autre chose est de s'abandonner ainsi aux rêveries d'une philosophie superficielle ou d'une misanthropie chagrine, ou bien de s'appliquer à établir, par l'effet progressif et sagement calculé d'une bonne législation, un partage plus juste et plus égal des propriétés et des fortunes. Il importe ici, comme à tant d'autres égards, de savoir distinguer l'utilité, le droit, des abus qui peuvent s'y rattacher, mais qui choquent ce droit et tendent à le détruire. Ce discernement est une partie essentielle de la science du publiciste et du législateur; et sans lui il faut renoncer à la posséder.

Aussi les publicistes sages et éclairés reconnaissent-ils en principe que le droit de la propriété doit être non-seulement garanti, protégé, défendu par la société, mais inviolable et sacré pour elle-même; qu'elle ne peut y porter atteinte sans agir dans une direction diamétralement opposée à l'origine et au but de son institution. « La libre et tranquille jouissance des biens que l'on possède, disent-ils entre autres choses, est le droit essentiel de tout peuple qui n'est point esclave; chaque citoyen doit conserver sa propriété sans trouble, et elle doit être assurée contre la constitution même de l'État. »

Bien plus, la possession actuelle qui n'aurait eu dans l'origine que l'usurpation pour fondement doit encore être maintenue et respectée, lorsque, par suite du laps de temps écoulé ou de quelque autre circonstance, la tentative faite pour réparer l'injustice et replacer les choses dans l'état primitif devrait nécessairement occasioner de nouveaux désordres. La prescription quant à la propriété en matière de Droit public est une conséquence du principe. S'il en était autrement, après tant de guerres civiles et étrangères, après tant de troubles et de bouleversements publics et particuliers, quelle est la possession dont la source serait reconnue pure et légitime?

En résumé, il faut donc tenir pour certain que la sûreté, la liberté, la propriété, sont, dans l'état de société, les droits inaliénables, imprescriptibles et sacrés de l'homme et du citoyen, et que c'est pour la société tout entière, ou pour ceux qui en exercent les pouvoirs, une obligation stricte et rigide que de les défendre et de les respecter.

Des Devoirs. D'un autre côté, c'est toujours en prenant pour base du raisonnement cette même vérité, que les hommes sont destinés par la providence, par la loi de leur constitution et de leur être, à vivre en société, que l'on en déduira avec autant d'évidence que de certitude l'existence et la démonstration des devoirs qui leur sont imposés envers la Société dont ils sont membres, et envers l'État qui la représente, savoir : la défense de la patrie ; l'acquittement des charges et contributions publiques ; la bonne foi, la bienveillance et la protection réciproques entre tous les membres de cette même société, ou, en d'autres termes, l'obligation renfermée dans cette maxime : *Ne fais pas à autrui ce que tu ne veux pas qu'il te soit fait.*

§ IV. Si la société est un état de choses naturel et nécessaire à l'homme, il est naturel et nécessaire aussi que chacun de ses membres concoure à sa défense.

§ V. Si, comme cela se conçoit aisément, la société ne peut exister et remplir les fins pour lesquelles elle existe, sans dépense et sans frais, il faut bien que ses membres subviennent à cette nécessité.

L'utilité publique régulièrement constatée peut même motiver et prescrire la renonciation à une propriété particulière, pourvu que le propriétaire en reçoive une préalable et suffisante indemnité.

C'est toujours dans une juste proportion de ses facultés que chacun des membres de la société doit contribuer aux impôts. S'il en était autrement, s'il existait des exemptions et des prérogatives en faveur de certaines classes, de deux choses l'une : ou les ressources de la société ne se trouveraient plus en rapport avec ses besoins ; ou les hommes et les classes sur qui le fardeau retomberait en entier en seraient froissés et surchargés, et par suite ils tendraient bien réellement, d'une manière plus ou moins ouverte et sensible, au renversement d'un ordre de choses trop évidemment onéreux et inique à leur égard.

§ VI. Il ne suffit pas de prendre les armes pour la défense commune, d'acquitter sa part des charges et contributions publiques ; il faut encore que tout membre de la société respecte la vie, la liberté, la propriété de chacun de ses concitoyens ; qu'il ait pour tous et pour chacun d'eux une disposition réelle à la bienveillance, véritable source des vertus publiques et particulières.

Ces vertus (telles que la bonne foi, la probité, l'honneur) trouvent le plus souvent leur récompense dans leur pratique, et la peine de leur infraction dans cette infraction même. Cela toutefois n'empêche pas que la société ne soit en droit de réprimer cette infraction, et surtout de contraindre autant qu'il se peut à la réparation des torts qu'elle occasione. « Comme il ne faut pas croire, ainsi que le dit bien Jean-Jacques dans son *Traité sur l'Économie politique*, que l'on puisse couper ou offenser un bras sans que la douleur ne se porte à la tête, la volonté générale ne doit pas consentir qu'un membre de l'état, quel qu'il soit, en détruise ou en blesse un autre. »

§ VII. Ce que nous venons de rappeler conduit à

reconnaître et à consacrer, en matière de droit public, un septième principe fondamental : c'est celui de l'Égalité sociale, mot abstrait dont la fausse interprétation peut avoir et n'a déjà eu que trop de funestes conséquences.

La nature met une grande différence entre les forces physiques et morales de chaque individu : les uns ont plus d'intelligence, d'activité, de sagesse, de courage que les autres, et ceux-là ont bientôt acquis plus d'aisance, de richesses, plus de droits à l'estime, à la confiance de leurs concitoyens. Mais cette inégalité naturelle parmi les hommes eût-elle été, dès l'origine des sociétés, aussi grande qu'elle le devint par la suite chez les nations dès long-temps policées (parmi lesquelles la civilisation d'une part, et la démoralisation d'autre part, les vertus et les vices, ont pu faire des progrès), il n'en faudrait pas moins, lorsque les institutions se perfectionnent, proclamer et respecter le principe de l'égalité sociale.

Dans sa juste acception, on doit alors le considérer comme l'expression générique et abrégée de tous les autres principes, comme la garantie ou la promesse formelle d'une jouissance et d'une répartition équitables de tous les droits et de tous les devoirs.

Tant que cette égalité de droits et de devoirs, prescrite par la raison et la justice, n'est point observée, on peut toujours dire que la société, ne remplissant pas les conditions de son existence, ne s'avance pas vers l'époque de sa tranquillité et de son bonheur.

Cette égalité n'exclut pas les récompenses nationales, les dignités, les titres, les marques de distinction ou de noblesse; mais, suivant le sentiment des hommes les plus éclairés, les plus recommandables par leurs vertus, ces récompenses et distinctions, pour conserver leur lustre et leur efficacité, ne doivent être accordées qu'aux services rendus; de même que, pour l'intérêt public et pour le véritable intérêt des hommes qui les occupent, les places et les emplois ne doivent être confiés qu'au mérite et aux talents personnels, sans pouvoir devenir jamais ni vénaux ni héréditaires.

Ce sont là les notions premières et naturelles sur lesquelles repose la connaissance du *Juste* et de l'*Injuste* en matière de droit public ou social; et, de même que la justice, elles sont immuables et universelles, de tous les pays et de tous les temps.

Donc, si ces notions essentielles ou ces principes élémentaires du Droit public sont en ce sens des lois positives, constantes, invariables, d'équité naturelle; si leur observation, nécessaire à l'existence, au bien-être de l'homme et de la société, entre par cela même dans les vues bienfaisantes de la providence, la nature doit aussi avoir mis à notre disposition les moyens de parvenir à leur exacte et stricte exécution.

TITRE II. — *Religion. — Droit civil et pénal.*

§ I. Et en effet, le premier de ces moyens semble émaner d'une manière plus immédiate de la divinité.

La religion est dans l'homme un sentiment comme inhérent à sa constitution; il tient du moins à d'autres sentiments qui sont tellement propres à l'homme, tellement dépendants de son organisation physique et morale, qu'on peut dire qu'ils en sont tout-à-fait inséparables, comme, par exemple, l'amour de soi et de sa conservation, l'espérance et la crainte: il est donc certain que ce sentiment est lui-même impérissable et indestructible.

Cette aptitude, cette disposition du cœur humain, ce sentiment naturel et religieux, ainsi que toutes les autres facultés de notre être, n'est pas, il faut le dire, sans inconvénients et sans dangers très réels, lorsque, s'unissant à l'ignorance, il dégénère si aisément en fanatisme et en superstition. Mais lorsqu'au contraire les saines notions de la science morale et du droit l'éclairent et le dirigent, quelle ne doit pas être son utilité! Il donne à ces mêmes principes sa sanction et sa force; il leur impose le sceau du devoir et d'une rigide obligation.

La morale, la justice étant une et la même en tout temps et partout, il ne peut non plus y avoir qu'une religion véritable, du moins quant à la partie essentielle et fondamentale, la morale et le droit. Par une conséquence assez naturelle, il serait peut-être désirable qu'il n'existât aussi qu'un seul dogme, qu'un seul culte. Mais, comme tout ce qui se rattache à cette partie secondaire, extérieure et dogmatique, ne peut avoir d'efficacité que par la conviction intime, qu'autant que la conscience ou le libre arbitre n'en est ni troublé ni choqué, on en conclura sagement que la persuasion est à cet égard le seul moyen à employer, et que l'intolérance, la persécution, ne peuvent produire qu'un résultat tout opposé à celui que l'on doit se proposer.

Ce point admis, la prudence recommande de ne pas réunir et confondre dans les ministres des autels la puissance spirituelle et la puissance temporelle. Ils doivent au contraire rester soumis à celle-ci comme tous les autres citoyens, à moins que l'on ne veuille, ainsi qu'on l'a dit, fonder au milieu de l'état un autre état qui renverse et détruise le premier par son indépendance, par les immunités et priviléges qu'il saura bientôt usurper.

§ II. Tandis que la religion véritable, par ses préceptes et ses conseils, en tous points concordants avec les principes naturels du droit, nous les rend plus sacrés et favorise ainsi l'action de la société pour atteindre à ses fins, cette même action doit encore être secondée par la puissance des lois que l'état, pour cet effet, est en droit de prescrire, et dont l'ensemble constitue ce qu'il faut entendre par le corps du droit civil et pénal.

L'importance, la nécessité de ces lois pour assurer le bien-être social et individuel, pour régler les diverses relations des citoyens entre eux, pour en écarter l'injustice, l'arbitraire, et y établir l'ordre, l'harmonie, motivent clairement leur existence et leur légitimité, et en déterminent tout à la fois l'étendue, l'esprit et les bases.

Les lois civiles doivent avoir pour objet de fixer les qualités et conditions nécessaires pour que les hommes puissent être considérés comme faisant partie de la société; les circonstances et les actions qui doivent au contraire les en exclure, et les priver des avantages et des droits qu'elle assure. Elles doivent déterminer les formes du mariage et ses résultats, la puissance du mari, les devoirs respectifs des époux, le sort et l'état des enfants, le mode et les règles principales de leur éducation; l'étendue, les limites et la durée de la puissance paternelle; les obligations réciproques des pères et mères envers leurs enfants, et des enfants envers leurs pères et mères. Elles doivent fixer l'ordre et le partage des successions; prescrire les divers modes de la transmission des propriétés, tels que les ventes, les échanges, les donations entre vifs, les dispositions de dernière volonté ou testamentaires, etc. Elles doivent enfin régler, en général, tous les actes et les transactions, promesses, obligations ou conventions qui peuvent avoir lieu entre les citoyens d'un même état. Les usages et les lois du commerce intérieur, les ordonnances et les règlements d'administration, de discipline militaire, de simple police, la fixation et la répartition des contributions et des autres charges publiques, sont aussi des dépendances, des ramifications du droit civil. D'où il suit que ce droit peut être subdivisé en autant de branches ou parties qu'il renferme de matières distinctes, telles, par exemple, que le droit personnel, réel, hypothécaire, commercial, etc.

L'esprit de ces lois est en entier renfermé dans ces trois conditions, savoir : 1° leur harmonie avec les principes du droit public, et conséquemment leur généralité et leur uniformité; 2° leur non-rétroactivité, fondée sur l'absurdité évidente d'exiger leur exécution avant qu'elles aient été publiées et connues; et 3° la spécialité de leur application, prohibitive de tous systèmes de corporations obligées et privilégiées, systèmes funestes et subversifs des principes fondamentaux de la liberté individuelle et de l'égalité sociale.

Lorsque le corps du droit civil sera profondément médité et rédigé dans cet esprit, les lois consolideront cette liberté individuelle, à laquelle elles ne doivent jamais porter atteinte, et régleront la liberté civile, en lui donnant des limites justes, qui ne pourront lui nuire et lui seront toutes favorables.

§ III. Dans les sociétés imparfaites et mal constituées, chez les peuples grossiers et barbares, la répression ou plutôt la vengeance des délits et des crimes est abandonnée à la partie lésée ou à sa famille ; ce qui, loin d'atteindre le but, envenime et invétère les haines, et rend les crimes plus atroces et plus nombreux.

Dans un état de choses plus régulier, lorsque la civilisation et les institutions se perfectionnent, la société doit protection entière à chacun de ses membres. C'est en son nom que la poursuite de ces délits et de ces crimes doit avoir lieu ; et alors (pour ne pas parler de la torture ou de l'application préalable à la question, qui n'est qu'une horreur, une infamie indigne de la législation d'un peuple tant soit peu civilisé), l'objet des lois pénales et répressives n'est plus la vengeance, mais bien l'intention de réparer autant qu'il se peut le dommage commis, et d'empêcher qu'il n'en arrive un semblable de la part soit du coupable, soit de tout autre citoyen.

Or les supplices atroces, dont l'histoire offre tant de révoltants exemples, n'y sont point propres ; et cette histoire de tous les temps et de tous les pays démontre qu'ils produisent un résultat tout contraire, en rendant les peuples durs et féroces.

Quant à la peine de mort, s'il n'est pas plus que douteux qu'elle soit un moyen efficace de parvenir au but, il faudrait du moins que l'infaillibilité des jugements humains fût certaine et bien démontrée, pour que la société, ou plutôt les hommes qui jugent pour elle, pussent être en droit de prononcer cette peine. Ces hommes ne sont pas exempts de passions, de faiblesses, d'erreurs; ils jugent sur des témoignages, des documents, des indices plus ou moins insuffisants et imparfaits; et une expérience trop constante, des exemples trop nombreux, établissent précisément tout le contraire de leur infaillibilité. Pour que l'on ne fût pas fondé à dire qu'en ôtant la vie à l'un de ses membres, fût-il coupable (et il peut être innocent), la société elle-même commet réellement l'action criminelle qu'elle veut réprimer, il faudrait que cette action fût d'une nécessité absolue; il faudrait qu'il n'y eût pas moyen d'améliorer la législation civile, qui a plus de rapport qu'on ne paraît le penser avec la législation pénale; que les mauvais exemples et les injustices, que cette législation soutient et provoque bien souvent faute d'être en harmonie avec les principes, ne pussent pas être rendus moins pernicieux et moins fréquents; qu'elle ne pût parvenir par degrés à répartir les fortunes d'une manière plus égale, à mieux régler, à adoucir et purifier les mœurs, à soulager la misère du peuple, à établir des ateliers de prévoyance et de charité, à supprimer les loteries, les maisons de jeu et de débauche, et autres écoles permanentes du vice; il faudrait que la construction de prisons plus sûres et mieux bâties fût d'une impossibilité physique, ou que, telles qu'elles existent, ces prisons ne fussent pas aujourd'hui propres à contenir les criminels condamnés, de même qu'elles retiennent bien les insensés et les furieux.

A l'égard des autres peines afflictives ou corporelles, telles que la mutilation et le retranchement des membres, l'application du fouet, les coups et les mauvais traitements, elles avilissent, dégradent, abrutissent les hommes; elles les ravalent au-dessous même des bêtes, et les rendent inaccessibles à tout sentiment d'honneur, presque incapables d'un retour à la vertu; bien loin de corriger, elles deviennent ainsi un véhicule, une source nouvelle de crimes et de délits; et l'on a lieu d'être surpris que, malgré les efforts des publicistes, la peine des coups de bâton sous la plante des pieds ou sur quelque autre partie du corps, celle des verges, des coups de corde au cabestan et à la bouline, etc., déshonorent encore les codes des nations les plus civilisées de l'Europe, et même le code de la marine française.

En ce qui concerne le système absurde de l'uniformité de la peine, adopté par Dracon, il n'y a désormais que le despotisme ou l'ignorance qui puisse le croire justifiable, par la raison que le coupable a dû savoir d'avance le châtiment auquel il s'exposait par sa faute, quelque légère qu'elle fût.

L'intensité des peines, pour que ces peines ne soient pas iniques et mal appropriées à la faiblesse de l'humanité, doit être graduée, dans la proportion la plus exacte possible, sur la gravité des délits et des crimes. Sa gradation doit s'effectuer en fixant et en commençant l'échelle de proportion entre le délit et la peine, non pas par les plus grands crimes, mais par les délits les moins graves et les plus communs, par les simples contraventions en matière de police, et en remontant ensuite jusqu'aux véritables crimes, tels que le vol, le meurtre, l'empoisonnement, l'incendie, etc. C'est là, à ce qu'il semble, le moyen de connaître le juste point où doit s'arrêter cette gradation proportionnelle des corrections et des peines. C'est aussi où se rencontre la difficulté, et ce qui constituera le mérite de la rédaction du code criminel et pénal.

Pour que du moins cette rédaction ne s'éloigne pas trop de ce qu'elle doit être, 1° les dispositions de ce code doivent incontestablement, de même que celles du droit civil, être mises en harmonie avec les principes du droit public, et par conséquent être générales, uniformes, sans aucune exception fondée sur la différence des professions, des titres et des rangs. On a dit que l'égalité des peines ne peut exister ; qu'elles seront plus vivement senties par l'homme que l'éducation place dans un rang élevé, que par celui dont les travaux habituels auront endurci le corps et émoussé la sensibilité. Mais aussi plus les rangs sont élevés, plus les crimes sont grands. Et d'ailleurs, si l'on devait prendre pour mesure des châtiments la plus ou la moins grande sensibilité physique et intellectuelle du coupable, ce serait se jeter dans le labyrinthe de l'arbitraire et de l'iniquité, et prétendre usurper les droits et la puissance de la divinité même. Dieu seul connaît le juste degré des forces physiques et morales, sonde les consciences et pénètre les replis les plus cachés du cœur humain. 2° Ces dispositions pénales doivent être sans aucun effet rétroactif. 3° Elles doivent être directes ou personnelles dans leur application, c'est-à-dire dégagées de tout effet volontaire d'extension et de reversibilité du condamné sur sa famille. 4° Par une conséquence sensible, elles ne doivent pas prononcer la confiscation des biens. « C'est la fureur despotique, dit Montesquieu, qui a établi que la disgrâce du père entraînerait celle des enfants ; ils sont déjà assez malheureux, sans être encore criminels. » Cette injuste confiscation des biens des condamnés porte d'ailleurs avec elle, comme cela doit être, sa peine pour la société même. Par l'état de dénument et de misère où elle plonge les enfants du criminel, elle les provoque et les conduit à de nouveaux crimes, et, comme le dit Bodin, « elle fait qu'en ôtant à la société un perturbateur, on lui en substitue plusieurs. » 5° Enfin les lois pénales doivent encore rechercher et contenir les moyens d'accorder une indemnité à l'accusé dont l'innocence est clairement démontrée ; elles lui ont causé un injuste préjudice qu'elles doivent et qu'elles peuvent en partie réparer.

Si ces bases ou conditions ne servent pas de règle invariable à la rédaction des lois pénales, les principes fondamentaux du droit public (la sûreté, la liberté, la propriété personnelle et l'égalité sociale) ne sont pas convenablement garantis et respectés ; et par suite la tranquillité, l'existence même de la société, sont véritablement compromises et mal assurées. Tandis que lorsque ces lois seront en tout dictées par cet esprit de prévoyance et de sagesse, elle auront à coup sûr de plus heureux résultats qu'elle n'en ont eu jusqu'à ce jour ; les délits et les crimes seront plus souvent prévenus, plus efficacement réprimés, et l'innocence méconnue et condamnée pourra encore être réhabilitée.

C'est lorsque les règles que nous venons d'exposer dans les trois paragraphes qui précèdent seront observées, que, comme le dit Montesquieu, les lois de la religion rappelleront l'homme à lui-même, et que les lois civiles et pénales le rendront à ses devoirs s'il les oublie.

Mais il importe encore, et par-dessus tout, de bien comprendre que la religion, les lois civiles et pénales, ne peuvent complètement atteindre à de si utiles résultats, tant que les rouages de l'organisation sociale, le mécanisme physique et pour ainsi dire matériel de la constitution, ne seront pas eux-mêmes perfectionnés et assis sur des bases naturelles, conformes aux rapports découverts par l'intelligence et la science, aux lois prescrites par la prudence et appropriées à la faiblesse de la nature humaine ; faiblesse si grande dans ceux mêmes qui sont chargés du maniement des affaires publiques , de la conduite et du bonheur des peuples.

LIVRE II. — DROIT POLITIQUE.

Chapitre I. — *Base des principes.*

Il faut suivre une méthode semblable à celle que nous venons de mettre en pratique , si l'on veut découvrir et fixer les vrais principes du Droit politique (ou droit des nations entre elles, suivant l'exacte définition de ce droit adoptée par Burlamaqui , et mal à propos contestée par son annotateur , le professeur Félice). Alors la réflexion nous conduit à reconnaître la vérité qui doit servir de base à ces principes. Cette vérité est que « la paix des nations n'est pas moins nécessaire au bonheur des hommes que leur réunion en société. »

Cette vérité est évidente et incontestable; et si, dans des vues soit d'anarchie, soit de despotisme, quelques sophistes ont pu la révoquer en doute , les allégations sur lesquelles ils s'appuient pour l'attaquer sont sans solidité , et ne peuvent soutenir un examen approfondi.

Ces sophistes donnent pour argument péremptoire que la population allant toujours croissant, doit arriver enfin à un développement tel que les productions de la terre seront insuffisantes pour la nourriture du genre humain, et que le besoin de la conservation étant pour les hommes, comme pour tous les êtres animés, un sentiment prédominant, ils seront contraints de se détruire mutuellement pour rétablir l'équilibre entre les subsistances et la population.

Mais quand il serait vrai qu'une foule de circonstances trop malheureusement indépendantes de la volonté, de la prévoyance et de tous les efforts humains, que les bouleversements causés par les volcans et par les tremblements de terre, les inondations subites, les maladies habituelles, contagieuses, épidémiques, ne suffiraient pas pour arrêter le développement de la population et pour enlever au globe une grande partie de ses habitants, n'est-il pas bien certain que si la civilisation s'avance, si l'agriculture et l'industrie se perfectionnent, comme cela doit arriver sous un gouvernement tutélaire et protecteur, la fécondité du sol surpassera de beaucoup la fécondité de l'espèce humaine? On peut alors la considérer comme inépuisable; et la multiplication des fruits, des graines, des racines, des plantes céréales, des autres productions de la terre, des animaux qui servent à la nourriture de l'homme, sera toujours plus que suffisante pour assurer sa subsistance. Lors même qu'il n'en serait pas ainsi, n'est-il pas clair que la guerre, bien loin d'éloigner le mal, serait plutôt un moyen de le hâter, de l'aggraver, en arrachant, contre le vœu et la destination de la providence, des milliers de bras à cette même agriculture, à cette même industrie, si nécessaires au bien-être général de l'humanité?

En un mot, les calamités de la guerre sont infinies, les avantages de la paix sont immenses; la guerre est semblable à la maladie, la paix à la santé; et l'objet essentiel pour le bonheur des peuples est incontestament d'établir, de conserver cette paix entre eux, autant et le plus long-temps qu'il se peut.

D'où suit immédiatement que tout système de machiavélisme, de perfidie et d'hypocrisie, est une erreur funeste qui n'a déjà que trop coûté de larmes et de sang à l'humanité, et que les vrais principes de droit politique, opposés aux maximes honteuses, aux doctrines équivoques de pareils systèmes, sont tous parfaitement d'accord avec les sentiments du véritable honneur et de la plus stricte probité.

C'est ce que contribuent encore à prouver l'énonciation et l'étude de chacun de ces principes fondamentaux en particulier.

CHAPITRE II.

TITRE I. — *Principes.*

§ I. Au nombre de ces principes, et en première ligne, il faut naturellement placer l'esprit national ou l'amour de la patrie. Car pour qu'un peuple se maintienne dans un état de paix avec les autres nations, pour qu'il soit fort, grand, et respecté des autres peuples, il faut avant tout qu'il soit animé de ce sentiment de patriotisme qui porte chacun de ses membres à subordonner son intérêt personnel à l'intérêt général, et à ne point vouloir pour lui d'un bien qui serait préjudiciable à la prospérité de l'état. « Heureuse, dit Euripide, la république où les citoyens concourent de tout leur pouvoir au salut de la patrie ! »

Ce sentiment de patriotisme est naturel à l'homme. Il est, comme nous l'avons vu, l'une des causes et des bases fondamentales des sociétés politiques; et sans lui elles ne pourraient ni se former ni se maintenir. Le principe qui s'y rattache et qui le consacre, qui le sanctionne et le place au premier rang des vertus civiques, condamne évidemment tout système de dissensions intestines, tout esprit de faction et de parti, fléaux désastreux qui tendent à détruire le peuple en le divisant contre lui-même.

Mais, pour que ce sentiment existe, l'observation des principes du droit public et celle des autres principes du droit politique sont des choses indispensables. La conservation de ce sentiment dépend beaucoup aussi de la forme du gouvernement et de la régularité de tous les détails de l'organisation ; tandis qu'on ne saurait espérer de le voir subsister long-temps lorsque cette organisation est défectueuse, et lorsque par suite la sûreté, la liberté, la propriété, l'égalité sociale, ne sont pas scrupuleusement respectées. Ce qui fait que, comme on l'a dit judicieusement, la sûreté publique est liée par des nœuds intimes et réciproques avec la sûreté personnelle de tous les membres du corps social.

§ II. Un autre principe de droit politique se rattache et se lie avec celui qui précède d'une manière très-immédiate et très-intime. Ce principe, duquel dépendent aussi essentiellement et la conservation de l'esprit national et la force d'un état, c'est celui qui a pour objet de déterminer, de donner à connaître avec quelque certitude quels sont les avantages et les inconvénients réels qui doivent naturellement résulter de l'étendue de la population et du territoire.

Or il faut tenir pour constant que ce qui constitue la force des sociétés politiques, c'est bien moins l'étendue de leur territoire que le nombre de leurs citoyens.

1° L'accroissement de la population ne peut jamais être nuisible, surtout lorsque le sol est fertile; et lorsqu'il ne l'est pas, il est d'autant plus facile de le rendre productif qu'il existe plus de bras pour le cultiver. Chez les peuples mêmes dont le sol est plus particulièrement ingrat ou de peu d'étendue, la chasse, la pêche, la navigation, le commerce, les sciences, les arts, les métiers, l'industrie en général, peuvent, en se perfectionnant, suppléer à l'agriculture. On a vu de ces peuples (les Genevois, dont le territoire ne produisait pas la vingtième partie de ce qui est nécessaire à leur subsistance, les habitants de la petite république de Saint-Marin en Italie, ceux de la Hollande, et ceux de plusieurs villes de l'Allemagne) vivre néanmoins dans l'abondance; et il existe de grands royaumes, tels que l'Espagne, pays autrefois le plus peuplé de l'Europe, la Pologne et la France même, où la richesse, l'aisance, la population, sont loin d'être aujourd'hui en proportion avec leur territoire *.

Il est toujours utile de favoriser l'accroissement de la population; ce que l'on peut faire par la modification des usages, des mœurs, des coutumes, des lois. Mais, pour le faire sans inconvénient, il est nécessaire de bannir en même temps l'oisiveté, d'exciter l'émulation, l'amour du travail, afin d'augmenter tous les moyens d'existence selon les lieux, la situation du pays, ses productions et son climat; et c'est encore par l'observation scrupuleuse des principes qu'on peut y parvenir. « La terre, ainsi que s'exprime Jean-Jacques, ouvre son sein fertile et prodigue ses trésors aux heureux peuples qui la cultivent pour eux-mêmes. Elle semble sou-

* « La France est arriérée, remarque M. Delaborde, non-seulement de la Flandre et de l'Angleterre, mais de beaucoup de pays qui lui sont inférieurs en civilisation, tels que la Bavière, la Bohême, l'Autriche, le Palatinat, l'Italie. Il n'y a pas en France le quart des terres

rire et s'animer au doux spectacle de la liberté; elle aime à nourrir des hommes. Au contraire, les tristes masures,

cultivées comme elles devraient l'être, c'est-à-dire en permanence de production par les assolements, et pas le quart des bestiaux que le sol pourrait nourrir, et par conséquent qu'il pourrait rapporter.

État comparatif de l'étendue, de la population, du revenu, de la dette publique, et des produits agricoles et manufacturés de la France et de l'Angleterre, établis par approximation.

	FRANCE.	ANGLETERRE.
Étendue du territoire,	108,000,000 arpents.	55,000,000 arpents.
	Population	Population
Agricole,	17,000,000 indiv.	6,129,142 ind
Manufacturière,	6,200,000	7,071,989
Indigente,	800,000	1,548,400
Diverse,	4,500,000	2,347,300
	28,500,000	17,096,831
Produit agric. ann.,	3,354,000,000 fr.	5,419,622,976 fr
Produit manuf. ann.,	906,666,666	2,741,520,000
Revenu publ. perm.,	703,199,550	1,541,763,000
Dette publique,	100,000,000	750,000,000

Ce tableau synoptique a été établi, pour ce qui regarde l'Angleterre, d'après l'ouvrage de Colquhoun; et pour la France, d'après les rapports du ministère de l'intérieur, en 1813.

État comparatif des frais de perception, en France et en Angleterre.

	France	Angleterre
Douanes,	33 p. 100	7 p. 100
Droits réunis *ou* excise,	20	4
Enregistrement, timbre,	9	7
Postes,	45	11
Loteries,	30	0
Contributions foncières,	15	2
	total 132	total 31

(Voyez *de l'Esprit d'association*, par M. Delaborde, tome 1, p. 271.)

les bruyères et les ronces qui couvrent une terre à demi déserte, annoncent de loin qu'un maître absolu y domine, et qu'elle donne à regret à des esclaves quelques maigres productions dont ils ne profitent pas. » — « Les pays, dit Montesquieu, ne sont pas cultivés en raison de leur fertilité, mais en raison de leur liberté; et si l'on divise la terre par la pensée, on sera étonné de voir la plupart du temps des déserts dans les parties les plus fertiles, et de grands peuples dans celles où le terrain semble refuser tout. »

2° Quant à l'extension du territoire, elle peut devenir une cause d'affaiblissement, de division et de ruine. Cela a lieu, 1° si l'étendue de la population ne se trouve pas en proportion avec celle du territoire. « De deux états qui nourrissent le même nombre d'habitants, observe l'abbé de Saint-Pierre, celui qui occupe la moindre étendue de terre n'est réellement pas le moins puissant; » 2° si cette étendue de territoire est telle qu'elle détruise l'unité d'intérêt et mette un trop grand obstacle à l'existence de l'esprit national. Une nation qui sera composée de peuples divers, où le langage, les mœurs, les usages, les intérêts surtout, différeraient essentiellement, ne pourra avoir ni union, ni ensemble, ni force, et sera toujours en quelque sorte étrangère à elle-même. « Le peuple, ainsi que le dit encore l'auteur du *Contrat social* et d'*Héloïse*, a moins d'affection pour la patrie qui est à ses yeux comme le monde, et pour des concitoyens qui lui sont étrangers. »

Il importe que les frontières soient fixes, bien déterminées, et pour ainsi dire invariables. Les terrains arides et sablonneux, les forêts, les lacs, les grandes chaînes de montagnes, le cours des grands fleuves, la mer surtout, sont des limites que la nature semble avoir voulu mettre entre les peuples; et ce qui rend cette vérité plus évidente, c'est que la différence des langages, de la couleur, et des traits du visage, se rencontre souvent avec ces diverses lignes de démarcation.

A défaut de ces barrières naturelles, il faut que l'industrie y supplée. Mais les places fortifiées que l'on emploie pour cela seront bien moins un préservatif, un gage assuré de la paix, qu'une cause permanente et légitime d'inquiétude, de division, de rupture et de guerre, si elles sont propres par leur position à faciliter une agression plutôt qu'à servir de remparts contre les tentatives hostiles. « Que votre pays, dit en ce sens Mably, ne soit ouvert à personne, si vous voulez être libres et indépendants; mais n'ayez point de portes pour entrer chez les autres, si vous ne voulez pas vous exposer à la tentation d'être avares, injustes et ambitieux. »

§ III. Les législateurs de Sparte avaient défendu que l'on entourât cette ville de murailles, pensant qu'il ne pouvait pas exister de remparts aussi solides que ceux qui sont formés par de braves soldats. Ce qu'il est vrai de dire, c'est que, quelque forts et favorables que puissent être les moyens de séparation et de défense, naturels ou autres, ils ne dispensent pas d'entretenir sur pied, même en temps de paix, une armée de ligne bien disciplinée et toujours prête à marcher au premier signal. C'est une précaution convenable pour faire respecter l'intégrité du territoire; car, quoique tout citoyen en état de porter les armes soit tenu de les prendre pour cette même cause, le rassemblement de la population entière, surtout dans un état d'une vaste étendue, s'effectue avec lenteur, et présente un grand nombre d'autres inconvénients graves. Les époques de l'histoire de France antérieures au règne de Philippe-Auguste pourraient en partie servir à le démontrer; et ce n'est guère que pour le maintien de l'ordre, de la tranquilité intérieure, tout au plus pour la défense des villes, que les gardes nationales peuvent être utilement employées.

Mais il importe aussi beaucoup que la force de l'armée ne soit pas portée au-delà des besoins d'une légitime défense. Si la confiance et la sécurité des peuples voisins doivent être troublées, si elles donnent lieu de redouter des projets hostiles, ces peuples sont eux-mêmes dans la nécessité d'augmenter leurs forces militaires. Ces forces alors ne se trouvant plus, de part ni d'autre, en proportion avec la population, leur entretien augmente la charge de l'état, tandis que les moyens de la supporter diminuent. Elles ne sont plus propres à conserver la paix, et deviennent au contraire une source d'injustices, de guerres et d'exactions respectives. D'ailleurs, ainsi que le disait Henri IV, « où règne la justice, la force est peu nécessaire. » Et, comme Montesquieu le remarque, comme plusieurs exemples mémorables le prouvent, les expéditions entreprises avec des armées trop nombreuses, soit de terre, soit de mer, ont souvent, par plus d'un motif, amené de grands revers.

Il est essentiel encore, ainsi que Vatel et Filangieri le recommandent, qu'une odieuse loi de conscription ou de recrutement forcé n'arrache pas à leurs familles et à leurs travaux les hommes qu'une inclination naturelle éloigne de la carrière des armes, et ne les traînent pas sous les drapeaux avec violence, comme des criminels enchaînés. La jeunesse en général est assez guerrière pour qu'elle soit portée d'elle-même à embrasser cette noble profession, pourvu que les récompenses que l'on doit en espérer soient ce qu'elles doivent être, acquises à la bonne conduite, au talent, au courage, et réparties équitablement.

C'est aussi la nature et la juste répartition de ces récompenses qui donneront le moyen d'entretenir, dans les rangs d'une armée composée d'une jeunesse vaillante et généreuse, l'émulation et les sentiments de l'honneur et de la gloire véritables ; sentiments nobles, source d'utiles vertus, mais malheureusement trop faciles à tourner vers le mal, en les dénaturant aux yeux de ceux qui ne s'en sont pas fait d'avance une juste idée.

Cette gloire, cet honneur, ne consistent pas à troubler la paix de l'univers par de sanglantes victoires, à porter le ravage et la destruction chez les autres nations, à les dépouiller de leurs richesses, des monuments de leur industrie. Ils ne se bornent pas à combattre avec habileté et avec courage ; ils ne sont pas toujours inhérents aux succès ; et même ils se manifestent peut-être plus sûrement au milieu des revers et de la mauvaise fortune que dans le moment de la plus brillante prospérité.

§ IV. Le souvenir de la vérité fondamentale précédemment énoncée, l'utilité de la paix, détermine et prescrit encore, d'une manière assez positive, quels sont et l'esprit et le but d'après lesquels les alliances et les traités doivent être contractés et rédigés.

Il résulte de cette vérité que si les nations s'unissent entre elles par des alliances et des traités, ce doit être dans la vue de leur bien-être général, et pour faire régner entre elles l'ordre et la justice, sans lesquels la paix ne peut exister.

Il est donc tout-à-fait déraisonnable de penser, avec Machiavel, qu'il soit d'une politique habile de s'unir aux forts pour écraser les faibles, et pour partager ensuite leurs dépouilles. Cette doctrine machiavélique est diamétralement opposée à ce qu'enseignent le bon sens, la prudence et les principes. « La bonne politique, dit fort bien Vatel, ne permet pas qu'une grande puissance souffre l'oppression des petits États de son voisinage. Si elle les abandonne à l'ambition d'un conquérant, celui-ci deviendra bientôt formidable pour elle. »

Il résulte aussi de la même vérité que la duplicité, la ruse, la perfidie, ne peuvent être que très nuisibles à ceux qui s'en rendent coupables. Une confiance respective est indispensable, et elle ne peut exister sans sincérité et sans bonne foi. On ne peut d'ailleurs regarder comme un ouvrage solide celui qui n'est que le fruit d'une finesse mal entendue. Une réputation de probité bien acquise prépare au contraire favorablement la voie des propositions, les fait écouter avec complaisance, et en facilite le succès. *Magna vis et magnum nomen sunt unum et idem.*

Les conventions entre ennemis, pendant ou après la guerre (sans aucune des distinctions faites par Puffendorf à l'égard des premières), doivent donc être exécutées fidèlement, ainsi que Grotius et Burlamaqui le prouvent. Mais, dans l'intérêt même du vainqueur, et pour qu'il puisse compter sur leur observation, elles doivent être conçues et rédigées dans des vues de justice, et non pas être oppressives pour les vaincus.

« Elles doivent être, comme le dit Bodin, claires, étendues pour tout prévoir, et précises dans l'expression. Une politique condamnable met en usage la confusion et l'équivoque; souvent elle renvoie à un autre temps la décision de différends de peu d'importance. Les traités sont faits pour prévenir ou terminer les guerres et pour assurer le repos des nations. Est-il rien de plus contraire à ces objets et à la raison que d'y laisser des semences de division, et d'y réserver un droit de chicane que la seule vanité des politiques regarde comme un avantage réel? Ce faux avantage est, dans le fond, funeste à la véritable gloire du prince, à ses peuples et à l'humanité. Le politique judicieux et honnête homme fera une loi claire; il saura qu'il vaut mieux trancher des différends légers qui ne sont pas assez éclaircis, perdre de chaque côté, et assurer une paix durable. »

§ V. Si, d'une part, la pleine mer n'est susceptible d'aucune culture et ne peut par conséquent être soumise à un droit de propriété exclusive; si, d'autre part, la libre faculté de naviguer sur les mers est une chose évidemment utile au bien-être général des nations et de l'humanité, évidemment aussi il est de l'intérêt véritable et du devoir de chacune d'elles de respecter cette liberté et de s'unir pour la conserver.

Mais, pour qu'elle puisse être réellement efficace, leur coopération vers ce but doit être purement volontaire. L'expérience, autant que le raisonnement, prouve qu'il est d'une politique peu réfléchie d'employer la force des armes pour contraindre les peuples à agir d'un accord commun contre une puissance qui prétend usurper une si injuste domination. Une telle entreprise favorise ses projets ambitieux, bien loin d'y mettre obstacle. Le temps et l'usage des mêmes moyens qu'elle y emploie peuvent seuls servir à les combattre utilement.

§ VI. 1° Il n'existe encore que trop d'autres occasions de faire une guerre légitime. Cela a lieu toutes les fois que, pouvant être entreprise avec quelque apparence fondée de succès, elle devient nécessaire pour obtenir la réparation d'un préjudice, ou pour s'opposer à la consommation de quelque injustice, puisque, ainsi que les publicistes sont obligés de le reconnaître, les querelles des nations ne se décident que par les armes, et que jusqu'ici du moins leurs camps ont été leur aréopage.

Il importe donc d'autant plus de ne pas se méprendre, comme l'ont fait Machiavel, Jean-Jacques et Montesquieu, sur la fin et le but que la guerre doit avoir. Et si l'on ne perd pas de vue la vérité précédemment établie pour servir de base à tous les principes du droit politique ou des nations entre elles, on reconnaît d'autant plus facilement combien l'opinion de ces auteurs est erronée. Montesquieu dit : « L'objet de la guerre, c'est la victoire ; celui de la victoire, la conquête ; et celui de la conquête, *la conservation.* » Suivant Machiavel, « si l'État conquis est accoutumé à sa liberté et à ses lois, le premier moyen de le conserver, *c'est de le ruiner.* » Et Jean-Jacques pose en principe d'une manière plus générale et plus inexacte encore, que « la fin de la guerre est *la destruction de l'État ennemi.* »

A cet égard, Aristote, Polybe, Cicéron, Puffendorf, Vatel, d'Holbach, Mirabeau (dans *l'Ami des Hommes*), etc., enseignent une doctrine diamétralement opposée, mais conforme aux vrais principes du droit. « Ce n'est pas, dit l'un de ces auteurs, pour ruiner et pour perdre ceux qui nous ont fait tort qu'on doit déclarer la guerre, c'est pour les porter à reconnaître, à réparer leurs fautes. » — « Je ne saurais, dit un autre, estimer une guerre

3.

qu'autant qu'elle entre dans le plan d'une solide paix et dans la marche qu'il faut suivre pour y parvenir. » — « Et, suivant Puffendorf, toute guerre juste et légitime ne doit se faire que pour trois objets en général : ou pour nous défendre, nous et ce qui nous appartient, par conséquent nos alliés (il faut même ajouter ceux qui ne le sont pas, mais qui invoquent notre assistance) contre les entreprises d'un injuste agresseur; ou pour mettre à la raison ceux qui refusent de nous rendre ce qu'ils nous doivent; ou pour obtenir la réparation des dommages ou du tort qu'ils nous ont faits, et pour avoir des sûretés à l'abri desquelles on n'ait désormais rien à craindre de leur part. »

Il faut pourtant ajouter, comme le professent encore Vatel, Burlamaqui, Mably, Montesquieu lui-même, qu'il est une autre application légitime, et sans inconvénient réel, à faire de la puissance que donne la conquête; ce serait de délivrer les peuples vaincus du joug sous lequel ils seraient asservis, de leur laisser la libre faculté de se réunir à la patrie qu'il serait dans leur intérêt véritable d'adopter, ou même de rester indépendants et de former un État particulier, si cela devait être plus favorable à leur situation et à leurs besoins. On ne doit pas oublier que les Scythes disaient à Alexandre : « Il n'y a jamais d'amitié entre le maître et l'esclave; au milieu de la paix, le droit de la guerre subsiste toujours. *Inter dominum et servum nulla amicitia est; etiam in pace belli tamen jura servantur.* »

2° On doit encore reconnaître, avec les publicistes les plus sages, que, quelque justes que soient les motifs d'une guerre, les hostilités ne doivent pas être commencées avant que cette guerre n'ait été solennellement déclarée, et notifiée même aux puissances neutres, pour leur en faire connaître les raisons justificatives.

Pendant le cours de ces hostilités, on doit rigoureusement s'abstenir de toutes cruautés. Elles souillent et déshonorent le meilleur droit, et tournent presque toujours au préjudice de ceux qui les commettent.

Dans cette classe sont rangées les sommations de se rendre sous peine de passer la garnison au fil de l'épée, de faire périr (ce dont on a prétendu faire une loi de la guerre) un gouverneur ou commandant de place, s'il refuse de se rendre et s'il remplit son devoir en se défendant vaillamment, et autres de même nature. Un homme d'honneur, ainsi que l'histoire en offre plusieurs exemples mémorables, méprise de pareilles menaces ; et si l'on convient qu'elles ne peuvent être suivies d'exécution, elles sont vaines et ridicules.

Dans un assaut, le carnage doit cesser avec le combat, lorsque l'ennemi vaincu met bas les armes ; et le vainqueur n'a aucun droit sur la vie du vaincu, à moins que celui-ci ne se soit rendu coupable d'un délit grave contre les lois de la guerre. Des barbares ou des forcenés peuvent en user autrement, mais leur exemple ne saurait servir de règle à des nations policées.

Il faut respecter, autant qu'il se peut, les édifices consacrés à la religion, les temples, les tombeaux, les monuments des arts, et les établissements de l'industrie et du commerce.

En général les publicistes, Puffendorf, de Réal, Vatel, Montesquieu, disent : « L'humanité veut que nous ne fassions pas plus de mal à l'ennemi que n'en demande notre défense ou le maintien de nos droits et de notre sûreté pour l'avenir. » — « Tout ce que nous faisons pour empêcher qu'un ennemi injuste ne nous nuise est légitime; c'est l'objet même de la guerre. Tout ce qui n'est pas nécessaire à l'exercice de nos droits et à notre conservation est illégitime; c'est l'ouvrage de la fureur. » — « Tout le mal que l'on fait à l'ennemi sans nécessité, toute hostilité qui ne tend pas à amener la victoire et la la fin de la guerre, est une licence que la loi naturelle condamne. » — « Les nations doivent se faire dans la paix le plus de bien, et dans la guerre le moins de mal qu'il est possible, sans nuire à leurs véritables intérêts. »

3° Les inondations, les incendies, le déssèchement ou la déviation des sources, des puits et des fontaines, peuvent, en temps de guerre, être employés comme moyens de défense, et non pas comme moyens d'attaque et d'agression.

A l'égard de l'empoisonnement des vivres, des eaux et des armes, quels que soient les faits nombreux dont on pourrait s'appuyer dans l'antiquité, quelle que soit l'opinion de quelques écrivains qui ont avancé que toute action entreprise pour le service de son pays est légitime par cela même, la règle de droit généralement admise avec raison par les publicistes est que les actes de ce genre sont d'indignes lâchetés, dangereuses à pratiquer. La bonne politique les réprouve, et l'histoire moderne n'en offre plus d'exemple. Quel métier serait-ce que la guerre, s'il ne fallait pour y acquérir de la gloire qu'être un habile empoisonneur ou un adroit assassin?

4° La prescription étant un moyen de prévenir les funestes suites des prétentions anciennes, les publicistes ont pensé qu'elle devait être admise en droit politique, et de peuple à peuple, comme un principe encore plus essentiel alors qu'il ne l'est en matière de droit civil ou de droit public.

Mais si on demande quel est le laps de temps nécessaire pour que cette prescription soit accomplie, on est obligé d'avouer qu'à défaut d'un terme fixé par une loi ou convention écrite et formelle entre les peuples, il y a lieu d'en revenir à ce qui a été précédemment établi relativement à la manière dont on peut user du droit de conquête. Dans ce cas, la volonté libre des véritables intéressés fera bien connaître si l'intervalle de temps qui s'est écoulé depuis leur union est suffisant pour que les intérêts se soient réellement fondus et identifiés de telle sorte qu'il y ait lieu à invoquer et appliquer pour eux ce principe de la prescription.

Par des motifs analogues, ce principe reçoit son application même à l'égard des choses purement mobilières, telles que les chefs-d'œuvre des arts et autres richesses nationales portatives.

5° Lorsque cette application du principe n'a pas lieu, on appelle droit de *postliminie* le droit en vertu duquel les choses reprises sur l'ennemi retournent à celui auquel la possession en avait été enlevée.

Ce droit à l'égard des prises faites sur mer prend le nom de *recousse;* et, suivant les conventions présentement existantes, il doit être exercé dans les vingt-quatre heures.

§ VII. La force ni la grandeur ne peuvent pas plus établir une inégalité de droit entre les sociétés politiques qu'entre les membres de chacune de ces sociétés. Suivant l'expression des auteurs : « Un nain aussi bien qu'un géant est un homme; et une petite république n'est pas moins un état souverain que le plus puissant royaume. » Donc les dispositions et les droits respectifs des peuples sont les mêmes : ce qui est permis à l'un est également permis à l'autre, et ce qui n'est pas licite à l'égard de l'un ne peut l'être à l'égard de l'autre.

D'après cela les prétentions de supériorité, de priviléges, de prérogatives, de préséance de peuple à peuple, sont, tout aussi bien que ces prétentions d'homme à homme, de pures chimères, de véritables futilités que le droit politique ne saurait reconnaître.

Et pour faire encore ici de ce principe une application spéciale, mais très importante, on en déduira qu'il proscrit expressément le monopole extérieur ou commerce exclusif qu'un peuple prétendrait s'arroger au préjudice de tous les autres, et qu'il est de l'intérêt et du devoir de tous de ne pas tolérer.

Cette égalité politique des nations entre elles s'identifie dans la réalité avec ce qu'on appelle leur liberté politique : de sorte qu'il faut en conclure que celles qui se piquent d'être justes et libres ne peuvent ni méconnaître cette égalité, ni souffrir qu'elle soit outragée.

Ces principes élémentaires du droit politique, concernant 1° l'utilité et les moyens de conserver l'esprit national dans le sein des sociétés politiques, afin de rendre ces sociétés fortes et respectables les unes à l'égard des autres; 2° les avantages de la population et les inconvénients de l'extension du territoire au-delà des bornes naturelles; 3° la force, la composition des armées, et les récompenses qui sont propres à y maintenir les sentiments de l'honneur et de la gloire véritable; 4° le sage esprit, l'objet utile des alliances, la conclusion, la rédaction et l'exécution des traités; 5° la liberté des mers;

6° la légitimité, les déclarations, la conduite, le but et la fin de la guerre; 7° enfin, la liberté et l'égalité des nations entre elles : ces principes, disons-nous, ainsi que les règles essentielles qui s'y rattachent immédiatement, sont positifs, universels, invariables, de tous les pays, de tous les temps; et, par un enchaînement plus ou moins sensible de causes, soit morales, soit physiques, et de ressorts plus ou moins évidents, leur infraction, l'histoire le prouve, entraîne habituellement à sa suite sa répression et sa peine, comme leur observation porte avec elle sa récompense.

Titre II.

De ce que quelques peuples ne se conformeront pas à ces principes du droit politique, il ne s'ensuit pas, quoique Machiavel le suppose, que les autres peuples, et surtout les plus puissants, ne doivent point, pour leur propre avantage, s'y attacher et les faire observer.

Lorsque généralement ils ne seraient pas respectés, on n'en pourrait pas encore conclure qu'ils fussent sans fondement et sans utilité, et qu'une doctrine opposée ne fût non-seulement infructeuse, mais même nuisible et pernicieuse.

Il en résulterait que les peuples (ou les hommes qui les dirigent et les conduisent) ne seraient pas assez éclairés sur leurs vrais intérêts, et que par conséquent il importe de commencer par les instruire.

Et si la religion et le droit civil et pénal (ou les lois, traités et conventions écrites) n'ont pas (comme l'histoire le démontre encore) une efficacité suffisante pour assurer leur exécution, cela prouve toujours qu'il faut nécessairement, sous ce rapport comme sous celui de l'observation des principes du droit public, appeler de tous ses vœux et de tous ses efforts le perfectionnement de l'organisation et des institutions sociales, en les appuyant sur leurs solides et véritables fondements.

LIVRE III. — DROIT DES GENS.

Chapitre I. — *Base des principes.*

« La paix perdrait le plus grand de ses avantages et ne pourrait pas même subsister sans le commerce et les communications qu'elle doit établir entre les peuples. » Telle est la vérité qui sert de base à tous les principes élémentaires du Droit des gens ou Droit commun *en temps de paix.*

La guerre, ainsi que nous venons de le reconnaître, n'a pour but légitime que le retour de l'ordre, de la justice et de la paix. D'où il suit, comme le dit Montesquieu, que « les nations, pendant la guerre, doivent encore se faire le moins de mal qu'il est possible, sans nuire à leurs véritables intérêts; » autre vérité qui doit servir de base aux principes du Droit des gens *en temps de guerre.*

Chapitre II.

Titre I. — *Principes.*

De la première de ces deux vérités fondamentales, voici ce qui résulte et ce qu'il faut en déduire immédiatement.

§ Ier. Les nations éclairées et qui agissent conformément aux principes du droit, aux règles de la saine raison et d'après leurs véritables intérêts, doivent accueillir les étrangers, protéger leur vie, leur liberté, leur propriété, sans distinction de biens corporels et incorporels, mobiliers et immobiliers, ou autres, et les faire jouir du bénéfice des lois civiles et pénales, auxquelles, par réciprocité, et de même sans exception à l'égard de ces dernières, les étrangers doivent de leur part respect et soumission. « Le souverain, selon ce que disent Vatel, Locke, Burlamaqui et autres, ne peut accorder l'entrée de ses États pour faire tomber les étrangers dans un piège. Dès qu'il les reçoit, il s'engage à les protéger comme ses propres sujets, à les faire jouir, autant qu'il dépend de lui, d'une entière sûreté. D'un autre côté, tout homme qui a quelque possession, qui jouit de quelque terre et de quelque bien sous la protection d'un gouvernement, donne par là son consentement tacite aux lois de ce gouvernement; il est obligé, autant que puisse l'être chacun de ceux qui s'y trouvent soumis, d'obéir à ces lois, tant qu'il jouit de ces biens, ou quand il ne ferait que résider ou voyager sur le territoire de ce gouvernement. » — « Dans les pays où tout étranger entre librement, le souverain est supposé ne lui donner accès que sous cette condition, qu'il sera soumis aux lois générales faites pour maintenir l'ordre et qui ne se rattachent pas à la qualité de citoyen et de sujet de l'État (comme les lois constitutionnelles propres à régler l'exercice de la liberté sociale, des droits de cité ou de citoyen, tels que le droit d'élire les représentants, les magistrats, etc.; celui de voter dans les assemblées représentatives ou autres). » — « En vertu de cette soumission, les étrangers qui tombent en faute doivent être punis suivant les lois du pays. Le but du prince est de faire respecter les lois, et de maintenir l'ordre et la sûreté. » — « Dès qu'un homme a touché le sol d'un empire étranger, dès les premiers pas qu'il y fait, il a juré de respecter les lois et l'ordre établi parmi ceux qui l'habitent ; ce n'est qu'à cette condition que l'entrée lui en est ouverte. »

Cette protection à accorder à l'étranger ne doit pas se borner à assurer l'exécution des engagements et des obligations contractés envers lui sur les lieux et dans l'intérieur du territoire ; mais, quelque divergentes que soient les opinions des publicistes et des jurisconsultes à cet égard, quelles qu'aient été pendant assez long-temps en France, et que soient encore aujourd'hui chez d'autres peuples, l'incertitude, la vacillation de la législation et de la jurisprudence, ce principe prescrit encore d'assurer l'exécution des obligations contractées, des décisions et jugements rendus en pays étrangers, d'après les lois et les formes adoptées dans ces pays, soit entre étrangers de même nation, soit entre étrangers de nations différentes, soit entre des étrangers et des régnicoles, soit même entre des régnicoles ayant contracté ou ayant été jugés en pays étrangers ; pourvu seulement qu'il n'y ait rien dans ces conventions ou jugements qui renverse les principes du droit et de la morale, l'intérêt et l'ordre publics.

A l'égard des obligations contractées et des décisions prononcées entre étrangers d'un même pays ou de nations différentes, cette règle n'est susceptible d'aucune difficulté sérieuse.

Quant aux transactions et jugements qui concernent les régnicoles, soit entre eux, soit avec des étrangers, il n'existe pas non plus de motifs fondés pour ne pas assurer leur exécution. Si l'étranger, en entrant dans notre pays, contracte tacitement l'engagement de respecter nos usages, nos coutumes et nos lois, s'il reconnaît la juridiction des tribunaux et autorités des lieux, nous contractons tacitement les mêmes engagements, nous nous soumettons à une règle en tous points semblable du moment où nous entrons nous-mêmes sur un territoire étranger. Pour qu'il y ait justice en ce point, il faut en principe admettre et observer la réciprocité.

Ainsi des régnicoles, hors du territoire de leur patrie, et contractant entre eux ou avec des étrangers, sous la foi et l'empire des lois étrangères, doivent être jugés dans leur propre pays d'après ces mêmes lois.

Et à plus forte raison, lorsque des régnicoles, ayant contracté hors de leur patrie et sous la protection des juridictions étrangères, ont déjà été jugés, de leur aveu exprès ou tacite, par les tribunaux de ces mêmes juridictions, ils ne peuvent, si ce n'est d'un nouveau consentement mutuel et formel, faire revivre, de retour sur le sol de la patrie, leurs procès et leurs contestations, et solliciter une nouvelle décision de leurs juges naturels ou plutôt nationaux, à la juridiction desquels ils avaient par leur absence tacitement renoncé.

Tout litige est éteint et souverainement décidé entre eux lorsqu'il ne s'agit plus que d'obtenir l'exécution de décisions définitives, quoique ces décisions aient été prononcées en pays étrangers, et par des juridictions étrangères.

Il y a un extrême inconvénient pour la société et pour les parties à prolonger indéfiniment l'existence des contestations judiciaires ; et adopter ici un système contraire, ce serait leur donner en quelque sorte une nouvelle vie, une complication d'autant plus grande et peut-être inextricable.

Les jugements de *pareatis* ne doivent donc avoir pour objet que d'attacher aux jugements rendus par des tribunaux étrangers, dans les diverses circonstances qui viennent d'être spécifiées, le caractère et la formule exécutoires, sans qu'il y ait lieu d'entrer de nouveau dans l'examen et le jugement du fond.

Telle est la doctrine enseignée par Vatel : « Un souverain, dit-il, ne doit point écouter les plaintes de ses sujets contre un tribunal étranger, ni entreprendre de les soustraire à l'effet d'une sentence rendue dans les formes ; ce serait le moyen d'exciter des troubles continuels. Le droit des gens prescrit aux nations ces égards réciproques pour la juridiction de chacune, par la même raison que la loi civile ordonne dans l'état de tenir pour juste toute sentence définitive rendue dans les formes. » Il est vrai que l'auteur ajoute : « L'obligation n'est ni si expresse, ni si étendue de nation à nation ; mais on ne peut nier qu'il ne soit très convenable à leur repos et très conforme à leurs devoirs envers la société humaine, d'obliger leurs sujets, dans tous les cas douteux et à moins d'une lésion manifeste, à se soumettre aux sentences des tribunaux étrangers par-devant lesquels ils ont affaire. » Mais cette restriction n'a-t-elle pas pour résultat de détruire le principe, puisque, pour connaître s'il y a lésion, il devient nécessaire d'entrer dans l'examen de la cause au fond ?

Si, sans dérogation et même par confirmation du principe, cet examen au fond doit avoir lieu, c'est lorsqu'il s'agit de conventions contractées sous la puissance des lois du pays où l'exécution en serait réclamée, soit entre habitants et citoyens de ce pays, soit entre citoyens et étrangers, soit même entre étrangers seulement, et que ces conventions auraient été suivies de quelques décisions judiciaires dans un pays autre que celui où elles avaient été contractées; car si ces décisions ont donné aux conventions une interprétation contraire à l'esprit des lois sous la domination desquelles elles ont été consenties, ces décisions ne sont-elles pas, dans cette hypothèse, susceptibles d'être réformées, et n'appartient-il pas très naturellement aux autorités judiciaires des lieux où elles ont pris naissance d'en rétablir la juste interprétation, dans le sens, d'après l'esprit et la lettre des lois auxquelles les parties, fussent-elles étrangères, auraient volontairement, par le fait de leurs stipulations, donné juridiction sur elles? En France, un arrêt de la cour de cassation, du 28 pluviose an 12, paraît avoir jugé conformément à cette doctrine.

Les déclarations de guerre ne justifient pas les infractions du droit des gens sous le rapport de la protection que l'on doit aux étrangers, qu'ils soient ou non propriétaires de biens fonds situés dans l'intérieur du pays. Il fut un temps où, chez les Grecs, le droit de la guerre ne détruisait pas les droits de l'hospitalité. Par la déclaration de guerre de 1755 contre la France, l'Angleterre ordonna que tous les Français qui se trouveraient dans l'intérieur de son territoire pourraient y demeurer indéfiniment, avec une entière sûreté pour leurs personnes et leurs effets, pourvu qu'ils s'y comportassent comme ils le devaient, c'est-à-dire qu'ils n'entreprissent rien contre la sûreté de l'État. C'est un exemple à suivre ; et par une sage et active surveillance les autorités locales préviendront facilement les inconvénients que ce respect pour le principe pourrait faire appréhender.

Ce qui précède amène ici l'examen des questions de droit qui se rattachent à l'origine, à l'existence et à la suppression des prétendus droits de pérégrinité, d'aubaine et de détraction.

1° Lorsque la civilisation était dans l'enfance, lorsque la plupart des peuples étaient plongés dans la barbarie, ces peuples regardaient tous les étrangers comme des ennemis. Ils les redoutaient; ils les repoussaient de leur territoire ou les dépouillaient lorsqu'ils y étaient entrés. C'est à ces temps éloignés que Bodin et Grotius font remonter l'origine des iniques confiscations que l'on a depuis décorées du nom de droits, et qu'aujourd'hui encore on désigne sous le nom de droits de pérégrinité ou d'aubaine (*alibi natus*).

Les Spartiates voyaient un ennemi dans chacun des étrangers qui venaient visiter leur ville. Démosthène parle de ce prétendu droit de pérégrinité dans son oraison contre Eubolides; et Trasybule fut condamné à une amende de dix talents pour avoir accordé le droit de bourgeoisie à un étranger.

Dans les premiers temps de la république romaine, les lois *Mucia* et *Licinia* défendirent, sous peine de mort, aux étrangers de s'établir à Rome. Cicéron remarque que les Romains avaient long-temps confondu le mot d'*ennemi* avec celui d'*étranger : peregrinus anteà dictus hostis.* Et le jurisconsulte Pomponius s'exprime ainsi : « Ces peuples avec lesquels nous n'avons ni amitié, ni hospitalité, ni alliance, ne sont pas nos ennemis; et cependant, si une chose qui nous appartient tombe entre leurs mains, ils en sont propriétaires; les hommes deviennent leurs esclaves, et nous en agissons de même à leur égard. »

Les Capitulaires des premiers rois de France ne contenaient aucune disposition qui déclarât l'étranger incapable de succéder ni de tester en France. « On n'y rencontre, disait, dans la cause de la demoiselle Doria, M. de Polverel, avocat au parlement, que des lois pour décerner des peines contre quiconque oserait inquiéter les étrangers dans leurs personnes et dans leurs biens. C'est dans ces lois que je retrouve le beau précepte du législateur des Juifs, *peregrinum et advenam non contestabis de rebus suis.* » Mais on conçoit que sous le règne de la féodalité, les seigneurs ne durent pas laisser échapper ce prétendu droit, s'il existait déjà, ou l'occasion de l'établir, s'il n'y en avait point encore eu d'exemple. Aussi est-ce à ce temps-là que Montesquieu en fixe l'établissement.

Ces seigneurs prétendirent qu'il leur appartenait comme dérivant du droit de chasse aux bètes fauves, auxquelles il était bien juste que les étrangers fussent assimilés, lorsque les naturels serfs étaient traités comme des animaux domestiques.

Alors, et long-temps encore après, on distinguait deux sortes principales d'aubains.

Les hommes, pour la plupart, ayant été ou étant encore attachés à la glèbe, lorsqu'une personne, quoique régnicole, quittait le diocèse où elle était née pour aller s'établir dans un autre, elle était regardée comme aubaine; et c'était, disent les auteurs, la première espèce d'aubains. Ainsi ce droit inique s'exerçait alors pour ainsi dire de village à village, de seigneurie à seigneurie.

La seconde espèce était celle des hommes qui, nés en pays étranger, venaient s'établir dans le royaume. On les appelait aussi *mécrus* ou *méconnus*. Ils étaient traités encore plus durement par les seigneurs dans les terres desquels ils venaient s'établir ; et, dans plusieurs provinces du royaume, il était d'usage que ces seigneurs les réduisissent à l'état de serfs ou main-mortables. On les obligeait de payer une redevance annuelle plus ou moins forte. S'ils s'alliaient sans le consentement du seigneur, avec d'autres personnes que des étrangers, ils étaient sujets à l'amende ; et lorsqu'ils avaient obtenu ce consentement, ils ne laissaient pas que d'être tenus du *for-mariage*, qui était la moitié ou le tiers des biens.

Aux époques d'une civilisation plus avancée, sous quelques rapports, les gouvernements, encore peu éclairés sur les véritables intérêts des peuples, et sur les moyens d'assurer leur bien-être, ou peu jaloux de le leur procurer, conservèrent ou rétablirent ces confiscations, pour se les approprier et s'en enrichir à leur tour.

D'une part, lorsqu'un étranger venait à décéder sur le territoire d'un gouvernement qui lui avait accordé entrée et hospitalité, le fisc s'emparait, au préjudice de ses héritiers légitimes, de ses enfants mêmes, étrangers ou régnicoles, de tout ce qu'il pouvait posséder dans le pays au jour de son décès, si toutefois on l'en avait laissé jouir jusque-là. La veuve de l'aubain, quoique étant régnicole, ne recueillait pas les successions qui pouvaient lui échoir pendant la durée de son mariage, parce que jusqu'à l'époque de son veuvage elle était censée suivre la condition de son mari. En France, l'étranger pouvait cependant contracter et donner entre vifs librement, mais il ne pouvait tester. La maxime admise à son égard était *liber vivit, servus moritur*. Le fisc succédait aussi à l'étranger, même naturalisé, quand il n'avait pas disposé de ses biens par donation entre vifs ou par testament, et qu'il ne laissait d'ailleurs aucun héritier régnicole ou naturalisé.

D'une autre part, le droit d'aubaine s'entendait de la faculté attribuée au fisc de succéder au régnicole qui était sorti du royaume, et qui était censé avoir renoncé à sa patrie par le seul fait de sa résidence en pays étranger.

Enfin, les héritiers d'un régnicole, décédé dans son propre pays, se présentaient-ils pour recueillir les biens de sa succession, si ces héritiers n'étaient pas régnicoles, ils étaient repoussés par le fisc, qui leur enlevait toute l'hérédité ; et c'était encore là une autre application de ces droits d'aubaine ou de pérégrinité.

Dès le quatorzième siècle, plusieurs rois de France furent touchés de l'iniquité et des graves inconvénients de ces droits prétendus ou confiscations fiscales, ou peut-être, en travaillant à renverser le système féodal, ils considérèrent l'abolition de ces droits, ou du moins leur modération, comme une mesure favorable à l'accomplissement de leur entreprise. Ils les modifièrent successivement par des traités, des conventions et des actes particuliers. Ils y renoncèrent partiellement ou les réduisirent; et lorsque ces droits se trouvèrent bornés par là à un simple prélèvement, on appela ce prélèvement droit de *détraction*.

Les établissements de saint Louis et les ordonnances de Philippe-le-Bel, en réunissant ces droits à la couronne, commencèrent déjà à les adoucir. Suivant un édit de 1315, sous le règne de Louis X, dit le Hutin, les écoliers étrangers en furent exemptés. D'autres ordonnances de Charles V, en 1364, en faveur des marins castil-

4.

lans, et en 1366, en faveur des marchands italiens qui commerçaient à Nîmes; de Charles VI, de Charles VII, en faveur des grandes foires de Champagne, déjà établies depuis long-temps; de Louis XI, pour les étrangers qui allaient s'établir dans la ville de Toulouse, dans tout le Languedoc, et dans la ville de Bordeaux; le traité de ce prince avec la hanse teutonique; le traité de Madrid, fait entre François Ier et Charles-Quint, le 13 février 1526; le traité de Cambrai, au mois de juillet 1529; et le traité de Cambresis, en 1539, y apportèrent encore divers amendements et adoucissements. Charles VIII, Louis XII, Henri II, Henri III, Henri IV, Louis XIII, Louis XIV, entre autres par l'ordonnance de 1687, le traité d'Utrecht, la déclaration du mois de juillet 1739, les confirmèrent et les étendirent de nouveau, en faveur des Suisses, des Genevois, des Pays-Bas autrichiens, des Hollandais, des Anglais, etc. Les ministres de Louis XV profitèrent des intervalles assez longs de repos dont jouit la France, pour se livrer à des négociations de ce genre. Ils traitèrent successivement avec le Danemarck et la Suède. L'abolition de l'aubaine fut pour les sujets respectifs de la France, de l'Espagne et de Naples, la conséquence du pacte de famille; le traité avec l'Autriche est de 1766; le traité avec la Bavière, de 1768. En 1771, on rendit commun aux cantons suisses protestants l'accord passé en 1715 avec les cantons catholiques. Le traité avec la Hollande en 1773 est le dernier de ce règne. Sous Louis XVI, on négocia cet objet avec la Saxe, la Pologne, le Portugal et les États-Unis. Le traité de commerce avec la Russie abolit l'aubaine par une clause expresse. Rien de semblable n'avait été inséré dans le traité de commerce avec les Anglais; mais le 18 janvier 1787, des lettres patentes prononcèrent l'abolition gratuite de l'aubaine en faveur des sujets de la Grande-Bretagne.

M. Le Trône, dans son *Traité de l'Administration provinciale*, avait montré les inconvénients du droit d'aubaine pour le pays qui l'exerce. En 1783, M. Necker développa cette idée dans son grand ouvrage sur l'administration des finances. Il prouva que la cupidité faisait à la fois un faux calcul et commettait une injustice. « Le droit d'aubaine, disait-il, est encore plus nuisible aux nations qui l'exercent qu'aux étrangers dont on usurpe ainsi la fortune. » Lorsqu'il fut ministre, il fit prévaloir son opinion dans le conseil; et la suppression de l'aubaine fut décidée.

Tel était l'état de la législation sur cette matière lorsque la révolution commença. L'assemblée constituante reconnut que le droit d'aubaine était incompatible avec les principes d'équité et de fraternité qu'elle proclamait. Les décrets des 6 août 1790, 13-17 avril 1791, la constitution du 3 septembre de la même année (titre 6), abolirent les droits d'aubaine et de détraction.

Lors de la promulgation du Code civil, le droit d'aubaine fut en quelque sorte rétabli, ou du moins sa supression fut subordonnée, par les articles 11 et 726, à une condition de réciprocité.

Mais, sous un gouvernement qui, par sa nature, doit amener une observation plus rigoureuse des vrais principes du droit en général, la suppression de ce prétendu droit d'aubaine a été de nouveau admise et consacrée dans son intégrité, par la loi du 14 juillet 1819. Et l'on doit espérer non-seulement que la civilisation en France ne fera plus de pas rétrogades à cet égard, mais encore que les autres nations civilisées suivront ce noble exemple.

Si l'on est obligé de reconnaître les avantages, la nécessité des communications et relations entre les peuples pour le développement de la civilisation, pour l'avancement et la propagation de l'industrie, des arts et des sciences, pour la prospérité du commerce, la richesse et le bien-être réel de ces peuples, et pour la conservation de la paix; si l'on ne croit pas pouvoir interdire, comme le faisaient les barbares et les Romains mêmes, tout accès aux étrangers, tout mariage et alliance entre les membres d'une société politique et ceux d'une autre; si ces mariages et tous les rapports de famille entre les citoyens de différentes nations doivent être et sont autorisés par les principes du droit des gens et par les lois civiles (ou écrites), il faut nécessairement que le droit de succession réciproque soit admis entre les parents de quelque nation qu'ils soient; ou bien il y a inconséquence, contradiction et iniquité.

L'empereur Frédéric II fut le premier qui déclara, par un édit, tous les étrangers demeurants et mourants aux enclaves de l'Empire, capables de disposer par testament, et qui ordonna que leur succession serait dévolue aux plus proches parents, s'ils mouraient sans tester. Il voulut que, dans ce dernier cas, la succession de l'étranger fût déposée entre les mains de l'évêque; que l'hôte chez lequel l'étranger était logé n'en pût rien retenir; et que l'évêque rendît la succession aux plus proches parents, lorsqu'ils la réclameraient.

Édouard III, au contraire, par une loi tout-à-fait digne des siècles les plus barbares, défendit aux Français, sous peine de mort, de venir habiter l'Angleterre. Mais, depuis le règne d'Élisabeth, les étrangers sont, du moins quant aux biens mobiliers, aussi habiles à succéder que les Anglais eux-mêmes. Quant aux propriétés immobilières, on sait que les étrangers ne peuvent en acquérir en Angleterre.

La suppression du droit d'aubaine étant admise en principe, il s'agit de résoudre une question importante. Il s'agit de savoir d'après quelle loi sera réglée la transmission des biens de l'étranger, tant par succession ou *ab intestat*, que par donation entre vifs ou par testament, quant au fond, et quant aux formes.

Les publicistes à cet égard ne s'expliquent point avec assez de clarté et de précision. Le défaut de justesse et de propriété dans les termes qu'ils emploient, ou l'absence des définitions, en sont les causes principales. Leurs solutions sont trop hypothétiques; elles sont plutôt un exposé d'usages différents et contradictoires que le résultat d'un raisonnement propre à démontrer et à établir le droit. C'est cependant en semblable matière que la tâche des publicistes est moins de faire connaître ce qui existe, que de rechercher et de prouver ce qui devrait être, ce que les lois doivent ou ne doivent pas ordonner. Et, pour y parvenir, il faut surtout qu'ils s'appliquent à simplifier autant qu'il est possible, à ramener toutes les parties de la législation à des idées certaines et d'une solution facile; à écarter, à prévenir ainsi ce qu'on appelle avec raison les vaines subtilités, afin de diminuer les contestations et les procès, au lieu d'en augmenter le nombre, même à l'égard des étrangers.

Vatel et Burlamaqui, entre autres, font encore ici une distinction principale entre les biens mobiliers et les biens immobiliers, et semblent décider que la succession des biens mobiliers doit, en général, être réglée suivant les lois de l'état auquel l'étranger décédé hors de son pays n'a pas cessé d'appartenir, et celle des immeubles ou biens fonds, suivant les dispositions des lois du pays où ils sont situés. « Le souverain, disent-ils tous deux, n'a pas plus de droits sur les biens de l'étranger que sur sa personne; et toute prétention à cet égard serait également contraire au droit du propriétaire et à celui de la nation dont il est membre. En cas de mort, les biens qu'il délaisse doivent naturellement passer à ceux qui sont ses héritiers suivant les lois de l'état dont il est membre; mais cette règle générale n'empêche pas que les biens immeubles ne doivent suivre la disposition des lois du pays où ils sont situés. »

Cette disposition n'est-elle pas insuffisante?

Si l'on se rapporte à ce que nous venons d'exposer en traitant de la soumission de l'étranger aux lois du pays où il se trouve, on reconnaîtra que, par une conséquence et une application juste des mêmes raisonnements, la distinction qu'il est indispensable de faire est évidemment celle des biens, meubles ou immeubles, que l'étranger possède dans sa patrie au moment de son décès, et des biens, meubles ou immeubles, qu'il possède à la même époque dans le pays étranger où la mort vient le frapper. L'ordre de succession et de transmission des uns et des autres doit être réglé d'après les lois du pays où ils se trouvent.

Que les héritiers se partagent les biens meubles ou immeubles possédés par le défunt dans sa propre patrie suivant l'ordre de succession que les lois y ont établi, rien de plus naturel. On ne concevrait pas qu'il dût en être autrement.

Et si ces héritiers ou autres se présentent dans le lieu du décès pour y recueillir la portion des biens dépendants de la succession qui y est située, rien encore de plus simple et de plus juste que de régler entre eux la répartition de ces biens, quelle que soit leur nature, mobiliers ou immobiliers, d'après les lois qui y sont observées. En effet, si l'étranger, faisant chez un peuple une résidence quelconque, soumet aux lois, coutumes et usages de ce peuple non-seulement les propriétés immobilières qu'il y acquiert, mais encore les biens corporels ou mobiliers qu'il peut y posséder, et sa personne même, pourquoi ne serait-il pas naturel que les droits de ses héritiers (dont les uns peuvent être étrangers comme lui et les autres régnicoles) fussent réglés d'après les lois auxquelles il s'était involontairement soumis et qui devaient régler les siens? C'est, d'une part, un axiome de droit assez généralement reconnu, que les héritiers ne peuvent avoir plus de droits ni d'autres droits que celui à qui ils succèdent. D'autre part, la faculté de disposer de ses biens, à cause de mort, peut être différemment réglée et modifiée, par les dispositions des lois civiles dans chaque pays (voyez ci-dessus, page 16); mais cette faculté n'en est pas moins une conséquence du droit de propriété, qui doit être inviolable. Pourquoi donc celui qui peut disposer de ses biens par un testament ou par une donation, pourquoi celui qui peut changer l'ordre de sa succession par un acte, par une simple manifestation de sa volonté, par une disposition à cause de mort, ne le pourrait-il pas par un fait résultant également de sa volonté, par le fait de sa résidence dans un pays étranger où les dispositions du droit civil relatives à l'ordre et transmission des biens par voie de succession diffèrent des dispositions adoptées dans sa patrie sur la même branche de la législation civile?

Cette distinction, adoptée pour le règlement de la succession de l'étranger *ab intestat*, est à plus forte raison applicable au règlement et à la validité des dispositions entre vifs ou à cause de mort. Il faut donc reconnaître et poser en principe que l'étranger qui veut disposer par donation ou par testament doit, quant aux dispositions en elles-mêmes, se conformer aux lois existantes dans les pays où ses biens, meubles ou immeubles, sont situés : et quant aux formes, aux lois du pays où il se trouve ; ou encore, relativement aux biens situés dans son propre pays, aux formalités prescrites par les lois de ce pays, s'il existe, dans le lieu où il dispose, un ministre, un consul, ou autre autorité préposée par l'état auquel il appartient, pour l'observation de ces formalités.

2° Si le prétendu droit d'aubaine ou de pérégrinité est simplement une coutume barbare, que la civilisation et la connaissance des vrais intérêts des peuples doivent naturellement faire évanouir, et qui, selon toute apparence, finira par être universellement abrogée, un autre usage d'une même origine et également indigne des nations policées, c'est celui que l'on a désigné, aussi mal à propos, sous le nom de *droit de naufrage*, de *bris* ou de *varech*.

Par suite de ce prétendu droit, des malheureux battus de la tempête étaient de plus en butte aux rapines des habitants des rivages où ils étaient poussés par les vents.

Seldenus, entre autres, prétend que cet abominable usage avait été introduit par les Rhodiens.

La vérité est qu'il n'est peut-être aucun peuple d'une origine ancienne qui puisse se glorifier d'être exempt de cette tache de barbarie et d'inhumanité. La misère, la cupidité, la superstition, se liguèrent pour l'introduire, et elles le maintinrent pendant long-temps. L'histoire nous le montre existant en Europe, aussi bien que dans toutes les autres parties du monde, dans les contrées méridionales et dans celles du septentrion, dans la Grèce, la Sicile, l'Italie, en France et en Angleterre, et plus tard en Suède et sur les côtes de la mer Baltique, où, il y a peu d'années encore, les lois permettaient aux habitants de saisir, comme de bonne prise, tout ce dont ils pouvaient s'emparer après un naufrage, et, ainsi que le dit un auteur de ces pays, « *in naufragorum miseriâ et calamitate tanquam vultures ad prædam currere.* »

Montesquieu attribue la naissance de ce droit *insensé*, ainsi que celui d'aubaine, chez les Romains et dans les Gaules, à l'envahissement de l'empire par les peuples barbares.

Bodin assure qu'il se pratiquait de son temps en Éthiopie et en Moscovie.

Et, suivant la remarque de Vatel, les voyages des Hollandais aux Indes orientales nous apprennent que, par suite d'une semblable coutume, les rois de la Corée retiennent par force les étrangers qui font naufrage sur leurs côtes.

Mais, depuis des siècles aussi, la civilisation tendant à se développer, les principes du droit et de la raison faisant effort pour s'établir et pour dissiper les ténèbres, les hommes les plus éclairés, les poètes de l'antiquité, les publicistes modernes et les législateurs, s'appliquèrent par divers moyens à réprimer ou à adoucir du moins ces actes d'avidité et de brigandage.

Euripide, introduisant sur la scène quelqu'un qui avait

fait naufrage, lui fait tenir ce langage : *Je suis de ces gens qu'on ne doit pas piller.*

Sopâtre et Syrien font mention d'une loi établie en Grèce pour abolir ce droit.

Adrien et Antonin sont les premiers empereurs qui paraissent y avoir renoncé. Mais les lois qu'ils firent sur cette matière furent mal exécutées, et bientôt totalement négligées par plusieurs de leurs successeurs. Ainsi, pendant la décadence de l'empire, la coutume de piller les effets naufragés fut une espèce de mal épidémique qui s'étendit de toutes parts. « Quel droit a le fisc, disait cependant l'empereur Constantin, sur ce qu'on a perdu par un si triste accident ? Et faut-il qu'il grossisse son fonds aux dépens des malheureux ? »

Le droit romain déclare que c'est un crime capital que de faire périr des personnes naufragées, ou de les empêcher de sauver le navire. Le vol d'une seule planche du navire naufragé ou échoué rendait le coupable responsable de la totalité du navire et du chargement.

Les lois des Visigoths et les anciennes constitutions des Napolitains punissaient très sévèrement ceux qui négligeaient de secourir un vaisseau en danger, ou qui pillaient les marchandises jetées sur le rivage.

La puissance des rois du nord fut long-temps trop faible pour contraindre les seigneurs féodaux à renoncer à l'exercice de ce droit, que ces rois voulaient s'attribuer à eux-mêmes en le modérant.

Dans le seizième siècle, Christian II, roi de Danemarck, ayant essayé de l'abolir dans ce royaume, ce fut, dit-on, un des griefs qui firent que la noblesse et les évêques se liguèrent pour le détrôner.

En Angleterre, suivant l'ancienne loi commune, ce droit avait lieu lorsqu'un vaisseau ayant péri en mer, les marchandises ou le chargement avaient été jetés sur le rivage. Dans ce cas, ces biens naufragés étaient adjugés au roi; et, dans quelques autres circonstances, au seigneur ayant conservé le droit de naufrage. Henri Ier régla que, s'il échappait du navire un individu vivant, il n'y aurait pas lieu à ce droit. Blackstone, dans ses *Commentaires*, énonce, et, d'après lui, nous avons cité dans *la Science du Publiciste* (vol. III, p. 13 et suiv.), les divers statuts qui ont apporté dans ce pays, en faveur des malheureux naufragés, des modifications et adoucissements graduels à la rigueur de la loi. Sur l'autorité du même auteur, nous avons dit aussi que le revenu qui provient de l'exercice de ce droit est encore abandonné fréquemment en Angleterre aux seigneurs des manoirs comme concession royale, mais que, pour constituer un droit légal de bris ou naufrage, il faut que les marchandises viennent à terre, et que la propriété ne soit pas réclamée dans l'an et jour. Si, au contraire, elles restent à la mer, on les distingue sous le nom de *jetsam*, *flotsam* et *ligan*. *Jetsam* désigne les objets engloutis dans la mer et qui restent sous l'eau; *flotsam*, ceux qui continuent de flotter sur la surface de la mer; *ligan*, ceux qui sont plongés sous les eaux, mais qui sont attachés à un liège ou à une bouée, et qu'on peut retrouver par ce moyen. Ils appartiennent tous exclusivement au roi, mais de même lorsque personne n'en réclame la propriété dans l'an et jour. Le statut de la vingt-septième année du règne d'Édouard III, chap. 13, le statut de la 12e année du règne de la reine Anne, st. 2, c. 18, confirmé par le statut 4 George I, c. 12, le statut 26 George II, c. 19, contiennent diverses dispositions humaines et tutélaires pour conserver au propriétaire les objets naufragés, et déterminent, entre autres, le mode de la répartition des récompenses appelées *salvage*, *sauvement*, ou *sauvetage*, qui doivent être payées par ce propriétaire à ceux par qui les marchandises ou effets ont été sauvés ou conservés.

En France, dès l'année 1231, saint Louis fit un traité avec le duc de Bretagne, qui exerçait avec rigueur le droit de naufrage, pour l'engager à y renoncer. La renonciation n'eut lieu qu'à condition que les navigateurs prendraient de ce duc des *brefs* ou *brieux*, appelés les uns *de sauver*, et les autres *de conduite* ou *de victuailles*.

Vers le même temps parurent les fameux jugements ou règlements d'Oléron, qui avaient eu pour objet unique la navigation des côtes de la Guienne, du Poitou et de la Normandie, mais qui furent trouvés si judicieux qu'on les adopta partout. La première partie de la *Science du Publiciste* (vol. III, p. 21 et suiv.) contient aussi l'énumération des traités, ordonnances, déclarations, lois, décrets et arrêtés qui ont successivement amélioré l'état de la législation en cette matière: ce n'est pas ici le lieu de les citer de nouveau; il doit nous suffire d'y renvoyer.

Une constitution de l'empereur Frédéric a aussi aboli ce droit.

Barbeyrac, dans ses notes sur Grotius, cite une loi faite par le conseil des pregadi, à Venise, en 1583, qui défend, sous de graves peines, de rien prendre de ceux qui ont fait naufrage, et qui règle les choses, dit cet auteur, avec toutes les précautions nécessaires pour que les véritables maîtres des biens naufragés puissent les recouvrer facilement.

On voit que ce droit, d'abord limité par des privilèges et des lois dont on trouve quelques exemples en Europe dès le douzième siècle, et d'autres exemples plus fréquents au treizième, peut être considéré, ainsi que le remarque un publiciste de nos jours, comme presque entièrement banni de cette partie du monde. S'il en reste quelques vestiges, bientôt, il faut le croire, il sera, de même que celui d'aubaine et de détraction, entièrement effacé.

Quelle que soit l'amélioration réelle de la législation à cet égard chez les nations civilisées, pense-t-on cependant qu'elle y soit arrivée à son plus haut point de perfection, et qu'il n'existe dans ses dispositions rien qui puisse l'éloigner du but qu'elle doit se proposer? Sous le prétexte de soustraire les naufragés au pillage et aux extorsions des simples habitants, les seigneurs ne firent guère que substituer leurs brigandages à ceux du peuple ; et les rois, devenus assez puissants, dépouillèrent les seigneurs à leur tour, pour augmenter leurs propres richesses. En France, aujourd'hui, le produit de la vente des effets provenant de bâtiments naufragés entre dans le domaine de l'État, et il reçoit sans doute une application utile, puisque, sauf réclamation de la part de qui il appartiendra, il doit être versé à la caisse des invalides de la marine, en conformité de l'article 15 de l'arrêté du 6 germinal an 8, lequel portait création du conseil des prises; et de l'article 4 de l'arrêté du 19 nivose, relatif au mode d'exécution de la loi du 13 mai 1791, sur la caisse des prises.

Mais, d'une part, le délai pour la validité de la réclamation, fixé à l'an et jour par le code maritime d'Oléron, § 28, limité à deux mois seulement par le parlement, en enregistrant l'ordonnance du mois de février 1543 et celle du mois de mars 1584, et rétabli pour l'an et jour par l'ordonnance de 1629 et par celle du mois d'août 1681, est-il suffisant? Ne devrait-il pas être assimilé du moins au temps fixé pour la prescription ordinaire en fait de meubles? Cette prescription, aux termes de l'art. 2279 du Code civil, ne s'acquiert que par le laps de trois années; et il est à remarquer que, conformément à l'article 531 du même Code, les navires sont placés dans une catégorie particulière, à cause de leur grande importance.

D'autre part, en s'attribuant les effets non réclamés, le fisc n'éloigne-t-il pas ceux qui les ont trouvés ou sauvés d'en faire leur déclaration? Ne préjudicie-t-il pas ainsi aux naufragés? Ne porte-t-il pas d'ailleurs atteinte à un droit très réel et très fondé de propriété acquise au courage et à l'industrie, ou même au premier occupant, à défaut de justification de possession plus ancienne? L'ordonnance de François Ier, du mois de février 1543, ordonnait du moins qu'à défaut de réclamation dans l'an et jour, un tiers des effets qui auraient été tirés de la mer appartiendrait à ceux qui les auraient sauvés, un tiers à l'amiral, et l'autre tiers au roi ou aux seigneurs auxquels il aurait cédé son droit. Les deux dernières parts n'étaient pas les mieux fondées en droit, les plus légitimes.

3° Si, comme nous venons de le voir, les peuples doivent accueillir et traiter humainement les étrangers, respecter et faire respecter leurs personnes et leurs biens, s'ensuit-il que ceux qui, ayant encouru, par la violation des lois de leur patrie, la répression de la justice, seront parvenus à s'y soustraire en fuyant sur un autre sol, doivent y être accueillis et mis à l'abri de toute poursuite? Le droit des gens oblige-t-il le peuple chez lequel ils se sont retirés de se refuser à toutes les réclamations de la nation lésée?

Les publicistes font ici une distinction fondée.

S'agit-il de ces actions illégales qui blessent les dispositions des lois écrites particulières à chaque état, de ces actions que le principe même qui leur a servi de mobile rend quelquefois excusables, s'il ne peut les justifier entièrement, comme aussi, et à plus forte raison, de ces fautes ou délits politiques et de circonstance qui tiennent plus au malheur des temps de trouble et de révolution, à la fragilité de la raison humaine, qu'à la corruption et à la perversité du cœur, nul peuple ne peut sûrement refuser un refuge aux malheureux qui le réclament alors, ni, lorsqu'il leur a été accordé, trahir envers eux les lois et devoirs de l'hospitalité.

Mais les hommes qui se sont rendus coupables de crimes contre les lois primitives et générales de la nature et de l'humanité, les incendiaires, les empoisonneurs, les assassins, ne doivent trouver de protection en aucun lieu de la terre. Tous les peuples, tous les hommes ont intérêt à ce qu'ils soient réprimés, et le mal qu'ils ont fait, réparé autant qu'il est humainement possible qu'il le soit. Il est donc naturel, et il est aussi d'usage, qu'ils soient arrêtés et livrés à la puissance offensée qui les réclame.

4° L'exposé, qui précède, de la vérité servant de base aux principes du droit politique, et la simple énonciation de la vérité servant de base aux principes du droit des gens en temps de paix, renferment en effet la démonstration du principe qu'il s'agit de consacrer relativement à l'abrogation nécessaire et irrévocable de tous systèmes prohibitifs des productions et marchandises étrangères, et plus ou moins propres à entraver la liberté du commerce extérieur.

Si l'on est pénétré de ces vérités fondamentales, on conçoit facilement que ces systèmes sont absurdes et contraires à l'établissement d'une paix sincère et durable, au bien de l'humanité, à la richesse des nations, à la prospérité particulière des peuples qui auraient le plus de motifs spécieux pour se persuader qu'ils peuvent leur être utiles; aux avantages réels de la classe des manufacturiers et fabricants, dont quelques-uns, s'arrêtant à l'écorce et ne songeant qu'à l'intérêt précaire du moment, imaginent peut-être que l'admission de pareils systèmes est pour eux tout profit et bénéfice; enfin à l'intérêt des gouvernements et au but qu'ils doivent se proposer. Les gouvernements s'abusent et se portent à eux-mêmes un notable préjudice, lorsqu'ils cherchent à tromper les peuples sur ce point.

Tout cela est maintenant prouvé jusqu'au plus haut degré d'évidence par des raisons et des rapprochements décisifs, et par les opinions et les ouvrages des hommes les plus judicieux et des économistes les plus habiles. Adam Smith, Servan, Filangieri, MM. Bentham, Say, Delaborde, entre autres, ont acquis, sous ce rapport, des droits immortels à la reconnaissance de la postérité.

Nous avons transcrit, dans la *Science du Publiciste* (vol. III, pag. 42 et suiv.), quelques passages de leurs savants traités; et nous devons ici, en renvoyant à ces auteurs ou du moins aux citations que nous en avons faites, admettre avec eux pour bien constant que l'entière renonciation à ce genre de chaînes et d'entraves est nécessaire pour faire disparaître cette sorte de détresse, cet état de gêne réciproque, que les sociétés politiques éprouvent, et pour donner à l'industrie toute l'activité et le développement qu'elle doit recevoir.

Il y a des difficultés d'exécution, sans doute, mais c'est aux véritables hommes d'état de savoir les surmonter, de choisir les temps et les circonstances propices, de profiter soigneusement de toutes les ouvertures favorables qui ne peuvent manquer de se présenter, et qu'ils doivent s'appliquer à faire naître.

En un mot, la science du droit et celle de l'administration n'ont rien de contradictoire. Elles doivent avoir les mêmes vues; elles tendent aux mêmes fins. Mais, si c'est au publiciste d'indiquer le but, c'est à l'administrateur qu'il appartient de suivre la route la plus prompte et en même temps la plus sûre pour y arriver.

5° Nous avons vu que le droit des gens, partout où ses principes sont connus et respectés, garantit à l'étranger la jouissance entière des facultés naturelles, des droits universels et imprescriptibles de l'homme, la sûreté, la liberté, la propriété, ainsi que la participation au bénéfice, à la protection des lois civiles et pénales constitutives de la liberté civile proprement dite; de telle sorte que, par une conséquence de cette liberté, l'étranger conserve hors de son pays la faculté de s'obliger, d'acquérir, d'aliéner, de contracter mariage, de disposer par donation ou par testament, de succéder, etc.

Nous avons eu lieu en même temps de remarquer que les droits de l'étranger ne s'étendent pas jusqu'aux droits constitutifs de la liberté sociale ou constitutionnelle, jusqu'aux droits spécialement et exclusivement inhérents à la qualité de citoyen, tels que l'admission dans les assemblées électorales et l'éligibilité aux magistratures et fonctions publiques.

La possession de ces droits, de cette liberté, ne lui est pas indéfiniment interdite, mais il ne peut les acquérir que par sa naturalisation.

Dans les temps de servitude et d'esclavage, une sorte de droit des gens conventionnel, souvent en opposition directe avec les vrais principes, s'opposait à ce que le sujet d'un état ou même d'un fief fût admis au nombre des vassaux ou sujets d'un autre; et Vatel remarque, en le blâmant, qu'un usage semblable et plus récent ne permettait pas en Suisse de recevoir au nombre des citoyens d'un des cantons les citoyens d'un autre canton.

Dans d'autres pays, particulièrement en Angleterre, dans quelques circonstances (comme, par exemple, le séjour d'un matelot à bord d'un vaisseau, en temps de guerre, pendant deux années), le fait d'une résidence plus ou moins prolongée, paraît être considéré, ainsi que la simple naissance, comme suffisant pour qu'indépendamment d'une volonté formellement exprimée il s'opère une sorte de naturalisation connue sous le nom de *denization*, et même une naturalisation aussi complète, aussi entière qu'elle puisse exister dans ce pays. (Blakstone, *Commentaires*, tom. II, pag. 69 et 70; tom. III, pag. 88, traduction de M. Chompré.)

Ces coutumes opposées n'ont ni les unes ni les autres leur fondement dans le droit.

D'un côté, si l'homme, être libre de sa nature, et ne pouvant malgré lui être retenu dans un lieu qu'il ne veut pas habiter (voy. ci-dessus, p. 6 et suiv.), use en ce sens de son indépendance et passe sur le territoire d'un peuple étranger où le droit des gens lui assure d'abord un asyle inviolable, et où par la suite il trouve en effet protection, bien-être et prospérité, il n'est aucun motif qui s'oppose à ce qu'il reconnaisse pour sa patrie adoptive celle dont il tient tous ces biens, et à ce que celle-ci consente à l'admettre au nombre de ses enfants.

D'un autre côté, l'attachement à une première patrie, au sol qui le vit naître, étant dans l'homme un sentiment, un devoir naturel, la volonté de les abandonner pour toujours ne doit pas être présumée, mais formellement exprimée, avant que sa naturalisation puisse être effectuée; et, à défaut d'une déclaration expresse et authentique pour constater une semblable volonté, la présomption de droit sera toujours en faveur de l'esprit de retour, quelque longue que soit la résidence en pays étranger.

A l'égard des enfants, une pareille déclaration de leur part est nécessaire, s'ils ont atteint l'âge de la majorité ou celui de l'émancipation. Mais s'ils sont mineurs, ils suivent la condition du père de famille; et leur naturalisation, dans ce cas, doit s'opérer de plein droit par le fait de la naturalisation du père, et ne s'effectuer qu'avec elle.

Quant à la femme, elle doit aussi soumission à son mari; son sort est irrévocablement lié au sien. La naturalisation du mari doit donc pareillement entraîner celle de la femme.

§ II. Après avoir déduit de la vérité servant de base aux principes élémentaires du droit des gens, en temps de paix, ceux de ces principes qui concernent en général les étrangers d'une condition privée, il y a lieu d'en rechercher les conséquences et d'en faire l'application à l'égard des hommes revêtus d'un caractère public ou national, aux ambassadeurs et autres agens diplomatiques.

Il est évident que ce caractère ne peut priver ces divers agents, ambassadeurs, ministres plénipotentiaires, envoyés, résidents, consuls, députés, commissaires et autres, des droits et de la protection qui leur seraient assurés comme simples étrangers, et qu'il serait plutôt un motif de les environner d'un grand respect et d'une haute considération. Aussi est-il remarquable qu'aux époques mêmes d'une civilisation naissante, chez des peuples encore barbares, leurs personnes furent en effet déclarées inviolables. C'est ce qu'attestent les témoignages nombreux des auteurs et des historiens de l'antiquité : « *Sanctum et inviolabile apud omnes nationes legatorum nomen.* »

Il dut, à plus forte raison, en être de même chez les nations modernes, lorsque les avantages des relations et communications habituelles entre elles commencèrent à se faire mieux sentir, et lorsque l'usage des ambassadeurs ordinaires et résidents fut établi en Europe; ce qui toutefois ne remonte guère qu'à l'année 1565, sous le règne de Charles IX en France, et de Philippe II en Espagne. Depuis lors, ce principe de l'inviolabilité des ambassadeurs fut universellement consacré et pratiqué en Europe.

De plus, il y fut enseigné par les publicistes, reconnu et admis par les gouvernements, que l'ambassadeur, l'envoyé, le diplomate, etc., représentant une puissance politique qui ne peut être soumise aux lois et à la juridiction des tribunaux d'une autre puissance politique, devait être considéré comme hors de toute sujétion de cette nature, lorsqu'il agirait en vertu de ses pouvoirs et dans le cercle des attributions que ces pouvoirs lui donnent; et qu'en conséquence, si dans cette hypothèse sa conduite devenait préjudiciable en quelque manière au gouvernement ou aux sujets du gouvernement auprès duquel il se trouvait accrédité, ces parties lésées, ce gouvernement lui-même, ne pouvaient, pour obtenir satisfaction, que s'adresser à la puissance de laquelle cet agent tient sa qualité et son mandat, et, au besoin, le renvoyer auprès de cette puissance.

Les choses n'en demeurèrent pas là. Le faux honneur, la vaine gloire de quelques souverains orgueilleux et altiers qui prétendirent s'attribuer sur leurs peuples une autorité sans limites, leur firent imaginer de soutenir que l'inviolabilité de leurs ambassadeurs et délégués devait aussi ne point admettre de bornes; que leur qualité de représentants devait les soustraire à l'empire de toutes les lois civiles et pénales des peuples au milieu desquels ils résidaient, soit qu'ils s'obligeassent, achetassent ou vendissent en leur nom personnel, soit qu'ils se rendissent coupables de quelques crimes et délits privés. Ils soutinrent même et firent quelquefois admettre que le domicile de l'ambassadeur, participant de l'inviolabilité illimitée et absolue inhérente à sa personne, devait être pour tous les malfaiteurs un refuge impénétrable et assuré.

Ces prétentions extensives et exagérées étaient sans fondements ni raisons suffisantes. Dans l'origine, il n'avait été question, ainsi que Barbeyrac dans ses notes sur Grotius en fait la remarque, que de mettre les hérauts ou envoyés d'un peuple ennemi qui demandait la paix ou déclarait la guerre, à l'abri de la fureur et des insultes du peuple ou des soldats. « Si on examine, dit-il, ce qui est dit dans les anciens auteurs au sujet de la sûreté des ambassadeurs, on verra que cette sûreté ne regarde guère que ceux qui ne font aucun mal, et qu'elle consiste seulement en ce qu'on ne peut se prévaloir contre eux du droit de la guerre, ou de quelque autre raison qui autoriserait d'ailleurs à s'en prendre aux sujets de la puissance de la part de qui ils sont envoyés. » Cela était dicté par la prudence, la bonne politique, le droit et la raison. Mais de la règle, en ceci comme en tant d'autres choses, on vit naître l'abus. Les titres, l'autorité, la puissance, dans un ministre plénipotentiaire, ambassadeur ou autre, ont pour objet de faire régner la justice ; leur résultat ne doit donc jamais y être contraire. S'il contracte en son propre et privé nom un engagement, une obligation quelconque envers l'un des membres de la société avec laquelle sa mission est d'entretenir justice, paix et amitié, il ne faut pas qu'il puisse se faire du caractère sacré dont il est investi un instrument de fraude et d'iniquité, un rempart insurmontable à l'abri duquel il puisse impunément commettre toutes sortes de crimes et de délits. Un souverain ne saurait souffrir que les immunités qu'il accorde ou reconnaît deviennent préjudiciables à ses sujets. La cause de l'un d'eux, dans le cas supposé, est celle de la faiblesse contre la puissance, et il faut que justice lui soit assurée.

Si le ministre étranger, en son nom et dans son intérêt personnel, a consenti une transaction, et que, pour en obtenir l'exécution, lui-même forme une demande devant les tribunaux du lieu, on ne se fera certainement pas un prétexte de sa qualité pour refuser de faire droit à sa demande. Comment donc celui qui de son côté réclame contre lui l'exécution des mêmes conventions et stipulations pourrait-il être raisonnablement privé de ce droit, conséquence nécessaire et inséparable du premier? Comment admettre un système qui conduirait naturellement à cette conclusion, que le droit sacré de la défense, dont nul homme ne peut être privé, pourrait néanmoins lui être enlevé en certains cas, et lorsqu'il serait obligé de lutter contre un adversaire à la vérité revêtu d'un caractère politique, mais qui cependant n'aurait pas contracté en cette qualité? Le premier jugement, l'inspiration spontanée de la conscience repousse une telle doctrine comme absurde et par trop contraire aux règles les plus simples du bon sens et de l'équité.

Mais, dit-on en s'appuyant de l'autorité de Grotius, l'inviolabilité de l'ambassadeur importe bien plus que sa punition pour un crime particulier, quelque contraire qu'il soit à la justice naturelle : « *Securitas legatorum utilitati quæ ex pœnâ est, præponderat.* » C'est là, il faut le dire malgré le respect dû à l'opinion du savant auteur, un vrai sophisme, une assertion qu'il faudrait prouver et que l'on ne peut prouver; car plus on approfondira cette question avec lumières, attention et bonne foi, plus on se convaincra qu'en toute matière rien n'importe davantage à l'humanité, à l'intérêt universel des peuples et des hommes, que de ne pas souffrir que l'équité ou la justice naturelle puisse jamais être impunément outragée.

Il est d'ailleurs facile de réfuter ici successivement les allégations particulières sur lesquelles on pourrait tenter d'appuyer une assertion si hasardée et si fausse.

1° De ce que les ambassadeurs ou autres agents diplomatiques sont les représentants ou mandataires d'une puissance qui ne peut être soumise aux lois et à la juridiction d'une autre, conclure qu'il doit en être de même dans tous les cas indistinctement, à l'égard du mandataire, c'est évidemment pousser trop loin la fiction de la représentation et du mandat. L'effet du mandat, en thèse générale, ne peut jamais faire qu'il y ait identité parfaite, entière, absolue, entre le représentant et le représenté, entre le mandataire et le mandant, quel qu'il soit. A plus forte raison, l'effet de la représentation ne peut jamais faire non plus qu'il y ait identité parfaite entre l'État représenté et son ambassadeur. La fiction résultante de cette espèce de mandat ne fait pas qu'indistinctement, et quelles qu'elles soient, toutes les actions de l'ambassadeur puissent être attribuées à la puissance dont il tient ce mandat et le caractère diplomatique qui y est attaché. Sans doute la conséquence sera telle toutes les fois que l'ambassadeur agira en vertu de ses pouvoirs et en sa qualité de diplomate; mais, certes, elle n'est plus la même lorsqu'il s'agit de ses actions privées et de ses intérêts personnels. Ce sérait à l'État, qui croirait devoir attacher quelque importance à ce que son envoyé ou mandataire ne se trouvât pas soumis à des lois et juridictions étrangères pour raison de ses intérêts particuliers, à lui donner les ordres et les instructions convenables, à prendre les mesures nécessaires pour qu'il ne soit jamais et qu'il ne lui soit même pas possible de se mettre, par son fait, dans une position où ces lois et juridictions puissent l'atteindre.

2° Vainement aussi avancerait-on, comme l'ont fait quelques auteurs, que les simples citoyens ne viennent que de leur plein gré sur le territoire des peuples étrangers, tandis que les ambassadeurs et autres diplomates y sont appelés par le besoin des nations, par la nécessité où la nature les place d'entretenir entre elles des relations, et que si ceux-ci n'étaient pas à l'abri de toute sujétion, de toute atteinte des lois et des juridictions étrangères, personne ne consentirait à se charger d'une ambassade. Tout homme qui sera dans la ferme résolution de respecter individuellement, et quant à ce qui est de ses actions, de ses intérêts personnels, les lois des peuples auprès desquels une mission toujours honorable devra le conduire, ne refusera pas cette mission par un sujet de crainte aussi pusillanime. Les nations d'ailleurs ont bien, il est vrai, un intérêt très grand d'envoyer et de recevoir réciproquement leurs députés et ambassadeurs, mais on ne peut pas dire qu'elles y soient contraintes. C'est aussi le besoin des communications, du commerce, de la bonne harmonie entre les nations, qui doit leur faire admettre et protéger les simples étrangers, c'est-à-dire ceux qui ne sont revêtus d'aucun caractère public, les négociants, les voyageurs et autres ; et cela ne doit pourtant pas mettre obstacle à ce que ces étrangers soient soumis aux lois et tribunaux du pays où ils sont accueillis et protégés. (V. ci-d., p. 42 et suiv.)

3° Pour répondre à cette objection, « qu'il serait dangereux, relativement aux missions dont ils sont chargés, de ne pas mettre les ambassadeurs entièrement à couvert de toutes violences et contraintes, » il est à remarquer que les traités conclus et même signés par les ambassadeurs et autres envoyés diplomatiques sont sujets à ratification, et ne sont achevés, complets et obligatoires, qu'autant que les souverains approuvent, par l'échange des ratifications, l'usage que leurs ministres ont fait des pouvoirs qui leur avaient été confiés.

De cette réflexion il suit qu'il est chimérique de supposer que l'on puisse, sous le prétexte de quelque crime ou délit personnel, employer contre un ambassadeur la violence ou l'astuce pour arriver à lui arracher un traité inique et onéreux pour la puissance dont il stipule les intérêts. C'est d'ailleurs ce dont une nation n'aurait pas besoin si elle voulait commettre l'injustice; c'est supposer l'invraisemblable, au moins dans un siècle éclairé. C'est ce que l'on pourrait tout au plus présumer de peuples ignorants et barbares, mais ce qui devient entièrement impossible de la part du peuple où le principe de l'indépendance judiciaire sera observé ainsi qu'il doit l'être.

Les inconvénients d'une inviolabilité illimitée ne sont pas aussi chimériques, aussi illusoires, puisqu'en effet, dans cette hypothèse, des ministres, des agents étrangers, pourraient ourdir et mettre à exécution les conspirations les plus dangereuses, avec certitude de l'impunité; et puisque, après avoir vu leurs complots déjoués et leurs complices découverts, ils pourraient encore assurer l'impunité de ces derniers, en leur donnant retraite auprès d'eux.

4° Quant au respect et à la considération que réclame le caractère qui accompagne les envoyés d'une puissance, il n'existe pas d'impossibilité à les concilier avec le respect et l'exécution dus aux lois. Chez les peuples civilisés, les personnes de la plus haute distinction doivent et peuvent être appelées en justice, sans qu'il y ait infraction des égards que l'on est justement convenu d'accorder à leurs rangs et à leurs dignités. Il est facile de prescrire des formes propres à éviter tout scandale, même dans l'exécution des mesures rigoureuses; et s'il ne s'agit, par exemple, que d'une simple action civile, l'assignation ou demande judiciaire peut être adressée au ministre des relations extérieures, qui serait tenu de la transmettre à l'ambassadeur en personne, et d'en constater la remise par un procès-verbal régulier. Binkershoeck décide même que ce n'est pas manquer de respect à la maison d'un ambassadeur, que d'y envoyer les officiers de justice pour signifier ce dont il est besoin de donner connaissance à l'ambassadeur.

5° Enfin, dans la réalité, quelle peut être la valeur et le fondement de cette prétention hautaine, de vouloir placer ses ambassadeurs au-dessus de la puissance des lois et juridictions étrangères, s'ils les ont individuellement outragées? A voir les choses dans leur jour véritable, n'est-il pas plus déshonorant et plus honteux pour un peuple de vouloir se rendre suspect, à juste titre, et se charger des fautes, des délits et des crimes commis par ses agents, en cherchant à en assurer l'impunité, que de consentir contre eux l'application des peines prononcées par les lois qu'ils auraient violées, lorsqu'ils devaient les respecter? Ce qu'un gouvernement a raisonnablement droit d'exiger, c'est d'être prévenu sans retard des infractions de ce genre reprochées à ses représentants, et des mesures que la sûreté et la justice ont obligé de prendre contre eux.

Ce qu'il doit faire ensuite, s'il veut éviter que l'application des peines et des lois soit faite par la puissance lésée, c'est de donner lui-même, autant qu'il est possible, une prompte et entière satisfaction. Telle doit être la conduite équitable d'une puissance qui aime la justice et qui tient à sa gloire.

Quelque péremptoires que soient ces raisons, les opinions des publicistes, ainsi que les exemples qu'ils apportent à l'appui, ont cependant été jusqu'ici contradictoires. Mais celles qui sont conformes à la saine doctrine ne sont ni les moins nombreuses ni les moins respectables quant à leur source. Comme cela devait être, elles sont d'ailleurs beaucoup moins dubitatives et chancelantes. Ainsi, par exemple, il y a déjà long-temps que Wolf a dit très affirmativement : « Puisque l'ambassadeur ne représente celui qui l'envoie que par rapport aux actes qui regardent l'affaire pour laquelle il est envoyé, il ne peut être considéré, par rapport à ses actes privés, que comme un étranger qui se trouve dans le territoire d'autrui ; par conséquent il est censé jouir naturellement du droit des étrangers. C'est pourquoi, par rapport à ses actes privés, à sa suite, à ses bagages ou à ses effets, il est soumis par le droit des gens naturel à la juridiction du lieu, tant civile que criminelle, et il n'y a aucune raison pour laquelle le droit des gens volontaire (c'est-à-dire conventionnel ou écrit) doive changer quelque chose à cela. Ainsi, il n'est point du droit des gens, ni naturel, ni volontaire, que l'ambassadeur, avec sa suite et ses bagages, soient censés hors du territoire ; ni par conséquent, ce qu'on en infère, que sa personne soit sacrée et inviolable, en ce sens qu'il soit indépendant de l'empire de celui dans le territoire de qui il réside ; beaucoup moins encore qu'il ait juridiction sur sa suite, et que le droit d'asyle soit attaché à la maison où il demeure. » Un ouvrage plus récent, *l'Institution du Droit de la nature et des* *gens** , contient ce qui suit : « Malgré son immunité, un ministre est obligé de respecter les lois de police qui tiennent à la sûreté et à l'ordre publics. En se conduisant autrement, il pécherait contre le principe sur lequel est fondée son immunité. On peut dire la même chose s'il en abuse. Ainsi, par exemple, un ambassadeur qui a l'imprudence de prendre des engagements personnels renonce tacitement à toute immunité à l'ombre de laquelle il pourrait les éluder, et il s'expose sciemment à toutes les poursuites nécessaires pour l'obliger à y faire honneur : car enfin un souverain ne saurait souffrir que les immunités qu'il consent à accorder deviennent préjudiciables à ses sujets ; et un agent politique qui, manquant lui-même, par sa mauvaise foi, à la condition sous laquelle il est admis, avilit son caractère, ne saurait exiger que d'autres le respectent. C'est par une conséquence nécessaire de ces maximes qu'un agent politique, s'il se permet de faire des dettes, peut être forcé de les acquitter. » L'auteur de la *Science du Gouvernement* décide la question d'après les mêmes bases et dans un semblable esprit d'équité, à l'égard même de la personne d'un prince qui se trouve dans un pays étranger : « S'il se comporte en ennemi, dit-il, s'il commet des crimes, s'il trouble la tranquillité de l'État, s'il emprunte de toutes parts, s'il achète, s'il se fait faire des fournitures, sans rendre ce qu'on lui a prêté, sans payer ce qu'on lui a vendu, faut-il que l'État périsse, ou que ses membres soient ruinés, par les égards que l'on conservera pour un prince qui en mérite si peu ? Non ; s'il est un cas où un souverain puisse être arrêté et même jugé

* Par M. Gérard de Rayneval, chap. XIV, § V.

dans un pays étranger, c'est sans doute celui-là. »

§ III. En temps de guerre, en pays ennemi, la personne, la liberté et les propriétés particulières de l'étranger, doivent toujours être respectées, et la protection qui leur est due s'applique spécialement aux enfants, aux femmes, aux vieillards, aux infirmes, aux malades, et en général à tous les êtres faibles et hors d'état de nuire et de se défendre.

Les lois de la guerre défendent aussi d'attenter à l'honneur des femmes. Les outrages qu'on leur fait ne contribuent ni à la défense, ni à la sûreté, ni aux droits du vainqueur.

Grotius, à la vérité, s'exprime ainsi : « Une preuve que la licence de la guerre s'étend fort loin, c'est que le droit des gens n'en met point à couvert les enfants mêmes et les femmes, que l'on peut aussi tuer impunément. » A l'appui de cette assertion, il cite plusieurs exemples puisés dans Homère, Thucydide, Arrien, Appien d'Alexandrie, Tacite, etc.; ceux des Israélites contre les Herbonites, les Cananéens et quelques autres nations; et il ajoute : « Il ne faut pas s'étonner, après cela, si on n'épargnait pas non plus les vieillards, comme on voit dans Virgile que Pyrrhus tue Priam. » Mais quel fondement pour le droit des gens que des faits semblables !

Et si ce droit ne devait avoir pour base que des exemples, pourquoi ne pas faire choix des traits honorables et directement opposés que l'on peut également recueillir dans l'histoire, même dans celle de l'antiquité? Au nombre de ceux que l'on peut proposer pour modèle, il faut citer les actions glorieuses de Cyrus, rapportées par Xénophon; la conduite d'Alexandre dans les plaines d'Issus, envers Sysigambis, Statira, et les filles de Darius; celle de Scipion l'Africain, envers la femme de Mandonius et les filles d'Indibilis, roi des Illergètes, envers la fiancée d'Allucius, prince des Celtibériens, celle que César tint, après la victoire qu'il remporta contre les Nerviens, sur la rivière de Sambre, et non pas les actions dont il souilla sa mémoire après avoir forcé la ville de Cahors à capituler, et au siège d'Alexia ou Auxois en Bourgogne; celle de Titus devant Jérusalem; et celle de l'empereur Julien, qui, dans la guerre qu'il fit contre les Perses, imita la conduite d'Alexandre; les conseils et les hauts faits de l'illustre Bertrand Duguesclin, de Bayard (entre autres à Bresse et à Grenoble), de Henri IV (laissant entrer des vivres dans Paris), de Fabert, de Turenne, et autres généraux du siècle de Louis XIV, de Louis XV (assiégeant en personne, en 1745, la citadelle de Tournai); enfin la conduite du général Vaubois et des soldats français pendant le siège de Malte par les Anglais. Telles sont les actions mémorables véritablement conformes aux principes du droit des gens appuyés sur cette vérité fondamentale, que « les nations, pendant la guerre, doivent se faire le moins de mal qu'il est possible, sans nuire à leurs intérêts véritables, et éviter tout celui qui n'est pas essentiellement nécessaire pour rétablir la paix. » Ces actions seules sont dignes d'être imitées, et par elles seules un guerrier peut conquérir le nom de grand.

Ce n'est pas, au surplus, la seule grandeur d'ame et le sentiment de l'humanité qui font encore ici du respect du droit des gens une règle de conduite et un devoir sacré : le bon sens, la prudence, l'intérêt personnel, le prescrivent aussi. Car, en agissant dans un esprit et un système opposés, on s'expose à plus d'un genre de dangers; on appelle sur soi une foule de malheurs et de désastres; on exaspère les esprits, on excite les réactions, le désir des vengeances; on détruit sans utilité les ressources nécessaires à la subsistance des armées; on met obstacle à l'acquittement des contributions de guerre, utiles pour subvenir aux dépenses et pourvoir aux indemnités de la guerre. Aussi les opinions des publicistes ne sauraient-elles varier aujourd'hui sur ce point. « Au pillage de la campagne et des lieux sans défense, dit Vatel, on a substitué un usage en même temps plus humain et plus avantageux au souverain qui fait la guerre, c'est celui des contributions. Quiconque fait une guerre juste est en droit de faire contribuer le pays ennemi à l'entretien de son armée, à tous les frais de la guerre. Il obtient ainsi une partie de ce qui lui est dû; et les sujets de l'ennemi se soumettant à cette imposition, leurs biens sont garantis du pillage, le pays est conservé. Mais ce n'est point encore assez; et si un général veut jouir d'une réputation sans tache, il doit modérer les contributions, et les proportionner aux facultés de ceux qu'il impose. L'excès en cette matière n'échappe point au reproche de dureté et d'inhumanité; s'il montre moins de férocité que le ravage et la destruction, il annonce plus d'avarice et de cupidité. » — « Autrefois, dit l'auteur des *Institutions du Droit de la nature et des gens*, on ne distinguait pas les propriétés du sujet d'avec celles du souverain, parce qu'ils étaient également considérés comme ennemis, à cause de leur identité avec leur chef. Mais la politique moderne a changé cette dure et injuste jurisprudence; les propriétés particulières sont respectées.... Tout ennemi qui en agirait autrement serait blâmé, et avec raison, comme violateur du droit des gens, parce qu'il ferait le mal sans utilité. Il est des auteurs qui prétendent que les femmes, les enfants, les vieillards, les malades, sont au nombre des ennemis comme membres de la société ; mais cette doctrine outrepasse les droits de la guerre, et est contraire aux principes d'après lesquels elle doit être dirigée. Peut-on considérer et par conséquent traiter comme ennemis des êtres impuissants? Atteindrait-on, en les maltraitant, le but de la guerre, qui est d'obtenir une juste satisfaction? Le principe de propre conservation exige-t-il une pareille rigueur? Tout cela est senti par les nations modernes; aussi respectent-elles tout ce qui ne porte pas les armes : si elles n'en agissent pas ainsi par un sentiment de générosité, elles le font en cédant à la force irrésistible des principes et de l'humanité, dont en dernière analyse l'avantage est réciproque. »

De ce principe général il faut déduire les corollaires suivants :

1° Si les propriétés particulières de l'étranger doivent être respectées, même en temps de guerre, pourquoi ferait-on une exception à l'égard de celles de ces propriétés qui seraient rencontrées sur mer? et comment justifier le droit de *course* et la délivrance de *lettres de marque* par lesquelles une puissance accorde aux corsaires l'autorisation de l'exercer? Les brigandages et les pirateries ne sont pas tolérés sur terre; on ne pille ni les magasins ni les marchands qu'on rencontre en pays ennemi pendant le cours d'une guerre continentale. Pourquoi les pille-t-on sur la mer? et quel rapport ce pillage a-t-il avec le but de la guerre? Quelques individus s'enrichissent aux dépens des paisibles négociants de deux nations ennemies, et tout le mal retombe réciproquement sur le commerce de l'une et de l'autre : voilà tout ce qui en résulte.

Ce serait, il est vrai, un inconvénient que la cargaison des bâtiments marchands pût profiter à la puissance ennemie ; que ces bâtiments pussent servir à alimenter ses armées, à ravitailler et approvisionner de munitions de guerre ses places fortes et ses ports. Mais, pour y obvier, on peut, dans de certains cas et d'après la nature des marchandises, prescrire une direction, si la sûreté, l'intérêt, le but de la guerre et de ses opérations l'exigent ; ordonner même le dépôt ou la vente sur les lieux, en conservant au propriétaire la faculté d'en recevoir le produit.

C'est principalement à l'égard des sujets d'une puissance qui garde la neutralité que le principe est incontestable. Burlamaqui admet que l'on peut s'opposer à ce que l'état ennemi fasse le commerce chez l'étranger avec ses propres vaisseaux (ou ceux de ses sujets) ; mais il dit : « On ne peut empêcher les nations neutres d'aller dans les ports, d'y porter des denrées et d'acheter celles du pays. Le peuple qui mettrait obstacle à cette liberté violerait le droit des gens, qui ne lui permet pas de supprimer le commerce de ceux avec lesquels il n'est point en guerre ; il abuserait de ses forces maritimes ; il ouvrirait les yeux de toute l'Europe, qui s'apercevrait aisément que s'il faut un équilibre sur la terre, il est encore plus nécessaire de l'établir sur la mer... Le droit des gens ne permet de troubler les vaisseaux neutres qui entrent dans les ports ennemis ou qui en sortent qu'autant que ces ports seraient bloqués, ou que l'on y porterait des munitions que la guerre prohibe, ou que ces vaisseaux seraient frétés pour le compte de la nation ennemie. »

Il faut encore aller plus loin, et reconnaître, comme un autre publiciste le fait, « qu'à l'égard des marchandises neutres, lors même qu'elles ont été chargées sur un bâtiment ennemi, elles doivent être insaisissables, parce que le pavillon n'en dénature (ou n'en déplace) pas la propriété, et qu'un neutre peut d'autant plus se servir d'un bâtiment ennemi, qu'il a le droit incontestable de faire le commerce avec ce même ennemi... Sans doute on peut saisir le bâtiment ennemi, et faire l'équipage prisonnier; mais la marchandise neutre doit être exceptée. »

Enfin il est une autre règle moins susceptible encore de doute, s'il est possible, c'est que, lors des déclarations de guerre, il doit, dans tous les cas, être accordé aux navires et bâtiments appartenant aux sujets d'une puissance ennemie un délai suffisant pour que ces déclarations puissent être censées arrivées à leur connaissance, et qu'ils aient pu se mettre à couvert des hostilités en rentrant dans les ports dont ils étaient sortis sous la foi des traités.

2° La seconde conséquence du principe, c'est que le droit des gens repousse avec indignation la détestable opinion qu'émet Machiavel, lorsqu'il ose avancer que l'on peut sans crime se défaire d'un ennemi par l'assassinat ou par l'empoisonnement, et qu'il est même des cas où cela peut devenir un devoir, ou tout du moins une action digne de louanges. Pour défendre une si pernicieuse doctrine, alléguera-t-on avec lui qu'en de certaines circonstances la mort d'un seul homme ainsi provoquée dispenserait de répandre des torrents de sang?

A ne consulter que le froid calcul de l'intérêt personnel, pourvu toutefois qu'on ne détourne pas son attention des conséquences naturelles, inévitables et désastreuses des actions de ce genre, on reste d'autant mieux convaincu que les horreurs de la guerre n'en peuvent être qu'augmentées, sans qu'elle en marche plus promptement vers sa fin, sans que pour cela elle atteigne plus sûrement son but; et l'on n'hésite pas alors à affirmer que la perte de mille combattants morts au champ d'honneur, et même la défaite d'une armée entière, sont des malheurs comparativement moins grands que celui d'un empoisonnement ou d'un assassinat dont on se serait rendu coupable. Aussi l'histoire prouve-t-elle par des exemples assez nombreux, d'une part, que les grands hommes et les vrais politiques se sont scrupuleusement abstenus de ces indignes et lâches forfaits, quelque grande que pût être pour le moment leur utilité apparente; et d'autre part, que les hommes assez insensés, assez aveugles pour les avoir commis ou avoir tenté de les commettre, en furent presque toujours victimes, tels, par exemple, que le héros de Machiavel, César de Borgia, et le pape Alexandre VI, père de ce dernier, et, selon quelques apparences, Machiavel lui-même.

§ IV. 1° Puisque, ainsi que nous l'avons reconnu en traitant du droit politique, un peuple victorieux n'est pas fondé à s'emparer par voie de conquête de la nation vaincue, à plus forte raison ne peut-il pas réduire ses prisonniers de guerre à l'état d'esclavage. Ce sont de part et d'autre des citoyens qui ont rempli un devoir sacré, qui ont obéi à la voix de l'honneur et de la patrie, et qui, de part et d'autre aussi, et malgré quelques exemples contraires (d'ailleurs combattus et balancés victorieusement par un grand nombre d'autres exemples, même chez les peuples païens), doivent être honorés et respectés si la fortune a trahi leur courage, et que la victoire n'ait pas accompagné leurs drapeaux.

Pour soutenir un système opposé, en vain a-t-on allégué que l'on a été en droit de leur ôter la vie sur le champ de bataille, et qu'ils ont pu la racheter par le sacrifice de leur liberté.

Ce droit de vie et de mort du vainqueur sur les vaincus cesse avec le combat. Au moment où les soldats d'une puissance ennemie mettent bas les armes, ils rentrent dans la classe des hommes hors d'état de défense, et doivent être comme ceux-ci protégés et traités avec humanité. « Le véritable ornement d'un général, disait Henri IV, est le courage et la présence d'esprit dans une bataille, et la clémence après la victoire. »

Et, d'un autre côté, la liberté individuelle (ou naturelle) de l'homme est un bien, un don de la providence, qui ne peut être aliéné dans quelque cas et à quelque prix que ce soit. Né pour être libre, l'homme ne peut consentir à devenir esclave. Il ne dépend pas de lui de descendre du rang où la main de Dieu l'a placé, pour se ravaler au-dessous même des brutes. Les engagements qu'il contracte à cet égard sont tout aussi nuls, aussi illicites que ceux par lesquels il s'engagerait à se priver de l'un de ses membres, à se crever les yeux, à se rompre les jambes ou les bras. Il n'est pas plus permis à l'homme, à quelque âge, dans quelque circonstance que ce soit, de consentir d'une manière quelconque à son esclavage, qu'il n'est légalement possible au mineur d'aliéner ses biens, sa propriété, de contracter contre la volonté de sa famille, ou au-delà des bornes que les dispositions du droit civil lui auront prescrites. Les lois de la nature, bien autrement certaines, positives et invariables que les dispositions secondaires des lois civiles, sont, sous ce rapport, pour l'homme en général ce que sont ces mêmes lois à l'égard du mineur. « Renoncer à la liberté, dit Jean-Jacques, c'est renoncer à la qualité d'homme, aux droits de l'humanité, même à ses devoirs : une telle renonciation est incompatible avec la nature de l'homme. » (*Contrat social*, liv. Ier, ch. V.)

Ainsi, l'état de servitude ne sera jamais le résultat d'un droit, quelque base, quelque consentement que l'on veuille supposer à son établissement. Il ne sera jamais qu'un abus de la force sur la faiblesse ou l'ignorance; et si la force cesse d'agir, ou est surmontée par une force plus grande, et qu'elle ne puisse plus maintenir un état de choses contre nature, si les liens sont rompus et l'obstacle brisé, l'homme est, de droit comme par le fait, rendu à la liberté.

Dans quelques circonstances, s'il peut y avoir lieu à priver les prisonniers de guerre d'une portion de leur liberté, de les détenir, de les renfermer, de les lier et garrotter, cette privation des facultés naturelles qui constituent cette première espèce de liberté, qui est inaliénable et imprescriptible, ne doit durer strictement qu'autant de temps que la prudence et le besoin de veiller à sa propre sûreté et conservation rendent indispensable cette précaution rigoureuse.

Et d'ailleurs, afin d'éviter encore plus ce que de semblables mesures ont d'humiliant pour la dignité de l'homme, pour l'honneur du soldat, il est actuellement reconnu entre les nations civilisées que lorsqu'une force armée plus ou moins nombreuse s'est rendue à discrétion, c'est-à-dire avec promesse de ne plus user d'aucun moyen de défense pendant tout le cours de la guerre, elle doit religieusement observer la foi jurée. Si on la renvoie chez elle sur parole, son souverain ne peut l'obliger à enfreindre la condition qui lui a été imposée, et aucune considération ne la dispense de la remplir. « En vain prétendrait-on, dit Burlamaqui, ou son annotateur, le professeur Felice, qu'un tel engagement est contraire à ce qu'on doit à sa patrie ; il n'y a rien de contraire au devoir d'un bon citoyen à se procurer la liberté en promettant de s'abstenir d'une chose qu'il est au pouvoir de l'ennemi d'empêcher : la patrie ne perd rien par là ; elle y gagne même quelque chose, puisqu'un prisonnier, tant qu'il n'est pas relâché, est perdu pour elle. Tout ce qui tend à éviter un plus grand mal, quoique dommageable en soi, doit être considéré comme un bien.... ; et c'est encore en conséquence de ces principes qu'on tolère avec raison la promesse que fait un prisonnier de guerre de venir se remettre en prison. On ne le laisserait point aller sans cela ; et il vaut mieux sans doute, et pour lui et pour l'état, qu'il ait cette permission pour un temps, que s'il demeurait toujours en prison. » Ce fut pour satisfaire à ce devoir que Régulus retourna à Carthage et se remit entre les mains de ses ennemis, dont heureusement il n'est plus à craindre qu'aucun peuple imite la cruauté.

2° Après avoir envahi le territoire des nations vaincues, quelquefois d'avides et ambitieux conquérants, dans l'espérance de conserver plus sûrement leur usurpation, arrachaient aux foyers, au sol qui les avaient vus naître, non-seulement les prisonniers faits les armes à la main, mais la population entière.

Autrefois, la puissance pour laquelle des guerriers avaient combattu et fait couler leur sang laissait à ces défenseurs, victimes des vicissitudes de la guerre (ou à leurs familles), le soin de se racheter; à peine consentait-on à leur échange, à peine s'en occupait-on. Cette sorte d'incurie et d'insouciance était un des résultats naturels d'une organisation imparfaite, d'un gouvernement impuissant, sans ensemble, et conséquemment aussi sans sollicitude pour ses sujets.

Maintenant, le droit des gens, sur ces différents points encore, est mieux connu et plus généralement observé. Après la guerre, les prisonniers sont rendus à leur patrie; et pendant le cours des hostilités, l'état qu'ils ont servi est tenu de leur échange ou de leur rachat, et celui qui les détient est dans l'obligation stricte d'y consentir. On peut dire que le consentement et les usages des peuples, de même que les opinions des publicistes, sont unanimes dans ce sens. Les papes, les conciles, les empereurs, avaient, il y a déjà longtemps, permis de vendre le patrimoine de l'église pour racheter les esclaves. Dans le même but, Paulin, évêque de Nole, se vendit lui-même aux Vandales. « Le rachat des prisonniers de guerre, disent les auteurs, est favorable, au point qu'on y emploie jusqu'aux vases sacrés. »

§ V. A ces règles essentielles du droit de la guerre vient encore se rattacher, comme conséqueuce immédiate de la vérité qui leur sert de base commune, la réfutation des systèmes qui auraient pour objet de faire croire à la légitimité des prétendues rétorsions de droit, ou actes de représailles.

Ces barbaries et cruautés exercées sur des êtres innocents du crime que l'on veut punir, bien loin d'être propres à atteindre les véritables fins de la guerre, à la conduire à son but, sont au contraire de nature à exaspérer de part et d'autre, à exciter de plus en plus les haines, et à rendre toujours plus fréquents, plus nombreux et plus atroces, ces mêmes actes de fureur et de vengeance. Cela arrive en effet entre ces hordes sauvages et féroces où les passions violentes et haineuses d'étranger à étranger, d'ennemi à ennemi, exercent leur tyrannique empire, et où la bonne politique et la modération ne sont guère connues.

On voit donc que si l'on voulait encore établir ici le droit sur les faits, il ne faudrait pas les choisir parmi ceux dont se rendent coupables envers l'humanité ces hommes altérés du sang de leurs prisonniers, et avides de satisfaire leur rage, soit en les dévorant, soit en étanchant dans leurs ossements brisés cette soif de vengeance qui les tourmente.

Ce n'est pas même chez les peuples à demi policés qu'il faut aller puiser, comme l'ont fait quelques auteurs, ses exemples et ses autorités, mais bien parmi les traits vraiment dignes de mémoire et d'imitation que l'histoire nous transmet; comme la conduite glorieuse des consuls romains L. Manlius Vulso et M. Attilius Régulus, à l'égard d'Hannon; celle de Scipion l'Africain envers les ambassadeurs de Carthage; celle de Constance de Cezelli, femme de Barry de Saint-Aunez, que Henri IV nomma par suite gouvernante de Leucate; celle de Fabert envers les Impériaux, etc.

Ces actions généreuses, si elles ne sont pas précisément la base du droit, prêtent du moins une force nouvelle à ses principes, dérivés des rapports naturels et utiles des choses; elles prouvent qu'ils peuvent être facilement pratiqués, qu'ils l'ont été par de grands hommes, par des capitaines expérimentés, et que ceux qui les respectent doivent en définitive retirer de leur observation de grands avantages et une gloire d'autant plus solide qu'elle contribue puissamment à avancer l'état de la civilisation et le bien-être de la grande famille du genre humain; tandis que le mal fait à autrui ne détruit pas celui qu'on en a reçu, et qu'il peut seulement attirer sur celui qui le commet des maux plus grands encore.

Restreints et appliqués seulement à la confiscation des propriétés particulières, ces mêmes systèmes de représailles ou rétorsions de droit ne sont pas mieux fondés; car l'état peut bien être responsable des faits de ses sujets, mais la réciprocité à l'égard de ceux-ci n'est pas une conséquence équitable, puisqu'on ne saurait supposer qu'aucun d'eux individuellement soit assez puissant pour s'opposer au mal que son gouvernement commet, souvent à son insu.

En matière correctionnelle ou criminelle, dans tous les cas de délit ou de quasi-délit (et c'est sous ce rapport seulement que l'analogie existe), un père est tenu du fait de ses enfants, un maître du fait des personnes qui sont à son service, par la raison que l'un et l'autre exercent une surveillance, une sorte de puissance et d'autorité, et que le délit commis les fait, à juste titre, suspecter au moins de négligence; mais jamais les enfants ou les serviteurs ne peuvent être équitablement responsables des délits dont les parents ou les maîtres se seront rendus coupables, s'il n'est pas reconnu qu'ils y aient participé. C'est encore l'un des caractères distinctifs d'une civilisation peu avancée, d'une législation en quelque sorte dans l'enfance, que cette extension de responsabilité hors de ses limites naturelles. Aussi l'empereur Zénon a-t-il dit qu'il est contraire à l'équité d'inquiéter une personne pour la dette d'une autre; et le jurisconsulte Ulpien, que ce qui est dû par un corps ne l'est pas par chacun des membres dont il est composé; d'ou vient aussi que, par le droit romain, il fut défendu de rechercher un villageois pour la dette de quelque autre de son village à laquelle il n'a aucune part.

§ VI. Ce qui précède fait assez connaître pourquoi ce que l'on appelait chez les Grecs *androlepsie*, c'est-à-dire le droit ou plutôt l'usage d'enlever et de retenir des étrangers en otage, a été considéré chez les nations modernes comme étant de peu d'utilité, et est presque généralement tombé en désuétude.

Cet usage, auquel celui des rétorsions ou représailles avait en partie donné naissance, qui était en quelque sorte une conséquence de celui-ci et pouvait l'accompagner, dut naturellement aussi disparaître avec lui.

Lorsque ces droits ou coutumes, on peut dire barbares, étaient en vigueur, l'opinion commune était, comme Grotius et Vatel le remarquent, que « chacun avait sur sa vie le même droit que sur ses biens, et que ce droit était transféré à l'état par un consentement exprès ou tacite de chaque citoyen; de telle sorte que chaque homme pouvait engager sa vie en consentant à se donner pour otage, ou encore que le souverain pouvait disposer arbitrairement de la vie de ses sujets; et que lorsque l'on croyait devoir punir quelque crime commis par l'état, on pouvait faire mourir les otages, en vertu de leur consentement propre et particulier, ou à cause d'une espèce de consentement de l'état, dans lequel le leur était renfermé. »

Alors, si les traités étaient enfreints, si les députés que l'on envoyait, si les prisonniers faits par l'ennemi, si les otages que l'on avait soi-même donnés, étaient maltraités, ceux que de son côté on avait enlevés ou reçus éprouvaient le même sort, et souvent un traitement beaucoup plus rude et plus cruel. Des vieillards, des femmes, des enfants, étaient ou brulés vifs, ou massacrés, ou mutilés, et, dans ce dernier cas, renvoyés parmi les leurs dans l'état que l'on croyait le plus propre à inspirer la terreur. Et qu'arrivait-il? Le spectacle de ces malheureuses victimes de la férocité portait chez leurs compatriotes l'indignation et le désespoir. A la première occasion que ceux-ci pouvaient saisir, ils enchérissaient encore, s'il était possible, sur la cruauté de leurs ennemis; et de là venait que l'extermination de l'un ou de l'autre parti pouvait seule mettre un terme à la guerre.

Aujourd'hui que « la vie de l'homme, ainsi que le dit encore Grotius, est regardée comme une chose qui ne lui appartient pas, et dont la disposition est réservée à Dieu seul, il s'ensuit que personne ne peut, par son consentement formel ou tacite, donner à autrui aucun droit sur sa propre vie ou sur celle de ses sujets. »

Et d'ailleurs, tout acte de représailles étant aujourd'hui reconnu généralement comme une violation odieuse et impolitique du droit des gens, on a senti de même que la précaution de retenir ou de se faire livrer des otages se trouve à peu de chose près sans objet, puisqu'il ne serait pas possible de rendre ces otages passibles d'une infraction ou d'un crime commis en leur absence, qu'ils se fussent ou non, volontairement et de leur plein gré, soumis ou même offerts à cette condition.

La distinction que l'on a voulu établir à cet égard n'est pas fondée; et il est au contraire évident que plus ces hommes généreux auraient fait preuve de magnanimité par une offre volontaire, et plus l'honneur et la grandeur d'ame prescriraient de les respecter.

Un auteur (et nous en avons cité plusieurs autres dans la *Science du Publiciste* *) dit donc avec raison : « On imagina les otages pour sûreté des alliances et des traités. Cet expédient paraissait mettre à l'abri de toute crainte; on ne pouvait pas croire qu'un monarque voudrait, en dévouant les principaux de ses sujets à la mort, s'attirer la haine des familles les plus puissantes, et hasarder une révolte de ses états; ou qu'une république fût capable de sacrifier ses premiers citoyens, ni qu'elle pût en être la maîtresse : cependant les exemples en furent familiers. Mais on remarque que, depuis que l'on se fut fait une habitude de rompre la foi malgré cette précaution, on se fit scrupule d'envoyer les otages au supplice. On comprit qu'il était utile par cette indulgence de préparer la sûreté de ceux que l'on pourrait donner soi-même. Je loue l'humanité qui pardonne (ou plutôt qui n'impute rien) aux otages, et j'en conclus qu'il est inutile d'en recevoir **. »

Si l'on juge utile cependant de recourir en quelques circonstances à cette sorte de garantie, la conduite que

* Voy. entre autres vol. III, pag. 265 et suiv.

** *Abrégé de la République*, de Bodin, tome II, livre V, chap. VII, p. 199 et 200.

l'on doit tenir envers ces otages est tracée par les publicistes et par l'usage : ils doivent être traités avec humanité, et même avec la considération et les égards dus à leur rang et à leurs dignités. Vatel et Burlamaqui, entre autres, remarquent à ce sujet que les seigneurs anglais remis à la France, en cette qualité d'otages, suivant le traité d'Aix-la-Chapelle, en 1748, jusqu'à la restitution du cap Breton, liés par leur seule parole, vivaient à la cour et dans Paris plutôt en ministres de leur nation qu'en otages.

Et si la condition pour la garantie de laquelle les otages ont été livrés n'est point exécutée, leur vie, leur liberté, ne sauraient en être compromises. Ils sont alors et doivent être traités comme prisonniers de guerre : « Tout ce qui outrepasserait cette mesure, dit encore un auteur, serait une injustice, une vexation gratuite, une cruauté, lors même que l'otage est livré à discrétion. »

§ VII. Enfin, les questions relatives aux transfuges, qu'il s'agit d'approfondir sous le rapport du droit des gens, sont celles-ci : Est-on autorisé à les accueillir? Quelle conduite prescrivent à leur égard la prudence et l'honneur?

1° Les auteurs, entre autres Grotius et Puffendorf, ont été divisés d'opinion sur la solution de la première de ces deux questions.

Et en effet, si on la considère théoriquement et en thèse générale, comme ses conséquences peuvent être modifiées par des circonstances dépendantes de l'état plus ou moins avancé de la civilisation, de la nature des institutions, du plus ou moins de perfection de l'organisation constitutionnelle des sociétés politiques, il en résulte qu'elle est en effet très polémique sous plus d'un rapport.

Mais en adoptant ici la solution qui s'accorde avec le sentiment des jurisconsultes romains, de Grotius, de Burlamaqui, et avec l'opinion et l'usage généralement reçus et suivis, on admettra qu'il n'est pas contre le droit de la guerre de recevoir les transfuges du parti ennemi qui abandonnent leurs drapeaux pour venir se ranger sous les nôtres; que ces défections sont, pour chacune des puissances opposées, un avantage dont il est dans l'ordre naturel des choses qu'elles puissent respectivement profiter.

2° Passant à l'examen de la deuxième question, reste à préciser quelle conduite la prudence et l'honneur ordonnent de tenir envers ces transfuges.

La prudence prescrit évidemment de ne pas les admettre en corps trop nombreux, lors même que l'on croit être parfaitement assuré de leur foi. La désertion peut n'être qu'un piège tendu à l'inexpérience et à la crédulité. L'exemple de Zopire, celui de Sextus, fils de Tarquin, celui du fourbe Sinon, et bien d'autres, l'attestent.

La prudence commande quelquefois de ne pas les admettre en armes, de leur donner diverses directions, de leur assigner pour lieux de cantonnement et de résidence des villes éloignées les unes des autres, et par-dessus tout de ne pas les rapprocher du théâtre de la guerre.

L'honneur prescrit ensuite de ne pas les contraindre ni les engager à tourner leurs armes contre leur patrie; il défend même de se prêter à ce que de leur propre mouvement ils agissent ainsi. « Il vaut mieux périr en combattant pour la patrie, disait d'une voix mourante le chevalier sans peur et sans reproche, que de la vaincre et de triompher d'elle.» Henri IV, à l'âge de douze ans, parta-

7

geait déjà ces nobles sentiments. Tout le monde connaît la belle exclamation que provoqua en lui la demande de son gouverneur au sujet de Camille et de Coriolan. Voici les principes que l'immortel Fénelon place dans la bouche de Camille et de Bayard : « Pour moi, fait-il dire au premier, je trouve qu'il n'y a jamais d'excuse pour ceux qui s'élèvent contre leur patrie. On peut se retirer, céder à l'injustice, attendre des temps moins rigoureux ; mais c'est une impiété que de prendre les armes contre la mère qui nous a fait naître. Si la patrie vous exile, si elle vous rejette, vous pouvez aller chercher un asyle ailleurs. C'est lui obéir que de sortir de son sein quand elle nous chasse ; mais il faut encore, loin d'elle, la respecter, souhaiter son bien-être, être prêt à y retourner et à mourir pour elle *. » Si telles sont les lois du patriotisme et de l'honneur, ne serait-ce pas les outrager que de contraindre et même d'exciter quiconque est porté à leur rester fidèle, à les méconnaître, à devenir traître et parjure ? Et d'ailleurs, les conseils de la prudence ne sont-ils pas encore ici parfaitement d'accord avec les leçons de l'honneur ? Quelle confiance avoir dans la coopération d'hommes ulcérés, qui peuvent bien céder à l'ardeur d'un ressentiment d'autant plus violent qu'il sera plus récent, mais chez qui les premiers devoirs, les sentiments naturels et généreux, reprendront peut-être leur empire, et qui devront sentir leur haine s'émousser, leur bras défaillir, au moment où il faudra diriger leurs coups contre des concitoyens, des amis et des frères ?

* *Dialogues des Morts*, 1re part, chap. XXXII ; 2e part., dialogue XI. — Voy. aussi la *Science du Publiciste*, vol. Ier, p. 288 et 289, en note.

Il est si naturel de n'avoir qu'une confiance incomplète dans l'assistance des transfuges, quand on les admet à combattre contre leur patrie, qu'en semblable occurrence on vit toujours les généraux prudents et expérimentés dresser leurs plans, disposer l'ordre du combat, de manière à prévenir la trahison et à rendre l'action de ces auxiliaires comme nécessaire et obligée. Mais, pour cela, on se trouve contraint de paralyser une partie de ses propres forces, de la tenir en réserve; et encore faut-il se rappeler qu'en pareil cas les plus savantes dispositions furent plus d'une fois insuffisantes, et n'empêchèrent pas que l'emploi des transfuges ne devînt préjudiciable à ceux qui y eurent recours. Qu'est-ce en effet qu'une armée sans ensemble, sans union; où nul n'est assuré d'être secondé par celui qui doit combattre à ses côtés; où les généraux, les capitaines et les soldats, pleins de soupçon et de défiance, sont occupés, au jour du combat, à s'observer mutuellement avec inquiétude? Ce qui soutient le courage, ce qui fait la force et prépare le triomphe d'une armée, c'est surtout la certitude que chacun en particulier fera bien son devoir; que tous les efforts, unis et concordants, seront dirigés vers le même but. Au contraire, toute réunion militaire, toute armée, toute ligue, sera déjà à demi vaincue avant la bataille, si l'action des braves peut être ralentie par la crainte qu'ils sont fondés à concevoir d'être abandonnés dans le danger, si le plus vaillant se voit réduit à ne devoir compter que sur son propre courage ou sur la coopération d'un petit nombre. On a même remarqué, avec quelque raison sans doute, d'après ces vérités, que Miltiade n'eût pas triomphé de Darius à Marathon, s'il eût attendu pour combattre l'assistance des alliés, quoique ces alliés fussent des Spartiates ; et que les Grecs, sous la conduite de Xénophon, ne fussent pas revenus dans leurs foyers, à travers des pays inconnus et malgré les plus grands obstacles, après avoir remporté autant de victoires qu'ils rencontrèrent de peuples différents sur leur route, si dans leur retraite ils eussent pu craindre la trahison dans leurs rangs, et si la confiance, l'union intime, n'eussent pas au contraire soutenu et secondé leur constance et leur valeur. A une époque récente, de défaite et de revers, dans des contrées lointaines, l'armée victorieuse et formidable des Français n'eût pas été aussi promptement désorganisée, et l'on peut dire anéantie, si elle n'eût pas traîné à sa suite tant de troupes étrangères, qui ne tardèrent pas à combattre les drapeaux que jusque-là elles avaient accompagnés à la victoire.

Nous rappellerons encore ici ces considérations générales, que les hommes ne sont pas naturellement ennemis les uns des autres par cela seul qu'ils sont membres de différentes sociétés politiques et nés sous divers climats, et qu'ils ne doivent pas entreprendre de se faire individuellement justice à eux-mêmes; qu'en temps de guerre, c'est uniquement dans l'intérêt général et respectif des peuples auxquels ils appartiennent que les hommes doivent agir hostilement les uns contre les autres, de sorte que même dans ce cas ils ne deviennent pas non plus individuellement ennemis.

1° Sans doute, lorsque les hommes font partie de peuples différents, ils ne peuvent pas avoir mutuellement un dévouement semblable, un attachement égal à celui que des compatriotes se doivent. Étrangers les uns aux autres par le langage, par les mœurs, les habitudes; séparés par des montagnes, des déserts, des fleuves et des mers; paraissant jusqu'à un certain point opposés d'intérêts, la nature ne les unit pas tous par les liens, par les principes sacrés du droit public; et Fénelon est peut-être allé trop loin lorsqu'il a dit: « Je préfère ma famille à moi, ma patrie à ma famille, et le genre humain à ma patrie. »

Mais, en sens et en proportion inverse, la société humaine dans son ensemble peut en effet être considérée comme étant à la patrie ce que la patrie est elle-même par rapport à la famille, à une société particulière formée par les liens du sang ou par ceux de l'amitié. Et de même que l'affection particulière que nous avons pour notre famille, pour nos proches, ne doit jamais nous engager, dans la vue de leur être utile, à nuire aux droits de nos concitoyens; que l'amour le plus sincère pour nos amis, nos frères et nos enfants, nous prescrit au contraire de garder entre eux et nos autres concitoyens, comme entre nos concitoyens et nous-mêmes, une égalité parfaite d'équité et de droit; que leur propre intérêt, aussi bien que le nôtre, le veulent ainsi, parce qu'il n'existe de bonheur durable que par l'observation rigoureuse et la pratique constante de ces lois d'équité: de même aussi l'affection que nous devons à notre patrie et à nos compatriotes ne doit jamais nous rendre injustes et haineux envers les étrangers, ni nous déterminer à porter en temps de paix aucune atteinte à leur sûreté, à leur liberté, à leur propriété; en un mot, à leur causer un préjudice quelconque pour accroître nos richesses et nos jouissances.

De ce qu'il est dans la nature que les sentiments

d'affection et d'amour soient plus vifs et plus forts entre concitoyens, qu'ils ne le sont entre hommes faisant partie de peuples divers, il ne s'ensuit certainement pas que les habitants des contrées les plus éloignées, que les hommes les plus étrangers les uns aux autres par quelque différence plus ou moins sensible de conformité extérieure, ne doivent pas se sentir unis et portés les uns vers les autres par un sentiment commun de sympathie et d'humanité. Les variations nombreuses d'une même espèce ne sont pas, parmi les animaux, une cause d'antipathie et de haine; comment donc ces variations seraient-elles, pour chacun des membres de l'espèce humaine, un motif de haine et d'aversion?

Quel a été sur ce point le sentiment des plus grands philosophes de l'antiquité et de pays très éloignés? Quel est aujourd'hui celui des publicistes modernes?

On demandait à Socrate d'où il était; il ne répondit pas « d'Athènes, » mais « du monde. »

Sénèque dit : « Nous devons nous regarder comme étant membres d'un grand corps; la nature nous a tirés tous de la même source, et par là nous a faits parents les uns des autres. »

Cicéron s'exprime ainsi : « Nous sommes nés les uns pour les autres, aussi bien que pour nous-mêmes; nous devons nous considérer comme divers membres d'un même corps, et nous aimer sincèrement et véritablement les uns les autres. Bien loin de faire des injustices à qui que ce soit, il y a peu d'hommes que nous ne devions toujours être prêts à assister, à secourir, à protéger... Comme la justice doit être l'unique règle de nos actions, le bien de la société humaine en doit être l'unique but, et il n'y a pas de travail que nous ne devions entreprendre, ni de péril auquel nous ne devions nous exposer pour ses intérêts... C'est un devoir que la nature nous impose, de nous livrer aux plus grands travaux pour secourir et conserver, s'il est possible, toutes les nations, imitant ainsi cet Hercule que la renommée, chargée de récompenser les bienfaits, a mis au rang des dieux. »

« Quels sont vos désirs ? » disait-on à Confucius. « Mes désirs, répondit-il, ont pour objet tout le genre humain : de ses intérêts je fais les miens. »

Montaigne, citant la réponse de Socrate que nous avons rapportée, y ajoute cette réflexion : « Lui, qui avait l'imagination plus pleine et plus étendue, embrassait l'univers comme sa ville, jetait ses connaissances, sa société, ses affections, à tout le genre humain ; non pas comme nous qui ne regardons qu'à nos pieds. »

Burlamaqui et le professeur Felice, l'auteur de la *Science du Gouvernement*, et l'auteur du *Système social*, disent en substance : « Ce n'est pas assez de s'acquitter des devoirs que la justice civile (ou le droit public) nous impose. La justice naturelle, cette justice qui forme l'honnête homme, l'homme vertueux, a des limites beaucoup plus reculées que cette justice civile, c'est-à-dire que celle qui ne forme que le bon citoyen... » — « Sous quelque climat qu'un homme soit né, il doit être l'objet de notre sollicitude, sans distinguer ni Européen, ni Asiatique, ni Américain, ni Africain. Le droit des gens réunit le grec et le barbare, le chrétien et le mahométan. Si cette petite portion de matière que nous appelons notre corps n'est que d'un pays, notre esprit doit voir partout des compatriotes. Tous les gens de bien sont parents ; les méchants seuls (comme le disait aussi Alexandre) sont étrangers. » — « Il est juste d'avoir pour son mari, sa femme, son père et sa mère, son parent, son ami, une tendresse de préférence; mais il est une sorte d'affection que nous devons à tous les hommes, comme étant tous membres de cette famille générale du genre humain... Ce sentiment, gravé dans nos cœurs, répond des autres vertus sociales, et les y suppose aussi imprimées. Celui qui aime un autre homme, quoiqu'il lui soit étranger, uniquement parce qu'il est homme, ne manquera pas à plus forte raison d'aimer celui à qui il tient par des nœuds plus sacrés, et qui joint à la qualité d'homme celle d'ami, de parent ou de compatriote... » — « L'humanité est un nœud fait pour lier invisiblement le citoyen de Paris à celui de Pékin. C'est un pacte qui engage également tous les membres de la grande famille, dont les différents peuples ne sont que les individus épars. Ce pacte est la sauvegarde de notre race : il met chacun de nous en droit de réclamer la justice, la pitié, les bienfaits de tout être sensible, de quelque pays, de quelque religion, de quelque condition qu'il soit. »

Si donc il s'élève quelques contestations entre des individus de peuples différents, c'est, comme nous l'avons établi, aux sociétés politiques qu'il appartient de les décider. Ces sociétés sont respectivement tenues de rendre la justice aux étrangers ainsi qu'à leurs propres sujets. Et, quelque imparfaite que soit encore l'organisation de ces sociétés, elle est déjà telle cependant que chaque homme en particulier n'est plus en droit de se faire justice à lui-même contre un étranger. Les publicistes disent encore, particulièrement Vatel : « La nature ne donnant aux hommes le droit d'user de la force que quand elle leur devient nécessaire pour leur défense et la conservation de leurs droits, il faut en conclure que, depuis l'établissement des sociétés politiques, un droit si dangereux dans son exercice, pour celui même qui l'exerce, n'appartient plus aux particuliers, si ce n'est dans ces rencontres où la société ne peut les protéger, les secourir... Que si un particulier veut poursuivre son droit contre le sujet d'une puissance étrangère, il peut ou recourir à son propre souverain, obligé de le protéger, aux magistrats qui exercent l'autorité publique, ou s'adresser au souverain de son adversaire. Il serait trop dangereux d'abandonner à chacun la liberté de se faire à lui-même justice contre les étrangers; une nation n'aurait pas un de ses membres qui ne pût lui attirer la guerre; et comment les peuples conserveraient-ils la paix, si chaque particulier avait le pouvoir de la troubler? »

2° Ce n'est que dans le cas où les nations sont entre elles en état de guerre que les membres de chacune de ces nations ennemies sont autorisés comme soldats à agir hostilement et à employer la force les uns contre les autres.

On a prétendu qu'alors ils deviennent individuellement ennemis; mais, en principe, cette opinion est encore une erreur dont les conséquences seraient désastreuses.

La réflexion que fait Jean-Jacques à ce sujet, quoique appuyée en partie sur un raisonnement métaphysique qu'il eût été possible de rendre plus clair, est juste au fond: « La guerre, dit-il, n'est point une relation d'homme à homme, mais une relation d'état à état, dans laquelle les particuliers ne sont ennemis qu'accidentellement, non point comme hommes, ni même comme citoyens, mais comme soldats; non point comme membres de la patrie, mais comme ses défenseurs. Enfin, chaque état ne peut avoir pour ennemis que d'autres états, et non pas des hommes, attendu qu'entre choses de diverses natures on ne peut fixer aucun vrai rapport. »

C'est en effet contre le corps entier d'une société que doivent agir les membres de deux nations en état de guerre. C'est pour un intérêt commun qu'ils deviennent ennemis, et ils ne peuvent se livrer légitimement à une inimitié individuelle qui serait sans cause, sans fondement; qui même, détruisant le concert, le commun accord de tous les membres de chacune de ces nations ennemies, nuirait souvent, et de bien des manières, à l'intérêt général de l'une et de l'autre, seul objet de la guerre ; comme, par exemple, en causant à l'ennemi un préjudice inutile, ou dont les conséquences funestes ne retomberaient pas toutes uniquement sur lui; comme, par exemple encore, en compromettant sans nécessité et sans fruit l'existence particulière d'un citoyen au moment où ses services seraient peut-être du plus haut intérêt pour la cause publique.

Vatel dit: « Le droit, d'une si grande importance, de juger si la nation a un véritable intérêt de se plaindre, si elle est dans le cas d'user de la force, de prendre les armes avec justice, si la prudence le lui permet, si le bien de l'état l'y invite, ce droit ne peut appartenir qu'au corps de la nation ou au souverain qui la représente. »

Cette vérité est d'une application très générale ; mais elle doit surtout recevoir son exécution dans les armées. Les soldats, les officiers, les généraux, doivent toujours subordonner leurs volontés et leurs actions au commandement de celui qui, chargé en chef de la conduite des opérations, peut diriger fructueusement l'ensemble des mouvements et les faire concourir au but. Ils doivent donc ne commettre aucune hostilité qu'elle ne leur ait été prescrite; ils doivent s'attacher à exécuter ponctuellement, et sans les dépasser, les ordres qui leur ont été donnés. Il importe surtout qu'au moment d'une action, ils sachent attendre patiemment et avec calme le signal du combat, et obéir spontanément et sans hésitation au signal de la retraite. C'est ainsi qu'ils peuvent coopérer réellement au succès de la guerre et servir efficacement la patrie. Les peuples de l'antiquité, les Spartiates, les Romains, entre autres, ont donné quelques exemples d'une observation rigide de ces lois de discipline militaire; et l'on en trouverait davantage encore dans l'histoire des nations modernes, chez lesquelles les avant-postes communiquent habituellement ensemble, soit pendant les trèves et armistices, soit avant l'ordre du combat, sans se traiter individuellement comme ennemis.

Ici vient encore se placer une question dont M. de Réal, dans la *Science du Gouvernement*, donne la solution en établissant en principe « qu'un souverain ou un général d'armée ne doivent pas se battre avec l'ennemi en combat singulier. » Il appuie avec raison la démonstration qu'il donne de cette règle sur l'inutilité et l'inefficacité de ces combats. Et il faut ajouter à ce motif que la guerre devant toujours se faire dans l'intérêt du peuple, et non dans l'intérêt personnel de son chef, il serait contraire à la raison, à la prudence, malgré l'exemple de Rome et d'Albe sa rivale, que le peuple entier se vît contraint de commettre son sort et le résultat de la guerre au plus ou moins d'adresse, de force ou de bonheur d'un prince ou d'un général.

De même que les principes élémentaires du droit public et les principes élémentaires du droit politique, ces principes élémentaires du droit des gens, en temps de paix et en temps de guerre, sont invariables, universels, de tous les temps et de tous les pays, parce qu'ils reposent aussi sur des vérités invariables, universelles, tirées de la nature des choses, de l'exacte situation des peuples et des individus de différents peuples à l'égard les uns des autres, de leurs besoins, de leur utilité; et que la nature des choses, la situation respective, les besoins, l'utilité réelle des peuples, sous ces divers points de vue généraux, sont toujours et constamment semblables et ne peuvent pas changer. « Le père dans la famille, le sénateur dans la république, et la république dans le monde entier, dit Mably, doivent avoir les mêmes principes de conduite. »

Titre II.

N'existe-t-il aucun moyen de faire respecter les principes du droit des gens?

Nous avons vu comment la religion, le droit civil et pénal, sont tout à la fois des conséquences des principes élémentaires du droit public, et des moyens naturels dont les sociétés et leurs législateurs ont fait et doivent encore faire usage pour assurer l'exécution de ces principes.

Nous avons reconnu que les principes élémentaires du droit politique ou droit des nations, dans leurs conséquences et leurs moyens d'exécution, peuvent aussi être considérés sous ces mêmes points de vue différents, la religion, le droit écrit (civil ou pénal).

Sous le rapport du droit des gens, ces mêmes moyens

suffisent-ils pour assurer le respect et l'observation de ses principes élémentaires ?

1° La religion, aussi bien que la morale, suit le développement des connaissances humaines et les progrès de la civilisation ; elle est partout effet et cause, et elle ne s'épure réellement qu'autant que l'esprit s'éclaire, que le jugement se perfectionne, que la raison s'élève et s'agrandit.

La religion des peuples sauvages est cruelle et barbare comme leurs usages et leurs mœurs ; elle est atroce surtout sous les divers rapports du droit des gens, en ce qui concerne les prisonniers de guerre, les représailles, les otages, etc. ; en général sur tout ce qui touche les étrangers pendant la guerre, et souvent même en temps de paix. La religion des Scythes, celle de plusieurs autres peuples de l'antiquité, leur ordonnait d'immoler à leurs dieux l'infortuné qui abordait chez eux, celui que la tempête jetait malgré lui sur leurs rivages.

Toutes les religions des peuples païens étaient grossières, contradictoires, absurdes et impies, quoique chez ces peuples il existât déjà des philosophes, tels que Socrate, vertueux et éclairés.

La religion des Hébreux, celle que leur avait enseignée Moïse, qui fut pour eux ce que fut depuis Mahomet pour les musulmans, outrageait cruellement ces principes du droit des gens, particulièrement lorsqu'elle leur prescrivait une guerre de ruine et d'extermination contre les nations voisines, comme les Amalécites, les Amorrhéens, les Cananéens, les Gergéséens, les Herbonites, les Héthéens, les Hévéens, les Jébuséens, les Madianites, et les Phéréséens.

Il y a loin sans doute des préceptes de ces religions

barbares à la religion évangélique. Celle-ci, dans la réalité, prescrit les préceptes de la morale la plus étendue, et conséquemment l'observation des principes du droit des gens. Elle veut que nous ne refusions à aucun homme, de quelque nation qu'il soit, notre assistance et notre secours, témoin l'apologue du Lévite et du Samaritain.

Toutefois dix-huit siècles se sont écoulés depuis que les pontifes et les prêtres firent expirer Jésus-Christ sur la croix ; et quel a été depuis lors, quel est encore l'état de la civilisation relativement à l'observation constante de ces principes du droit des gens surtout?

Pendant long-temps, les ordonnances de la loi de Moïse restèrent bien plus inculquées dans le cœur des chrétiens eux-mêmes, ou de ceux qui se disaient chrétiens, que les commandements plus philosophiques et plus purs de la loi nouvelle.

Aujourd'hui encore, la plupart de ceux qui s'imaginent pratiquer cette religion sainte n'en aperçoivent réellement pas la liaison, l'identité parfaite avec les vrais principes de la saine philosophie, de la raison, de la morale, de l'équité et du droit.

Cette religion n'est ainsi le plus souvent qu'un mot vide de sens, ou une futile démonstration de pratiques purement extérieures qui laissent l'intelligence bornée, l'esprit sans culture, le cœur insensible et froid, auxquelles l'ame reste entièrement étrangère : ou bien, ainsi détachée de sa souche vraiment divine, si elle peut être utile quelquefois, elle nuit, elle égare plus souvent, elle dégénère en superstition, en fanatisme; et elle est alors mille fois plus propre à porter les peuples et les hommes à violer les principes et la justice en général, qu'à les faire aimer et respecter.

De sorte que la plus grande partie du globe repousse ou méconnaît encore l'Évangile; que, chose plus affligeante peut-être, les hommes qui en invoquent le nom et l'autorité le profanent, l'outragent, et le font haïr en le dénaturant; et que, dans le petit nombre de ceux qui savent le comprendre, il en est encore beaucoup qui l'oublient, ou qui du moins, entraînés par le torrent, n'ont pas la force de le pratiquer dans toute sa simplicité, et le courage d'en tirer les règles de leurs actions, ni même de leurs discours.

2° Si tous les traités et les conventions faits entre les puissances politiques, si toutes les dispositions des législations particulières dictées par chacune d'elles relativement aux étrangers, en temps de paix et en temps de guerre, particulièrement en ce qui concerne la suppression des droits d'aubaine, de pérégrinité, de détraction, de naufrage, l'observation du droit d'asyle, l'exclusion de tous systèmes prohibitifs des productions et marchandises étrangères, la naturalisation, les droits des ambassadeurs et autres agents diplomatiques, les règlements de la course sur mer pendant la guerre, le traitement, l'échange et le rachat des prisonniers de guerre, les otages et les transfuges, etc., etc.; si, sous tous ces rapports principaux, les traités et la législation des peuples étaient ce qu'ils doivent être, il en résulterait que l'on en pourrait composer une sorte de corps de législation extérieure, de droit écrit (civil et pénal), qui serait bien réellement tout à la fois la conséquence des vrais principes du droit des gens et un moyen efficace de les faire mieux observer par la suite.

Mais on ne peut guère espérer de voir ce corps de droit se former, et les gouvernements régler ainsi leur conduite, avant que la nature et la forme de ces gouvernements, l'ordre et la régularité dans les institutions constitutionnelles ou organiques, soient parvenus à un nouveau degré de perfectionnement et d'amélioration.

Enfin, pour conclusion de cette première partie de la science du droit, malgré le doute et les sophismes des sceptiques de tous les temps et de tous les pays, auxquels on peut appliquer ces paroles du psalmiste : « *Aures habent et non audient, oculos habent et non videbunt*, » il faut tenir pour certain que ces principes élémentaires, positifs, universels et invariables, contenus dans les trois divisions principales de cette première partie (le droit public, le droit politique et le droit des gens), qu'ils soient ou non sanctionnés par la législation écrite, par le consentement formel des nations, ou par celui des hommes qui leur dictent aujourd'hui des lois, sont obligatoires pour tout être raisonnable et éclairé, pour tout gouvernement bien constitué, parce qu'ils tendent évidemment au plus grand bien de l'humanité, but essentiel de la nature, centre commun où tous les efforts doivent tendre et parvenir avec le temps.

Et par la même raison, ces principes sont une manifestation irrécusable des volontés les plus constantes de la Divinité, dont l'essence, la nature, le caractère véritable ne peut être bien compris d'un esprit judicieux (comme il l'a été des plus grands hommes, d'Aristote, de Platon, de Cicéron, des vrais publicistes modernes, de Massillon, de Fénelon, etc.), que par l'objet et les résultats plus ou moins visibles, immédiats, et toujours bienfaisants, de ses perfections morales et intellectuelles, et conséquemment par l'amour, qu'entre toutes ses œuvres lui inspire plus particulièrement l'humanité.

Mais ces principes élémentaires de la saine philosophie, de la morale et de l'équité, en d'autres termes, du droit philosophique ou moral, et leurs conséquences les plus certaines; ne peuvent être exactement observés, disons-nous, qu'autant que l'ordre et la justice seront aussi le fondement des institutions; qu'autant que l'organisation ou constitution sociale, dans ses bases comme dans tous ses détails, sera elle-même assise sur les principes du droit et de l'équité, principes pareillement puisés dans les rapports naturels et vrais des hommes entre eux et des choses entre elles, et considérés d'après la faiblesse et l'imperfection humaines dans la personne de ceux qui gouvernent.

Il importe donc essentiellement et par-dessus tout d'approfondir et de préciser ces principes du droit constitutionnel (constitutif ou organique).

Tel est l'objet que, dans cette seconde partie, nous nous sommes proposé de traiter.

DEUXIÈME PARTIE.

LIVRE PREMIER. — GOUVERNEMENTS DIVERS.

CHAPITRE I. — *Base des principes.*

§ 1er. D'après ce que contient la première partie de cet ouvrage, et avant de s'être rendu un compte exact de ce que c'est que le gouvernement considéré d'une manière abstraite, et sans préciser sa nature particulière, c'est-à-dire la forme qu'il est susceptible de recevoir, on

8

a déjà senti sa nécessité : « *Ubi non est gubernator, populus corruet.* »

En effet, cette première partie développe et détermine quels sont les rapports sous lesquels l'application des principes du droit philosophique ou moral est indispensable au bonheur individuel de tous les hommes, à l'existence de la société, à la prospérité particulière et au bien-être général des peuples. Or, sans un gouvernement quelconque, comment observer et faire observer ces principes tout à la fois but, cause et base fondamentale des sociétés politiques? Sans gouvernement, comment les membres dont chacune de ces sociétés se compose agiraient-ils avec ensemble et sans se froisser réciproquement? Comment ces sociétés, considérées comme corps collectifs, agiraient-elles les unes à l'égard des autres sans se nuire, et dans un intérêt qui leur soit commun?

Si les hommes et les sociétés d'hommes n'étaient que de pures intelligences, la religion, la philosophie, la morale, suffiraient sans doute pour les régir et les gouverner.

Mais comme les hommes et les sociétés sont au contraire des êtres tout à la fois intelligents et corporels, il est moralement et physiquement impossible qu'ils soient unis et administrés par des vérités, des principes, des lois, purement intellectuels et de raison. Il faut aussi qu'il existe entre eux des rapports matériels et physiques, dont il n'est pas moins essentiel de bien connaître la base, afin de s'y conformer, de les suivre, et de ne pas leur substituer, dans les détails de l'organisation, une volonté bornée et arbitraire.

Donc, afin de parvenir à la connaissance certaine de ces vrais rapports constitutionnels (constitutifs ou organiques), il devient indispensable de se faire une idée complète de ce que c'est que le gouvernement.

Les définitions que les auteurs en avaient données jusqu'ici étaient insignifiantes, confuses, ou plus ou moins insuffisantes; et, pour en donner la preuve, nous avons transcrit littéralement, dans la seconde partie de la *Science du Publiciste* (vol. IV, p. 10 et suiv.), celles de Grotius, de Montesquieu, de Vatel, de Jean-Jacques et de quelques autres.

Cependant Jean-Jacques fait une observation judicieuse, lorsqu'il dit que l'on distingue dans le corps politique (et par conséquent aussi dans le gouvernement) deux causes ou mobiles différents, la volonté et l'action: l'une sous le nom de puissance législative, l'autre sous le nom de puissance exécutive.

Cette idée néanmoins ne conduirait encore qu'imparfaitement à reconnaître les éléments ou les bases véritablement distinctes tout à la fois les plus étendues et les plus simples du gouvernement ou de l'organisation.

En cherchant à la compléter, on se trouve naturellement conduit à l'examen de cette autre question: Quel est le meilleur gouvernement possible?

Par son intérêt et son importance, cette question devait être et fut en effet l'objet des méditations des philosophes et des sages; mais leurs solutions se sont trouvées si peu concluantes, que plusieurs publicistes modernes, l'auteur de l'*Esprit des Lois* et l'auteur du *Contrat social*, entre autres, ont cru pouvoir affirmer qu'elle était insoluble, « comme indéterminée ou comme susceptible d'autant de solutions qu'il y a de combinaisons possibles dans les positions absolues et relatives des peuples; » en d'autres termes, que chaque forme de gouvernement, soit simple, soit composée, peut être la meilleure en certains cas, en certain pays, et la pire en d'autres : opinion erronée, de fâcheuse conséquence, et qui a placé bien souvent les auteurs qui l'ont adoptée en contradiction avec eux-mêmes.

Sans doute les besoins de la société varient, et conséquemment les lois qu'elle doit suivre peuvent être modifiées selon les mœurs, les circonstances, les temps et les lieux ; mais il ne résulte pas de là que les institutions ou le gouvernement (qu'il ne faut pas confondre ici avec les lois, ainsi que quelques-uns l'ont fait) doivent éprouver aucun changement dans leur forme. Les lois, au contraire, se rapporteront d'autant mieux aux véritables besoins et à la disposition du peuple pour lequel elles seront établies, que le gouvernement, qui les dicte, sera institué d'après certaines bases fondamentales universelles et invariables d'organisation.

Au surplus, une manière simple et péremptoire de prouver qu'une question n'est point insoluble, c'est d'en donner la solution ; et nous le ferons ici, comme dans la *Science du Publiciste,* en démontrant que, « dans tous les temps, dans tous les pays, pour tous les peuples du monde, le meilleur gouvernement sera celui qui, avec le moins de complication possible dans son organisation, réunira à la force, à la promptitude d'exécution, la garantie la plus grande de la stricte observation de tous les principes du droit public, du droit politique et du droit des gens ; et dans lequel par conséquent toutes les parties de l'administration (en prenant ce mot dans son acception générique la plus étendue) seront tellement réglées que chacune d'elles, sans nuire à aucune autre, atteindra directement à ses fins et remplira exactement son objet particulier. »

Or toutes les opérations du corps social ou du gouvernement qui doit le diriger et le faire agir, quelque nombreuses qu'elles puissent être, se réduisent à ces trois éléments distincts, vouloir, exécuter et juger, puissances législative, exécutive et judiciaire; et telles sont aussi les branches principales, la classification la plus simple que l'on puisse adopter pour base de l'organisation du gouvernement.

Ce qui importe essentiellement ensuite, c'est donc de bien connaître, et de déterminer les limites et attributions particulières de chacune de ces trois puissances constitutives et distinctes.

§ II. La loi, considérée par rapport à l'état, à la société, étant la volonté primitive qui détermine l'action de la société et qui doit régler la conduite de tous ses membres, dans quelque cas et sur quelque matière que ce soit, ou, si l'on veut, la loi étant l'expression, la manifestation de cette volonté, il est facile de concevoir ce que c'est que la puissance législative et la puissance exécutive; et il est impossible de se méprendre de bonne foi sur la nature des attributions respectives de l'une et de l'autre de ces deux puissances constitutives.

Évidemment, toute manifestation d'une volonté première non encore connue, et qui ne suppose pas une résolution antécédente dont elle soit la juste conséquence et l'exécution, appartient au domaine de la puissance législative et ne peut légitimement émaner que d'elle.

Tout ce qui n'est au contraire que la juste conséquence et l'exécution d'une volonté (déjà existante et connue) de la puissance législative, est du domaine de la puissance exécutive.

Lorsqu'il s'agit, par exemple, de créer, d'augmenter,

de diminuer les impôts, de modifier la législation civile et pénale, d'étendre ou de restreindre les limites du territoire national, de déterminer la force des armées, de conclure ou de rompre un traité d'alliance, de paix, de commerce, de prohiber les droits d'aubaine, de pérégrinité, de naufrage, de préciser les règles relatives au droit d'asyle, à la naturalisation, aux droits des ambassadeurs et autres agents plénipotentiaires ou diplomatiques, au traitement, à l'échange, au rachat des prisonniers de guerre, des otages, etc.; toutes les fois, en un mot, que le gouvernement se trouve dans le cas de manifester, sur un objet quelconque, soit en ce qui concerne l'action de la société sur elle-même et dans son propre sein, soit en ce qui regarde son action à l'extérieur et relativement aux nations étrangères, une volonté nouvelle et qui n'est pas un résultat, une véritable exécution d'une résolution antérieure, d'une volonté déjà régulièrement manifestée de la puissance législative, cette résolution nouvelle, et n'ayant pas pour but l'exécution d'une loi, est elle-même une loi pour la société, et ne doit conséquemment émaner, pour être régulière, légitime et obligatoire, que de la puissance législative.

Et lorsqu'un impôt a été reconnu nécessaire, qu'il a été résolu et fixé par la puissance législative, lorsque le mode de sa répartition et de sa perception a été déterminé par cette première puissance, la surveillance et les soins administratifs, les ordonnances et les règlements d'exécution qu'exigent les diverses opérations de cette répartition et de cette perception, dépendent exclusivement de la puissance exécutive; lorsqu'une disposition de droit civil ou pénal a été adoptée par la puissance législative, les mesures nécessaires pour son exécution appartiennent à la puissance exécutive; lorsqu'une guerre offensive a été décidée, toujours par la puissance législative, la déclaration de cette guerre aux nations étrangères, les précautions à prendre pour sa conduite, les ordres à donner pour la direction, le mouvement et l'action des armées, tout ce qui concerne l'exécution, ne peut régulièrement et utilement s'effectuer que par l'intermédiaire de la puissance exécutive. La discussion préliminaire d'un traité d'alliance, de paix, de commerce, peut avoir lieu par l'intermédiaire de la puissance exécutive, mais ce traité ne doit être adopté définitivement et d'une manière strictement obligatoire que par le concours et avec le consentement exprès de la puissance législative. En un mot, toutes les fois qu'il s'agit d'une action ayant pour objet d'arriver à l'exécution d'une volonté première de la puissance législative, cette action, ou les mesures, les volontés secondaires, et, ainsi qu'on peut le dire, de pure exécution, rentrent entièrement dans le cercle des attributions de la puissance exécutive, et doivent émaner de cette puissance, pour atteindre sûrement leur but, et pour être régulières et légitimes.

Mais pour assurer cette exécution de la loi, il n'est nullement nécessaire que la puissance exécutive en fasse elle-même l'application aux espèces particulières en matière contentieuse, et qu'elle usurpe ainsi les attributions de la puissance judiciaire.

Il suffit qu'elle surveille et assure l'exécution des décisions rendues par cette troisième puissance, d'après les lois dictées par la puissance législative; et il ne doit pas en être autrement dans un gouvernement bien constitué.

S'il s'agit de quelque contestation particulière ou de

quelque délit privé, l'intervention de la puissance exécutive n'est utile que pour poursuivre le délit et pour faire respecter l'autorité du juge qui prononce; et s'il s'agit d'un crime public ou présumé commis contre le gouvernement, dans l'acception vulgairement attachée à ce mot, c'est-à-dire contre le roi et ses ministres, il serait contraire à la raison et à la justice que le gouvernement fût tout à la fois accusateur, partie et juge dans sa propre cause. Aussi Montesquieu a-t-il remarqué que si la confusion des trois puissances dans les mains soit d'un seul homme, soit d'un même corps des principaux ou du peuple, constitue l'excès de pouvoir et l'autorité arbitraire, versatile, illimitée, absolue ou despotique, la réunion de la puissance judiciaire soit avec la puissance législative, soit avec la puissance exécutive, aussi bien que la réunion des deux puissances législative et exécutive, non-seulement doit conduire à ce résultat déplorable, mais produit déjà par lui-même des effets très funestes.

Si donc la puissance judiciaire doit être distincte, séparée, et même en un sens indépendante de la puissance législative et de la puissance exécutive, il importe essentiellement d'en conclure qu'elle ne peut pas être régulièrement et légitimement exercée par des juges nommés par l'une ou par l'autre de ces deux puissances. Si ces deux puissances ne doivent pas appliquer la loi aux espèces particulières, et juger même d'après la loi, ni l'une ni l'autre de ces deux puissances constitutives ne peut valablement transmettre un droit qu'elle n'a pas; et lorsqu'elle le fait, on peut dire qu'il se présentera telle circonstance où les inconvénients qui en résulteront seront plus grands peut-être que ceux qui résulteraient de ce qu'elle jugerait elle-même. Car, on l'a dit avec vérité, et il faut faire ici l'application de cette réflexion : « Quiconque nomme le général commande l'armée; quiconque nomme les évêques et les juges dicte l'évangile et les jugements; » et c'est encore ce que prouve l'histoire de tous les pays et de tous les siècles.

Dans un gouvernement bien constitué, il doit exister une cour de justice nationale et suprême, sommet de la hiérarchie judiciaire, centre commun d'uniformité dans la jurisprudence, comme la puissance législative doit y être centre d'uniformité dans la législation, et la puissance exécutive centre d'uniformité dans l'administration et l'exécution.

Et il faut encore tenir pour constant que cette puissance judiciaire, dans les degrés inférieurs, doit être exercée par des autorités locales, par des arbitres permanents élus sur la présentation de ces tribunaux précédemment existants, et ce dans les colléges électoraux, par les citoyens eux-mêmes, c'est-à-dire du moins par les plus notables de ceux sur la vie, la liberté, la fortune desquels ils peuvent avoir à prononcer.

Chapitre II. — *Principes.*

Voilà quelles sont les notions élémentaires, les vérités simples qui doivent servir de base à l'organisation sociale, au meilleur gouvernement auquel l'humanité puisse et doive aspirer.

Nous eussions donc pu passer de suite à l'examen des détails de cette organisation dans chacune de ces trois branches distinctes, s'il ne nous eût pas paru convenable de confirmer ces vérités fondamentales, et d'ajouter à leur démonstration en indiquant sous leurs divers points de vue principaux quels doivent être et quels ont toujours été les dangers, les inconvénients réels de la confusion des attributions des trois puissances dans tous les gouvernements *simples*, et de leur inexacte et mauvaise répartition dans les gouvernements *mixtes* ou *composés*.

Mais si nous avons dû donner, dans la seconde partie de la *Science du Publiciste* (vol. IV, p. 116 et suiv. ; vol. V, p. 1 à 323), une certaine étendue à l'espèce de digression qui résulte de cet examen; si nous n'avons pas dû craindre de multiplier dans cet ouvrage les citations, afin de donner au raisonnement l'appui et la force d'autorités nombreuses et respectables, il convient au contraire de nous resserrer ici, sur ce point, autant qu'il est possible de le faire.

Il faut entendre par gouvernements *simples* tous ceux où les attributions des trois puissances constitutives se trouvent cumulées et confondues dans la main soit d'un seul homme, soit d'un corps plus ou moins nombreux, soit même de la société tout entière; et par gouvernements *mixtes*, tous ceux au contraire où, par une sorte de mélange de deux ou de plusieurs des divers gouvernements *simples*, ces mêmes puissances sont plus ou moins distinctes et régulièrement réparties.

TITRE I. — *Gouvernements simples.*

Les diverses formes de gouvernements *simples* peuvent être classées sous les cinq dénominations suivantes, d'un usage vulgaire, savoir : le gouvernement *démocratique*, l'*aristocratique*, l'*oligarchique*, le *despotique*, et le *théocratique*.

Si l'on supposait que tous les membres, sans exception, dont une société politique se compose fussent admis à délibérer sur toutes les affaires indistinctement, concernant les rapports quelconques, intérieurs et extérieurs, du droit public, du droit politique, du droit des gens; si chacun de ces membres donnait son avis sur toutes les résolutions, sur toutes les décisions quelles qu'elles fussent; si nulle de ces résolutions n'était prise ni exécutée que par la réunion et le concours des volontés et de l'action de tous; si les décisions judiciaires étaient rendues de la même manière; en un mot, si le peuple entier exerçait par lui-même la puissance législative, la puissance exécutive et la puissance judiciaire, c'est-à-dire l'autorité souveraine, illimitée ou absolue, ce serait alors le gouvernement *démocratique*, et ce que bien des gens entendent encore très mal à propos par gouvernement *républicain*.

Si, au contraire, un grand nombre des membres de la société (tels, par exemple, que ceux qui exercent une certaine profession ou ceux qui possèdent certains honneurs, certaine fortune), parvenus à s'unir de volonté et d'action, de manière à former dans l'état un corps séparé et distinct, exerçaient cette autorité entière et absolue, et confondaient aussi les trois puissances dans leurs mains, le gouvernement serait alors *aristocratique* (ou *polygarchique*).

Si le nombre de ceux entre les mains de qui est placée cette autorité souveraine se trouve encore restreint, s'il est réduit à quelques-uns seulement des membres de la société, le gouvernement devient *oligarchique;* et l'on a désigné spécialement sous le nom de *dyarchie* le gouvernement dont les membres étaient au nombre de deux.

Si le gouvernement est tel que les puissances y soient toujours cumulées, tel que l'autorité y soit entière, absolue, souveraine, et que cette autorité souveraine soit placée dans la main d'un seul, c'est ce qu'il faut entendre par gouvernement *despotique* (d'un seul), ou *autocratique* *.

Enfin, si les puissances sont toujours cumulées, et que l'autorité absolue qui provient de leur réunion soit entre les mains des prêtres ou ministres d'une religion quelconque, les gouvernements qui pourront en résulter seront *théocratiques*.

Il y a des siècles déjà que l'on a reconnu les inconvénients de ces divers gouvernements *simples*, que l'on pourrait tous comprendre sous la dénomination générique de gouvernements *despotiques*, par cela que l'autorité y est entière et absolue dans les mêmes mains. Hérodote nous en a laissé un témoignage dans les discours qu'il met dans la bouche d'Otanès, de Mégabise et de Darius, dans le conseil des sept grands de la Perse, après la mort de Cambyse. L'expérience n'a pas démenti, depuis, ce qu'à cette époque elle avait déjà prouvé; et les publicistes modernes les plus éclairés reconnaissent aujourd'hui que chercher à distinguer, avec Loiseau, Bossuet, et quelques autres, entre le pouvoir despotique et absolu, et le pouvoir tyrannique et arbitraire, c'est s'attacher à une pure chimère, qui ne peut rien avoir de réel et de vrai; que la concentration des puissances dans les mêmes mains est précisément ce qui constitue le des-

* Ce sont les empereurs de Russie qui prennent le titre d'*autocrate*. Il veut dire que ces empereurs gouvernent par eux mêmes, ou qu'ils ne tiennent leur autorité que d'eux-mêmes.

potisme; et que la liberté ne gagne jamais rien à ce que ces puissances ainsi confondues soient exercées par un certain nombre d'hommes ou par un seul; que le meilleur gouvernement, ainsi que s'exprime Burlamaqui, n'est ni une monarchie absolue, ni le gouvernement purement populaire; que, comme le dit Burke, la démocratie absolue n'est pas plus un gouvernement légitime que la monarchie absolue; et que, suivant madame de Staël, le fléau de l'espèce humaine, c'est le pouvoir absolu.

§ Ier. Un premier coup d'œil jeté sur ces divers gouvernements *simples*, considérés sous le rapport de leur caractère générique de despotisme ou de simplicité, appuie et corrobore le sentiment de ces publicistes.

En effet, on conçoit que les gouvernements *simples* pourraient exister peut-être sans qu'il en résultât de très graves inconvénients dans une société dont la population serait peu nombreuse et le territoire peu étendu.

Alors, si, par exemple, le gouvernement était démocratique, tous les membres de la société pourraient se réunir, délibérer et agir en commun. Les intérêts et les objets d'administration seraient d'ailleurs peu compliqués, et le bien général serait toujours, d'une manière apparente pour tous, le plus grand intérêt de chacun. Si le gouvernement, au contraire, était aristocratique, oligarchique, despotique, ou théocratique, l'intérêt des hommes qui gouverneraient se lierait, se confondrait encore avec l'intérêt général de la société. Cet intérêt serait toujours évident et sensible : les hommes entre les mains de qui reposerait la souveraineté pourraient le connaître par eux-mêmes; du moins la vérité les environnerait, les toucherait de si près, qu'on ne pourrait facilement la leur intercepter, en supposant que déjà il existât d'autres hommes assez dépravés et assez aveuglés sur la chose la plus nécessaire à leur propre bien-être, à leur sûreté, à leur tranquillité, pour entreprendre d'obscurcir cette vérité et d'induire en erreur le gouvernement. C'est ici, et dans ce sens, qu'il est naturel de faire une très juste application de ce que dit Montesquieu : « La vertu dans une république est une chose très simple ; c'est l'amour de la république (ou de la patrie) ; c'est un sentiment, et non une suite de connaissances ; le dernier homme de l'état peut avoir ce sentiment comme le premier. »

Mais il est évident qu'il n'en peut plus être ainsi lorsqu'un peuple est devenu nombreux et que les limites du territoire qu'il occupe ont été agrandies. Il est évident que les inconvénients et les dangers de tous les gouvernements *simples* deviennent alors très nombreux et se compliquent nécessairement sous une foule de rapports ; et cela par des motifs résultant précisément de leur propre nature, considérée sous le premier point de vue du caractère générique et commun de leur simplicité.

Si, par exemple, le gouvernement était démocratique *simple*, tous les membres de la société, lesquels, dans cette espèce de gouvernement, doivent y participer, ne pourraient cependant plus se réunir, délibérer et agir en commun ; les intérêts et les détails d'administration seraient d'ailleurs plus compliqués, et le bien général ne serait plus aussi clair ni aussi sensible pour tous. Si le gouvernement, au contraire, était aristocratique, oligarchique, despotique ou théocratique *simple*, l'intérêt particulier de ceux entre les mains de qui se trouve la souveraineté ne se lierait plus aussi intimement avec l'intérêt général de la société ; cet intérêt général ne serait plus aussi facile à reconnaître; il serait aisé d'environner le gouvernement d'erreurs et de mensonges : car, en fait de législation et d'administration, il est bien, à la vérité, des bases éternelles et immuables, des principes élémentaires sur lesquels les gouvernements, lorsqu'ils sont éclairés et de bonne foi, ne peuvent se méprendre; mais il existe aussi des intérêts de circonstance et de localité qui ne se rattachent à ces bases et à ces principes élémentaires que par des conséquences plus ou moins éloignées, indirectes et douteuses, et dont l'instruction, la sagesse et la bonne foi, ne peuvent seules mettre en état de juger sainement, si l'on ne voit et si l'on ne sent pas directement et par soi-même.

Lors donc qu'un peuple est devenu nombreux, que les limites de son territoire se sont étendues, les gouvernements démocratique et aristocratique *simples* et quelques-uns des gouvernements théocratiques *simples* sont réellement dans l'impossibilité presque absolue d'exister. Ils se trouvent naturellement, et par la force des choses, changés, modifiés; et la prudence, la juste appréciation du double intérêt des hommes, l'un commun ou général, l'autre direct ou personnel (lequel l'emporte malheureusement trop souvent sur le premier), recommandent de proscrire les gouvernements oligarchique et despotique, et les gouvernements théocratiques *simples* résidant entre les mains de quelques-uns seulement ou d'un seul.

Cela d'ailleurs se confirme encore davantage par la connaissance des inconvénients inhérents à la nature, à la forme particulière de ces gouvernements *simples*.

1° Le gouvernement démocratique est évidemment celui qui peut le moins facilement et le moins long-temps subsister dans son entière simplicité.

Pour peu que, dans une société politique, le nombre des hommes vînt à augmenter, et que, par l'occupation d'un plus grand territoire, chacun d'eux se trouvât plus éloigné des autres qu'il ne l'était primitivement; pour peu que les intérêts se compliquassent, qu'il devînt nécessaire de multiplier les travaux de l'administration, et que les détails de la surveillance indispensable dans toute société exigeassent plus de suite; pour peu encore que cette étendue et cette complication des intérêts ne permissent plus à l'utilité des mesures de se faire facilement sentir et apercevoir de tous, cette forme de gouvernement, par cela même, ne pourrait plus subsister.

La délibération, et l'exécution surtout, y deviendraient totalement impraticables. Chacun prétendrait faire prévaloir ses opinions; les factions se formeraient, les passions s'allumeraient; il en résulterait inévitablement des divisions intestines, des déchirements destructifs de l'ensemble et de l'unité nécessaires à toute société. Bientôt la société serait bouleversée par la plus complète anarchie; les hommes se trouveraient réduits à cet état d'isolement pour lequel ils ne sont pas nés, et où ils ne trouveraient que le dénûment, la douleur et la mort.

Et s'il n'en arrivait pas ainsi, c'est que cette forme de gouvernement serait insensiblement modifiée par la force des choses, et remplacée par une autre.

Il est donc naturel de penser que, dans son entière simplicité, ce gouvernement n'est qu'une chimère, une sorte d'utopie, et qu'il n'a jamais existé.

L'histoire, d'ailleurs, ne nous en transmet pas un seul exemple. Nous voyons par ce qu'elle rapporte de Sparte, d'Athènes, de Rome, que les gouvernements de ces villes s'éloignaient déjà beaucoup de la nature d'une démocratie simple ; et ce que nous savons des gouvernements modernes qui s'en rapprochent le plus, de la petite république de Saint-Marin, des gouvernements de Glaris, d'Undervald, de Sarnen, de Berne, de la république de Saint-Gall, etc., nous montre qu'ils en diffèrent aussi beaucoup.

Au surplus, en admettant que le gouvernement démocratique pût se maintenir dans son entière simplicité; en admettant, si l'on veut, que les hommes, d'une organisation plus parfaite, au physique comme au moral, que celle qu'ils tiennent de la nature, demeurassent unis malgré le nombre et l'éloignement, il faudrait encore, pour qu'il fût possible de présumer que cette forme de gouvernement tournât à leur avantage, supposer qu'ils seraient, sous quelques autres rapports, placés dans une position toute différente de celle où ils se trouvent ; il faudrait aller jusqu'à supposer qu'ils fussent exempts de relations et d'affaires particulières.

Sinon, et par cela seulement qu'ils ne sauraient pourvoir à leur existence et à leur bien-être sans travail, sans commerce, sans industrie, combien d'inconvénients de la plus grave importance ne résulteraient pas de cette forme de gouvernement !

Il faudra donc que tous les membres de la société abandonnent journellement et simultanément les travaux et les soins que leur impose le titre de père de famille, que le peuple entier néglige l'agriculture, abandonne les arts, l'industrie, pour se livrer exclusivement à la conduite de la chose publique et de l'administration générale ?

Ainsi en usèrent en effet, ou à peu près, les habitans de Sparte et d'Athènes, quoique la forme de leur gouvernement ne fût déjà plus celle d'une démocratie *simple*. Ils avaient des ilotes ou esclaves pour cultiver les terres et vaquer à leurs affaires domestiques, pendant qu'ils se réunissaient et passaient les jours entiers dans les places publiques pour y discuter les intérêts de l'état. Mais, par ce dangereux usage, évidemment ils violaient tout à la fois les principes élémentaires, universels et immuables du droit public, du droit politique et du droit des gens. Mais dès lors le gouvernement cessait d'être démocratique ; car le caractère essentiel et distinctif, la nature du gouvernement démocratique, exclurait sans nulle exception, du sein de la société, toute inégalité de droit, toute différence de condition, et surtout toute espèce de servitude et d'esclavage.

Le gouvernement démocratique *simple*, s'il pouvait exister, ne subsisterait donc pas sans les dangers les plus éminents; et il y aurait par-dessus tout absurdité et extravagance à entreprendre de le rétablir chez un peuple où, par la force des choses, il aurait cessé d'exister.

C'est ce que tous les publicistes s'accordent à reconnaître. Montesquieu, employant ici le mot de république dans le sens de démocratie, s'exprime ainsi : « Il est de la nature d'une république qu'elle n'ait qu'un petit territoire; sans cela elle ne peut guère subsister. » Et Jean-Jacques dit : « A prendre le terme dans la rigueur de l'acception, il n'a jamais existé de véritable démocratie, et il n'en existera jamais. Il est contre l'ordre naturel que le grand nombre gouverne, et que le petit soit gouverné. On ne peut imaginer que le peuple reste incessamment assemblé pour vaquer aux affaires publiques, et l'on voit aisément qu'il ne peut établir pour cela des commissaires sans que la forme d'administration ne change. »

2° Tant que la société est peu nombreuse, qu'elle se compose d'un petit nombre d'individus ou de quelques familles, l'autorité souveraine peut être exercée avec un certain avantage pour l'intérêt commun par une sorte d'aristocratie ou d'optimatie, c'est-à-dire par les meilleurs et les plus sages.

Mais si cette société continue de prospérer et de s'accroître, les mêmes inconvénients que son augmentation aurait fait naître relativement à l'existence du gouvernement démocratique *simple*, ne tardent pas à se manifester également avec le gouvernement aristocratique *simple*. Les membres de l'état qui participent à l'exercice de la souveraineté, sous cette forme de gouvernement, deviennent alors plus nombreux. Ils ne peuvent plus se réunir, délibérer et agir en commun et de concert.

Et quand on supposerait d'ailleurs, contre toute vraisemblance, que la réunion et l'accord d'un grand nombre d'hommes pussent subsister et se maintenir quelque temps dans une société déjà considérable, il serait difficile du moins, pour ne pas dire impossible, que ces hommes, revêtus d'une autorité absolue quoique exercée en commun, se contentassent de diriger constamment les affaires publiques dans la vue de l'utilité générale et abnégation faite de leur intérêt particulier. La société s'accroissant, et l'intérêt général devenant par degrés moins direct, et conséquemment moins sensible pour chacun, moins concordant, moins identique avec l'intérêt individuel, naturellement les gouvernants seront chaque jour portés à suivre de préférence et de plus en plus l'impulsion qui leur sera donnée par ce dernier intérêt; et ils finiront par lui sacrifier souvent l'intérêt commmun de la société. Avant peu ils s'arrogeront des prérogatives, des privilèges, tous onéreux et contraires à l'état, à la société entière. De là il résulte que les autres membres de cette société ne sont plus gouvernés et protégés, mais opprimés et réduits à un asservissement réel, à l'esclavage ; et que le gouvernement ne tarde pas à devenir en tout contraire aux principes d'une juste égalité, de la propriété, de la liberté, de la sûreté individuelle.

Ces inconvénients sont déjà graves ; cependant ils ne sont pas les seuls.

Ces hommes entre les mains de qui se trouvera placée la souveraine puissance s'efforceront encore par la suite de la transmettre à leurs descendants, de conserver dans leurs familles les prérogatives et privilèges par eux usurpés; et la noblesse devenue héréditaire dégénère bientôt.

Ce principe, d'une juste et sage égalité, si nécessaire à la prospérité d'un état, est donc par là plus manifestement violé: car, comme nous l'avons démontré en traitant du droit public, si ce principe n'exclut pas les titres, la noblesse, les marques distinctives propres à exciter l'émulation et la vertu, mais seulement les prérogatives et privilèges, de leur nature contraires aux motifs de l'institution de la noblesse, il exige impérieusement que cette noblesse, ces titres, ces distinctions, ne soient jamais accordés qu'au mérite, afin qu'ils puissent conserver leur éclat et leur prix, et qu'ils aient un effet réellement utile à la société.

Les membres de la société que la naissance favorise se trouvant dans une position plus avantageuse pour mériter et obtenir ces récompenses, il n'en est que plus dangereux de les leur conférer de plein droit et avant qu'ils n'aient prouvé, par une conduite ferme et assurée dans le chemin du véritable honneur, qu'ils marchent en effet sur les glorieuses traces de leurs ancêtres. Lorsqu'on agit ainsi, il arrive que les descendants des plus grands hommes, peu semblables à leurs pères, et rattachant tout à l'avantage de leur naissance, se persuadent promptement qu'ils sont d'une race particulière que la nature a privilégiée; et ils deviennent d'autant plus arrogants et présomptueux qu'ils sont plus ineptes et plus stupides, moins dignes des honneurs et de toute considération.

Cet inconvénient de l'acquisition de la noblesse, des prérogatives et privilèges, par voie de naissance ou d'hérédité, est tellement inhérent à la nature du gouvernement aristocratique, que l'on entend habituellement par cette dénomination un gouvernement où ces privilèges et la puissance sont entre les mains des personnes les plus distinguées par la naissance; ce qui devrait s'appeler proprement une *eugénocratie*, tandis que l'*aristocratie* devrait proprement signifier le gouvernement où l'autorité réside entre les mains des plus braves, des plus forts, en général des hommes qui excellent.

Cette infraction des principes du droit public est funeste pour les hommes qui gouvernent, comme pour ceux qui sont gouvernés. Avec le temps, les malheurs qu'elle entraîne deviennent de plus en plus grands et inévitables, par la raison que le gouvernement, au lieu de se trouver placé, ainsi qu'il l'était dans l'origine, entre les mains des meilleurs, des plus forts, des plus sages, se trouve au contraire livré aux méchants, aux incapables, et même aux plus faibles, qui sont alors obligés de recourir à la perfidie et à la ruse pour suppléer aux talents et à la force; ce qui les rend aussi les plus cruels : tandis que, parmi les classes inférieures, il se rencontre des cœurs généreux, des ames fortes et courageuses, qui s'indignent de porter le joug et qui aspirent à reconquérir leurs droits envahis.

Par une conséquence évidente, la nature du gouvernement aristocratique est plus contraire, sous un certain rapport, à la prospérité du commerce, de l'industrie et de l'agriculture, que le gouvernement démocratique même; parce que des hommes qui doivent tout au préjugé s'abandonnent aveuglément à tous les préjugés, s'attachent obstinément aux idées les plus déraisonnables et les plus nuisibles, s'éprennent follement d'un faux et ridicule point d'honneur, et que pour eux c'est déroger et déchoir que de se livrer aux occupations les plus nobles, aux travaux utiles à leur pays et à l'humanité. Aussi les voit-on souvent préférer l'oisiveté, l'ignorance et le vice, au travail, à l'étude, à une honorable activité.

Tout ceci est appuyé de l'autorité de Massillon, des publicistes, et d'exemples nombreux recueillis tant dans les anciennes que dans les nouvelles aristocraties. Montesquieu, entre autres, s'exprime ainsi : « Le gouvernement aristocratique a par lui-même une certaine force que la démocratie n'a pas. Les nobles (ou plutôt les hommes qui gouvernent) y forment un corps qui, par sa prérogative et pour son intérêt particulier, réprime le peuple : il suffit qu'il y ait des lois pour qu'à cet égard elles soient exécutées. Mais autant il est aisé à ce corps de réprimer les autres, autant il est difficile qu'il se réprime lui-même. Telle est la nature de cette institution, qu'il semble qu'elle mette les mêmes gens sous la puissance des lois, et qu'elle les en retire. » Et ailleurs, en parlant de la corruption du principe de l'aristocratie, il dit formellement : « L'extrême corruption est lorsque les nobles deviennent héréditaires; ils ne peuvent plus guère avoir de modération. »

3° Non-seulement la paix et l'union ne se maintiennent pas long-temps dans un gouvernement aristocratique *simple*, mais elles ne peuvent pas subsister entre les chefs moins nombreux d'un gouvernement purement oligarchique.

Ce gouvernement, toutefois, ne serait pas, de sa nature, aussi défavorable au principe de l'égalité sociale que l'est le gouvernement aristocratique *simple*; ou si ce principe y était enfreint, il le serait d'une manière moins générale, et conséquemment aussi moins dangereuse, qu'il ne l'est par l'influence naturelle du gouvernement aristocratique *simple*. Les chefs, sous le gouvernement oligarchique, sont du moins en plus petit nombre.

Cependant chacun d'eux veut avoir ses partisans, ses créatures; et l'ambition de ceux-ci, leurs jalousies respectives, ne tardent pas à donner pareillement naissance à une foule de faveurs, d'injustices, de prérogatives et de privilèges onéreux à l'état.

Le nuage des révolutions ne tarde pas à se former, à se grossir.

D'une part, les persécutions deviennent nombreuses et cruelles.

D'autre part, les conspirations, souvent conçues dans le sein même du gouvernement, se multiplient et se succèdent rapidement.

Tels sont les résultats que l'étude de l'histoire nous fait apercevoir chez tous les peuples, en Égypte, à Sparte, à Athènes, à Rome, etc., comme étant une suite inévitable de la nature de ce vicieux gouvernement.

4° On doit concevoir que la puissance absolue dans la main d'un seul ne doit pas avoir des dangers moins grands, tant pour celui qui l'exerce que pour la société tout entière.

Car, en supposant qu'il ne fût jamais trompé par la foule de courtisans et de flatteurs qu'il ne peut empêcher de se multiplier autour de sa personne, et par les visirs ou autres ministres auxquels il est obligé de déléguer sa puissance, puisqu'il ne peut tout voir et entendre, tout résoudre, exécuter et juger par lui-même; en supposant encore qu'un bon prince ne puisse jamais s'égarer par sa propre faute, n'est-il pas possible qu'à ce bon prince succède un tyran?

Disons plus, n'est-il pas naturel de penser que bientôt il le deviendra? Sa toute-puissance est propre à exciter l'ambition d'un ministre en faveur, d'un général après un triomphe, de tout autre sujet ambitieux; il ne faut que frapper le despote pour occuper sa place. La crainte et les soupçons s'emparent donc bientôt de l'ame de ces souverains absolus, et leurs soupçons contribuent à rendre les conjurations plus dangereuses et plus fréquentes. Aussi Montesquieu dit-il : « Le pouvoir va croissant et la sûreté diminuant jusqu'au despote, sur la tête duquel est l'excès du pouvoir et du danger. »

Les exemples encore sont nombreux, et de tous les

temps, de tous les pays ; nous ne pourrions rappeler ici tous ceux que nous avons rassemblés dans la *Science du Publiciste* (vol. IV, pag. 229 et suiv.) ; et quant aux autorités, elles sont à peu près unanimes, ou du moins l'on peut dire que les partisans du despotisme *simple*, s'il en existe encore chez les nations civilisées, ne sont plus guère que des hommes illétrés, des ignorants, ou d'ambitieux égoïstes et de lâches adulateurs.

5° Si le gouvernement absolu d'un seul est un gouvernement fatal à la société et à lui-même, précisément par la raison que la confusion des trois puissances donne infailliblement à l'autorité plus d'étendue que ne le demandent l'ordre et les besoins de la société, quels sont, à plus forte raison, les dangers de ce gouvernement, lorsque le pouvoir spirituel, en s'unissant au temporel, vient ajouter encore à l'extension de cette autorité !

C'est alors surtout que la plus dure tyrannie pèse sur les peuples ; que le gouvernement marche dans un sens directement opposé à ses fins ; que les lois divines et humaines, que les principes de la saine philosophie, du droit et de la morale, sont si habituellement outragés que bientôt on les ignore, que leur souvenir semble s'effacer de la mémoire des hommes.

Si les gouvernements aristocratiques et oligarchiques *simples* sont dangereux, combien ne le seront-ils pas davantage, si les hommes qui retiennent entre leurs mains l'autorité, non contents d'un pouvoir déjà sans limites, prétendent l'accroître encore de toute l'exagération, de toute la violence que peuvent y ajouter les prestiges d'une superstition à laquelle les peuples ne sont que trop enclins ; superstition qui devient d'ailleurs d'autant plus contagieuse et corruptrice, que toutes les séductions et les pompes mensongères de cette vie la favorisent et en dépendent!

Qui pourrait, sous de pareils gouvernements, se croire assuré de la possession paisible des choses qu'il aurait acquises par ses travaux? Qui pourrait compter sur la jouissance de sa liberté, sur son existence même? Ce n'est plus seulement la raison d'état, l'intérêt supposé de la patrie, c'est la Divinité qui en prescrit le sacrifice.

D'ailleurs des esclaves asservis à ce point ont-ils donc quelques droits? Qu'oseraient-ils réclamer? Ils ne sont propriétaires ni d'aucuns biens ni de leurs personnes.

Et si tous ces droits sont anéantis et oubliés, quelle sorte d'égalité peut encore subsister dans l'état? Les hommes en qui réside le pouvoir ne sont-ils pas les envoyés, les ministres immédiats de Dieu sur la terre, ou plutôt ne sont-ils pas Dieu lui-même? Peuvent-ils être soumis aux devoirs, aux obligations des autres hommes? N'est-il pas très naturel que des prérogatives, des privilèges, des immunités, soient créés par eux et pour eux?

Comment ces gouvernements théocratiques quelconques ne seraient-ils pas, de leur nature, contraires à la propagation des lumières et de la civilisation, puisqu'ils sont tous principalement fondés sur l'ignorance et l'aveugle crédulité des peuples? Comment ces gouvernements ne donneraient-ils pas lieu à des guerres plus implacables que ne le sont les guerres excitées par les égarements de l'ambition ou par le sentiment d'une fausse gloire, puisque l'homme alors devient assez stupide pour se persuader que la main de Dieu le conduit au combat, et que sa voix terrible l'excite au carnage et lui prescrit de répandre jusqu'à la dernière goutte du sang de ses ennemis?

Ce n'est point assez pour de tels gouvernements que de commander despotiquement aux intérêts de ce monde; par une autre conséquence de l'extension de leur puissance souveraine hors de toutes limites naturelles, il faut qu'ils étendent aussi leur joug tyrannique au-delà de ces limites; il faut qu'ils exercent jusque sur les pensées leur despotique empire.

Et c'est alors surtout qu'il ne peut plus exister de modération et de tolérance en matière de religion; que les absurdités les plus révoltantes sont imposées comme des articles de foi irrécusables, et plus importants que le fond de la religion, comme des points essentiels et fondamentaux de doctrine, auxquels le mensonge et la puissance du glaive obligent tous les esprits de se soumettre, malgré la résistance intérieure de la conscience et de la raison.

Cela est encore prouvé par l'histoire de tous les temps et de tous les pays, depuis l'antiquité la plus reculée, depuis le culte de Bel, de Décerto, de Mylitta et d'Astarté, jusqu'à nos jours; de l'orient à l'occident, de l'un à l'autre pôle; depuis les lieux où le Chitombé s'enrichit des dépouilles de l'Africain et du Giague, jusque dans des contrées où la raison et la morale, sous l'égide d'une religion plus pure et plus sainte, devraient être en pleine possession de leur domaine. Si l'on aperçoit à l'horizon la fumée de sacrifices cruels et impies s'élever en colonnes ondoyantes et obscurcir les airs, plus près de nous les bûchers de l'inquisition sont à peine éteints, et leur pâle lueur semble encore réfléchie par les tourelles de monastères épars sur un sol inculte et dépeuplé par la pernicieuse influence de la théocratie temporelle.

§ II. Après avoir apprécié les gouvernements *simples* sous un premier point de vue, il faut les considérer sous un autre aspect, celui que certaines modifications peuvent leur donner, en laissant néanmoins subsister le caractère essentiel et distinctif de leur simplicité, savoir : sous les rapports de la représentation, de la transmission des puissances ou de l'élection et de l'hérédité, de la fédération.

1° Le système représentatif peut s'introduire dans les gouvernements démocratique, polygarchique ou aristocratique, *simples*, peut-être dans le gouvernement théocratique *simple*, lorsqu'il réside, ainsi que le gouvernement polygarchique, dans les mains d'un grand nombre.

Ce système ne peut au contraire exister dans le gouvernement oligarchique et dans le gouvernement d'un seul; non plus que dans le gouvernement théocratique, lorsqu'il se trouve, comme ces deux autres gouvernements, limité à un seul ou à un petit nombre d'hommes. Dans ces dernières espèces de gouvernements, les chefs, papes, pontifes, patriarches, empereurs, sultans, autocrates, dyarques, ou autres, sont à la vérité dans la nécessité d'avoir, lorsque le territoire est étendu et la population nombreuse, des vicaires, ministres ou visirs, pour faire exécuter leurs ordres et agir en leur nom; mais ils ne peuvent se dessaisir de leur pouvoir, et résigner leur autorité en d'autres mains, ne fût-ce que pour un temps, et quelque limité qu'il soit. Leurs vicaires, cardinaux, ministres, visirs, etc., sont ou du moins doivent toujours être leurs subordonnés et dépendants. Toujours ces souverains ont droit de révoquer leurs ministres à leur gré.

Ce n'est pas que ceux-ci n'agissent et ne soient souvent forcés d'agir de leur propre mouvement, et que cet usage du pouvoir absolu, par les agents subalternes, ne soit un des inconvénients spécialement attachés aux gouvernements despotiques; mais il n'en est pas moins vrai que, d'après la nature de ces gouvernements, les dépositaires intermédiaires de l'autorité doivent y être essentiellement dépendants, qu'ils ne sont jamais censés agir que par les ordres de leurs maîtres, et non pas comme placés au-dessus d'eux: car alors ils seraient souverains, et les premiers ne seraient plus rien. Ces officiers, ministres ou dépositaires, sont des délégués et non des représentants. En un mot, c'est du souverain au sujet que le ministère se délègue; c'est du sujet à celui qui doit commander que la représentation se confère.

Dans les autres gouvernements *simples*, où la représentation peut être admise, les représentants, au contraire, ne sont pas de simples agens, ministres, commissaires ou mandataires, révocables à toute volonté par les membres de la société qui les ont institués et établis, obligés de rendre compte de leur mandat toutes les fois que les mandants pourraient le trouver convenable, restant en tout soumis aux ordres de ceux-ci, et ne pouvant rien conclure définitivement sans eux.

Un tel système de représentation est une chimère; il est impraticable et illusoire en fait; il est absurde et également illusoire en droit.

En fait, comme en droit, en instituant leurs représentants, les citoyens qui les instituent se dessaisissent de la souveraineté, du pouvoir de créer les lois, de celui de les faire exécuter, d'administrer et de juger; en instituant leurs représentants, ceux-là même qui les instituent s'en remettent à eux du soin du gouvernement en général; ils consentent ou formellement ou tacitement à s'en rapporter à la sagesse, à l'expérience de ces représentants; ils se soumettent à leur autorité, et s'engagent à regarder les résultats des délibérations de ces mandataires comme émanés d'une volonté qui leur serait propre à eux-mêmes; et cette soumission doit subsister tant que le laps de temps fixé pour la durée du mandat n'est point expiré. Ainsi le reconnaissent Montesquieu, Filangieri, Blackstone, et autres publicistes.

Or, si, d'un côté, l'admission de ce système représentatif, dans les gouvernements *simples* où il peut être adopté, doit éloigner pour quelque temps la division de l'état et le morcellement du territoire, prévenir l'anarchie, être un préservatif contre les crises et les révolutions qui, sans son secours, mettraient promptement fin à ces gouvernements; d'un autre côté, à combien de graves inconvénients ne donnera-t-il pas naissance!

Un de ces inconvénients, celui dont doivent naturellement découler tous les autres, c'est de remettre entre les mains des représentants un pouvoir illimité, sans que même il soit possible, au moins pendant toute la durée du mandat, de leur demander compte, et de les rendre responsables de l'abus qu'ils peuvent en faire et qu'ils en feront souvent.

Un autre inconvénient, c'est la difficulté de fixer le choix du grand nombre d'individus qui conco[illegible]nt à l'élection, sur les homm[illegible] [illegible]ent capables de les représenter. Rien dans la réalité de plus difficile que ce choix. Les hommes sans désintéressement, sans loyauté, sans principes, les ambitieux et les égoïstes, sont trop souvent les plus aptes à appeler sur eux l'attention, les plus habiles à se mettre en évidence. Les hommes qui négligent le plus tous les devoirs d'époux, de père, de bon citoyen, les hommes les moins dignes d'être élus, des intrigants et des factieux, ainsi que Cicéron le remarque, sont bien souvent, à force de brigues et de bassesses, ceux qui parviennent à capter les suffrages dans les assemblées nombreuses et populaires; et lorsqu'ils sont élus, les affaires cessent d'être conduites avec sagesse et dans la vue du bien public.

Et cependant ces représentants indignes se trouvant investis d'une autorité sans bornes, absolue et despotique, prétendront se perpétuer dans l'exercice de cette autorité; ils entreprendront de détruire la représentation et de convertir le gouvernement en une véritable oligarchie ou en une aristocratie despotique héréditaire : ce qui toutefois ne s'effectuera pas sans de nombreuses et funestes catastrophes, comme peuvent le prouver, entre autres exemples, la conduite des conseils des dix et des trente à Athènes, et celle des décemvirs à Rome.

2° Dans les gouvernements démocratique, aristocratique et théocratique, *simples*, où la représentation est admise, les représentants ne peuvent être héréditaires, et l'autorité souveraine n'est transmissible que par voie d'élection.

En effet, la nature, l'essence de ces sortes de gouvernements, lorsque la représentation y est admise, ne tient plus qu'au droit d'élire; et c'est uniquement par l'exercice de ce droit que le peuple entier, ou les classes qui exerçaient primitivement l'autorité, retiennent encore d'une manière indirecte quelque chose de la souveraineté. Si donc l'élection, une fois faite en faveur du père, était pour toujours reversible sur la tête du fils et sur celles de ses descendants, si de cette manière la souveraineté devenait héréditaire, il n'y aurait plus lieu par la suite à l'exercice du droit d'élection, et dès lors il ne subsisterait plus rien de l'un des caractères originaires et distinctifs du gouvernement.

Or, on peut encore, par ce motif, poser en principe que, dans les trois gouvernements ci-dessus indiqués, l'élection est un droit imprescriptible qui n'appartient qu'au peuple ou aux classes du peuple primitivement appelées à participer à l'exercice du droit de souveraineté.

Au contraire, dans le gouvernement absolu ou despotique d'un seul, dans le gouvernement oligarchique, où le système de la représentation ne peut exister, la souveraineté se transmettra par voie d'élection, ou par voie d'hérédité, sans que le caractère du gouvernement soit pour cela précisément altéré.

Il en sera de même du gouvernement théocratique dans une hypothèse semblable, et lorsque le système de la représentation ne saurait non plus y être admis. C'est ainsi que chez les Assyriens, les Babyloniens, les Perses, les Égyptiens et les Juifs, on consacrait à la Divinité de certaines familles, des tribus entières, telles que celles des Chaldéens et celles des enfants de Lévi et d'Héli, dans lesquelles se perpétuaient tout à la fois le service du temple et la puissance du gouvernement, au moins, pour ces derniers, jusqu'à l'époque où Samuël, sur la demande du peuple, éleva Saül à la royauté.

Mais de ce que l'un et l'autre de ces deux modes opposés de la transmissibilité des puissances constitutives peuvent être adoptés dans ces divers gouvernements *simples* dont il est ici question, il ne faut pas en conclure qu'ils y soient sans dangers.

Ils y sont au contraire l'un et l'autre inséparables des plus graves inconvénients.

Ainsi, dans le gouvernement d'un seul, par exemple, si le souverain appelé au trône par l'ordre de la successibilité est un prince soupçonneux, injuste, sanguinaire, son oppression ne rencontrant dans l'institution aucun modérateur, aucun frein, il écrasera le peuple, il le foulera aux pieds, ou il excitera un soulèvement et des révolutions également funestes et pour le peuple et pour lui.

Ce souverain est-il dépourvu, au contraire, de caractère et d'intelligence, lâche, indolent, efféminé; c'est alors qu'un ambitieux, que les personnages les plus puissants de l'état, les satrapes, les gouverneurs, les ministres, entreprendront de le détrôner. Heureux même s'ils se bornent à le tenir renfermé dans son palais, dans une forteresse ou dans un cloître, comme le furent, entre autres, à Rome, Valentinien par Argobaste, et en France, les rois de la première et de la seconde race, par les maires du palais.

Ce serait une grande erreur aussi que de se persuader que le mode de transmissibilité de la souveraineté par voie d'élection fût, dans ces gouvernements, exempt de suites funestes et désastreuses. Ce mode de transmission est bien certainement une cause infaillible d'agitations et de troubles. C'est ce dont l'histoire d'Égypte, suivant Hérodote et Diodore, après le règne de Séthos, celle des empereurs romains, celle des empereurs d'Allemagne, celle des rois de Pologne et de Danemarck, celle des doges de Venise, etc., ne permettent pas de douter.

N'a-t-on pas vu d'ailleurs que les hommes qui avaient paru vertueux, faute d'occasions pour se démentir, ont manqué de vertu sitôt qu'ils ont été mis à l'épreuve? On ne dit point que les Tibère, les Néron, les Caligula, aient été méchants et cruels avant qu'ils parvinssent au suprême pouvoir. Il peut donc arriver, il arrivera souvent, chez un peuple nombreux surtout, qu'après avoir su feindre jusqu'à son élection, un homme démasquera bientôt les vices les plus honteux et les passions les plus funestes lorsqu'il se verra parvenu au terme de son ambition et revêtu d'une autorité sans limites.

Il faut sans cesse le répéter, l'humanité n'est faite ni pour la perfectibilité absolue ni pour l'absolue puissance. Quelque chose que les flatteurs puissent dire, les despotes ne seront jamais que des hommes, des hommes exposés à toutes les faiblesses, à toutes les imperfections, à toutes les maladies du corps et de la raison, et bien plus que les autres en butte aux pièges, aux embûches du mensonge et de la séduction.

3° En fait, et suivant que l'expérience le prouve, il faut reconnaître que tous les peuples, quelle que soit la forme de leur gouvernement, peuvent entrer dans le système d'une constitution fédérative.

En droit, la réflexion suivante de M. le comte Destutt de Tracy, dans son *Commentaire sur l'Esprit des Lois*, peut servir d'analyse à ce que nous avons développé à ce sujet dans la seconde partie de la *Science du Publiciste :* « Malgré leurs heureuses propriétés, dit-il, je pense que l'on ne doit regarder les fédérations, surtout chez les anciens, que comme des essais et des tentatives d'hommes qui n'avaient pas encore imaginé le vrai système représentatif, et qui cherchaient à se procurer à la fois la liberté, la tranquillité et la puissance; avantages que ce système seul peut réunir. Si Montesquieu l'avait mieux connu, j'ose croire qu'il aurait partagé cette opinion.... Règle générale : Un état gagne en force en se joignant à plusieurs autres; mais il gagnerait encore davantage en ne faisant qu'un avec eux, et il perd en se subdivisant en plusieurs parties, quelque étroitement qu'elles demeurent unies.... La fédération produit toujours plus de force, à la vérité, que la séparation absolue, mais moins que l'union intime et la fusion complète. »

§ III. 1° Lorsqu'il n'existait pas de moyen, que peut-être on n'en avait pas encore conçu, pour modérer le pouvoir et pour empêcher qu'il ne se précipitât vers sa ruine, les hommes prudents et réfléchis, affligés des vices inhérents aux gouvernements *simples* et de tous les maux qu'ils attirent sur l'humanité, durent s'attacher à des idées quelconques de contre-poids, d'équilibre, de fixité, à des principes au moins apparents de gouvernements modérés.

Désormais, d'une part, voudrait-on établir, avec Montesquieu, la définition du gouvernement monarchique et fonder sa constitution sur l'existence de *pouvoirs intermédiaires subordonnés et dépendants*, sur l'existence de *canaux moyens par où coule la puissance ?* On reconnaît que cette distinction entre le despotisme et la monarchie est illusoire et vaine.

Il faut une hiérarchie de pouvoirs dans les gouvernements despotiques et dans les gouvernements oligarchiques, comme dans une monarchie. Les chefs de ces gouvernements ne peuvent pas exécuter par eux-mêmes tout ce qu'ils ordonnent; ils sont dans la nécessité d'avoir au-dessous d'eux des vicaires, des visirs, des ministres, en un mot des agents intermédiaires, subordonnés et dépendants, pour transmettre leurs ordres et faire exécuter leur volonté.

Mais c'est précisément parce que ces pouvoirs ou ces

agents intermédiaires sont de leur nature subordonnés et dépendants, soit dans les monarchies, soit dans les gouvernements despotiques et oligarchiques, qu'il n'en peut résulter, ni dans les uns ni dans les autres, une garantie suffisante de l'observation des principes élémentaires du droit, des lois fondamentales de l'état, de la sagesse des résolutions momentanées, demandées par les circonstances et par les intérêts journaliers de la société, et que l'on ne peut y trouver le caractère distinctif de la nature du gouvernement monarchique et modéré.

D'autre part, on concevra qu'il serait chimérique de vouloir opposer pour tout contre-poids quelques corps judiciaires à la puissance législative, à la puissance exécutive, et à la puissance judiciaire même, réunies dans la main du prince; et qu'alors il ne pourrait exister de balance véritable.

Voudrait-on, par exemple, considérer comme intermédiaire, dans une monarchie, *les corps politiques dans lesquels est le dépôt des lois, ou qui annoncent les lois lorsqu'elles sont faites, et les rappellent quand on les oublie*, c'est-à-dire les parlements? Il y a déjà longtemps que plus d'un critique judicieux a fait remarquer que si Montesquieu a affirmé qu'il devait en être ainsi, ce fut sans doute parce que telle était alors la constitution de la France. En effet, c'est principalement en cela que l'auteur de l'*Esprit des Lois* paraît avoir été séduit et comme entraîné par le préjugé, l'esprit et la tendance de son siècle, ou du moins d'une classe d'hommes influents, dont les intentions pouvaient être pures et les vues droites pour l'époque à laquelle il écrivait cette partie de son immortel traité.

Mais depuis long-temps déjà quiconque n'a pas le jugement faux ou la conscience égarée par quelque sourde pensée de vanité ou d'égoïsme, conçoit aisément que les autorités de l'ordre judiciaire ne peuvent être introduites et immiscées, sans confusion et sans danger, dans l'exercice de la puissance législative ou de la puissance exécutive. Le magistrat ne doit pas être législateur. Un corps surtout à la fois législateur et juge serait de fait au-dessus des lois.

Les lois peuvent sans inconvénient, et même avec grand avantage, être discutées et approfondies avant d'avoir été sanctionnées par le sceau de l'autorité royale; mais une opposition tardive et partielle, dont l'effet serait d'entraver leur exécution après qu'elles ont été créées, et promulguées par celui à qui seul peut appartenir ce droit dans tout état monarchique bien constitué, serait en elle-même une chose fort mauvaise, et qui ne saurait être tolérée que dans le cas où il n'existe pas d'autre barrière; que comme un mal qui peut servir peut-être à limiter un mal plus grand; que comme un poison dangereux, mais pris pour antidote d'un poison plus violent. Une telle opposition ne peut en effet manquer d'affaiblir le respect et l'obéissance dus à la majesté du trône; quoique d'un autre côté les corps dont elle émanerait ne fussent pas de leur nature beaucoup plus propres que le conseil du prince à rassurer le peuple et à fixer sa confiance.

2° L'exercice de la souveraineté fût-il confié à plusieurs classes de citoyens ou à un nombre plus ou moins grand de personnes formant dans l'état différents corps distincts et séparés, de telle sorte que le concours des volontés coïncidentes de ces divers corps fût considéré comme étant nécessaire pour délibérer, pour exécuter et pour juger, le gouvernement conserverait cependant le caractère essentiellement distinctif du despotisme, la cumulation des puissances.

Ainsi, par exemple, un prince et un sénat, un directoire et une assemblée démocratique, se réuniraient-ils pour donner des lois et pour les faire exécuter, et pour prononcer des décisions judiciaires, le gouvernement, quoique admettant le concours de deux ou de plusieurs volontés distinctes et indépendantes l'une de l'autre, serait encore de sa nature un gouvernement *simple* ou *despotique*.

Un corps de noblesse héréditaire ou autre, des corps judiciaires, un parlement, acquerraient-ils une indépendance telle qu'ils parvinssent à balancer l'autorité d'un roi; si leur existence n'a pas pour résultat la distinction, la séparation des puissances, le gouvernement, malgré cette sorte de contre-poids, de balance imparfaite, qui en résulterait, retiendrait encore le caractère essentiel du *despotisme*.

Les avantages résultant de cette sorte de complication dans l'organisation sociale seraient peu réels et peu durables. Les inconvénients seraient de plus d'un genre.

D'une part, violence et tyrannie, en cas de concordance et d'unanimité.

D'autre part, et beaucoup plus souvent sans doute, difficulté d'accord et d'harmonie, difficulté plus grande encore d'un juste et solide équilibre : tantôt embarras, paralysie complète dans toutes les parties de l'administration; tantôt déchirements, guerres civiles, domination et esclavage.

La séparation des puissances constitue seule la nature des gouvernemens *mixtes*, et la connaissance de cette vérité suppose déjà un grand pas de fait vers la perfection de l'organisation sociale. Un autre degré à franchir, c'est l'exacte et judicieuse répartition des attributions de ces puissances; et pour y parvenir, il importe que chaque puissance se trouve exercée, quoique dans un seul gouvernement, suivant la forme et d'après la nature du gouvernement qui, dans sa simplicité, conviendrait le mieux à l'exercice de chacune d'elles.

3° Dans l'intérêt du gouvernement même, toutes les résolutions émanant de la puissance législative doivent être conformes, autant qu'il se peut, à l'intérêt général; et l'intérêt général d'une société, en beaucoup de circonstances, par exemple en matière de contributions, de taxes, d'impôts, se forme de l'intérêt particulier du plus grand nombre des citoyens dont l'union constitue la société.

Donc, de tous les gouvernements *simples*, le gouvernement aristocratique (ou polygarchique), et surtout le démocratique, sont de leur nature les plus favorables, sous ce rapport essentiel, à l'exercice de la puissance législative, comme étant les deux gouvernements auxquels participent un plus grand nombre des membres de la société.

Il faut appliquer en ce sens ce que dit Jean-Jacques : « Plus le magistrat est nombreux, plus la volonté de corps se rapproche de la volonté générale. » — « Ce qui est l'intérêt de la majorité des individus étant rassemblé dans un vœu commun, dit aussi Arrington, forme l'intérêt public. » Et dans le même sens cet auteur a pu dire encore avec raison : « Si un homme ne sait pas quel est son propre intérêt, qui est-ce qui pourra le savoir ? »

Le gouvernement oligarchique, et surtout le gouvernement d'un seul, sont, au contraire, les gouvernements qui, de leur nature, conviennent davantage à l'exercice de la puissance exécutive.

Car, lorsque chacun a pu faire connaître son intérêt personnel, en exprimant librement sa pensée, et que l'intérêt général ou du plus grand nombre s'est ainsi manifesté, il faut que les résolutions prises conformément à cet intérêt soient exécutées d'une manière régulière et prompte, générale, ferme, uniforme et sans hésitation; et pour cela, la puissance d'exécution doit être concentrée, parce que la promptitude, la force, l'uniformité, sont le résultat de l'ensemble et de l'unité. « *Virtus unita fortior.* »

C'est en ce sens et par ces motifs que Montesquieu reconnaît aussi l'avantage d'un gouvernement monarchique (*d'un seul*), sur le gouvernement républicain (suivant lui *démocratique* ou *aristocratique*). « Le gouvernement monarchique, dit-il entre autres choses, a un grand avantage sur le républicain; les affaires y sont menées par un seul; il y a de la promptitude dans l'exécution. »

Jean-Jacques reconnaît pareillement que le plus actif des gouvernements est celui d'un seul. « Tous les ressorts de la machine, dit-il, sont dans la même main; tout marche au même but; il n'y a pas de mouvements opposés qui s'entre-détruisent. »

Il est clair encore que ceux dont l'intérêt particulier, direct, et du moment, se trouve contrarié par les lois que l'intérêt général a dû dicter, sont d'autant moins disposés à se soumettre à l'exécution de ces lois, que la puissance exécutive, plus divisée, est moins imposante à leurs yeux; ils la redoutent et la respectent d'autant moins qu'elle est alors moins prompte et moins active. Aussi Ferguson remarque-t-il avec raison que « les gouvernements populaires sont de tous les gouvernements les plus exposés à manquer de vigueur dans l'exécution des mesures publiques. »

Titre II. — *Gouvernements mixtes.*

§ Ier. Puisqu'il s'agit dans notre plan de résumer et d'abréger, nous n'entrerons pas ici dans l'examen des inconvénients inhérents à la nature de quelques-unes des vingt-six formes principales de gouvernements *mixtes* qui peuvent résulter du mélange des gouvernements *simples*, et dont nous avons donné le tableau dans la *Science du Publiciste* (vol. V, pag. 6 et 7), non plus que dans le développement de la démonstration de cette vérité extraite de l'*Esprit des Lois :* « La démocratie et l'aristocratie ne sont point des états libres par leur nature. La liberté politique ne se trouve que dans les gouvernements modérés ; *mais elle n'est pas toujours dans les états modérés.* Elle n'y est que lorsqu'on n'abuse pas du pouvoir ; mais c'est une expérience éternelle, que tout homme qui a du pouvoir est porté à en abuser ; il va jusqu'à ce qu'il trouve des limites. Qui le dirait? la vertu même a besoin de limites. Pour qu'on ne puisse abuser du pouvoir, il faut que, par la disposition des choses, le pouvoir arrête le pouvoir. »

Nous rappellerons seulement cette observation, que toutes les fois que les puissances constitutives sont distinctement réparties, et que le gouvernement d'un seul se trouve combiné soit avec un élément de théocratie ou d'aristocratie, soit avec la démocratie, c'est alors que les gouvernements mixtes qui en résultent peuvent prendre la dénomination de gouvernements *monar-*

chiques, parce qu'ils ont pour base la nature du gouvernement d'un seul, modéré par cette combinaison avec une autre forme de gouvernement.

En effet, on n'a jamais dû entendre par *monarchie* un état dont le gouvernement serait absolu, et où conséquemment les puissances législative, exécutive et judiciaire, se trouveraient réunies dans la main d'un seul homme, comme elles le sont dans le gouvernement spécialement dit *despotique*.

On doit comprendre et désigner par cette expression de *monarchie* le gouvernement d'un seul, admettant dans sa constitution un principe quelconque de contrepoids et de modération; et c'est ainsi que, par suite de cette distinction toute naturelle, on met généralement la *monarchie* en opposition directe avec le gouvernement *despotique*.

Montesquieu (*Esprit des Lois*, liv. XI, ch. IX) dit encore : « Les anciens, qui ne connaissaient pas la distribution des trois pouvoirs dans le gouvernement d'un seul, ne pouvaient se faire une idée juste de la *monarchie*. »

§ II. Nous ne reviendrons pas davantage sur la démonstration de ces propositions générales, que « le système représentatif a besoin d'être réglé d'après des bases sages et solides, pour qu'il en puisse résulter un avantage réel, dans les gouvernements *mixtes*; » que « l'élection et l'hérédité, quant à la transmission des droits du trône, ont moins de danger dans les gouvernements *mixtes* que dans les gouvernements *simples*, mais que l'hérédité y est préférable à l'élection, et que cette hérédité des droits du trône, soit sous le rapport de la participation à l'exercice de la puissance législative, soit relativement au plein et entier exercice de la puissance exécutive, est la seule hérédité de pouvoir qui puisse être sans danger et avoir de véritables avantages pour la société, dans les gouvernements *monarchiques* ;» enfin, que « la fédération des gouvernements *mixtes* bien constitués doit avoir plus de stabilité que celle des gouvernements *simples*. »

§ III. Nous ne redirons pas les dangers des institutions propres à dénaturer les gouvernements *mixtes*, à y substituer le despotisme déguisé, et qui justifient simplement ce pronostic de l'auteur de l'*Histoire critique de la Philosophie*, « tout gouvernement qui commence par la fraude finit par la tyrannie ; » non plus que les inconvénients graves résultant de l'inexactitude, de la confusion et de la mauvaise foi, quant à la répartition des attributions des puissances constitutives dans les gouvernements *mixtes*.

Mais nous reproduirons les observations sur lesquelles nous avons appuyé la démonstration de l'excellence du gouvernement *démocrati-monarchique* ou de la monarchie *constitutionnelle*.

1° D'une part, le mécanisme le plus simple est toujours le plus fort, le plus solide, le plus durable ; plus une chose est compliquée, et moins elle est susceptible d'une marche régulière, moins il est facile d'y établir l'ordre et l'uniformité ; toute complication est nuisible à la force, à la durée, au mouvement : cette vérité s'applique tout aussi parfaitement à l'organisation du système social qu'à telle sorte de mécanisme que ce puisse être.

D'autre part, une des qualités distinctives du meilleur de tous les gouvernements est de donner la plus grande garantie possible d'une exacte et constante observation des principes immuables et éternels du droit public, du droit politique et du droit des gens ; et une autre de ses qualités est la force et la promptitude d'exécution. C'est essentiellement dans l'exercice de la puissance législative que réside la garantie des principes : car la puissance exécutive ne devant agir que d'après les volontés manifestées par cette première puissance, tout dépend réellement, à cet égard, de la sagesse des résolutions prises et des lois dictées par celle-ci.

Il est donc également vrai de dire que le meilleur, le plus parfait de tous les gouvernements *mixtes*, sera évidemment celui qui, avec le moins de complication, sera le plus propre tout à la fois à l'exercice de la puissance législative et à l'exercice de la puissance exécutive.

2° Les dangers déjà si grands d'un gouvernement théocratique augmentent, et tous les avantages qui pourraient en résulter disparaissent par sa réunion avec toute autre forme de gouvernement.

Il est dans la nature et de l'essence de tout gouvernement théocratique de chercher à accroître sans cesse sa force, son autorité. Ce gouvernement doit être absolu; il ne peut souffrir aucun contre-poids, aucun principe de modération et de discussion. Sa volonté, sa puissance, devant être considérées par le peuple comme étant celles de Dieu même, elles ne doivent éprouver aucune résistance, aucune opposition. C'est sous cette forme de gouvernement surtout que l'obéissance doit être extrême, qu'il ne peut être permis d'approfondir et de raisonner; que tout se réduit d'une part à commander despotiquement, et de l'autre à obéir servilement.

Dans un gouvernement *mixte*, l'admission du moindre

élément de théocratie temporelle devient donc une cause active et pernicieuse de bouleversement et de trouble. Il renversera nécessairement le gouvernement auquel il se trouvera réuni, s'il n'est pas lui-même renversé par celui-ci. Au lieu d'activer l'exécution et la marche des affaires, il les suspendra, les paralysera sans cesse, toutes les fois qu'il ne sera pas seul et absolu.

C'est par la conviction, c'est en éclairant les hommes sur les vrais principes de la morale, sur la nature de leurs droits et de leurs devoirs, que les ministres de la religion peuvent être réellement utiles à l'humanité et à la société; mais ils deviendront toujours dangereux sitôt qu'ils seront parvenus à s'emparer d'une portion quelconque de l'autorité temporelle.

Si donc il ne peut résulter nul avantage réel de la combinaison des gouvernements théocratiques avec les autres gouvernements *simples*, dans la formation des gouvernements *mixtes*, si de leur admission résultent au contraire les plus graves inconvénients, il faut commencer par les en écarter irrévocablement, et par là diminuer déjà la complication.

Montesquieu pense, à la vérité, qu'un élément de théocratie dans la composition des gouvernements peut avoir quelque avantage en certains cas; mais c'est uniquement, ainsi qu'il l'exprime de la manière la moins équivoque, lorsque le pouvoir n'a point d'autre balance dans les institutions. « Autant, dit-il, que le pouvoir du clergé est dangereux dans une république (ou gouvernement *mixte*, institué pour le bien de la chose publique), autant il est convenable dans les monarchies, surtout dans celles qui vont au despotisme. Où en seraient l'Espagne et le Portugal *depuis la perte de leurs lois*, sans ce pouvoir qui arrête seul la puissance arbitraire? Barrière toujours bonne, lorsqu'il n'y en a point d'autres; car, comme le despotisme cause à la nature humaine des maux effroyables, le mal même qui le limite est un bien. »

3° Le gouvernement despotique et le gouvernement oligarchique ayant tous deux les mêmes inconvénients, provenant du défaut de garantie dans l'exercice de la puissance législative, et les mêmes avantages, les avantages relatifs à la force et à la promptitude d'exécution, il en résulte que l'un ne peut suppléer aux inconvénients de l'autre, et que la réunion de ces deux gouvernements en un seul, augmentant sans nécessité la complication, doit être plus nuisible qu'utile.

Le gouvernement démocratique et le gouvernement polygarchique (ou aristocratique) ayant l'un et l'autre les mêmes avantages, relatifs à l'exercice de la puissance législative, et les mêmes inconvénients relativement à l'exécution, qui y est moins forte et moins prompte, il en résulte aussi que l'un ne peut suppléer aux inconvénients de l'autre, et que leur réunion dans un même gouvernement est sans aucune utilité; qu'elle y est éminemment dangereuse. D'ailleurs l'aristocratie étant, de sa nature, contraire au principe d'une juste et sage égalité, tandis que la démocratie lui est favorable et ne souffre pas un esprit ni des éléments qui lui soient préjudiciables, ces deux gouvernements, d'après leur caractère particulier, se trouvent évidemment en opposition directe; et de leur réunion dans un seul gouvernement il résultera toujours un germe actif de rivalité, de haine et de révolution.

4° Le gouvernement d'un seul et le gouvernement oligarchique ayant tous deux les avantages de l'exécution, ils peuvent être réunis l'un ou l'autre, avec plus ou moins d'utilité, soit avec la démocratie, soit avec la polygarchie (ou aristocratie), qui toutes deux ont les avantages relatifs à l'exercice de la puissance législative.

5° Mais le gouvernement oligarchique n'ayant pas au même degré que le gouvernement d'un seul l'avantage de l'unité, de l'ensemble, de la force d'exécution; et le gouvernement polygarchique ou aristocratique n'ayant pas non plus au même degré que le gouvernement démocratique les avantages d'une aussi forte garantie dans l'exercice de la puissance législative, il s'ensuit que, dans la composition de tous les gouvernements *mixtes*, le gouvernement d'un seul est de beaucoup préférable au gouvernement oligarchique, et le gouvernement démocratique préférable de beaucoup au gouvernement aristocratique ou polygarchique.

D'où il faut conclure que le gouvernement *mixte*, participant exclusivement du gouvernement d'un seul et de la démocratie, est de sa nature, et sauf l'examen des divers détails de son organisation, le plus parfait des gouvernements possibles.

Et ce gouvernement, qui, sous plusieurs rapports, peut avec exactitude être assimilé au gouvernement du bon père de famille, tandis que le despote doit être comparé au mauvais père; ce gouvernement, qui, sous ce point de vue, peut encore être considéré comme le plus véritablement conforme à la nature, réunira en effet un jour deux choses qui furent long-temps désunies et parurent inconciliables, la liberté de tous, toutes les libertés, avec le gouvernement d'un seul : *Et miscebit, olim dissociabiles, principatum, et omnium libertatem et libertates omnes.*

Il serait de même inutile de nous étendre ici, comme nous l'avons fait dans la *Science du Publiciste* (vol. V, p. 323 et suiv.), sur la préexistence et l'universalité de ces principes généraux d'organisation. Ces principes doivent être considérés comme positifs, dans le sens que nous avons attaché à ce mot au sujet des principes fondamentaux du droit philosophique et moral, parce que, comme ceux-ci, ils reposent sur des vérités constantes tirées de la nature des choses, sur des faits et des rapports universels et de tous les temps.

Il serait inutile de revenir sur les obstacles qui se sont opposés jusqu'ici à ce qu'ils fussent entièrement mis en pratique; sur l'influence que le sol, le climat et autres causes, soit physiques, soit morales, peuvent exercer à cet égard, si ce n'est pour rappeler que si, d'un côté, cette influence est telle qu'elle puisse contribuer à modifier le caractère et les mœurs d'un peuple et la forme du gouvernement, d'un autre côté aussi, la nature des institutions est assez puissante pour contrebalancer cette influence, ainsi que l'ont reconnu tous les publicistes, sans en excepter ceux qui, comme Montesquieu peut-être, ont trop accordé à cette influence des causes physiques et du climat.

On ne saurait en effet trop insister sur ce point capital, sur cette vérité essentielle, qu'un gouvernement modéré, où toutes les attributions des puissances sont savamment réparties et balancées ; où, par une suite nécessaire de cette habile et sage combinaison, les principes du droit public, les premiers et les plus sacrés de tous (la sûreté, la liberté, la propriété, l'égalité sociale), les principes du droit politique et les principes du droit des gens, sont scrupuleusement respectés ; qu'un tel gouvernement fondé sur la raison, et où règnent partout l'ordre et la justice, doit exciter l'industrie, favoriser le travail, encourager les entreprises, et hâter les découvertes utiles à l'humanité. Il contribue par là à garantir les habitants de la rigueur des éléments, de l'intempérie des saisons. Par là aussi le caractère des peuples se modifie, les mœurs s'adoucissent, les facultés intellectuelles se développent, la civilisation s'avance; les arts, les sciences, se prêtant un mutuel secours, se perfectionnent, se propagent; et les lumières, l'intelligence, la raison, pénètrent et se fortifient dans toutes les classes.

Au contraire, un gouvernement despotique et absolu où, par une suite non moins naturelle de l'accumulation des puissances dans la même main, tout est fragile, changeant et arbitraire, comme le seront toujours l'esprit, la volonté et la puissance d'un homme; un gouvernement où tous les principes de la morale universelle seront toujours méconnus, qui craint et repousse les étrangers, au lieu de les accueillir et de les protéger, qui n'a d'espérances de prospérité, ou même de ressources, que dans des actes de spoliation, dans la guerre, la rapine et la conquête; un gouvernement où les sujets ne peuvent avoir de possession paisible et assurée; où la propriété des biens, la liberté, la vie, sont sans aucune garantie; où l'on admet cette fausse et détestable maxime, « qu'il est nécessaire de rendre les peuples misérables pour qu'ils soient plus soumis et plus dociles; » un tel gouvernement éteint l'émulation, corrompt les mœurs, combat et arrête les progrès de la raison, de la justice et du droit, détruit l'activité, l'énergie, et plonge le peuple dans une sorte d'engourdissement et d'apathie, dans la misère et la stupidité. Il fait haïr la vie et craindre l'existence pour soi-même et pour ceux à qui on pourrait la donner. Il tue le commerce, étouffe l'industrie, ruine et fait abandonner l'agriculture, dépeuple les campagnes et les villes; et des plaines stériles, des eaux croupissantes, des marais infects et fangeux, ou de vastes solitudes, des ruines, des débris et des ronces, remplacent les terres fertiles et les monuments. En un mot, tous les talents, tous les biens se flétrissent et s'évanouissent, la pensée même s'éteint dans la servitude; ils se raniment et se reproduisent, elle se vivifie, avec la liberté.

« Les mœurs d'un peuple, dit Ferguson, sont épurées ou corrompues, selon qu'il est encouragé ou conduit à agir d'après des maximes de justice et de liberté, ou selon qu'il est dégradé par la servitude et l'avilissement. » Un autre auteur dit sur ce sujet : « Tout se réunit pour prouver que, des différentes causes capables d'influer sur les hommes, il n'en est pas qui agissent sur eux d'une façon plus marquée que le gouvernement. Pour peu que nous réfléchissions sur ce qui se passe sous nos yeux, nous reconnaîtrons les empreintes de l'administration dans le caractère, dans les opinions, dans les lois, dans les usages, dans l'éducation et dans les mœurs des nations.... Il n'y a qu'un gouvernement équitable qui, à l'aide d'une législation éclairée, puisse rendre les hommes plus sages et leur prêcher la morale avec fruit. Un gouvernement inique et déraisonnable, un gouvernement mal organisé, mal institué, ne formera jamais que des hommes injustes, vicieux, vains, frivoles, étourdis, incapables d'écouter et de suivre la raison, à qui la vertu même doit paraître incommode et ridicule.... C'est l'avidité du despotisme, ce sont ses extorsions, sa négligence, ses extravagances, qui changent les plus belles contrées en d'affreuses solitudes, dont elles font disparaître l'abondance et la salubrité.... Les pays ne deviennent salubres qu'en raison de leur culture; ils ne sont cultivés qu'en proportion de leur population; ils ne sont peuplés qu'en proportion du bien-être, de l'aisance et de la liberté dont jouissent les habitants. Ainsi le despotisme parvient même à corrompre l'air, et à changer la nature du climat et du sol. » — « Les causes physiques, ainsi que le remarque Filangieri, ont toujours le plus grand degré de puissance dans une société de sauvages, comme les causes morales ont la plus grande énergie dans une société civilisée. Le climat influe donc sur le physique et sur le moral des hommes comme cause concurrente, mais non comme cause principale et absolue...... Des lois sages pourront quelquefois adoucir l'âpreté du climat; elles peuvent toujours en corriger les effets, lorsqu'ils sont dangereux : avec quelle étonnante facilité n'en pourront-elles pas profiter, lorsqu'ils seront utiles! » — « Chaque organisation sociale, établissant un genre d'habitudes, d'éducation, un régime particulier, influe nécessairement sur la constitution, sur la santé des hommes qui s'y trouvent surbordonnés *. »

On peut donc dire, en thèse générale que si les hommes robustes, fiers, courageux, sont, par une conséquence naturelle de leur caractère, portés à préférer la forme d'un gouvernement ou démocratique, ou polygarchique; les hommes indolents, mous, efféminés, un gouvernement oligarchique ou despotique;

* *Dictionnaire des Sciences médicales*, au mot *Homme*.

et les hommes crédules, brutes et superstitieux, un gouvernement théocratique : de même aussi, et par une sorte de réciprocité, les hommes nés sous le premier de ces divers gouvernements, le démocratique, deviennent généralement fiers, probes, courageux ; parmi ceux qui sont nés sous un gouvernement aristocratique, les uns aussi sont nobles, grands, généreux, mais en même temps souvent injustes, vains et présomptueux, et les autres soumis, découragés et avilis ; sous un gouvernement oligarchique, ils sont communément fourbes, perfides et rusés ; sous le despotisme d'un seul, bas, vils, rampants, corrompus et cruels ; et sous la théocratie, ignorants, superstitieux et également barbares et stupides.

Sous un gouvernement mixte et modéré, dans une monarchie constitutionnelle surtout, bientôt ils deviendraient généralement paisibles, intelligents, humains, équitables, courageux, susceptibles de tous les sentiments nobles et généreux, de toutes les actions utiles ; en un mot, et suivant l'expression du grand Fénelon, soumis sans être esclaves, et libres sans être effrénés.

Helvétius dit : « Un prince usurpe-t-il sur ses peuples une autorité sans bornes, il est sûr d'en changer le caractère, d'énerver leur ame, de la rendre craintive et basse..... L'expérience prouve que le caractère et l'esprit des peuples changent avec la forme de leur gouvernement ; qu'un gouvernement différent donne tour à tour à la nation un caractère élevé ou bas, constant ou léger, courageux ou timide... C'est toujours à l'absurdité plus ou moins grande des lois qu'il faut, en tout pays, attribuer la plus ou moins grande stupidité ou méchanceté des citoyens...... Le désir même de la considération doit produire, en des siècles différents, des vices et des vertus contraires. Lorsque le crédit a le pas sur le mérite, ce désir fait des intrigants et des flatteurs; lorsque l'argent est plus honoré que la vertu, il produit des avares, qui recherchent les richesses avec le même empressement que les premiers Romains les fuyaient, lorsqu'il était honteux de les posséder » — « Et comme s'exprime encore l'auteur de la *Science de la Législation :* « L'amour du pouvoir, qui, dans une république libre et bien gouvernée, rend le citoyen vertueux et ami de la patrie, en fait un monstre dans un gouvernement despotique. Il produira dans le même temps un Curtius, un Décius, un Fabius, à Rome, et le plus vil des esclaves dans les contrées de l'Asie. Il ferait naître dans le même pays, mais dans des circonstances et à des époques différentes, un Cincinnatus ou un Séjan. »

LIVRE II. — MONARCHIE CONSTITUTIONNELLE.

Chapitre I. — *Base des principes.*

Pour parvenir à édifier ce gouvernement *mixte*, cette monarchie *constitutionnelle* et par excellence, où tous les principes seront respectés et où toutes choses doivent prospérer, voici quelles sont les inductions nécessaires et naturelles les plus directes qui découlent de ce qui précède, et qui doivent à leur tour devenir la base fondamentale de tous les détails matériels de son organisation.

Proposition générale. Répartir la puissance législative, la puissance exécutive, et la puissance judiciaire, de sorte que les hommes à qui chacune de ces puissances sera confiée ne puissent jamais, par la suite, s'emparer des deux autres, et par là changer la forme, la nature du gouvernement.

Première proposition subsidiaire. A cet effet, faire concourir le monarque et le peuple ou ses représentants à l'exercice de toutes les attributions de la puissance législative.

Deuxième proposition subsidiaire. Rassembler toutes les attributions de la puissance exécutive entre les mains du monarque, et assurer par là la promptitude, l'unité, la force d'exécution.

Troisième proposition subsidiaire. Enfin instituer la puissance judiciaire de sorte que toutes ses branches et ses attributions tendent et se réunissent vers un centre commun, propre à conserver l'uniformité de la jurisprudence; de sorte que cette jurisprudence, dans son esprit, soit une, subordonnée et conforme à la législation, et, dans son application, libre et indépendante.

Telles sont, disons-nous, les propositions principales dont l'organisation d'une monarchie bien constituée doit offrir la solution complète.

On peut aussi les considérer comme l'analyse, comme le résultat le plus constant des travaux et des méditations des publicistes et des hommes d'état éclairés; et si nous hésitions encore à y reconnaître les bases fondamentales d'une bonne constitution, un rempart salutaire contre tout élément d'oligarchie et d'aristocratie, contre toute institution de mensonge, d'orgueil, d'iniquité, il vaudrait autant ensevelir et laisser dans un profond oubli les plus doctes écrits publiés jusqu'à ce jour sur cette partie importante de la science du droit.

CHAPITRE II. — *Principes.*

TITRE I. — *Pouvoir législatif.*

L'utilité de l'application de la proposition générale que nous venons d'énoncer, à l'organisation de la monarchie constitutionnelle, est suffisamment établie par les détails dans lesquels nous sommes entrés précédemment, entre autres sur le double intérêt que tout homme, même celui qui gouverne, a dans l'état de société ; et par la pensée renfermée dans ce vers d'un grand poète :

Qui peut tout ce qu'il veut fait plus que ce qu'il doit ;

pensée conforme à ce que nous enseignent les historiens, les philosophes, les publicistes anciens et modernes, tels que Diodore, Sénèque, Cicéron, Salluste, Valère-Maxime ; en Angleterre, à des époques fort éloignées l'une de l'autre, Bracton, Fortescue, Henri Finck, le docteur Price, Arrington, Ferguson, Locke, Blackstone, Delolme ; en Amérique, John Adams ; en Italie, Burlamaqui et le professeur Felice ; en France, Bodin, la Rochefoucault, Montesquieu, d'Holbach, les auteurs des *Maximes du Droit public français*, madame de Staël, etc., etc. « Un pouvoir illimité entre les mains de l'homme, dit l'auteur du *Système social*, doit, par la nature de l'homme, dégénérer en abus, et devenir aussi funeste pour celui qui l'exerce que pour ceux contre lesquels il est exercé. »

Il est à la vérité un autre précepte d'une application de même fort utile ; c'est qu'il ne faut avoir mauvaise opinion ni de soi ni des autres. Cette maxime est aussi celle de tous les hommes dont les sentiments sont purs et dont le cœur est droit; elle était une de celles que Locke considérait comme la première base d'une bonne éducation. Mais cette opinion favorable de l'humanité doit elle-même avoir des bornes; elle ne doit ni nous porter à un excès de vanité et d'orgueil, ni nous inspirer une confiance illimitée et aveugle dans autrui.

Nous pouvons d'ailleurs désirer le bien et ne pas le connaître; nous pouvons le connaître et n'avoir pas des facultés assez étendues pour qu'il nous soit possible de l'opérer.

Conséquemment l'homme sage et vraiment éclairé, qu'il soit roi ou sujet, ne doit avoir, soit en lui, soit dans les autres, qu'une confiance fondée sur la nature des choses, c'est-à-dire limitée d'après la fragilité et l'impuissance de la constitution humaine.

Un roi sage doit avant tout, dans l'intérêt de l'état, dans son propre intérêt, dans celui de sa famille, chercher à se mettre pour l'avenir à l'abri de ses faiblesses, des erreurs dans lesquelles il pourra tomber, des piéges dont l'ambition saura l'environner, des fautes que l'on parviendra infailliblement à lui faire commettre, si son pouvoir est trop étendu; en un mot, se garantir, autant qu'il le pourra, des dangers infinis du gouvernement despotique ou absolu.

Et d'un autre côté, tout bon citoyen, tout sujet fidèle, tout homme prudent et jaloux de conserver la liberté pour son pays, pour lui, pour sa postérité (à plus forte raison un peuple ou ses représentants), doit toujours refuser son assentiment volontaire à une autorité quelconque, plus étendue que les besoins de l'organisation sociale ne l'exigent. Or, nulle société ne peut subsister sans une puissance législative, une puissance exécutive, et une puissance judiciaire; mais comme ces trois puissances sont de leur nature essentiellement distinctes, et que, pourvu qu'elles existent dans le gouvernement, il n'est absolument rien qui en rende la réunion nécessaire, c'en est assez sûrement pour qu'on ne doive jamais les réunir, et pour qu'il faille, au contraire, désirer généralement un système d'organisation tel qu'elles y soient séparées, et si parfaitement séparées, qu'elles ne puissent arriver à se réunir par la suite, ou qu'elles ne le puissent du moins qu'après qu'on aurait renversé et détruit toutes les barrières que la prévoyance du législateur peut élever pour les contenir dans leurs limites respectives.

Ce sont ces raisons qui motivent en grande partie les éloges que Montesquieu a donnés à la constitution anglaise, et la supériorité qu'il lui reconnaît sur le gouvernement des anciennes républiques ou états des temps héroïques, « dans lesquels les trois pouvoirs, dit-il, étaient mal distribués. » — « Il existe naturellement dans chaque société d'hommes, remarque aussi l'auteur de la *Défense des Constitutions américaines*, une tendance forte et continuelle au pouvoir absolu; et cette tendance ne pouvant être totalement détruite, il s'agit du moins de la surveiller et de la contenir. Le grand secret d'un bon gouvernement consiste donc à combiner les pouvoirs de la société de manière que cette tendance ne puisse jamais prévaloir .....; et on peut dire que la balance (ou plutôt la séparation) des trois puissances est seule capable de donner à une constitution toute la perfection dont elle est susceptible. »

Des princes généreux et magnanimes, tels que Arbace, roi d'Assyrie; Théopompe, roi de Sparte; Tullius, roi de Rome; saint Louis, Charles V, Louis XII, Henri IV, rois de France, auraient sans doute consacré la nécessité de ce principe modérateur de l'autorité, si de leur temps elle eût été démontrée.

C'est une inexactitude de dire qu'il doit exister dans une monarchie constitutionnelle une opposition ou balance entre les trois puissances constitutives; car la puissance législative est bien réellement, comme Blackstone le dit, la puissance suprême; et la puissance exécutive (considérée isolément comme telle) et la puissance judiciaire doivent lui être subordonnées, et ne lui apporter aucune opposition ou résistance dans l'application des lois résultantes de la manifestation de sa volonté.

C'est entre les trois branches dont nous verrons que doit être composée cette puissance suprême ou législative qu'une balance doit exister; et pour le reconnaître, si on se place d'abord, afin de simplifier les idées, dans l'hypothèse d'une société de peu d'étendue, et dont la population, telle, par exemple, que celle de Sparte ou d'Athènes, se trouverait en grande partie circonscrite dans l'enceinte d'une ville, en supposant même que cette ville ne soit pas encore assez populeuse pour qu'il fût nécessaire d'y introduire le système de la représentation, il convient d'entrer dans l'examen suivant:

1° Il faut admettre que chaque citoyen exerçant une profession indépendante devra participer à l'exercice de cette puissance législative; c'est-à-dire que toutes les fois qu'il s'agira de prendre, dans l'intérêt du corps social, une résolution qui ne sera pas la conséquence naturelle d'une première résolution, déjà régulièrement manifestée, de cette puissance législative (sur quelque matière que ce soit, de droit public, de droit politique, ou de droit des gens), la société s'assemblera; que chacun sera reçu à faire connaître son vœu personnel sur l'objet de la délibération; et qu'ainsi la volonté générale, l'intérêt public véritable, seront appréciés et sentis par la connaissance de la volonté librement énoncée du plus grand nombre des intéressés.

2° Pour que ces assemblées du peuple ne soient pas discordantes et tumultueuses, pour que les délibérations y puissent être sages et utiles, il est évident que les connaissances, les vues, les intérêts des hommes qui en font partie, ne doivent pas être trop divergents, et qu'il convient en conséquence d'adopter une classification qui, fondée sur la nature des choses, et non sur des distinctions de vanité et d'orgueil, sur des distinctions chimériques et sans réalité, soit telle d'ailleurs qu'elle puisse s'accorder avec la division de la puissance législative en trois branches, et ne tombe pas dans les inconvénients d'un trop grand nombre de subdivisions, de classes, de corporations, etc., par lesquelles on introduirait dans la constitution, ainsi que l'histoire et les opinions des publicistes et des législateurs le prouvent, la confusion et le désordre que l'on aurait eu en vue d'en éloigner.

On a dit, entre autres choses, dans les dernières sessions de la chambre des députés en France : « Il faut diviser ce qui naturellement doit être divisé; mais il faut unir ce qui de sa nature peut être uni, afin de ne point compliquer sans utilité les ressorts de l'organisation. Il faut éviter surtout les subdivisions, afin de ne pas arriver à des intérêts trop partiels. Tous principes d'organisation, toutes classifications qui ne sont fondées que sur des distinctions chimériques et vaines, sont des fléaux destructeurs, des germes de contagion et de ruine, dont on doit, dans un état avancé de civilisation, s'attacher à extirper les dernières racines; et pour cela, il faut nécessairement adopter et affermir les principes qui sont indiqués et prescrits par la nature même, par la raison et l'équité. »

Quelle est donc, dans la réalité, la classification d'une exécution praticable et facile, puisée dans la nature, et qui soit en rapport exact avec l'état d'une civilisation avancée, avec les éléments et les principes d'une monarchie constitutionnelle, avec son esprit de rectitude et d'équité?

Sans s'arrêter à toutes les classifications que nous avons rapportées dans la seconde partie de la *Science du Publiciste* (vol. V, p. 521 et suiv.), et qui, plus ou moins exactes ou vicieuses, plus ou moins simples ou compliquées, avaient cependant été admises jusqu'ici chez les peuples soit anciens et éloignés, soit modernes et européens, dans les Indes, en Égypte, chez les Hébreux, à Sparte, à Athènes, à Rome, en Suisse, en Suède, en Angleterre, en France, etc., non plus qu'à celles que quelques écrivains ont cru devoir indiquer; si l'on se dégage, comme il est ici absolument nécessaire de le faire, du préjugé résultant de ce qui existe encore, et surtout de ce qui a précédemment existé, on conçoit que, dans l'hypothèse où nous raisonnons, la division de toute société peut aisément s'opérer en deux classes principales, et qui se déterminent par la distinction toute naturelle de la propriété foncière et de l'industrie.

L'une se compose des propriétaires de biens-fonds, sur lesquels pèsent plus particulièrement les impositions directes.

L'autre comprend tous les hommes qui ne possèdent pas des propriétés territoriales, mais qui exercent dans la société une profession indépendante, tels que sont les jurisconsultes, les médecins, les savants, les gens de lettres, les manufacturiers, banquiers, négociants, agents de change, notaires, artistes et autres, qui supportent plus spécialement les charges et contributions personnelles ou indirectes, et dont les intérêts se rattachent aussi d'une manière immédiate aux résolutions législatives que doit prendre le gouvernement.

Cette classification, fondée réellement sur la nature des choses, déterminée par le genre des propriétés, des professions, du travail et de l'industrie, n'a rien d'idéal, d'injuste et de funeste, comme celles qui ne sont établies que sur les préjugés de l'orgueil.

Dans toute société où l'agriculture et l'industrie ont commencé à prendre un certain développement, la distinction de l'agriculture et de l'industrie, la division générale de la société en deux classes, l'une agricole et foncière, l'autre spécialement industrieuse et commerçante, existent de fait par la force des choses.

Il est évident que chacune de ces deux classes a des intérêts distincts et qui lui sont particuliers, mais qui tendent tous au bien-être, à la prospérité générale de l'état et de la société.

Il est évident que les vues, l'aptitude et les connaissances acquises, les études pratiques et journalières des membres de l'une et de l'autre de ces deux classes, sont diverses et dirigées vers des points différents.

Plusieurs des auteurs qui écrivent de nos jours sur l'économie politique, M. Malthus entre autres, ont cru pouvoir assurer qu'il n'existe pas de classe de la société dont les intérêts soient autant d'accord avec ceux de l'état que la classe des propriétaires fonciers.

D'autres, au contraire, particulièrement MM. Ricardo, Sismondi et Say, semblent plus enclins à accorder cet avantage aux classes industrieuses, manufacturières et commerçantes.

On n'a point ici à prononcer entre ces deux opinions.

Ce qui importe, c'est que la différence des connaissances, des vues et des intérêts particuliers de ces deux classes, soit constante. Car il faut alors en tirer la conséquence qu'il résulte de cette différence d'intérêts et de connaissances une nuance très essentielle dans les facultés législatives de l'une et de l'autre, ou, si l'on veut, dans les questions que chacune d'elles est plus propre à approfondir et à décider.

Cette classification est la seule qui repose sur la nature des choses, et dont les résultats puissent être conformes aux principes de l'ordre. Si on ne l'admet pas, il faut alors en rechercher d'autres qui n'ont rien de réel, et dont les suites ne peuvent être que le désordre et l'iniquité.

Cette classification est tellement naturelle qu'elle peut avec raison être considérée comme une de ces lois immuables émanées de la volonté du législateur suprême, et que les législations humaines ne peuvent anéantir, lors même qu'elles n'en tirent pas les justes conséquences, qu'elles ne savent pas en faire les applications convenables et les plus importantes aux principes et aux règles fondamentales de l'organisation sociale. En effet, la rejeter pour en créer une autre, ce n'est pas la détruire; elle subsiste et subsistera toujours: mais c'est en contrarier les bons effets et agir au grand détriment de la chose publique; c'est produire la confusion et le chaos; c'est méconnaître et renverser les lois du premier des législateurs, les institutions solides et durables qu'il prescrit d'établir, pour les remplacer par les institutions frivoles et passagères de l'homme et de la vanité.

Dans toute société, indépendamment de ces deux classes principales, il existe une troisième classe, laquelle doit comprendre tous les hommes qui n'ont pas une fortune, un état libre et indépendant, tous les hommes dont la profession, la propriété, le commerce, sont tels que leurs vrais intérêts, subordonnés à ceux des deux premières classes, ne se lient aux résolutions législatives que par l'intermédiaire de celles-ci, et conséquemment d'une manière tout-à-fait secondaire.

Dans cette troisième classe sont placés les fermiers, les artisans et ouvriers, les hommes à gages ou en état de domesticité, en général tous ceux dont le sort et le bien-être sont effectivement une suite nécessaire de la situation plus ou moins prospère de ceux qui les mettent en œuvre.

Dans cette troisième classe sont naturellement compris aussi tous les agents du pouvoir exécutif, les employés et commis des diverses administrations publiques, parce qu'ils n'ont de même qu'un intérêt médiat et secondaire, et parce qu'ils ne sont pas censés non plus avoir une volonté parfaitement indépendante et libre.

Un des inconvénients les plus graves des anciennes classifications, c'était l'injuste exclusion par suite de laquelle nul ne pouvait sortir du rang où le sort l'avait placé. Cette exclusion contrarie les sentiments du cœur humain les plus nobles, et les plus utiles à conserver; elle choque le principe philosophique et moral d'une sage égalité; elle enorgueillit ou avilit l'homme à ses propres yeux; elle rend les uns arrogants et présomptueux et détruit l'estime de soi-même, l'émulation et le véritable patriotisme, dans les classes inférieures et les plus nombreuses de la société. « Les lois qui ordonnent que chacun reste dans sa profession, et la fasse passer à ses enfants, dit Montesquieu, ne sont et ne peuvent être utiles que dans les états despotiques, où personne ne peut ni ne doit avoir d'émulation. Qu'on ne dise pas, ajoute-t-il, que chacun fera mieux sa profession lorsqu'on ne pourra pas la quitter pour une autre; je dis qu'on fera mieux sa profession lorsque ceux qui y auront excellé espéreront de parvenir à une autre. »

« A l'établissement des tribus, dit l'auteur de l'*Histoire de la Législation*, les Assyriens joignirent une institution qui se lie à la première; institution regrettée par quelques philosophes pour nos gouvernements modernes, où, certes, on ne l'établirait pas sans danger: je veux parler de l'obligation imposée aux enfants d'exercer la profession de leurs ancêtres. Le législateur fut séduit par l'espérance de conserver le respect dû aux arts utiles; il ne voulut pas que, placé loin de l'atelier de son père, ingrat à tous ses soins, à tous ses sacrifices, un fils pût jeter de dédaigneux regards sur cet asyle modeste, où il devait surtout bénir cette vertu laborieuse qui l'a nourri et le protège encore. » Mais si l'on s'était en effet proposé par cette mesure quelque chose de moral et d'utile, et non pas seulement, comme cela est beaucoup plus probable, d'assurer à jamais aux classes élevées une injuste supériorité, ne pouvait-on atteindre ce but, et même avec plus de succès, par des moyens qui ne fussent pas en opposition directe avec les premiers principes de la liberté naturelle, de la morale et du droit, et qui, comme celui-ci, n'eussent pas entraîné avec eux les plus graves inconvénients?

Au contraire, la classification dont il est ici question n'exclut personne, dans la réalité, de la participation que tout citoyen doit raisonnablement avoir à l'administration de la chose publique, à l'exercice de la puissance législative. Elle doit inspirer à tout homme probe et laborieux, placé d'abord par sa naissance dans la troisième classe, l'espérance d'être admis dans les deux premières aussitôt que sa position et l'état de sa fortune le mettront dans le cas de prendre un intérêt direct aux divers actes de la législation. Elle doit contribuer à encourager l'homme au travail, exciter en lui l'émulation, l'industrie. Elle n'a rien qui soit contraire au principe de l'égalité sociale; et elle ne peut avoir les dangers, produire les malheurs inhérents à toutes les institutions qui tendent à élever entre les hommes (souvent égaux en vertus, en intelligence, en mérite, toujours égaux en droits et en devoirs, par la nature, par la religion, par les bases véritables du pacte social) des barrières que les uns doivent naturellement chercher à détruire, tandis que les autres consument tous leurs efforts pour les défendre; les distinctions qui excitent les haines, qui ne peuvent manquer d'armer tôt ou tard les membres d'une société les uns contre les autres, et qui seront toujours le germe fécond des plus cruelles et des plus sanglantes révolutions.

3° La société étant ainsi divisée en trois classes principales, les deux premières, celle qu'il faut désigner sous le nom de classe *de la propriété*, et celle que l'on peut appeler classe *de l'industrie et du commerce*, formeront deux assemblées distinctes; et chacune d'elles délibérera et donnera son avis séparément sur la proposition de toutes les lois.

C'est de cette manière qu'à Sparte, à Athènes, à Rome, partout où il a existé deux ou plusieurs classes de citoyens, reconnues par la constitution, ces classes, pour éviter la confusion et le mélange des intérêts divers, durent s'assembler et s'assemblèrent en effet séparément, pour délibérer et voter.

En France, autrefois, le clergé, la noblesse, le tiers-état, s'assemblaient et délibéraient à part.

En 1776, Franklin, président de la convention de la Pensylvanie, après avoir d'abord préféré et défendu le projet d'un gouvernement composé d'une seule assemblée, changea d'opinion, et, plus éclairé sur cette question importante, il employa tous ses efforts à persuader à ses compatriotes de suivre son exemple. Dans cette vue il leur proposa cette espèce d'apologue : « On peut comparer, dit-il, l'usage d'une double assemblée à celui que les charretiers sont forcés d'adopter, lorsqu'ils ont à descendre une montagne rapide avec une charge pesante et plusieurs paires de bœufs. Ils en détachent quelques-uns, et les attelant à la partie postérieure du chariot, les chassent ou les retiennent en arrière, tandis que ceux de devant, secondés par le poids de la charge et par la pente du terrain, attirent lentement et modérément bœufs et chariot vers le bas de la montagne. »

Quant à la troisième classe, si elle n'est point admise à délibérer, à prendre part à l'exercice de la puissance législative, ce ne sera pas, comme on l'a prétendu quelquefois, « à cause de son état de bassesse et d'abjection ; » car cette classe de la société, pour n'être pas la plus favorisée de la fortune, n'en est pas moins importante, moins utile, et ses intérêts ne doivent pas être plus sacrifiés que ceux des deux autres. La pauvreté de l'indigent a le droit d'être protégée comme l'opulence du riche, et l'industrie de l'artisan comme celle du manufacturier. Mais ce sera, entre autres motifs, parce que le véritable intérêt de cette troisième classe dépend de l'intérêt des deux autres; parce que les résolutions législatives ne l'atteignent qu'indirectement; parce qu'en général les hommes qui en font partie ne sont pas dans une position telle qu'ils puissent être présumés avoir une volonté parfaitement libre ; parce qu'enfin le plus grand nombre d'entre eux ne saurait ni manifester ni avoir un avis éclairé et vraiment salutaire, même sur les objets de discussion qui, d'une manière directe et immédiate, pourraient les intéresser.

Aussi les malheurs les plus grands et les révolutions violentes proviennent-ils particulièrement de ce que cette dernière classe, trop facile à séduire et à égarer, est mise en action quelquefois par des citoyens généreux, mais eux-mêmes trop dépourvus d'instruction, de prévoyance, et le plus souvent par d'ambitieux démagogues toujours disposés à bouleverser les institutions pour satisfaire leurs intérêts personnels et leurs passions.

Aussi a-t-on eu raison de dire que l'influence politique de cette troisième classe conduit naturellement à l'anarchie et au despotisme; que dans toutes les républiques de l'antiquité (comme Cicéron le remarque) la tyrannie s'établit le plus souvent par son secours. « Appeler la multitude, qu'est-ce autre chose que d'inviter les factions à la remuer à toutes les profondeurs, à la corrompre, à l'enivrer de fausses espérances, à lui promettre des proscriptions et des dépouilles? C'est l'histoire de tous les temps, et c'est aussi la nôtre. » — « Si le paisible citadin et le modeste agriculteur, si les simples artisans et les pauvres villageois doivent trouver un appui dans le gouvernement, il ne doit pas non plus suffire d'être riche et puissant pour être opprimé; et c'est cependant ce qui ne manquera pas d'arriver toutes les fois que la dernière classe du peuple, la classe la plus nombreuse et la plus ignorante, celle des prolétaires, sera admise à s'assembler, à délibérer, à prendre une part quelconque à l'administration du gouvernement. »

Lors donc que les deux premières classes auront émis les votes de leurs asssemblées, résultats de leurs délibérations préparées et conduites avec bonne foi et maturité, si ces résultats se trouvent être contradictoires, évidemment les propositions qu'elles auront eu pour objet de discuter ne devront pas acquérir force de loi; car il sera présumé qu'elles blessent au moins les intérêts d'une classe importante de la société.

Et pour qu'une société soit bien gouvernée, il ne faut pas que l'intérêt de l'une de ses classes soit jamais sacrifié à l'autre.

Il vaut incomparablement mieux que les choses se maintiennent dans l'état où elles se trouvent, que d'être détériorées et empirées encore par de mauvaises lois.

Le grand nombre de lois est seul un inconvénient dont les peuples ont souvent éprouvé les suites funestes; et presque partout on peut dire aujourd'hui comme Tacite autrefois : *Ut olim flagitiis, sic nunc legibus laboramus.*

On rapporte que Solon non-seulement voulut abolir les lois de Dracon, dont l'absurde sévérité punissait les moindres fautes comme les plus grands crimes, mais qu'il prit encore le soin de rejeter toutes celles qui ne servaient qu'à exercer la science des jurisconsultes et le génie subtil des sophistes. C'est là ce que doivent en effet se proposer les législateurs éclairés, comme il faut l'induire de ce qu'ont dit Bodin, Montaigne, Lebret, Puffendorf, Bossuet, Duguet, de Réal, Mably, Necker et autres. Nous avons en partie rapporté dans la *Science du Publiciste* (vol. V, p. 575 et suiv.) leurs réflexions sur ce sujet.

4° Enfin, dans une monarchie constitutionnelle, la raison et l'intérêt de la société exigent qu'à la garantie résultant de ce double vote, de ce concours des volontés des deux classes qui participent à l'exercice de la puissance législative, on ajoute encore celle qui résulte de la sanction expresse du prince.

Cette sanction est indispensable sous plus d'un rapport.

D'abord, le prince fait partie du peuple, de la société; il doit être considéré comme le père de famille, comme le premier citoyen de l'état. Suivant une expression analogue à celle dont se sert Grotius, il est en quelque sorte au corps de la société ce que la tête ou le cerveau est au corps humain; et si les deux premières classes de la société doivent, dans l'intérêt commun, être admises à lui transmettre distinctement leurs opinions, l'expression des divers besoins qu'elles éprouvent, il faut aussi qu'il puisse les apprécier, et prendre part aux résolutions que ces divers besoins nécessitent et déterminent. Il est même beaucoup de circonstances dans lesquelles le prince peut mieux apprécier les besoins du corps entier de la société que chacun des autres principaux membres de ces corps; premier motif assez important de sa participation à l'exercice de la puissance législative.

Ce qui fait encore qu'il ne suffit pas du concours de la volonté de deux des branches de la puissance législative pour donner aux résultats de leurs délibérations le caractère et la force d'une loi, lorsque ces résultats ne sont pas en outre sanctionnés par le roi, c'est que si cette sanction n'était pas requise, d'une part, on ne pourrait pas compter sur une exacte et fidèle exécution; et d'autre part, le prince ne serait plus que l'agent aveugle des volontés d'un autre pouvoir, de deux assemblées de qui il dépendrait toujours de méconnaître son autorité, d'arracher de ses mains la puissance exécutive, laquelle ne peut cependant être placée utilement ailleurs; de le dépouiller tout-à-coup ou par degrés des attributions de cette seconde puissance, pour s'en emparer elles-mêmes, de les confondre ainsi avec les attributions de la puissance législative déjà exercée exclusivement par elles, et de changer totalement, de cette manière, la forme du gouvernement, qui, dans ce cas, aurait, comme le remarque Bodin, le véritable caractère et tous les vices d'une aristocratie ou d'une démocratie *simple*.

Cette participation du prince à l'exercice de la puissance législative ne doit pas être restreinte au droit d'approuver et de sanctionner, mais doit s'étendre à celui de proposer.

Cette faculté d'initiative sera réciproque dans une monarchie bien constituée, entre chacune des trois branches de la puissance législative; car il serait déraisonnable et nuisible de ne pas accueillir les propositions utiles de quelque part qu'elles vinssent; et il importe peu d'où elles émanent, pourvu que toujours leur conversion en loi soit strictement subordonnée à l'acceptation unanime des trois branches, des deux assemblées et du prince.

Que si, au contraire, par un renversement total des choses et des idées naturelles, l'on prétendait restreindre le droit de proposition à une initiative royale exclusive, on verrait alors naître infailliblement les difficultés insolubles de l'inextricable et incompréhensible théorie des amendements, au sujet de laquelle on a dit plaisamment, et toutefois avec justesse et vérité : « L'expérience et la raison ne prouvent que trop combien l'initiative indirecte est décourageante et puérilement illusoire par le vice des ricochets ; il est trop étonnant d'avoir établi qu'un membre d'une des chambres peut proposer à sa chambre de proposer à l'autre chambre de proposer au roi de proposer à l'une des chambres, pour être proposé une seconde fois à l'autre chambre, un projet de loi, pour être présenté par cette chambre à la sanction du roi. »

En résumé, on maintiendra donc comme principe constant la balance des trois branches de la puissance législative, ou plutôt le concours du roi et de deux assemblées délibérantes, celle de la *propriété* et celle de l'*industrie*, pour l'exercice de cette puissance. La distinction et séparation des trois puissances, législative, exécutive, judiciaire, est le premier élément de l'organisation d'une véritable monarchie constitutionnelle ; celui-ci en est le second.

Les avantages de son application, malgré l'imperfection si grande encore des autres rouages, serait cependant prouvée suffisamment déjà par l'expérience de plusieurs peuples, par l'ancien mode de délibération des États de l'Empire d'Allemagne, par celui des Provinces-Unies de la Hollande, et plus particulièrement par la constitution de l'Angleterre, et même aussi par l'état de choses présentement existant en France depuis la charte, enfin par les développements et la démonstration péremptoire qu'en ont donnée, entre autres, Blackstone, Montesquieu, John Adams, Mirabeau, Necker, etc., et par l'hommage que lui ont rendu récemment des hommes éclairés, et d'opinions très opposées sur d'autres points.

Ce principe, en un mot, est tout à la fois celui de la solidité, de l'unité, de la stabilité. Il semble avoir sa place dans l'ordre des lois fondamentales que la nature a fixées pour le maintien, l'équilibre, l'harmonie des choses, et pour sa propre conservation; et il faut espérer que, dans la vue du bonheur de l'humanité, des peuples et des gouvernements, on finira par admettre universellement, en matière d'organisation sociale et de droit constitutionnel, cette maxime adoptée en fait de religion, « *ita ut per omnia, et unitas in trinitate, et trinitas in unitate veneranda sit;* » maxime d'une application d'autant plus juste en ce sens, que les trois branches de la puissance législative, malgré leur séparation, doivent être animées par le même esprit; que le même amour de l'ordre, de la justice et du bien public, doit les animer, les faire concourir avec circonspection, maturité, persévérance, et par conséquent aussi avec certitude, vers un même but.

§ I. Organisation des chambres nationales. 1° Si la population d'une société s'est accrue de manière à ce que tous les citoyens composant les deux classes principales, celle de la *propriété* et celle de l'*industrie*, qui doivent coopérer avec le prince à l'exercice de la puissance législative, ne puissent plus se rassembler pour délibérer sur la formation des lois; si, au lieu d'être circonscrite dans l'enceinte d'une cité, cette population occupe une vaste étendue de territoire; si ce territoire renferme dans ses limites non-seulement plusieurs villes, mais des provinces, on conçoit que l'admission du système représentatif devient nécessaire, et que les deux classes principales devront alors faire par leurs députés ou représentants ce qu'elles ne peuvent plus faire par elles-mêmes. Ces représentants formeront donc deux corps ou chambres distinctes que l'on devrait désigner avec exactitude, sous les noms de chambre *de la propriété* et de chambre *de l'industrie et du commerce*, et qui, ainsi que cela eût eu lieu si la réunion de chacune des deux classes en totalité eût été praticable, s'assembleront et délibéreront séparément.

Si quelques hommes d'état (M. Turgot entre autres) ont cru devoir nier l'utilité de cette séparation de la représentation en deux chambres ou assemblées distinctes (conséquence nécessaire de l'application du principe fondamental de la séparation du pouvoir législatif en trois branches, dont l'une appartient au chef de la puissance exécutive), des publicistes, des législateurs, Montesquieu, Blackstone, John Adams, et, ainsi que nous l'avons vu précédemment (page 178), Franklin et autres, l'ont formellement reconnue et démontrée.

De plus, on peut dire (et les discours prononcés en France dans les dernières sessions semblent, entre autres, en offrir des preuves assez nombreuses) qu'aujourd'hui les meilleurs esprits pensent qu'en France et en Angleterre, la chambre des pairs ou celle des lords, et la chambre des députés ou celle des communes, représentent, quoique implicitement et d'une manière encore imparfaite, l'une la propriété, et l'autre l'industrie. Les changements à faire pour mettre ces institutions dans une entière concordance avec cette base essentielle d'organisation seraient du moins peu considérables au fond, et avec le temps ils s'opéreraient facilement, sans même froisser aucun des intérêts individuels qui, sous quelques rapports, pourraient être considérés déjà comme droits acquis.

2° Ensuite il faut rappeler que quiconque, peuple ou simple individu, veut se soustraire au joug tyrannique et pesant de l'homme, du caprice et de l'arbitraire, doit consentir à se soumettre à l'empire bienfaisant des lois que dictent le droit et la raison.

C'est à l'ombre de cette égide, c'est avec le secours de cette protection, que l'indépendance et la liberté se conquièrent et se conservent. Plus les liens de ce genre sont nombreux et puissants, plus les remparts dont la prudence nous environne sont forts, et plus les principes de la morale et de l'équité sont hors d'atteinte.

On ne doit donc pas craindre de pousser aussi loin qu'une attention scrupuleuse peut le faire la recherche de toutes les règles que la sagesse suggère comme moyens propres à prévenir les inconvénients du système représentatif; inconvénients graves encore dans une monarchie constitutionnelle lorsque l'état des choses y est tel que celui où nous nous supposons placés, c'est-à-dire lorsque la population est nombreuse et le territoire étendu.

Le premier objet dont on doive s'occuper dans ce but, c'est la fixation du nombre des membres dont chacune des deux chambres nationales sera composée, et des rapports que la règle essentielle d'organisation y relative aura avec l'étendue et la division du territoire, avec la nature des productions de l'agriculture et de l'industrie.

A ce sujet, toujours appuyés sur l'expérience, sur l'autorité des publicistes, et sur le raisonnement, on est fondé à penser qu'une bonne représentation tient bien moins au grand nombre des représentants qu'à leur sagesse, à leurs lumières, et par-dessus tout encore à leur parfaite indépendance.

On conçoit que les assemblées représentatives, appelées à prendre une part essentielle à l'exercice de la puissance législative, à méditer, à approfondir les questions les plus ardues et les plus compliquées, ont besoin de réflexion, de calme, d'impartialité et de modération.

Il faudrait qu'elles fussent scrupuleusement garanties contre le tumulte et le trouble, contre l'esprit de désordre et de parti; que chacun de leurs membres pût y développer complètement et paisiblement, y discuter librement son opinion; que la manifestation des votes et le résultat des délibérations pussent y être constatés facilement et sans scandale; et il n'en sera point ainsi du moment où ces assemblées seront trop nombreuses.

Dès lors, au contraire, leur agitation devient semblable à celle d'une assemblée populaire; l'esprit qui les anime se rapproche de l'esprit de violence, de la passion, du désordre et de la confusion; elles ne peuvent plus être considérées comme des assemblées de législateurs et de sages.

Ces effets sont assez naturels, assez fréquents, assez connus, pour que l'on fût dispensé d'en prouver l'assertion; mais il nous a été facile de produire au soutien plusieurs exemples. (Voyez *Science du Publiciste*, vol. VI, pag. 33 et suiv.)

Dira-t-on que cette discordance, cette inharmonie des chambres et de leurs délibérations, tient à d'autres causes qu'au grand nombre des membres dont elles se composent? Nous sommes bien éloignés assurément de prétendre le contraire; nous avons indiqué nous-mêmes plusieurs de ces causes.

Mais cela n'empêche pas que le grand nombre ne soit l'une de ces causes, et que toutes les autres eussent-elles disparu, celle-ci ne fût suffisante pour s'opposer aux bons résultats de leurs discussions, et pour en bannir l'ordre et la dignité.

Ce premier point reconnu, nous dirons que l'on a suivi jusqu'ici une marche inverse et fausse, en déterminant la division du territoire soit sur son étendue, soit sur l'importance numérique de la population, pour fixer ensuite le nombre des députés, ou du moins des membres de l'une des deux chambres, d'après cette disposition territoriale.

Il importe au contraire de préciser le nombre des membres de l'une et de l'autre chambre législative, de le renfermer dans des limites convenables, et de prendre ce nombre et la différence des productions de l'agriculture et de l'industrie, ainsi que l'étendue superficielle et l'importance de la population, pour base de la division du territoire en départements.

En opérant ainsi, on peut fixer le nombre des membres de ces chambres législatives à trois cents en totalité, *cent cinquante* pour la chambre de la propriété, et *cent cinquante* pour la chambre de l'industrie, et admettre par chaque division départementale un représentant de la propriété, et un représentant de l'industrie.

3° Le nombre des députés ou représentants et leur répartition étant déterminés, il est nécessaire d'entrer dans l'examen des règles ou principes relatifs au mode de leur éligibilité.

Ces principes, bien loin de porter atteinte à la liberté sociale, sont aussi au nombre des moyens les plus infaillibles de la préserver de toute violation. Ces règles, loin de préjudicier en rien à l'indépendance de la représentation nationale, sont de nature à en prévenir les inconvénients et à en faire ressortir les véritables avantages.

Par qui les représentants ou députés seront-ils élus? La raison de décider est ici simple et péremptoire; car il est et sera toujours constant, en principe, que les mandataires sont nommés par ceux qu'ils doivent représenter.

Ainsi, dans une monarchie constitutionnelle, les membres de la chambre de la propriété, et les membres de la chambre de l'industrie, seront élus par les citoyens faisant partie des classes que ces chambres doivent représenter.

Et quant au chef de la puissance exécutive, il est de la plus grande évidence que le droit de nommer les membres des chambres représentatives, même celui de participer, de coopérer, en quelque manière que ce soit, à leur nomination, ne peut lui appartenir.

Il ne saurait y avoir lieu à le représenter, car il agit par lui-même, par ses conseillers d'état, par ses ministres, ses préfets et autres agents; et admettre un droit contraire, ce serait véritablement ébranler l'édifice jusque dans ses bases, méconnaître et violer le principe fondamental de la distinction des trois puissances, et celui de la séparation du pouvoir législatif en trois branches.

Un vice d'organisation aussi capital, substitué à l'un

des plus importants principes du système de la représentation, ne saurait manquer de paralyser l'expression du vœu national; il rend vaine et illusoire l'admission de ce système; il en détruit les plus heureux résultats, pour n'en faire sortir que des fruits amers et corrompus.

On comprend bien que dans un état d'organisation encore irrégulier et imparfait, les ministres soient entraînés, et par le désir particulier de se conserver en place, et en général par la difficulté de leur position, à employer les nombreux moyens d'influence que cette imperfection des institutions met à leur disposition, pour diriger les élections d'une manière plus ou moins indirecte, plus ou moins patente ou cachée, afin d'obtenir ou une représentation tout-à-fait à leur guise, ou, dans la représentation, une majorité dévouée à leurs personnes, et disposée à sanctionner, aveuglément et sans examen, tous leurs projets. Mais, en agissant ainsi, ils justifient et légitiment en quelque sorte, ou du moins ils provoquent l'agitation des partis, qui, de leur côté, cherchent à exercer leurs influences particulières; alors l'esprit de faction et de brigue domine, et tout n'est plus que désordre.

Dans une organisation plus complète et dont toutes les parties seraient en harmonie entre elles, de quelque part qu'elle vînt, quelque indirecte qu'elle fût, cette influence illégitime serait un crime, dont les lois pénales, et particulièrement l'application effective du principe de la responsabilité ministérielle, garantiraient à la société la sévère et scrupuleuse répression.

La loi, expression de la sagesse et de la volonté générale, la loi fondamentale surtout, doit avoir plus de pénétration et de clairvoyance que la volonté isolée de chaque citoyen ; elle doit suppléer à sa prévoyance, le prémunir contre lui-même, contre ses affections, ses préférences, ses faiblesses ; et pour cela, il importe qu'elle renferme certaines dispositions qui, en laissant au droit d'élection toute la liberté dont il a besoin, auront cependant pour objet de diriger le choix de ceux qui exercent ce droit précieux, sur les citoyens qui réunissent les diverses qualités propres à donner la plus forte garantie possible que leur mission sera remplie d'une manière utile tout à la fois pour l'intérêt particulier de leurs concitoyens, de leurs mandants, et pour le bien de la société tout entière.

Dans cette vue, il est une précaution dont l'avantage se fait sentir.

Pour bien aprécier les besoins d'autrui, il faut éprouver les mêmes besoins, ou au moins être en position d'en ressentir de pareils; il est essentiel surtout de n'avoir pas des intérêts opposés à défendre. Les meilleures institutions seront toujours celles qui ne mettront pas les hommes dans la nécessité d'avoir à opter entre leur utilité du moment et l'observation rigoureuse de leurs devoirs. Ce seront celles qui éviteront de provoquer ce combat intérieur de l'homme avec le sentiment de sa propre conscience : fût-il beaucoup plus parfait qu'il ne l'est, on aurait toujours à craindre que, dans cette lutte pénible, la vertu ne fût pas assez puissante pour le déterminer à faire une abnégation entière de lui-même, à sacrifier les intérêts qui le touchent de la manière la plus directe et la plus sensible, pour n'envisager et ne défendre qu'un intérêt général plus grand, plus réel sans doute, mais moins rapproché de lui, et par conséquent moins pressant.

C'est donc dans le sein de chacune des deux classes qui doivent être représentées que les députés ou représentants seront choisis, puisque les intérêts de l'une et de l'autre de ces deux classes peuvent différer et se trouver en opposition.

Dans un gouvernement qui participerait encore de l'aristocratie et de la démocratie, tout homme qui ne ferait pas partie de la classe aristocratique ne saurait être considéré par elle comme étant propre à la représenter; et prudemment les autres classes de la société ne devraient pas non plus confier la défense de leurs intérêts à un représentant qui serait pris hors de leur sein, et choisi surtout dans la classe aristocratique.

Dans une monarchie constitutionnelle, le propriétaire foncier, le cultivateur retiré dans sa terre, et principalement appliqué aux soins d'en diminuer les charges, d'en augmenter les produits, ne peut pas représenter utilement les classes industrieuses et commerçantes, dont il ne connaît point assez les ressources et les besoins.

Et, de leur côté, les négociants, par exemple, essentiellement occupés de l'extension, des avantages, de la prospérité du commerce; l'artiste, le savant, livrés à l'étude des arts et des sciences, à la recherche des moyens d'en favoriser le développement, ne peuvent représenter la classe des propriétaires aussi utilement que le fera l'homme qui, par sa position et ses habitudes journalières, se trouve en état de connaître, calculer et prévoir toutes les charges, tous les besoins, soit habituels, soit passagers, de la propriété.

Le même argument, le même moyen de décider, eut encore recevoir une autre application naturelle.

Lorsque le territoire d'un royaume se trouve divisé n plusieurs provinces ou départements dont les riches-es, les productions, le genre d'industrie et de commerce, nt une source différente, et dont les intérêts et les be-oins, en bien des circonstances, se trouvent opposés, ne faut pas que les représentants de l'un de ces dépar-ments soient choisis parmi les habitants d'un autre épartement.

Comment le propriétaire dont les biens sont situés ans la Picardie, la Flandre, ou la Bourgogne, pourrait-juger sainement des besoins des propriétaires de la retagne, du Languedoc, de la Provence?

Comment les manufacturiers et les négociants de Lille, e Rouen, de Paris, pourront-ils connaître et défendre, eut-être au préjudice de leur propre avantage, les inté-êts des manufacturiers et des négociants de Bordeaux, e Marseille, ou de Lyon?

Quel zèle d'ailleurs un représentant mettra-t-il à la éfense des intérêts de ceux au milieu desquels il n'aura son principal établissement, ni son véritable domicile, le lieu de sa résidence habituelle? Que lui importera-il d'obtenir par son dévouement, par une conduite onorable et désintéressée, la considération de ceux uxquels il ne sera pas lié, parmi lesquels il ne sera pas mené par ses affections, ses habitudes, ses intérêts ersonnels? Quelle privation s'imposera-t-il? quels ef-rts, quels sacrifices fera-t-il enfin pour mériter l'estime la reconnaissance de ceux qu'il connaîtra à peine, et ont il sera à peine connu?

« On connaît mieux, dit Montesquieu, les besoins de

sa ville que ceux des autres cités, et l'on juge mieux d la capacité de ses voisins que de celle de ses autres con patriotes : il ne faut donc pas que les membres du corp législatif soient tirés en général du corps de la natior mais il convient que dans chaque lieu principal les hab tants choisissent un représentant. »

Blackstone dit aussi : « Strictement, tous les représen tants devraient être habitants des lieux pour lesquels i sont élus. »

Il est bien vrai que l'on s'est efforcé de combattre c principe.

On objecte qu'il faut maintenir l'unité, l'ensemble entre toutes les parties d'un empire; qu'il est importan de faire en sorte que tous les habitants d'un même éta se considèrent toujours comme les membres d'une seul famille.

On est allé jusqu'à dire que ce sont les principes, e non les hommes ou les provinces, qui doivent être repré sentés.

Pour peu que l'on y fasse attention, tout ce que de semblables raisonnements peuvent avoir de spécieux s'évanouit à l'instant.

Et d'abord le premier devoir de tout représentant es sans doute de ne pas oublier qu'il doit combattre pour les principes du droit, de l'équité, et si on le veut, si c'es ainsi qu'on l'entend, de les représenter.

C'est dans ce sens aussi que Blackstone et autres publicistes disent que chaque membre de la chambre des communes ou de toute autre chambre représentative, quoique choisi par un district ou un département particulier, sitôt qu'il est élu, devient le représentant l'homme de la nation entière.

Toutefois il existe aussi des intérêts de localité qui demandent à être défendus et représentés distinctement. Il peut s'élever à leur sujet certains points de discussion qui aient besoin d'être éclaircis et développés par des hommes spécialement instruits, et dont au surplus la solution, dans un sens comme dans l'autre, loin de choquer les principes du droit, n'en est que l'application.

Ensuite, est-ce parce que chaque département dont un royaume se compose sera tenu par la loi constitutionnelle de choisir ses représentants parmi les hommes qui y ont leurs propriétés, leur principal établissement, leur domicile, que les habitants cesseront de sentir l'intérêt qu'ils ont à ne pas répudier leur patrie? Ne sera-ce pas plutôt parce que le système représentatif sera en tout point réglé d'après ses véritables bases, parce que tous les départements seront utilement et également représentés, parce que les représentants de chaque département seront à même de défendre leurs propres intérêts en défendant les intérêts de leurs plus proches compatriotes, enfin parce qu'ils discuteront tous ensemble les intérêts respectifs de chaque département, que partout, depuis le centre jusqu'aux dernières extrémités du royaume, le sentiment de l'amour national acquerra un nouveau degré de force et d'énergie?

Quel est l'esprit assez crédule pour se laisser persuader que l'ensemble, l'unité de toutes les parties du territoire, puissent dépendre de ce que les députés des provinces méridionales seront pris parmi les propriétaires ou domiciliés dans le nord, et ceux du nord dans le midi? N'est-il pas évident que rien n'est plus propre, au contraire, à affaiblir tous les liens de fraternité et d'harmonie qui seraient si forts et si nombreux dans une véritable monarchie constitutionnelle bien réglée, et où tous les détails d'organisation auraient pour résultat, chacun selon ses fins particulières, de faciliter la défense des droits et intérêts particuliers, comme aussi d'assurer le triomphe des principes et la prospérité générale de l'état ?

Ne prêtez pas non plus l'oreille aux discours des hommes qui entreprendraient de prouver que le choix des électeurs ne doit pas être spécialement dirigé et circonscrit sur les citoyens donnant par leur fortune, leurs propriétés territoriales, ou leurs établissements de commerce, une garantie plus forte de leur dévouement pour le maintien de l'ordre, de la tranquillité à l'intérieur, et de la paix à l'extérieur du royaume.

Par quels raisonnements solides parviendrait-on à réfuter les arguments péremptoires qui doivent faire admettre cette condition de l'éligibilité comme une règle fondamentale et essentielle du système de la représentation ?

Y a-t-il rien de plus simple et de plus évident que les causes naturelles de ce principe d'organisation ? Employer pour les autres et pour soi la portion de force et d'activité, d'intelligence et d'industrie, que la providence départit à chacun de nous, c'est la meilleure et peut-être la seule bonne manière de servir Dieu, la nature et la patrie. Et le premier devoir de l'homme jouissant de la plénitude de ses facultés physiques et intellectuelles, c'est à coup sûr d'embrasser et de suivre avec ardeur une profession qui puisse, en le rendant utile à l'état et à l'humanité, lui assurer en même temps une existence aisée, honorable, un sort indépendant, lui donner les moyens d'élever une famille, et de satisfaire ainsi, sans crainte et sans regrets, au vœu, à l'un des commandements les plus formels de cet être, auteur de la reproduction et de la création.

Or, les hommes qui déjà, sous l'un de ces rapports (celui d'une fortune acquise par des moyens auxquels l'honneur et la probité applaudissent), ont satisfait à la loi naturelle, rempli un devoir sacré, atteint du moins le premier but qu'il indique, certes, ceux-là ont droit à un plus haut degré de confiance et d'estime auprès de leurs concitoyens.

Il est vrai que cette espèce de droit peut manquer à des gens actifs, éclairés, irréprochables, parce que leurs efforts n'auront pas obtenu les succès qui devraient en être la récompense assurée. La plus exacte probité, la plus courageuse, la plus louable persévérance, les travaux, les efforts les plus assidus et les plus constants, ne parviennent pas toujours à vaincre les obstacles, à triompher de la mauvaise fortune. Il est bien vrai que l'honnête homme n'est pas toujours à l'abri des caprices et des injustices de l'aveugle déesse, quelquefois même des maux attachés à la pauvreté.

Mais cette rigueur du sort, ces exemples de stérilité non méritée, quoique beaucoup trop nombreux et trop fréquents sans doute, ne sont pourtant que des cas d'exception; et l'on conçoit qu'aucune institution solide ne doit avoir pour fondements et pour bases des exemples et des faits d'exception. Fussent-ils plus nombreux qu'ils ne le sont, les faits de ce genre ne pourraient conduire les esprits sages et prudents à repousser l'adoption de la règle dont il est ici question, dont les philosophes, les publicistes et les législateurs, ont bien senti la nécessité, et que les institutions, soit anciennes, soit nouvelles, ont souvent consacrée.

Le principe ne doit donc pas être contesté.

Il faut en venir aux difficultés qu'il peut présenter dans son application. Ces difficultés tombent sur deux points importants : d'une part la nature, d'autre part l'importance de la propriété.

Relativement au premier, nous avons dit (ci-dessus pag. 173 et suiv.) qu'on a plus d'une fois entrepris de prouver qu'en thèse générale la classe des propriétaires de biens-fonds ou territoriaux est celle dont les intérêts se lient davantage aux intérêts de la société. Et il est certain qu'en effet le propriétaire d'une partie du sol a intérêt au maintien de l'ordre, de la tranquillité publique, de la paix avec l'extérieur ; qu'il doit également redouter l'anarchie et haïr l'oppression, le pouvoir arbitraire et absolu, le despotisme. Mais on ne conçoit pas comment et par quelles bonnes raisons on pourrait établir que le manufacturier, le négociant, l'homme actif, laborieux, indépendant, exerçant une profession utile, ne doit pas avoir un intérêt et une volonté semblables.

Le propriétaire foncier doit craindre les troubles, les révolutions, le désordre intérieur ; il doit craindre la guerre, les impots inutiles et désastreux, les invasions, la dévastation et le pillage qui en sont les suites ordinaires; et pourtant, lorsque l'orage s'est éloigné, lorsque ce fléau a cessé ses ravages, que le calme et la sérénité lui ont succédé, le fonds du moins lui reste, et lui offre pour l'avenir l'abondance et la sécurité.

Souvent les résultats sont bien plus funestes pour le manufacturier, le négociant, dont le commerce, l'industrie, ne peuvent s'exercer utilement que pendant la paix, et quand l'ordre et la justice régnent à l'intérieur, quand des relations amicales sont établies à l'extérieur, quand en général les principes du droit public, du droit politique et du droit des gens, sont respectés. Il voit tout-à-coup son activité paralysée, ses spéculations renversées par les agitations intestines ou par les guerres étrangères, qui trop souvent entraînent sa ruine entière, et le laissent sans ressources et sans espérance. Sa prospérité tient donc peut-être de plus près encore à la prospérité de l'état.

Ce qu'il y a d'incontestable, comme nous l'avons déjà remarqué (ci-dessus, pag. 174), c'est que les intérêts et les vues de ces deux classes de citoyens, sans être en rien contraires aux intérêts généraux de la société, sont souvent différents, quelquefois même opposés entre eux; et voilà ce qui motive la nécessité de leur classification, et, par suite, d'une délibération spéciale, dans leurs intérêts particuliers et d'après leurs vues distinctes et séparées.

Si cette classification est admise comme l'un des éléments principaux de l'organisation, la difficulté relative à la nature de la propriété que le représentant doit offrir pour garantie à la société s'évanouit : car il est alors naturel que la société demande pour cette garantie au représentant de la classe des propriétaires fonciers une propriété territoriale ou immobilière, et au représentant de la classe manufacturière, commerçante ou industrieuse, une propriété qui ait seulement une suffisante analogie avec les propriétés et les intérêts de la classe qu'il doit représenter.

La loi peut même, sans injustice, établir une différence entre la quotité de la garantie pour ces deux classes ; l'exiger moins forte, moins élevée dans l'un des deux cas, c'est-à-dire lorsqu'elle doit avoir pour base une fortune immobilière, que pour le cas contraire ; puisqu'il est en effet évident que le marchand qui n'est porté sur le rôle des contributions personnelles ou mobilières, ou des patentes, que pour une somme de trois cents francs, par exemple, ne présente pas réellement, sous le rapport de la fortune, une garantie égale à celle du propriétaire qui paie la même somme de contribution foncière.

Relativement à l'importance de la garantie, second point de la difficulté, quelle sera-t-elle à l'égard des membres de l'une et de l'autre des deux chambres représentatives ?

D'une part, il n'est pas de question dans la solution de laquelle il importe davantage de ne pas s'éloigner d'un juste terme.

D'autre part, il n'en est pas non plus dont la solution dépende davantage des temps et des localités.

Sous le premier de ces deux rapports, le juste terme dont il faut craindre de s'écarter, il est quelques considérations importantes qui doivent être placées dans la balance, et au nombre desquelles il faut compter cette opinion d'Aristote, partagée par les moralistes et les publicistes de tous les siècles et de toutes les contrées, qu'il convient de donner autant d'influence qu'il est possible à la classe moyenne, comme étant, par sa nature, par son intérêt, par ses mœurs et ses habitudes, la classe la plus amie de l'ordre public.

D'après les considérations que nous avons développées dans la *Science du Publiciste*, et puisque nous avons établi ci-dessus (p. 177 et suiv.) que l'on ne peut admettre, dans les deux classes de la société appelées à participer à l'exercice de la puissance législative, que les hommes qui ont une propriété et ceux qui exercent une profession utile et indépendante, on pourrait conclure que tous les citoyens faisant partie de ces deux classes devraient être placés indistinctement au rang d'éligibles.

Mais, dans une société très nombreuse, il importe de simplifier; il importe de diriger, de circonscrire le choix des électeurs par des règles générales, pourvu que ces règles n'aient rien de véritablement exclusif, et qui se rattache à l'esprit d'immunité et de privilège.

Chez un peuple où la concentration des propriétés a introduit dans les classes élevées la mollesse, l'oisiveté, l'insouciance du bien public et la corruption, il importe de ne pas appeler à l'administration du gouvernement, et principalement à l'exercice de la puissance législative, les hommes que l'excès des richesses peut avoir entachés de ces vices, de cette immoralité.

Peut-être ne serait-il donc pas contraire à la raison et à l'intérêt public de circonscrire le choix des électeurs sur les hommes qui sont en possession d'une honnête aisance, d'une fortune modeste, et de l'éloigner des extrêmes, c'est-à-dire des hommes qui, vivant environnés de toutes les superfluités du luxe et de l'opulence, se trouvent par là si près de ces mêmes vices qui viennent d'être signalés, et des hommes dont la possession est encore si bornée qu'elle les laisse dans un état voisin de la gêne et du besoin.

Sous le second rapport, celui des difficultés que rencontre la solution de la question relativement aux variations résultantes des temps et des lieux, si l'on veut que la loi constitutionnelle, qui doit être conçue dans un esprit de stabilité et de permanence, contienne l'indication d'un terme commun, ce terme ne doit pas être fixe et déterminé tel qu'il le sera par la fixation d'une certaine quotité d'impôt ou de revenu, mais proportionné et relatif, comme il peut l'être par la détermination d'un certain nombre des habitants les plus imposés ou les plus riches d'un département, exclusion préalablement faite de ceux dont la fortune excéderait ou n'atteindrait pas certaines limites précisées par la loi.

Autrement, et si l'on ne s'arrête pas, dans la rédaction du pacte constitutionnel, à ce mode commun et facile à pratiquer, ce serait aux localités seules qu'il faudrait abandonner le soin de fixer la quotité d'impôt nécessaire pour que le propriétaire ou le commerçant d'un département y acquière l'aptitude à l'éligibilité.

La maturité de l'âge n'est-elle pas encore une garantie bien réelle des lumières et de l'expérience dans un représentant, et par conséquent ne doit-elle pas devenir une autre condition essentielle de l'éligibilité ?

De tous temps, chez les Hébreux, à Athènes, à Rome, les anciens du peuple ont inspiré le respect et la vénération.

Quoi de plus dangereux que d'abandonner à des jeunes gens, naturellement dépourvus de circonspection et de prudence, à des hommes dont la raison et le jugement ne sont pas mûris par l'âge, le soin important de délibérer sur la conduite et sur les grands intérêts d'un état ?

Quoi de plus dérisoire que de voir des enfants placés de droit au rang de législateur, ou du moins décorés du titre respectable de sénateur et de pair ?

Et quelles sont, dans la vérité, les qualités essentielles qu'il faut avant tout rechercher dans un représentant? l'amour de la patrie, de l'humanité, de l'ordre, de la justice et de la tranquillité publique; un jugement sain, un cœur droit, intègre, attaché à ses devoirs, et surtout une grande modération.

L'esprit cultivé, l'imagination active, les talents oratoires, la plus brillante éloquence, ne sont utiles que lorsqu'ils se trouvent unis à ces qualités premières: rarement même existent-ils sans elles; et si malheureusement ils s'en trouvent quelquefois séparés, ils sont alors plus nuisibles qu'utiles. Aux yeux de l'honnête homme, le talent n'est rien sans le bon usage; et l'on a dit avec vérité que la société et le gouvernement ont besoin de flambeaux qui puissent les éclairer, et non pas de torches qui incendient et qui détruisent.

Ces qualités si importantes, et que l'on doit souhaiter de rencontrer dans les représentants, doivent naître et se développer avec l'âge. Avant que l'homme ait atteint son entière maturité, elles sont encore en lui imparfaites et chancelantes. Bien loin de pouvoir alors délibérer utilement pour la société et sur ses intérêts, lui-même aurait besoin d'un mentor pour former et affermir par degrés son esprit et son jugement.

Avant que l'homme ait vu s'accomplir son huitième lustre, la fougue, l'effervescence des passions est à peine amortie. Il se trouve encore bien souvent exposé à être égaré par de trompeuses illusions. L'expérience n'a point encore entièrement chassé loin de lui tous les rêves mensongers dont le mobile et dangereux cortège accompagne ses pas dans les premières années de la vie. Il est alors à peine passé de cette confiance téméraire qui naît d'une folle et orgueilleuse présomption, à cet état d'incertitude et de doute qui conduit à la recherche de la science, à la découverte de la vérité, et par suite à la fixité, à la croyance éclairée qui constitue la sagesse, et sans le secours de laquelle il est impossible de régir non-seulement les intérêts de l'humanité et de la société, mais même les intérêts de sa vie privée.

Ce n'est pas qu'il ne puisse encore exister quelques exceptions. Sans doute il est des hommes favorisés par la nature, chez lesquels le germe de la sagesse se développe avant l'époque ordinaire de l'entière maturité. Mais ce sont des exceptions, et elles ne peuvent pas servir de base à une disposition de loi constitutionnelle et d'organisation.

Qu'un homme, d'ailleurs, soit assez heureux pour que l'instruction, les lumières, la sagesse, aient pris en lui un développement rapide et anticipé, on ne pourrait en conclure que la société ne fût pas toujours en droit d'exiger de lui, aussi bien que de tous les autres, la garantie que, même à son égard, le temps seul peut donner. Il suffit que cette garantie puisse être jointe à toutes les autres, pour que le législateur, organe de la volonté générale, ne doive pas omettre d'en faire l'une des conditions formelles de l'éligibilité des représentants.

Il faut ajouter qu'il est encore possible de trouver, dans la disposition constitutionnelle qui fait de la maturité de l'âge une condition essentielle de l'éligibilité, une autre source de confiance et de sécurité, en ce que des hommes déjà parvenus dans la carrière de la vie à un terme assez avancé, seront moins portés ou à abuser de la portion de souveraineté qui leur aura été confiée, ou à anticiper sur les autres parties de cette autorité souveraine, que les bases fondamentales de l'organisation, que l'intérêt de la société, défendent impérieusement de leur laisser usurper; et qu'ainsi ils n'exciteront pas, le l'une ou de l'autre manière, dans la législation ou nême dans la constitution de l'état, un bouleversement, un désordre dont il ne leur resterait pas, du moins dans a vue de leur intérêt personnel, le temps et l'espérance le pouvoir profiter.

Les législateurs les plus célèbres, chez les Hébreux Moïse, les législateurs de Lacédémone et d'Athènes, à Rome César et Auguste, en France Louis XIV, ont ait sur le célibat des lois qu'il n'était pas inutile de citer, ainsi que nous l'avons fait dans la *Science du Publiciste.* Vol. VI, pag. 120 et suiv.)

Les plus célèbres philosophes de l'antiquité, les moralistes et les publicistes modernes, Aristote, Platon, Cicéron, Plutarque, Montesquieu, Beccaria, Burlamaqui, Bentham, etc., sont d'accord avec ces diverses législations, sous le point de vue important de la considération, e l'encouragement dus aux bonnes mœurs, au mariage qui contribue puissamment à les conserver), et à la aternité.

Ne serait-ce donc pas une chose parfaitement concorante avec les institutions représentatives d'ajouter aux onditions de l'éligibilité des membres de la représentaon nationale celles qui résultent des titres d'époux et e père?

Il importe que les règles fondamentales d'organisation ppellent et fixent sur un petit nombre d'éligibles seulement le choix des électeurs, car ce choix ne peut jamais orter que sur quelques candidats; et si ces candidats

ne sont pas désignés à l'opinion publique et à l'électio
par une suite naturelle de restrictions constitutionnell
ils le seront infailliblement (et l'expérience le prou
chaque année), tantôt par les cabales et les brigues d'
parti, tantôt par celles du ministère.

Les titres d'époux et de père sont au rang des garant
les plus fortes que les représentants puissent donner
leur amour de l'ordre et de leur attachement aux vr
principes.

Certes, pour quelques avantages temporaires et pa
sagers, un bon père de famille (et un système de r
présentation bien médité n'en appellera pas d'autres
l'exercice de la représentation) ne sacrifiera pas l'ho
neur, le bien-être, la liberté de ses enfants. Il s'applique
à conquérir, à cimenter et affermir chaque jour cet
précieuse liberté, source de toute prospérité.

C'est principalement pour l'avenir, dans l'intérêt
la postérité, que la législation dispose et statue; et c'e
conséquemment par des hommes que le bonheur de cet
postérité touche réellement que la législation doit êt
préparée.

Et dans la discussion des intérêts du moment, et d
plus urgents, s'agira-t-il, par exemple, de résoudre,
déclarer la guerre, quel autre que le père de famille,
qui ses chances toujours incertaines et ses désastres pe
vent enlever non-seulement ses biens, sa fortune, ma
tout ce qu'il a de plus cher au monde; quel autre que
père de famille sera plus intéressé et plus attentif à n'
donner son assentiment que dans le cas d'une justice
d'une nécessité rigoureuses ?

Sans doute il existe toujours des exceptions ; san
doute il est des célibataires vertueux et animés de l'amou

du bien public, tant pour le présent que pour l'avenir.

Cependant les publicistes et les législateurs, en considérant les choses sous le point de vue général auquel ils doivent se fixer, n'ont-ils donc pas été fondés à penser que les célibataires sont de dangereux cosmopolites, ou plutôt des hommes qui ne sont d'aucun pays et qui ne tiennent ni à la patrie ni à l'humanité?

Se détachant, s'isolant de tout le monde, rétrécissant la sphère de sa propre existence autant que d'autres cherchent à l'étendre en la rattachant à une famille, à des amis, à tous les êtres sensibles, l'homme qui volontairement se condamne à vivre dans le célibat, l'homme à qui les nœuds qui font le plus doux charme de la vie paraissent des liens importuns et pesants, méconnaîtra bien davantage ceux qui doivent l'unir à l'humanité et à la patrie. Pour lui, l'humanité, la patrie, ce sont des mots incompréhensibles, vides de sens, des sentiments chimériques et inconnus. Son ame désséchée perd son énergie et son ressort; elle se replie sur elle-même, et ne fait pour ainsi dire que végéter en passant sur la terre, sans y laisser ni traces ni souvenirs.

Qui plus encore qu'un célibataire sera près de tomber dans le dérèglement des mœurs, la débauche, la dégradation, du moins s'il n'est contenu par les vrais principes de religion, si rares aujourd'hui parmi ceux mêmes qui en suivent par état ou par respect purement humain toutes les pratiques extérieures?

Il n'est malheureusement que trop fréquent de voir de tels hommes ensevelis dans le vice, et descendus tout vivants dans le sépulcre de l'immoralité.

Combien d'autres, glissant dans le même précipice, s'efforcent de porter la discorde, la désolation, la douleur et la haine dans les familles ! Ils repoussent loin d'eux les plaisirs purs; ils sont inaccessibles aux sentiments naturels : l'amour conjugal, l'amour paternel, sont pour eux sans charmes et sans douceurs ; ils veulent en ignorer ils en méconnaissent les privations et les jouissances, les sollicitudes et les espérances, les soins et les récompenses

Et vous déposeriez entre leurs mains la faculté de dicter des lois relatives aux droits, aux devoirs des époux, à leur durée, à leur indissolubilité, à tous leurs résultats Et vous leur confieriez l'autorité nécessaire pour vous dicter des lois relatives à l'éducation de vos enfants, à la conservation des bonnes mœurs, des principes et de la vertu ! Quelle imprévoyance ! quel délire ! quelle inconcevable absurdité ! L'exercice de vos droits sur des points si importants ne peut être remis qu'à ceux qui, chaque jour, sont à portée de sentir, d'apprécier davantage toute l'étendue et la force des obligations immenses qui en découlent; et il serait impie, aussi bien que contraire au but social, d'aller chercher ailleurs les garanties que réclame impérieusement un tel mandat.

Dans la plupart des anciennes républiques de la Grèce, il fallait avoir rempli honorablement les emplois inférieurs pour pouvoir être élu aux premières charges de l'état.

Solon avait fait statuer qu'aucun citoyen ne pourrait être élu aréopagite qu'il n'eût rempli les postes les plus importants sans essuyer aucun reproche.

A Rome, on exigeait que le sénateur eût préalablement exercé quelques autres charges publiques. L'édilité, la questure, étaient des degrés par lesquels il fallait passer pour monter au sénat.

A Venise, comme dans ces républiques anciennes, un oble même ne parvenait aux grandes magistratures u'après s'être acquitté des moindres à la satisfaction de es concitoyens.

Dans le canton de Berne, non-seulement un sénateur e peut être élu qu'autant qu'il est marié, et de plus iembre du Grand-Conseil depuis dix ans; mais les seize-iers (électeurs et censeurs) sont pris parmi les membres e ce Grand-Conseil qui ont occupé les places de baillis, : qui sont arrivés au terme de leur administration.

En Angleterre, la presque totalité des membres des eux chambres ont été juges de paix, et ont ainsi acquis ne connaissance assez approfondie de toutes les ques-ons qui leur sont soumises, pour les juger avec dis-ernement.

Une marche graduelle (telle que les membres de . représentation dans les chambres nationales aient réalablement fait partie des chambres départementales, ıntonales et communales) n'est-elle pas en effet indiquée ar la nature dans toutes ses opérations, par l'esprit umain dans tous ses procédés, comme la marche à la-uelle a voulu nous assujettir l'auteur éternel des êtres?

La politique est une science, l'administration est une :ience et un art. Le gouvernement embrasse tout ce qu'il a de grand dans l'humanité : la science qui fait le destin es états est une seconde religion et par son importance t par ses profondeurs. L'art le plus difficile serait donc : seul qu'il ne fallût pas étudier?

Raisonnerions-nous sur la politique autrement que ır tous les objets de la vie? Si l'expérience ne se forme ue par degrés, si elle étend sa sphère peu à peu, si la ıarche naturelle est de s'élever graduellement du simple au composé, la nature et la raison veulent que l'on passe par les fonctions les plus simples de l'administration avant que de parvenir aux plus compliquées; qu'on étudie les lois dans leurs effets, dans leur action, avant que d'être admis à les réformer et à en dicter de nouvelles; qu'on ait subi enfin un genre d'épreuves qui écarte l'incapacité et la corruption, avant que d'arriver à l'assemblée nationale.

Cette filiation des emplois produirait un autre effet non moins avantageux; l'ambition des hommes deviendrait, dans les places les moins brillantes, la caution de leur zèle à en remplir les devoirs.

Quelque fonction qu'un homme exerce, lorsqu'elle est un état passager d'épreuve sur lequel on apprécie ses talents, son intégrité, pour l'élever à des postes plus éminents, dès lors on peut compter sur son attention continuelle à se maintenir irréprochable, et à se concilier l'estime de ses concitoyens.

Et dans ce système graduel, les fonctions d'ailleurs obscures s'ennoblissent par la perspective de celles qui sont plus élevées; les hommes se montent naturellement au niveau de leurs espérances.

Voulez-vous vivifier toutes les parties d'un royaume jusqu'aux plus petits emplois? Que les services soient les uniques voies d'avancement, et que tout état public serve d'épreuve pour parvenir à un autre.

Mais, dira-t-on, n'allons pas attenter à la liberté des élections; nous avons posé pour principe qu'elles ne doivent dépendre que de la confiance, et nous allons prescrire des limites à la confiance.

Cette objection n'est pas fondée.

Déterminer un certain ordre de naissance, et en faire

une condition d'éligibilité, c'est frapper tous ceux qui sont hors de la ligne; c'est prononcer exclusion contre eux; c'est les déshériter d'un droit naturel.

Mais fixer, à la marche des avancements, des règles qui soient les mêmes pour tous, qui laissent à tous les mêmes droits, les mêmes espérances, qui soient dirigées contre les privilèges en faveur de l'égalité, ce n'est point blesser le principe; c'est le protéger, c'est le garantir.

Le principe illimité de la liberté d'élire irait donc à condamner aussi les lois qui fixent l'âge de la majorité civile et politique!

Si la loi a voulu s'assurer de l'expérience, de la raison de ceux qui aspirent aux emplois, comme la raison et l'expérience dépendent encore moins du temps qu'on a vécu que de l'usage que l'on en a fait, c'est entrer dans l'esprit de cette loi que d'exiger un noviciat pour être éligible au corps législatif.

Ces réflexions, extraites du discours prononcé par Mirabeau à l'assemblée nationale, le 10 décembre 1789, et qui avaient été empruntées en partie à l'auteur du *Contrat social*, ont été reproduites par M. Boissy-d'Anglas, en présentant à la Convention la constitution du mois d'août 1795.

La garantie, l'émulation, les avantages inappréciables qui résulteraient de cette condition de l'éligibilité, étant palpables, on ne conçoit pas que l'exemple de quelques nations, la dialectique des publicistes, les conseils et les vœux des législateurs mêmes, l'éloquence des plus grands orateurs, soient encore sans fruit aujourd'hui auprès des peuples modernes qui sembleraient devoir être les plus éclairés sur leurs intérêts véritables, pour les déterminer à en faire l'une des bases fondamentales de leurs institutions, à la considérer comme un principe essentiel et nécessaire de l'organisation.

Il faut le répéter, on ne peut considérer comme injuste et exclusive aucune de ces conditions de l'éligibilité des représentants, qu'une société dont le gouvernement participe d'un élément de démocratie doit s'imposer pour que cet élément se conserve pur et ne dégénère pas en une sorte d'anarchie.

Il n'est pas une seule de ces conditions qu'il soit permis à l'homme sensé de croire inutile, et à l'homme de bien de considérer comme indifférente.

On peut se rappeler à ce sujet qu'en traitant des principes élémentaires du droit public, dans la première partie de la *Science du Publiciste* (vol. I, pag. 66 et 67), nous avons eu lieu de remarquer que le droit d'élire les représentants, droit qui constitue en partie la liberté constitutionnelle ou sociale, peut et doit même être réglé, pour qu'il assure en effet le respect et la conservation de toutes les autres libertés; que le principe de l'égalité n'exclut pas les distinctions personnelles entre les hommes lorsqu'il s'agit de confier les emplois utiles au maintien de l'ordre, à l'action, à l'existence de la société; qu'il serait non-seulement juste, mais rigoureusement nécessaire, pour l'intérêt public de la société et pour l'intérêt particulier de chacun de ses membres, que les places ne fussent occupées que par les citoyens qui réunissent en leurs personnes toutes les qualités morales qu'elles exigent; par ceux qui ont l'intégrité, l'instruction et la fermeté nécessaires; et que ce n'est pas là détruire ni choquer le principe de l'égalité, mais employer au contraire les plus sûrs moyens de le consolider.

Mirabeau, qui pensait, comme on vient de le voir, qu'il faut fixer à la marche de l'avancement des règles qui soient les mêmes pour tous, qui laissent à tous les mêmes droits, les mêmes espérances, qui soient dirigées contre les privilèges en faveur de l'égalité; Mirabeau a dit encore, à l'appui de ce principe, « que l'aptitude à l'éligibilité ne peut pas être considérée comme un droit universel et appartenant à tous les hommes; que cette aptitude ne peut pas être générale et la même dans tous les citoyens, mais qu'elle doit être réglée de manière à devenir l'un des moyens d'organisation propres à assurer les droits de tous, et que, lorsque les règles auxquelles elle sera soumise n'auront point véritablement d'autre but, ces règles seront incontestablement favorables à l'égalité, bien loin de lui être contraires. »

« On est habituellement plus mûr et plus réfléchi à trente ans qu'on ne l'est à vingt; si donc la loi m'oblige à choisir des électeurs parmi les hommes de trente ans et au-dessus, il est plus probable que mon choix tombera sur un homme sage et réfléchi, que si j'avais la faculté de choisir un homme moins âgé. » Cette réflexion d'un membre de la chambre des députés, dans la session de 1816, peut s'appliquer à toutes les autres conditions de l'éligibilité qui viennent d'être examinées.

4° Ce serait déjà avoir fait beaucoup pour le perfectionnement du système représentatif, que d'avoir adopté l'ensemble de ces règles constitutionnelles; et cependant leur observation serait insuffisante. Plusieurs autres principes essentiels d'organisation doivent leur servir en quelque sorte d'auxiliaire, et assurer par là leur entier succès.

L'un, et le plus incontestable de ces principes d'organisation, celui dont la nécessité est le plus généralement reconnue, quoique peut-être il soit encore moins respecté que les autres, c'est que les fonctions représentatives sont incompatibles avec toutes celles qui se rattachent de leur nature à l'exercice de la puissance exécutive et de la puissance judiciaire.

Dans un gouvernement où la puissance législative, la puissance exécutive, et la puissance judiciaire, ne doivent pas se trouver confondues et réunies dans les mêmes mains; où certaines classes de la société, par l'intermédiaire de leurs représentants, doivent participer, avec le chef suprême de la puissance exécutive, à l'exercice de la puissance législative, violer ce principe, c'est attaquer l'existence de l'institution, et ébranler l'édifice dans sa base principale.

Tout esprit judicieux doit partir d'une vérité première, d'un principe, et en admettre ensuite les conséquences. Tout homme qui veut raisonner, et se conduire conséquemment, doit ou se soumettre au joug du despotisme, se résigner aux résultats inévitables d'un gouvernement vicieux et mal constitué, repousser avec obstination les vérités que nous venons de reconnaître; ou bien, s'il se croit digne de vivre sous un meilleur gouvernement, s'il est assez clairvoyant, assez grand, noble et courageux, pour vouloir, dans son propre intérêt et dans celui de sa postérité, l'établissement d'une constitution sage et libérale, où la distinction des trois puissances et la séparation de la puissance législative en trois branches donneront la garantie de la modération du pouvoir, il faut qu'il regarde comme un principe d'organisation inviolable et sacré cette incompatibilité des fonctions représentatives avec toutes celles qui se rattachent à l'exercice de la puissance exécutive et de la puissance judiciaire.

Dans un gouvernement monarchique constitutionnel où le système de la représentation est admis, le représentant, pour remplir fidèlement son mandat, et dans l'intérêt du prince aussi bien que de la société, doit avoir les yeux ouverts sur les actes de l'autorité exécutive. Il doit attentivement surveiller et rechercher les abus, qui parviennent toujours, avec le temps, à s'introduire dans les diverses branches de l'administration, et qui deviennent, en s'accumulant, la véritable, la plus forte cause des révolutions. Il doit élever énergiquement la voix contre ces abus, et les dénoncer dans les chambres, à la tribune, au prince, à l'opinion publique.

Dans un gouvernement monarchique constitutionnel où le système de la représentation est admis, le représentant, dans l'intérêt du prince et de la société, doit méditer, approfondir, avec la plus scrupuleuse attention, tous les projets de loi, toutes les propositions du gouvernement, les juger avec une entière impartialité, et leur refuser son assentiment avec une inébranlable fermeté, toutes les fois que ces propositions lui paraissent contraires à l'intérêt public et subversives des principes du droit, éléments formels ou tacites du pacte social; toutes les fois qu'elles lui paraissent de nature à détruire ou à vicier les institutions, au lieu d'être propres à les perfectionner et à les affermir.

Pour remplir exactement de si importantes fonctions, il faut avoir, par-dessus tout, une grande liberté d'opinion, une parfaite et entière indépendance morale, qu'on ne peut pas raisonnablement attendre de l'homme qui, par position, doit avoir une volonté subordonnée et dépendante. Non, ce ne sera jamais en mettant les hommes en opposition avec leur propre conscience et avec leurs devoirs que l'on parviendra à instituer rien de véritablement utile et durable. L'homme le plus juste et le plus intègre est en danger de faillir, de perdre son indépendance morale, lorsque sa raison et sa droiture ne sont pas d'accord avec ses intérêts directs et personnels. Il obéit à une impulsion secrète; il fléchit insensiblement; il cède pour ainsi dire malgré lui, et sans s'en apercevoir; et bientôt il a perdu réellement cette entière liberté d'opinion sans laquelle il ne peut écouter uniquement les décisions de l'équité. « On n'a pas, dit l'auteur du *Contrat social*, beaucoup de liberté d'aller vers quelque endroit, lorsque par une force contraire on est attiré vers le côté opposé. »

Si donc l'on ne met pas en oubli qu'il est de l'intérêt du prince, aussi bien que de l'intérêt de la société tout entière, que les résolutions des chambres représentatives soient parfaitement libres et indépendantes, on ne peut pas douter que cette incompatibilité absolue de la qualité et des fonctions de député ou représentant, avec toutes les fonctions qui se rattachent à l'exercice de la puissance exécutive, n'importe très essentiellement au monarque lui-même.

Un roi qui veut exercer une influence indirecte quelconque dans l'une ou l'autre des chambres représentatives ressemble en quelque sorte, et si l'on compare les petites choses aux grandes, à un banquier qui aurait beaucoup d'agents et de commis, non pour lui faire connaître la situation de ses affaires, mais uniquement pour lui dissimuler la vérité, pour approuver d'avance et favoriser sans examen ses opérations les plus hasardeuses et les plus propres à l'entraîner à sa ruine.

Est-ce donc à ceux qui proposent la loi qu'il faut s'en remettre exclusivement du soin de la discuter? Autant vaudrait-il ne reconnaître dans l'état qu'une volonté unique, despotique et arbitraire. Est-ce donc à ceux qui sont placés de manière à pouvoir profiter des abus, et qui, par cela même, en sont souvent les auteurs, qu'il faut confier le soin de les réformer? Autant vaudrait-il se résoudre à les voir s'accroître et se multiplier chaque jour davantage, jusqu'à ce qu'ils aient comblé la mesure, et provoqué les convulsions de l'anarchie et du désespoir.

Il est enfin une autre considération générale et importante. L'homme ne saurait être universel, et, quelles que fussent l'étendue et la variété de ses facultés, le temps du moins a des limites qui ne permettent pas que le plus instruit, le plus actif, exerce plusieurs emplois à la fois, aussi utilement que s'il n'en remplissait qu'un seul.

Aristote blâmait la manière dont se faisait la distribution des emplois à Carthage, spécialement en ce qu'un même homme pouvait y posséder plusieurs charges et emplois.

D'accord avec le principe, la constitution norwégienne porte que les conseillers d'état et les employés de leurs bureaux, les hommes qui ont des charges à la cour, et ceux qui en sont pensionnés, ne peuvent être élus représentants.

En Angleterre, les employés pour la perception des différentes branches des revenus publics, les hommes qui contractent avec l'administration pour les approvisionnements des flottes, pour les entreprises des vivres, ne peuvent siéger au parlement. « Les fournisseurs, dit

M. Bentham, peuvent être délinquants et soumis au jugement du parlement; déjà, par ce motif, il ne convient pas qu'ils en soient membres : mais il y a des raisons plus fortes encore pour cette exclusion; elles sont tirées du danger d'accroître l'influence ministérielle. »

On se rappelle que naguère, en France, un ministre vint faire naïvement à la tribune l'aveu qu'il avait en lui deux opinions différentes et opposées : l'une comme ministre, et l'autre comme député. Et dans la session de 1820, un membre de la chambre des députés disait : « Si l'on se plaît tant à rechercher des vices dans la charte, pourquoi se taire sur l'article 54 qui donne aux ministres le droit d'être députés? Certes, il est bien absurde de voir un ministre proposer et défendre un projet au nom du roi, et quelques instants après se lever comme député pour son adoption. Voilà sans doute l'un des vices qui auraient dû éveiller la sollicitude du gouvernement. »

La reconnaissance est un sentiment qui impose des obligations et des devoirs tellement sacrés, qu'il peut aussi exercer une influence dangereuse et destructive de l'indépendance, de la liberté d'opinion que les membres des chambres législatives doivent conserver dans toute leur intégrité.

Et cela suffit pour qu'une disposition de l'acte constitutionnel doive leur faire une loi de ne recevoir pour eux et de ne solliciter pour qui que ce soit, pendant la durée de leurs fonctions, et même au-delà, aucuns titres, aucunes grâces, faveurs ou distinctions. « Satisfaits, dit un auteur, du choix honorable de leurs concitoyens, ou, si l'on veut, du salaire fixé par la nation, les représentants s'engageront de la manière la plus solennelle à ne recevoir ni faveurs, ni pensions, ni grâces du trône, sous peine d'être déchus, par le fait, du droit de stipuler les intérêts de leurs concitoyens. »

C'est par un semblable motif de prévoyance que la république de Venise défendait aux nobles non-seulement d'avoir des terres dans les états des princes étrangers, mais encore d'en recevoir des présents et des pensions, sous peine de dégradation de noblesse, de confiscation de biens, et de bannissement.

En Angleterre, non-seulement toute personne qui jouit d'une pension *sous le bon plaisir du roi*, dût cette pension être limitée à un certain nombre d'années, est déclarée incapable d'être élue membre du parlement, mais de plus tout membre de la chambre des communes qui accepte un emploi de la main du roi (à moins que ce ne soit un officier qui accepte une nouvelle commission dans l'armée de terre ou de mer) fait vaquer sa place dans la chambre; seulement il peut être réélu.

Fénelon, dans le projet de constitution fédérative qu'il avait tracé pour la France, voulait de même, pour que les députés conservassent leur indépendance, qu'aucun d'eux ne reçût aucun avancement du roi que trois années après que sa députation aurait fini.

L'assemblée constituante n'avait fixé ce terme qu'à deux années.

Mais quel scandale, quelle honte de voir les représentants d'une grande nation assiéger les administrations, les bureaux, les antichambres des ministres !!

Représentants, connaissez toute l'importance et l'élévation des fonctions que vous êtes appelés à remplir. N'oubliez pas que ces hautes et nobles fonctions sont égales, du moins quant à l'exercice de la puissance suprême ou législative, à celles de la royauté.

En second lieu (mais ce n'est pas à des représentants, c'est à la société même que ce principe doit être recommandé), le vœu de la société est-il que de si importantes fonctions soient environnées de la considération, du respect qu'elles doivent inspirer, et que ceux qui sont appelés à les exercer s'estiment et se respectent eux-mêmes autant qu'ils doivent l'être, c'est à elle de produire cet effet en donnant à ces fonctions toute la dignité et l'éclat qui leur appartiennent.

Pour cela, qu'il soit d'abord accordé aux députés ou représentants un traitement convenable, proportionné à l'état, au rang qu'ils doivent tenir dans la société. Car, on ne doit pas se le dissimuler, telle est encore la faiblesse de l'homme, que, pour qu'il puisse conserver toute son indépendance et sa dignité, pour qu'il soit inaccessible aux suggestions, aux ambitions étrangères à son devoir, il faut le placer de manière à ce que sa fortune ne se trouve point au-dessous des obligations que son rang lui impose.

Il est bien vrai que si la fortune est une des conditions essentielles de l'éligibilité, les députés se trouveront par là dans la possibilité de pourvoir aux frais que l'occupation d'une haute place doit nécessiter surtout chez les peuples modernes. Mais cela ne suffit pas encore ; et leur position, leur séjour dans la capitale, exigent un surcroît de dépenses dont l'état doit les indemniser.

Tout travail, d'ailleurs, mérite un salaire juste, équitable, proportionné à son importance; et l'hypocrisie ou le faux honneur, l'orgueil et la vanité, prétendront seuls le contraire.

Les fonctions représentatives doivent être aussi la récompense de services déjà rendus à l'état, ou au moins à des concitoyens, dans l'exercice de fonctions publiques locales, souvent pénibles, quelquefois dangereuses. Or, pour que le titre de député ou représentant, loin d'être une sorte de récompense nationale, n'offre pas au contraire une tâche totalement onéreuse et pénible à remplir, qui bientôt entraînera le découragement et le dégoût, il ne doit pas être purement honorifique et gratuit.

Si quelques écrivains n'ont pas eu cette opinion, des publicistes, des législateurs, des hommes d'état, dont nous avons recueilli et transcrit les réflexions dans la *Science du Publiciste* (vol. VI, pag. 209 et suiv.), la partagent et l'enseignent par différents motifs. « Il est un point, dit entre autres M. John Adams, sur lequel il faut absolument changer la politique de tous les peuples du monde, avant que l'on puisse se flatter d'atteindre à quelque perfection en fait de gouvernement, je veux parler de la manie de vouloir être servi gratuitement. Ce système erronné ne peut être que funeste : il en résulte que les riches seuls peuvent aspirer aux places; c'est confiner les droits d'élection dans une caste aristocratique; c'est donner un grand avantage à la pire des aristocraties, qui est celle des richesses; c'est introduire un système d'hypocrisie machiavélique dans les élections populaires. Les hommes les plus intéressés, les plus corrompus, les plus déterminés à trafiquer de la chose publique, sont aussi ceux qui font le plus de parade du désintéressement de leurs motifs. » — « S'il n'y a pas, dit M. Bentham, une certaine proportion entre la dignité dont un homme est revêtu et les moyens de la soutenir, il est dans un état de souffrance et de privation, parce qu'il ne peut répondre à ce qu'on attend de lui, et rester au niveau de la classe qu'il est appelé à fréquenter. En un mot, les besoins croissent avec les honneurs, et le nécessaire relatif varie avec les conditions. Placez un homme dans un rang élevé sans lui donner de quoi s'y maintenir, quel en sera le résultat? Sa dignité lui fournit un motif pour mal faire, et sa puissance lui en donne les moyens. » — « Est-ce donc, dit un autre auteur, que depuis le trône jusqu'au dernier emploi de la société, tous ne sont pas payés sur les tributs publics? Le magistrat sent-il, dans la distribution de la justice, sa conscience liée par la rétribution attachée à ses fonctions? Le guerrier croit-il ses lauriers flétris et son sang méprisé par l'affectation d'un salaire à son grade? L'administrateur regarde-t-il les soins qu'il donne aux intérêts publics comme dégradés par le traitement attaché à ses fonctions? La société paie par sentiment d'honneur, parce qu'étant au-dessus de tout, elle ne doit rien recevoir de personne. Elle paie par sentiment de justice, parce qu'elle n'a pas le droit de faire servir les uns gratuitement par les autres, et qu'on ne peut arracher un homme à ses travaux sans lui donner un dédommagement. » Enfin on a dit encore : « Si vous n'accordez aucune indemnité aux représentants, les intrigants ne désireront d'être nommés que pour arriver à d'autres places; et les hommes honnêtes, mais sans ambition, ne se verront éloignés de leur propriété et ne rempliront leurs fonctions qu'à regret. »

Quoique le principe dont il vient d'être question ne soit pas pratiqué en ce moment en France, on y a certainement senti la nécessité d'attacher aux fonctions représentatives un haut degré d'estime et de considération; et cependant comment espérer d'y parvenir, en créant en leur faveur, ainsi que l'avait fait la constitution du 3 septembre 1791, et comme le fait la charte du 4 juin 1814, une prérogative injuste, une exception qui déroge scandaleusement à l'uniformité de la législation, aux principes de l'égalité sociale et de l'égalité civile, en les soustrayant à toutes les poursuites pour dettes, à l'exercice de la contrainte par corps en matières civiles ou commerciales, ou même en matières criminelles.

La contrainte par corps est dans bien des cas un moyen d'exécution trop rigoureux; mais tant qu'elle fait partie des éléments de la législation, elle doit être générale.

« Laissons, disait Mirabeau, à cette nation voisine de qui la constitution offre tant de vues sages dont nous craignons de profiter, cette loi injuste, reste honteux de féodalité, qui met à l'abri de toutes poursuites pour dettes le citoyen que la nation appelle à la représenter dans son parlement. Profitons de l'exemple des Anglais; mais sachons éviter leurs erreurs, et, au lieu de récompenser le désordre dans la conduite, éloignons de toute place dans les assemblées, tant nationales que provinciales et municipales, le citoyen qui, par une mauvaise administration de ses propres affaires, se montrera peu capable de bien gérer celles du public. »

Il est même une disposition plus sévère et plus rigoureuse que, dans l'intérêt du corps social, la loi constitutionnelle de l'état doit consacrer. C'est celle qui, sans porter atteinte au principe de l'indépendance, de l'inviolabilité des chambres, mais précisément dans la vue de donner à ce principe un nouveau degré de stabilité et de force réelle, déclarera chaque représentant individuellement passible d'être traduit en jugement, et qui déterminera le mode de sa mise en accusation, dans tous les cas où, pendant l'exercice de ses fonctions, il se rendrait coupable de quelque infraction aux obligations, défenses et injonctions que cette loi constitutionnelle doit leur prescrire à tous, aussi bien que de crimes ou délits en matière d'état et en matières criminelles ou correctionnelles.

Chez les peuples de l'antiquité, les chevaliers, les sénateurs, furent soumis à la censure.

Sans doute l'inviolabilité des chambres doit être un principe essentiel, fondamental et sacré de la constitution; mais outrer un principe, en faire une application fausse et tout-à-fait hors de ses véritables limites, ce n'est pas l'affermir et le respecter; c'est le méconnaître, le violer, et travailler indirectement à le détruire.

Après avoir établi les principes relatifs à l'incompatibilité et à l'exercice des fonctions représentatives, il faut parler du terme qu'il convient de mettre à la durée de ces fonctions.

En se plaçant dans l'hypothèse qui résulterait de l'admission des principes précédemment établis, et qu'il serait superflu de résumer ici, comme nous l'avons fait d'ailleurs dans la seconde partie de la *Science du Publiciste* (vol. VI, pag. 223 et suiv.), il n'existe pas de motifs, même spécieux, de limiter à une courte et éphémère période de quelques années la durée des fonctions représentatives, alors si scrupuleusement environnées de toutes les garanties possibles, et ainsi élevées au degré de dignité, de grandeur, hors duquel elles ne pourront produire que peu de bien, et seront toujours dans l'impuissance absolue de remédier aux maux profondément enracinés dans le corps social, et souvent considérés comme incurables.

Il n'existe aucun motif fondé de croire à la nécessité de brusques changements, ou de renouvellements partiels et successifs mais fréquents; et pour peu qu'on y fasse attention, on découvre les inconvénients graves et inévitables qui y sont attachés.

Par quelles raisons solides se priver de ces représentants dont les élections auraient été dirigées et réglées par l'observation scrupuleuse des précautions et formalités que le bon sens prescrit d'adopter; de ces députés citoyens qui, réunissant en leur personne les garanties de l'attachement à l'ordre, de la capacité, du patriotisme, de la maturité, auront en outre donné déjà des preuves ostensibles et constantes des vertus privées, publiques et sociales; de ces députés dont les élections auront été faites avec l'indépendance d'opinion, l'impartialité et l'attention que les électeurs doivent apporter à l'exercice de leur droit, et qui seront parvenus à acquérir avec le temps le nouveau degré d'instruction que le travail spécial et l'habitude peuvent seuls donner à l'homme même doué de l'intelligence la plus active et la plus rare?

On n'en agirait donc ainsi que pour remplacer ces représentants par d'autres représentants, qui à la vérité seraient bien élus avec de semblables précautions, et qui présenteraient conséquemment plusieurs des mêmes garanties, mais à qui il manquerait d'avoir acquis, comme les premiers, ces détails d'instruction, ces connaissances spéciales que la pratique seule peut procurer et qui sont ignorées, ainsi que le remarque entre autres l'auteur du Traité *de l'Homme et de son Éducation*, de quiconque n'occupe pas la place où l'application en devient journellement nécessaire.

Les fonctions représentatives sont du nombre de celles

qui réclament le plus d'étude et de jugement, de suite et de persévérance dans les idées, puisqu'elles ont pour but essentiel d'introduire l'ordre et l'uniformité dans les institutions. On ne voit donc pas pourquoi les principes relatifs à leur durée différeraient en ce point de ceux qui sont suivis à l'égard des autres emplois dans quelque partie de l'administration que ce soit.

Peuples, électeurs, citoyens, attachez-vous à pratiquer, dans leur intégrité, les dispositions constitutionnelles qui viennent d'être rappelées, par rapport au nombre et à l'éligibilité de vos représentants, aux incompatibilités et à l'exercice de leurs fonctions ; faites en sorte que le sentiment du devoir se trouve fortifié en eux par leur situation en quelque façon physique et matérielle, par les conseils de la sagesse, par les leçons de l'expérience, par les principes de la morale et du droit.

Et dès lors vous ne croirez plus à cette nécessité de retirer votre confiance et vos pouvoirs à des concitoyens que vous aurez vous-mêmes placés, par votre élection et par votre prévoyance, au-dessus de toutes les atteintes du soupçon, et qui, ne déméritant pas, ne doivent pas non plus déchoir; à des compatriotes qui, revenant d'ailleurs, chaque année, après l'accomplissement de leur mission, vivre fraternellement au milieu de vous et de leurs familles, près de leurs établissements et de leurs propriétés, se trouveront animés de plus en plus du désir de conserver votre estime, et seront toujours en état d'apprécier et de ressentir par eux-mêmes vos propres besoins.

Dès lors vous cesserez de croire à cette nécessité d'admettre comme un principe fondamental de vos institutions, ces renouvellements trop fréquents de la représentation nationale, qui introduisent dans l'institution un élément de mobilité, d'incertitude, de vacillation, et qui ne peuvent manquer de rendre le gouvernement même mobile et chancelant; qui, mettant obstacle à ce que l'esprit de la législation puisse se fixer et se mûrir, s'opposent aussi à ce que les idées saines, les principes utiles de droit et d'organisation, puissent prendre racine et répandre au loin de fertiles rameaux et un salutaire ombrage.

Vous ne considérerez plus cette fluctuation dans l'un des principaux éléments de l'organisation que comme une source de désordre et un signe précurseur de tempêtes et d'orages.

Et si l'opinion vulgaire n'est pas encore parvenue à reconnaître ces vérités, parce que cette opinion se forme bien plus d'après ce qui est que sur ce qui devrait être, il est à remarquer que le sentiment des hommes qui sont habitués à réfléchir et à mieux pénétrer le fond des choses, celui des publicistes, des législateurs et des hommes d'état, en Angleterre et en France, s'en rapproche beaucoup.

Nous ne rappellerons ici, des citations que nous avons faites à ce sujet dans la seconde partie de la *Science du Publiciste* (vol. VI, pag. 244 et suiv.), et de toutes celles que nous pourrions y joindre, que l'opinion de l'auteur de la *Défense des Constitutions américaines* *. Non-seulement ce publiciste émet un sentiment conforme au principe; il propose même comme un palliatif qui pourrait être avantageux, d'éloigner le terme périodique des

* Voyez aussi le discours de M. de Corbière, ministre de l'intérieur, à la chambre des députés, séance du 14 mai 1824.

élections jusqu'à ce que les nominations fussent enfin pour la vie. Mais ce serait là prendre, dans un sens contraire, une direction fausse; ce serait, à la vue du port, s'exposer à l'imminent danger d'aller échouer contre les écueils d'une rive opposée: car, si les législateurs ne doivent pas être choisis parmi la jeunesse, la vieillesse n'est pas non plus l'âge convenable à l'exercice de leurs fonctions. La force, l'activité, l'énergie, la sagesse, se forment par degrés, et s'accroissent avec l'âge jusqu'à un certain terme de la vie; mais c'est une autre loi de la nature, que les facultés physiques et intellectuelles s'affaiblissent et décroissent à mesure que l'homme s'avance vers la fin d'une longue carrière. L'esprit, ainsi que le dit Aristote, vieillit aussi bien que le corps; et dans ses vieux jours, malgré ses efforts et son zèle, l'homme, même par ses conseils, ne pourrait servir son pays avec un égal succès. C'est alors qu'il a droit à l'inaction, qu'il doit s'attendre à jouir d'un doux loisir, de cette paix de l'esprit et de l'ame que les études de la jeunesse et les services de l'âge mûr lui ont acquise, et qui, berçant sa vieillesse de consolants souvenirs, s'unit à l'espérance pour le conduire aux portes de la vie immortelle; c'est à ces souvenirs, à cette espérance, que ses dernières années appartiennent tout entières.

Les fonctions représentatives ne doivent donc pas plus être à vie qu'elles ne doivent être héréditaires : et l'on peut dire, pour déterminer le terme de leur durée d'une manière précise, qu'elles ne doivent pas s'étendre au delà de quinze ou vingt années; car c'est généralement vers l'âge de soixante ans que l'homme commence à éprouver d'une manière plus marquée le besoin du repos.

5° Un autre principe de l'organisation constitutionnelle, c'est que les chambres représentatives doivent être inviolables ; et l'application qu'il convient de faire ici de ce principe est entièrement relative au degré de pouvoir ou d'influence que le prince peut avoir droit d'exercer sur elles.

Des publicistes, Locke, l'abréviateur de la *République* de Bodin, les auteurs des *Maximes du Droit public français*, et autres, dont nous ne devons pas de nouveau rappeler ici les expressions littérales, ont sur ce point professé la vraie doctrine.

Montesquieu en a signalé les principaux motifs ; et on a lieu de s'étonner qu'il n'en ait pas tiré la juste conséquence dont voici en peu de mots la substance.

Dans l'acception ordinaire et véritable du mot, c'est l'action de la puissance législative qui n'est que momentanée, et non pas, ainsi qu'il l'avance, l'action de la puissance exécutive. En effet, l'exécution d'une décision législative prise en un instant, peut être de tous les jours et se continuer une année ou plus.

Lors donc que cette décision, adoptée par les deux chambres, a été en outre sanctionnée et promulguée par le roi, troisième branche distincte de la puissance législative, tous les actes particuliers d'application, de détail, de pure exécution, doivent être, dans le droit, exclusivement confiés à la surveillance du pouvoir exécutif. Ainsi, il est nécessaire que le pouvoir exécutif soit permanent.

Il ne l'est pas autant que les assemblées des chambres le soient ; et il convient au contraire que leurs membres, au lieu de rester, pendant une ou plusieurs années entières et consécutives, réunis dans la capitale, où leur présence ne serait d'aucune utilité, retournent au milieu de leurs familles et de leurs concitoyens, près de leurs établissements et de leurs propriétés, afin de pouvoir vaquer à leurs affaires, et surtout mieux s'instruire par eux-mêmes de la situation et des véritables besoins de leurs départements.

Mais, d'un autre côté, comme il est impossible qu'il s'écoule une année entière sans que les intérêts généraux de l'état et de la société ne réclament quelques nouvelles résolutions législatives, ne fût-ce que relativement à la nature, à la quotité, à la répartition des impôts, qui ne doivent jamais être déterminés et consentis (comme le remarque bien Montesquieu) pour plus d'une année, sous peine de s'exposer à de graves inconvénients, il est nécessaire que les membres des deux chambres représentatives se réunissent tous les ans à une époque fixe, et indiquée d'avance par une disposition expresse de la loi constitutionnelle.

Et leur réunion doit avoir lieu de plein droit, par cela même qu'elle est indispensable; que sans elle la législation est entravée, suspendue dans sa marche; que les impôts, ne pouvant être réguliérement consentis, ne sauraient non plus être perçus légitimement; et que, sans législation et sans moyens de finances, aucune société ne peut subsister; par cela encore, que si la volonté du chef de la puissance exécutive est considérée comme nécessaire pour que cette réunion des chambres puisse s'effectuer constitutionnellement, il dépendra de cette simple volonté, d'anéantir, constitutionnellemnet aussi, les premières bases fondamentales de l'organisation, l'existence des trois puissances constitutives, et la distinction des trois branches de la puissance législative, et d'y substituer le despotisme : de telle sorte que souffrir une si grande extension de pouvoir dans l'une de ces trois branches, c'est s'exposer à voir détruire, ou plutôt détruire soi-même ce que l'on serait parvenu à édifier.

La durée des sessions doit être limitée ; et, par les motifs qui viennent d'être déduits, la dissolution des chambres ne doit pas pouvoir être provoquée avant l'expiration du temps prescrit, de même qu'elles ne doivent pas non plus rester réunies au delà.

Si cependant la multiplicité des affaires ou quelque circonstance urgente et imprévue rendaient nécessaire la prorogation d'une session, ou une réunion extraordinaire, c'est dans ces circonstances seulement que cette prorogation ou cette réunion ne pourraient s'effectuer qu'avec l'ordre, ou sur la convocation du chef de la puissance exécutive, par qui l'utilité de ces assemblées extraordinaires sera naturellement mieux appréciée et pressentie.

Dans le cas d'une session ainsi provoquée par la convocation du prince, cette convocation doit précéder l'ouverture de la session d'un nombre de jours calculé d'après l'étendue des limites du territoire, et de manière à ce que les représentants des départements les plus éloignés puissent avoir le temps nécessaire pour venir prendre séance.

Telle est la substance des dispositions constitutionnelles propres à affermir l'observation du principe de l'inviolabilité des chambres, compris dans son exacte acception.

Cependant, malgré l'évidence des motifs qui fondent cette doctrine, les institutions actuelles s'en éloignent. Les gouvernements les plus forts, ou qui se rapprochent davantage des bases propres à établir la stabilité, intimidés sans doute par des désordres, par des inconvénients graves, dont ils ne pénètrent pas assez bien les véritables causes pour y apporter les remèdes convenables, redoutent d'adopter cette doctrine sans restriction et avec une pleine franchise.

En Angleterre, depuis le règne de Charles II, les statuts prescrivent seulement de ne pas laisser passer trois ans sans assembler le parlement.

En France, le décret du 13 juin 1791, les constitutions du 24 juin 1793, du 22 août 1795, du 13 décembre 1799, la constitution même qui fut proposée par le sénat le 6 avril 1814, avaient adopté le principe; mais la charte du 4 juin 1814 statue seulement que « le roi convoque chaque année les deux chambres, qu'il les proroge, et qu'il peut dissoudre celle des députés des départements; mais que, dans ce cas, il doit en convoquer une nouvelle dans le délai de trois mois. »

Ces injonctions de convocation, soit tous les trois ans, soit annuellement, soit dans un délai de trois mois, sont insuffisantes. Elles ne peuvent garantir la constitution de sa ruine, et défendre l'état de deux alternatives également redoutables, le despotisme ou l'anarchie.

Qu'un prince d'un caractère audacieux et absolu ne veuille pas faire usage de son droit de convocation, il faudra donc rendre la voie de l'insurrection licite et légitime, ainsi que Locke l'admet?

Du moins ne sera-ce plus que par elle, et en s'élevant ouvertement non-seulement contre le prince, mais encore contre la loi fondamentale, que la réunion des chambres pourra s'effectuer. On le demande, comment alors ces chambres pourraient-elles être sages, circonspectes, impassibles, et se renfermer dans les justes bornes de l'équité et de la modération?

D'un autre côté, on conçoit facilement les objections des adversaires du principe ; et il faut en convenir, elles ne sont pas sans fondements dans un état d'organisation encore défectueux sous plusieurs rapports.

Heureusement elles ne sont réellement admissibles que dans la supposition de cet état d'imperfection, dans l'hypothèse, par exemple, d'un système représentatif qui, loin d'être soumis aux règles prescrites par la sagesse et la prévoyance, est au contraire abandonné à toute l'incertitude du hasard et du désordre, de l'insouciance et de l'intrigue, de l'effervescence et des passions.

Hors de cette supposition, il est de la plus grande évidence que la société, ou le législateur qui devient son organe, et qui emprunte sa force et son impassibilité, doit élever chaque partie de l'édifice constitutionnel dans la vue de la durée et de la stabilité ; et, lorsqu'il a constamment agi dans cet esprit, lorsqu'il s'est appliqué à suivre en tout point cet utile niveau, il ne doit pas, par un motif de crainte pusillanime, par un défaut de confiance intempestif dans son propre ouvrage, introduire lui-même dans l'une des parties de ce grand édifice un principe de ruine, une cause réelle de renversement et de destruction.

Puisqu'il doit, par-dessus tout, en construisant, ne pas perdre de vue le principe de la distinction des trois puissances et le principe de la répartition de la puissance législative en trois branches distinctes, sans lesquels il ne peut rien élever d'une manière solide et durable, il ne doit pas donner à l'une ou à l'autre de ces trois branches la possibilité d'anéantir les deux autres.

Il serait inconséquent et absurde s'il accordait aux deux chambres représentatives le pouvoir de repousser la participation du roi à l'exercice de la puissance législative; il n'est pas moins inconséquent s'il donne au roi les moyens d'éloigner et de détruire la participation des deux chambres à l'exercice de cette même puissance législative.

Il ne suffit pas que les chambres représentatives soient inviolables dans toute l'étendue de l'acception que doit recevoir ce principe; il faut de plus que la liberté morale et l'indépendance la plus entière de leurs résolutions soient garanties par quelques autres dispositions fondamentales qui doivent être méditées et adoptées dans le même esprit.

Suivant l'opinion unanime des auteurs les plus éclairés sur cette matière, il est essentiel de maintenir, par tous les moyens possibles et imaginables, la majesté et l'autorité des suffrages dans le sénat et dans les assemblées supérieures, c'est-à-dire, observe en d'autres termes l'un de ces auteurs, « de maintenir les suffrages tant des sénateurs que des assemblées du peuple, entièrement libres et dégagés de toute influence étrangère; car, s'il arrive une fois que quelque pouvoir puisse commander les suffrages, c'en est fait de la liberté. »

D'accord en ceci avec Locke et Montesquieu, avec Filangieri, John Adams, Mme de Staël et autres, un membre de la chambre des députés a dit dans la session de 1819: « Le plus puissant auxiliaire de la tyrannie, c'est une assemblée asservie par la crainte, avilie par les bas sesses, ou entrainée par ses passions : et lorsqu'on montre l'envie de créer d'avance un tel instrument, il est permis sans doute de s'en alarmer; car l'arme qu'on prépare, inoffensive (mais toujours dangereuse) dans les mains d'une sage administration (d'un sage ministère), peut lui être ravie et passer subitement dans des mains moins innocentes. »

Il faut donc, entre autres choses, que l'organisation ou le règlement, la surveillance, la police intérieure des chambres, leur appartiennent exclusivement; que leurs présidents, questeurs, secrétaires, scrutateurs, etc., choisis dans leur sein, ne soient jamais désignés que par l'ancienneté d'âge, la voie du sort, et l'élection; que leurs résolutions soient adoptées par la voie du scrutin secret; que le prince, les membres de la famille royale, et les ministres ou autres agents de la puissance exécutive, ne puissent y siéger, si ce n'est dans une seule circonstance, celle de l'ouverture des sessions; que toutes les communications leur soient données par écrit et les discussions soutenues par des orateurs conseillers d'état; enfin que, dans tous les cas surtout où elles auraient été convoquées extraordinairement, le nombre de leurs membres présents soit au moins des deux tiers pour qu'elles puissent délibérer utilement, etc.

Quant à la publicité et à l'entière liberté des discussions dans les chambres, elles sont essentiellement fondées sur les avantages inappréciables de s'éclairer mutuellement par la discussion, de mettre au grand jour tous les motifs de la législation, toutes les opérations du gouvernement et de l'administration, d'inspirer par là la confiance, d'affermir le crédit public, de diriger l'opinion, de porter l'instruction dans toutes les classes, d'y préparer d'avance des législateurs instruits, surtout de mettre en pratique et de rendre vulgaire cette précieuse maxime, que la bonne foi est dans le fait la seule base d'une bonne politique et des sages institutions.

Et si l'on reconnaît les avantages de cette publicité des discussions dans l'une des chambres, pourquoi ne l'admettrait-on pas de même dans l'autre? Comment prétendre, pour l'exclure de celle-ci, que ces avantages s'y métamorphoseraient en de graves inconvénients? Serait-ce donc que l'institution de cette chambre se trouverait telle de sa nature, que les déterminations qui y seraient prises ne pourraient pas être motivées sur des raisons assez conformes à l'intérêt général, aux principes de l'uniformité de la législation, et de l'équité en général, pour devoir être rendues publiques et soumises au jugement de l'opinion, que la justice et la vérité ne redoutent jamais?

Dans une monarchie où le système représentatif serait parvenu au degré de perfection dont il a besoin pour être efficace, où l'institution de l'une et de l'autre chambre serait en tous points fondée sur le droit, la pensée de mettre quelque entrave que ce soit à cette publicité, ou à la liberté des discussions, ne serait pas même conçue.

Au contraire, si les principales colonnes de la constitution sont d'une construction faible et vicieuse; si, par suite de leur défectuosité, il est fait journellement abus des talents et de la parole; si les discussions y sont à chaque instant jetées hors des limites de la question; si la présence des ministres et plusieurs autres irrégularités de détail y apportent l'effervescence et l'animosité dans les esprits, il ne faudra pas s'étonner d'y voir bientôt mettre en question l'avantage de cette publicité, ou tout au moins entreprendre et rechercher les moyens de la rendre illusoire, de la paralyser.

Et cependant les résultats de l'observation du principe auraient encore, dans cette hypothèse d'une constitution défectueuse, une très réelle et très grande utilité, ne fût-ce que par cette seule raison, que la publicité des délibérations offre du moins la possibilité de faire sentir les vices de cette constitution, de déterminer à la réforme, et d'en indiquer les moyens.

Dans cette vue, les écrivains laborieux et impartiaux pourront toujours y recueillir une foule d'observations justes et de critiques fondées, et tirer un grand profit des traits de sagesse, des éclairs de vérité qui en jaillissent.

Ils peuvent déjà, sur la question que nous traitons ici, puiser avec fruit dans les discours prononcés à la chambre des députés pendant le cours de la session de 1820, et dont plusieurs passages ont été rapportés textuellement dans la seconde partie de la *Science du Publiciste*. (Vol. VI, pag. 283 et suiv.)

S'il y avait quelques autres dispositions fondamentales d'organisation propres à affermir les principes de l'inviolabilité, de l'indépendance et de la publicité des chambres représentatives nationales, il faudrait s'empresser de les adopter; car, hors de l'observation stricte de ces principes, on ne peut trop le répéter, la monarchie constitutionnelle ne saurait avoir aucune stabilité, aucune solidité réelle; la monarchie privée de ses principaux soutiens est menacée de retomber tôt ou tard, ou dans l'abîme de l'anarchie, ou dans le gouffre du pouvoir arbitraire et absolu.

Attributions des chambres nationales comme partie intégrante du pouvoir législatif. Après avoir pourvu à l'organisation du pouvoir législatif, le pacte constitutionnel doit déterminer, par une disposition expresse et précise, les véritables attributions de ce pouvoir.

Cette disposition fondamentale peut être conçue à peu près en ces termes : « En quelque matière que ce soit, aucunes lois, aucuns décrets, ou autres actes du gouvernement ayant caractère et force de loi, ne seront émis sans le concours du roi et des deux chambres. En conséquence, toutes résolutions relatives à la nature, à la fixation, à la quotité, à la répartition et perception des impôts et contributions; à l'éducation et à l'instruction de la jeunesse, à la religion, à l'ordre de l'administration en général; au perfectionnement des lois civiles, commerciales, correctionnelles, criminelles et pénales; à l'accroissement, à la réduction, à la division du territoire; aux déclarations de guerre offensive; aux traités de paix, d'alliance, de commerce; et généralement enfin toutes celles qui, de leur nature, ne peuvent être considérées comme l'exécution d'une précédente loi, ne deviennent obligatoires et exécutoires que par le concours de ces trois volontés distinctes, librement et publiquement manifestées. »

Nous devons nous borner à rappeler ici cette disposition; et si, pour bien comprendre son utilité sous les divers rapports du droit public, du droit politique et du droit des gens, on avait besoin de quelques développements, il faudrait recourir à ceux que nous en avons donnés dans la seconde partie de la *Science du Publiciste*. (Vol. VI, pag. 319 et suiv.; et Vol. VII, pag. 5 à 143.)

Organisation des chambres provinciales et municipales. Tant que les bases fondamentales du gouvernement, relatives à l'organisation du pouvoir législatif ou des chambres nationales, furent imparfaites et confuses, les administrations provinciales et municipales durent à plus forte raison rester dans l'imperfection et la confusion.

Alors l'admission des trois Ordres dans la composition des états provinciaux fut souvent une cause de trouble et de division.

Souvent aussi, lorsque le gouvernement prenait, au centre, une tendance plus marquée vers le despotisme d'un seul, les intendants, dans presque toutes les parties du royaume, faisaient peser sur elles le joug de la toute-puissance.

Et au contraire, lorsque, depuis 1789 surtout, la démocratie eut successivement envahi, au sommet, les trois branches de la souveraineté, elle s'étendit sur tous les points de la circonférence. On voulut, contre les règles du droit et de la raison, confier dans les départements, dans les districts et dans les municipalités, les actes d'administration, de pure exécution, à des assemblées délibérantes ; vice d'organisation manifeste, et dont on éprouva bientôt les mauvais résultats.

Aujourd'hui, le gouvernement reposant déjà, quant à l'organisation des chambres représentatives nationales, sur les vrais principes du droit, de l'ordre, de la stabilité, le gouvernement, sur ce point important et sur plusieurs autres, touchant et pouvant atteindre incessamment à un plus haut degré de perfection, la même amélioration doit s'opérer à l'égard des institutions secondaires, des assemblées ou chambres départementales, cantonnales et communales, ou de département, d'arrondissement et de commune.

Dans une monarchie bien constituée, le gouvernement est semblable à une vaste machine destinée à porter le mouvement et l'uniformité dans toutes les parties du corps social, et dont le roi (en tant que participant avec les deux chambres à l'exercice de la puissance législative) et les deux chambres peuvent être considérés comme le point central ou le principal rouage.

Mais l'action de ce premier mobile dans le corps social a besoin d'être suppléée par des administrations locales distribuées sur les différentes parties du territoire. Il existe dans les départements, les arrondissements et les communes, une foule d'intérêts de pure localité, dont l'examen entrave et interrompt les opérations des chambres nationales et du ministère sur les objets d'utilité générale; et ces intérêts de localité exigent d'ailleurs une solution prompte et une connaissance intime et pour ainsi dire personnelle.

Il suffit d'indiquer ainsi l'usage de ces sortes d'administrations locales, pour mettre les lecteurs en état de bien comprendre quelles doivent être les bases essentielles et les principes de leur organisation.

Destinées à suppléer, en diverses circonstances, le principal moteur de la puissance législative, on doit y retrouver les mêmes garanties et les mêmes règles d'organisation. D'abord, et principalement, la distinction de ce pouvoir en trois branches, et le concours de la volonté du roi avec celle des deux classes de la propriété et de l'industrie : ensuite, les mêmes dispositions constitutionnelles et réglementaires, relativement à la représentation de ces deux classes; au nombre de leurs représentants ou mandataires; aux conditions de l'éligibilité de ces représentants ; à l'incompatibilité, à l'exercice, à la durée de leurs fonctions ; enfin, à l'inviolabilité, à l'indépendance, à la publicité de ces chambres ou assemblées.

Ce principe fondamental de l'organisation constitutionnelle, la division en trois branches du pouvoir législatif, et la nécessité d'unir et de séparer ce qui, de sa nature, est ou n'est pas susceptible d'assimilation, motivent suffisamment les délibérations particulières et séparées des mandataires députés ou représentants de la propriété, et des mandataires députés ou représentants de l'industrie, dans les chambres départementales, dans les chambres cantonnales, et dans les chambres communales, de même que dans les chambres nationales.

Ce qui se pratiquait autrefois dans les assemblées des états-généraux, et dans celles des états provinciaux, où les trois ordres délibéraient séparément, comme aussi ce qui existe encore aujourd'hui à l'égard des deux chambres, en Angleterre et en France, répond à l'objection que l'on pourrait chercher à appuyer sur une prétendue impossibilité d'exécution.

Il serait superflu de rappeler tous les motifs et les opinions développés précédemment, au soutien de ce principe, afin d'en faire une application nouvelle et directe à cette partie secondaire de l'organisation, laquelle d'ailleurs ne doit pas admettre d'autres éléments et d'autres bases que la première ; l'homogénéité de toutes les parties étant évidemment l'une des choses qui peuvent contribuer le plus efficacement à l'harmonie et à la perfection d'un tout.

Quant à la volonté royale, pour qu'elle puisse concourir avec celle de la classe des propriétaires et celle de la classe commerçante et industrieuse, à l'exercic de la puissance législative, dans ces chambres dépar tementales, cantonnales et communales, il faut qu'elle s trouve manifestée par l'intermédiaire de quelques agen ou délégués du prince.

Et ces agents, qui étaient autrefois les comtes, gouverneurs, intendants et autres, sont aujourd'hu les préfets dans les départements, les sous-préfets dan les arrondissements, et les maires dans les communes

Mais, de même que déjà nous avons plusieurs foi entrevu que la présence des ministres dans les chambre représentatives nationales est non-seulement une occa sion fréquente d'agitation, de scandale et de trouble dans ces chambres, mais encore une cause de négli gence et de désordre dans l'administration ; de mêm il n'est pas à propos d'admettre les agents secondair de la puissance exécutive, les préfets, les sous-préfe et les maires, dans les assemblées des chambres repr sentatives des degrés inférieurs.

Ainsi, par suite de l'admission de ce principe d'orga nisation, dans les circonstances où il n'existera pa accord et unanimité dans les résultats des proposition des maires, sous-préfets et préfets, et ceux des résolu tions des deux chambres de degrés inférieurs de la pro priété et de l'industrie, il y aura au moins certitude qu les causes de la dissidence parviendront tout entières à la connaissance du roi et des chambres représentativ nationales ou du premier degré, et qu'elles y deviendron s'il y a lieu, l'objet d'une décision législative.

Et, dans tous les cas où il ne s'agira que d'intérê purement locaux, le concours, l'unanimité des tro volontés distinctes et indépendantes, savoir : la volon de la puissance royale, manifestée par les préfets, les sous-préfets et les maires; la volonté de la chambre des représentants de la propriété; et la volonté de la chambre des représentants de l'industrie, soit dans les départements, soit dans les arrondissements, soit dans les communes, offrira garantie suffisante de l'utilité, de la sagesse des délibérations, dispensera d'un circuit d'action toujours lent et préjudiciable, et remédiera efficacement à ce vice de la centralisation et de l'encombrement de toutes les affaires administratives dans les bureaux du ministère; vice dont les dangers et les résultats funestes sont ressentis depuis long-temps, et qui donnent lieu depuis long-temps aussi à de fréquentes et nombreuses réclamations.

Des opinions que nous avons citées dans la *Science du Publiciste* (vol. VII, pag. 158 et suiv.), et qui viennent à l'appui de ce que nous venons de dire, nous ne rappellerons ici que cette dernière : « Il faut que la bonté de ce système soit bien incontestable, pour qu'il ait été réclamé avec une égale insistance par tous les partis les plus opposés. La chambre des représentants (pendant les cent jours) s'empressa d'en manifester le vœu; elle le consigna en ces termes dans son projet de constitution : *Il y aura pour chaque département, pour chaque arrondissement, pour chaque commune, un conseil élu par le peuple, et un agent du gouvernement nommé par lui.* Et la chambre des députés qui suivit immédiatement celle-là, quoiqu'il fût impossible d'avoir une couleur et des opinions plus tranchantes, vit ses membres les plus marquants renouveler à plusieurs reprises le même vœu. Espérons qu'il sera entendu, et que le gouvernement, après avoir constitutionnellement organisé l'état,

16.

poursuivra sa noble tâche en achevant d'organiser constitutionnellement nos provinces *. »

S'il est des hommes véritablement amis du bien public, et jaloux de voir le bon ordre et la paix s'établir dans les institutions, qui pourtant, et malgré les motifs péremptoires que nous en avons donnés (ci-dessus p. 186 et suiv.), regrettent de voir restreindre le nombre des membres de la représentation dans les assemblées nationales, ils trouveront plus qu'un équivalent dans cet établissement des chambres provinciales.

L'une des considérations les plus fortes en faveur de l'institution de ces chambres, c'est le besoin de parer, par tous les moyens raisonnables, aux dangers réels de la centralisation de tous les talents, de toutes les richesses, de tous les pouvoirs et de la plupart des admi-

* Cette espérance devrait être aujourd'hui d'autant plus fondée qu'aux citations que nous avons faites dans la seconde partie de la *Science du Publiciste*, on peut ajouter, entre autres, les réflexions suivantes contenues dans le discours prononcé par un membre de la chambre des députés, aujourd'hui président du conseil des ministres, le 13 décembre 1815, sur le projet de loi relatif à la levée des contributions : « Nos administrations municipales et départementales ont été dépouillées de toute influence et de toute attribution. Mais quels sont les résultats de cette centralisation de fonds et de pouvoirs ? Les affaires absorbent tellement tout le temps des ministres, qu'ils n'ont pas celui de concevoir et de combiner aucune amélioration : le torrent les emporte, les bureaux sont plus puissants qu'eux-mêmes ; et cette autorité, si malheureusement enlevée à nos conseils de ville, de commune, d'arrondissement, de département, nous avons la douleur de la voir exercée par des commis subalternes. Et certes ce n'est pas le ministère qu'il faut accuser de tous ces abus ; c'est le système que je combats qui porte avec lui ses funestes et véritables conséquences..... Nos plus petites dépenses ne peuvent être acquittées que sur une ordonnance du ministre, laquelle est plus ou moins

nistrations, sur un seul point du territoire, comme cette centralisation existe aujourd'hui; dangers graves et qui ont été souvent signalés.

Soit que l'on consulte l'expérience, ainsi que nous l'avons fait, soit que l'on s'en rapporte à ce qu'indique une présomption raisonnable, ces chambres provinciales et municipales de la propriété et de l'industrie peuvent être, sans inconvénient, composées chacune, savoir : dans les communes, de dix à quinze membres; dans les arrondissements, de vingt à trente; et dans les départements, de quarante à soixante.

De sorte qu'en supposant chaque département divisé en cinq ou même en dix arrondissements ou sous-préfectures, afin que cette division puisse se trouver en rapport tant avec l'étendue du territoire et sa population qu'avec la nature des productions de l'agriculture et de l'industrie, il en résulterait que chaque arrondissement pourrait

attendue, selon la situation du trésor qui doit y satisfaire. Pour les réparations les plus urgentes de nos bâtiments publics, il faut d'abord un état et un devis dressé sur les lieux, puis corrigé à Paris, puis l'approbation du ministre, puis l'adjudication, puis enfin l'ordonnance pour avoir les fonds. L'édifice est souvent dégradé avant que toutes ces formalités soient remplies, et qu'il nous soit permis d'employer notre argent à entretenir ce qui nous appartient..... En rompant ainsi les liens qui nous unissent à notre commune, à notre ville, à notre département, en tuant l'intérêt que nous prenons à nos administrations secondaires, à nos édifices, à nos chemins, à nos promenades, à nos monuments, on achève d'anéantir parmi nous l'amour si fortement ébranlé de la patrie, on détruit l'esprit public, on achève de désunir et de démoraliser la nation, on isole les Français les uns des autres, etc. » (Ces réflexions du ministre actuel sont aussi rapportées dans l'excellent ouvrage de M. de Laborde, ayant pour titre *de l'Esprit d'association*, lequel renferme dans le même sens de judicieuses observations.)

avoir de six à huit mandataires, députés ou représentants dans chaque chambre départementale.

Les principes d'organisation relatifs aux conditions de l'éligibilité des représentants de la propriété et de l'industrie dans les chambres départementales, cantonnales et communales, aux incompatibilités, à l'exercice, à la durée de leurs fonctions; à l'inviolabilité, à l'indépendance, à la publicité de ces chambres, sont ceux qui ont été établis précédemment au sujet des chambres représentatives nationales.

Ils sont fondés sur des motifs identiques ou analogues; et il serait inutile de les résumer ici, comme nous l'avons fait dans la seconde partie de la *Science du Publiciste*. (Vol. VII, p. 197 et suiv.)

Attributions des chambres provinciales et municipales. Nous avons aussi donné, dans la même partie de la *Science du Publiciste* (vol. VII, p. 254 et suiv.), le développement de la disposition constitutionnelle limitative des attributions de la puissance législative locale, dans les départements, les arrondissements et les communes.

On peut au besoin y avoir recours.

Nous nous bornons à rappeler ici que cette disposition pourrait être conçue en ces termes : « Toute résolution législative, en quelque matière que ce soit, mais relative à un objet *d'intérêt purement local*, émane, dans chaque département, dans chaque arrondissement, dans chaque commune, du concours unanime des trois volontés distinctes de la puissance royale manifestée, suivant l'ordre hiérarchique, par l'intermédiaire des préfets, des sous-préfets et des maires; des chambres de la propriété; et des chambres de l'industrie.

§ II. Organisation des collèges électoraux. Après avoir déterminé l'organisation du pouvoir législatif dans ses différents degrés d'étendue; après avoir fixé les limites de ses attributions centrales ou générales, et locales ou partielles, sous les rapports du droit public, du droit politique et du droit des gens, il importe de porter l'attention sur une autre partie essentielle de l'organisation sociale, sur les assemblées ou collèges électoraux.

Toute constitution où cette autre partie essentielle d'organisation n'est pas réglée, par cela seul est imparfaite.

Pour en rechercher les vrais principes, nous avons dû diviser ce paragraphe en deux parties, et traiter dans la première de la composition de ces collèges, et, dans la seconde, de leur objet unique et spécial.

1° Par une conséquence directe et nécessaire des antécédents établis, et afin qu'ils reçoivent leur pleine exécution, il est indispensable que les assemblées électorales, dans les départements, dans les arrondissements et dans les communes, soient divisées en deux sections ou collèges.

Dans l'un, seront compris tous les citoyens faisant partie de la classe des propriétaires; et dans l'autre, tous ceux qui appartiennent aux classes industrieuses, lorsque d'ailleurs ces citoyens réuniront en leurs personnes les diverses conditions que la société a intérêt et est en droit d'exiger des électeurs, et auxquelles la loi constitutionnelle peut et doit subordonner cette qualité, sans blesser les principes de l'équité naturelle, et sans altérer la nature du gouvernement dans sa partie démocratique.

Un membre de la chambre des députés disait dans le cours de la session de 1817 : « Tous les intérêts doivent être représentés et défendus, car les lois peuvent leur être favorables ou contraires. Or deux grands intérêts sont aujourd'hui en action en France (et en tous temps et partout); cette action est la source de la richesse et de la prospérité nationale. Je veux parler de la propriété et de l'agriculture d'une part, de l'industrie et du commerce de l'autre part. Je crois qu'ils doivent avoir chacun une action spéciale dans les élections. J'ai remarqué qu'il y a peu de négociants dans la chambre des députés; il pourrait donc arriver que les intérêts du commerce et de l'industrie y fussent mal compris, et que de fausses mesures vinssent compromettre les intérêts nationaux, essentiellement liés à la prospérité de notre commerce maritime, de nos manufactures, et au travail de nos ouvriers. L'industrie n'est pas répandue en France d'une manière égale; beaucoup de départements sont principalement agricoles, d'autres sont commerçants. Ainsi, dans les départements agricoles, le plus grand nombre des électeurs étant propriétaires, les commerçants ont peu l'espoir d'être élus; tandis qu'au contraire, dans quelques départements, où le plus grand nombre des électeurs appartient au commerce, l'influence des propriétaires devient nulle. Ainsi les commerçants des trois quarts des départements peuvent n'avoir aucun organe dans la chambre, et, dans cinq ou six départements, les propriétaires sont exposés à perdre toute influence.

Ne vaudrait-il pas mieux accorder aux patentables commerçants des nominations spéciales? Dans les départements où l'industrie et le commerce occupent la plus grande partie de la population, les commerçants éliraient la moitié des députés : de cette manière, le droit si juste accordé aux patentables d'être électeurs et éligibles ne deviendrait pas illusoire... La chambre se souviendra que, lors de la discussion sur la loi des élections, M. le garde des sceaux proposa de former deux colléges électoraux, un des campagnes, et un des villes. Les motifs sur lesquels il fondait sa proposition sont à peu près les mêmes que les miens; il voulait principalement que tous les intérêts fussent représentés et eussent des députés spéciaux; il le voulait spécialement pour les deux grandes divisions de la propriété et de l'industrie : mais il n'avait pas remarqué que depuis la révolution l'industrie a formé de grands établissements dans les campagnes, et qu'alors la division des électeurs en deux colléges des villes et des campagnes n'atteignait pas le but où il voulait arriver, et qui serait atteint par ma proposition. »

2° Les inconvénients inséparables du grand nombre dans les assemblées démocratiques et populaires sont moins graves sans doute, lorsque ces assemblées ont pour objet d'élire, et non pas de discuter et de délibérer; cela est incontestable. Toutefois la réflexion et l'expérience prouvent assez que, dans le cas où, par suite de l'admission du système représentatif, le but de ces assemblées se trouve ainsi circonscrit et déterminé comme il doit l'être, elles ne sont pas encore entièrement exemptes de dangers provenants de la même cause.

Cela est si constant que les défenseurs et les adversaires du projet de loi sur les élections, discuté dans les chambres, session de 1816, n'ont pu se dispenser de le reconnaître respectivement.

Ce sera bien vainement que l'on essaiera de prouver, ainsi que l'ont entrepris quelques autres orateurs, dans cette session de 1816, que le grand nombre des membres dans les collèges électoraux est un moyen d'ajouter à leur indépendance, et que moins ils sont nombreux et plus ils sont accessibles à la brigue. Un homme de bon sens et quelque peu clairvoyant ne prendra pas ainsi le change.

C'est le caractère, la moralité, l'intérêt des membres des collèges électoraux, et surtout leur indépendance de position, enfin tous les préservatifs dont la loi constitutionnelle doit les environner, qui peuvent donner la garantie de leur indépendance morale, et qui, bien plus que le grand nombre, peuvent rendre impuissantes les manœuvres de la cabale. En l'absence de ces garanties véritables et solides, le grand nombre au contraire donnera toujours plus de prise aux brigues, et surtout aux pièges de la séduction et de l'intrigue ministérielle.

Pour en être convaincu, il suffit de remarquer qu'il n'est pas nécessaire de corrompre la majorité des électeurs pour entraver la liberté des suffrages et anéantir l'indépendance des élections; il ne faut que quelques ambitieux, quelques intrigants adroits, et toujours disposés à se vendre, pour former un noyau, une cabale dont l'influence sera toute-puissante, et qui ne manquera pas de rendre cette indépendance illusoire.

Et pourtant, dans un état libre, sous un gouvernement qui, de sa nature, participe exclusivement du gouvernement d'un seul et de la démocratie, si le territoire et la population sont trop étendus pour que tous les hommes qui, comme le dit Montesquieu, sont censés avoir une ame libre, tous les citoyens qui exercent dans la société une profession indépendante, puissent concourir directement et par eux-mêmes à l'exercice de la puissance législative, la justice et l'essence même de l'institution veulent que tous ces citoyens soient appelés à y prendre part, du moins par l'intermédiaire de leurs représentants. Ce droit doit en quelque sorte être considéré comme l'égide et le palladium de la liberté.

Quels moyens donc de parvenir à concilier ce principe incontestable avec les vérités qui précèdent immédiatement, mais qui semblent tellement impliquer contradiction avec ce principe, que l'on serait tenté de les regarder comme entièrement incompatibles ? Où sera le point de concordance ? car il doit exister.

C'est bien là l'une des questions les plus difficiles et les plus controversées du problème que présente à résoudre la rédaction d'une bonne loi sur les élections.

Toutefois, plus on y réfléchit, et plus on reconnaît que chez un peuple dont le territoire est étendu et la population nombreuse, la seule manière d'atteindre le but proposé sera d'admettre le principe du triple degré d'élection, d'après la division de ce territoire par départements, par arrondissements, et par communes.

On ne peut vouloir sincèrement la fin sans vouloir les moyens. Or, comment concevoir seulement la pensée que tous les propriétaires, tous les manufacturiers, négociants et autres hommes vivant librement de leur industrie, se détermineront à abandonner leurs occupations, l'administration et le soin de leurs affaires particulières, pour aller, loin de leur domicile et à de grandes distances, procéder aux élections? Cet espoir est chimérique et contraire à ce que nous apprennent chaque jour l'observation et la connaissance du cœur humain. Il faut se hâter d'y renoncer; car vouloir faire participer ainsi tous les citoyens à l'élection immédiate de leurs représentants, c'est bien certainement les priver au contraire de l'exercice de ce droit, et livrer le champ libre aux oisifs et aux ambitieux.

Voulût-on même supposer que le zèle pour le bien public et l'amour des institutions électrisassent assez tous les citoyens pour leur faire oublier les fatigues, les embarras et autres obstacles résultants d'un déplacement pénible, surtout pour les habitants des campagnes, dans une saison rigoureuse de l'année, et d'un séjour prolongé et dispendieux au chef-lieu du département, comment ne pas apercevoir de suite les inconvénients inséparables d'une telle affluence, de rassemblements si nombreux? Certes, c'est bien alors et dans ces assemblées populaires, tumultueuses et sans ordre, que tous les genres d'intrigues, de cabales, s'agitent avec succès, et exercent l'influence la plus funeste, ainsi que l'Angleterre et la France nous en donnent la preuve. Tous ces désordres et ces inconvénients sont chaque année, si bien constatés par l'expérience, si évidents, si palpables, que l'on ne saurait de bonne foi se faire illusion à cet égard.

A la place de ces modes d'élection, ou inexécutables ou pernicieux, si l'on admet les trois degrés d'élection, si tous les citoyens paisibles et laborieux, exempts d'ambition et d'intrigue, peuvent, sans abandonner leurs foyers, sans être forcés à négliger aucune de leurs occupations particulières, donner leurs suffrages dans leurs communes respectives, il n'y en aura aucun parmi eux qui ne soit jaloux d'user d'un droit précieux pour son propre intérêt, qui ne soit satisfait de remplir en même temps un devoir essentiel pour la prospérité de l'état. Et, quoi qu'on en puisse dire, choisir les hommes que l'on croit les plus capables de faire à leur tour un bon choix, c'est toujours participer très réellement à l'élection des représentants.

D'ailleurs, de la manière dont il faut concevoir l'application de ce principe, ces représentants seront, dans la vérité, élus directement par leurs plus proches concitoyens, ainsi que cela va être incessamment expliqué.

3° Si malheureusement on ne paraît pas encore assez généralement convaincu, malgré les leçons réitérées de l'expérience, que le grand nombre devient dans les collèges électoraux, de même que dans les assemblées délibérantes, un moyen propre plutôt à nuire à leur indépendance, qu'à la conserver, on a du moins reconnu qu'il y avait nécessité de soumettre la qualité et l'exercice du droit d'électeur, aussi bien que la qualité d'éligible, à de certaines conditions.

Si les conditions, titres ou qualités dont la société doit exiger la réunion dans les représentants, peuvent donner la garantie de leur esprit de modération et d'équité, elles garantiront le même esprit de prudence et de sagesse dans les électeurs; et par suite, la disposition constitutionnelle qui fixera et prescrira ces conditions à l'égard des électeurs, influera d'une manière efficace sur la bonté de leur choix.

D'ailleurs, il faut encore le répéter, dans la démocratie surtout, il importe de limiter l'exercice de ce qu'on appelle les droits politiques, par l'admission de toutes les conditions qui ne choquent en rien l'équité naturelle ou même la nature de ce gouvernement; et cela sous peine de marcher à l'anarchie.

Ces conditions non exclusives, et que tout homme, de quelque classe qu'il soit, est apte à acquérir, si déjà il ne les possède, sont, à l'égard des électeurs tout aussi bien qu'à l'égard des éligibles, la condition d'identité de connaissances, de vues, d'intérêts (c'est-à-dire que tout électeur pour la nomination des représentants de la propriété, ou des représentants de l'industrie, doit lui-même appartenir à l'une ou à l'autre de ces deux classes); la condition expresse d'un domicile acquis de fait dans l'étendue de l'arrondissement électoral dont l'électeur fait partie; pour les uns, la possession d'une propriété foncière d'une certaine valeur, et pour les autres, la justification d'une fortune ayant une analogie suffisante avec les propriétés et les intérêts de la classe dans laquelle ils doivent prendre part à l'élection, et d'une quotité pareillement déterminée par la loi; comme aussi, en outre, et pour tous, le versement, dans une certaine proportion, de contributions annuelles, à l'effet de subvenir aux besoins, charges et dépenses spéciales des localités, et aux besoins, charges et dépenses générales de l'état; la maturité de l'âge, garantie non récusable de l'expérience, de la maturité de jugement dans la connaissance et l'appréciation des hommes; enfin, le titre d'époux, celui de père de famille, autres garanties non moins incontestables du besoin et du désir de l'ordre, de la tranquillité, et de l'amour véritable des bonnes et solides institutions.

Ces conditions, garanties de circonspection et de prudence, que le législateur, en vue de l'intérêt de la société, est dans l'obligation de prescrire, ne sont pas moins motivées et moins essentielles les unes que les autres.

S'il fallait cependant opter, il semble que celles de ces conditions qu'il serait naturel d'admettre de préférence, seraient, à l'inverse de ce qui se pratique, les conditions qui ont pour bases l'identité d'intérêt, le fait du domicile, la maturité de l'âge, les titres d'époux et de père de famille, plutôt que la condition qui a pour fondement l'importance de la fortune: car il est incontestablement plus utile et plus urgent d'encourager les hommes aux bonnes mœurs, d'honorer le mariage et la paternité, qu'il n'est utile d'honorer la richesse et nécessaire d'exciter les hommes à accroître leur fortune; vérités que nous avons appuyées par plus d'une autorité (p. 202 et suiv.).

Et quant à cette dernière condition, si l'on veut que la disposition constitutionnelle qui y sera relative soit conçue et rédigée, ainsi que cela doit être, dans un esprit de permanence et d'universalité, de manière à ce qu'on ne soit pas dans l'obligation de la modifier suivant les temps et les lieux, il faut, au lieu d'exiger la justification d'une quotité fixe de fortune, de revenu ou d'impôt (quotité qui ne peut, sans inconvénient, être partout et invariablement la même), que cette disposition se borne à établir un rapport quelconque entre le nombre des membres des colléges électoraux et celui des citoyens compris, en chaque commune, dans les deux classes de la propriété et de l'industrie; de telle sorte que d'une part les propriétaires fonciers, et d'autre part les fabricants, manufacturiers, négociants ou autres exerçant une profession industrieuse et indépendante, soient respectivement admis (en commençant par les plus riches, ou même, si l'on veut, par ceux dont la fortune n'excède pas certaines bornes, et descendant toujours successivement jusqu'à concurrence, par exemple, des trois quarts ou des deux tiers de leur nombre total) à composer les uns le collège électoral de la propriété, les autres le collège électoral de l'industrie. De cette manière, personne ne sera exposé à se voir dépouillé du droit d'électeur par des dégrèvements non réclamés, véritablement arbitraires et frauduleux.

Les collèges électoraux de commune ou de premier degré, ainsi composés, dans chaque commune, désigneront, comme le prescrivait à peu près l'acte constitutionnel du 22 frimaire an 8, le dixième d'entre eux pour se réunir et former, au chef-lieu de l'arrondissement, les collèges d'arrondissement ou de second degré; et ceux-ci, dans chaque arrondissement, désigneront à leur tour le dixième de leurs membres pour se réunir et former, au chef lieu du département, les collèges électoraux de département ou de troisième degré; et ces derniers désigneront parmi eux les membres des chambres représentatives nationales, lesquels, comme on le voit, seront toujours, en suivant cette marche, les hommes directement élus par leurs plus proches concitoyens, puisque les collèges électoraux des communes ou de premier degré, et ceux d'arrondissement ou de second degré, auront dû choisir pour électeurs les hommes qu'ils auront en même temps jugés les plus capables de bien remplir les fonctions représentatives dans les chambres nationales.

4° Se refuse-t-on à l'observation des règles ou conditions puisées dans les principes de la raison, de l'ordre et du droit, on se croit alors obligé d'appeler dans les élections les hommes qui, par une position subordonnée dans la ligne hiérarchique du pouvoir exécutif, ne doivent avoir qu'une volonté également subordonnée, et dépendante de la volonté ministérielle; c'est-à-dire qu'on les y admet précisément par la raison qui commande impérieusement de les en exclure. Et c'est encore ainsi que, pour ne pas reconnaître l'empire tutélaire des lois que dictent la prudence et le bon sens, on se voit soumis au joug arbitraire et tyrannique de celles qu'imposent et que font peser sur nous le machiavélisme, et le despotisme qui cherche à se déguiser. C'est ainsi qu'au lieu d'être d'accord avec soi-même, on rejette les conséquences immédiates et les plus évidentes des vérités fondamentales et des premiers principes de l'organisation constitutionnelle, et que, bien loin d'établir l'ordre, d'affermir les institutions, l'on y substitue le chaos, la confusion, et l'on détruit les bases essentielles de la stabilité. Ces réflexions motivent encore l'admission d'un principe constitutionnel relatif au système électoral, celui de l'incompatibilité de la qualité d'électeur avec toutes ces fonctions de ministres, préfets, sous-préfets, maires, ou autres agents quelconques, qui, par position et par devoir, sont essentiellement subordonnés et obéissants à la volonté du chef suprême de la puissance exécutive.

Aussi ce principe d'organisation est-il éludé aujourd'hui, surtout en France, bien plus qu'il n'est méconnu et contesté.

A la vérité, on y entend encore quelques voix surannées, ou qui sont tout près de l'être; on est forcé de supporter la lecture de quelques écrits éphémères, qui répètent que l'influence ministérielle dans les élections, et jusque dans le sein des chambres représentatives, est une chose de la plus grande utilité pour lier ces chambres au gouvernement, pour établir entre elles et lui l'union et l'harmonie; et que, privé de cette influence, le gouvernement serait sans force et sans appui.

Mais on apprécie ces allégations à leur juste valeur; on comprend qu'elles ont, sinon pour but, du moins pour résultat, le renversement du gouvernement monarchique constitutionnel, ou, ce qui n'est peut-être pas moins funeste, le dérangement, l'altération de tous ses ressorts, et la destruction de ses plus salutaires effets.

Mais heureusement on entend aussi des discours plus profonds; on voit paraître des ouvrages dont les auteurs se rapprochent davantage de la droite voie, et qui répondent avec la force et l'autorité que leur donne ici l'ascendant victorieux d'une saine doctrine: « Dicter les élections est pire cent fois que de les abolir, puisque c'est conserver la forme d'un gouvernement libre pour établir le despotisme. » — « Garantie de la part des électeurs envers l'état; garantie pour la liberté des suffrages; mode le plus propre à déterminer de bons choix; voilà ce que le législateur doit se proposer dans une loi d'élection. » — « Le premier principe à professer publiquement et sévèrement, c'est, dans une chambre législative, l'indépendance des votes, et dans une chambre élective, l'indépendance des choix. » — « Une chambre des députés doit se composer de manière que le pouvoir exécutif ou le ministère soit sans influence dans le choix de ses membres; si elle est dépendante, elle cesse d'être une branche du pouvoir, etc. »

5° Il faut encore donner au gouvernement un autre principe de vie, un plus haut degré de force et de stabilité, en consacrant et garantissant l'inviolabilité des collèges électoraux.

Sur ce sujet, il suffit de rappeler les maximes suivantes: « Si le corps législatif était un temps considérable sans être assemblé, il n'y aurait plus de liberté: car il arriverait de deux choses l'une, ou qu'il n'y aurait plus de résolutions législatives, et l'état tomberait dans l'anarchie; ou que ces résolutions seraient prises par la puissance exécutrice, et elle deviendrait absolue. »—« Lorsque le prince empêche que le corps législatif ne s'assemble dans le temps convenable ou que l'assemblée législative n'agisse avec liberté et conformément aux fins pour lesquelles elle est établie, le pouvoir législatif est altéré. » — « Si chaque monarque peut empêcher l'assemblée des états de son royaume, s'il faut sa permission, on ne doit plus parler de lois fondamentales, de monarchie tempérée, de limitations au pouvoir souverain, de serments, de promesses qui lient les rois: ce sont autant de mots vides de sens; il n'y a plus qu'un seul gouvernement dans le monde, le gouvernement asiatique ou absolu. »

Si ces vérités sont démontrées et constantes pour nous, ainsi qu'elles doivent l'être pour tous les hommes ennemis du despotisme, et amis de l'ordre, de la justice, de la liberté, si nous raisonnons conséquemment d'après elles, il y a nécessité d'en faire l'application aux collèges électoraux, de même qu'aux chambres représentatives nationales et provinciales. Car, s'il dépendait de la volonté du chef de la puissance exécutive de mettre obstacle à la réunion des collèges, ces diverses chambres représentatives seraient dès lors commetaries dans leur source, le pouvoir législatif serait réellement altéré, et la monarchie constitutionnelle serait en effet convertie en un gouvernement despotique.

La loi constitutionnelle portera donc expressément que, toutes les fois qu'il y aura notoirement lieu à procéder au remplacement des membres de la représentation, dont les places seront devenues vacantes par quelques-unes des causes indiquées précédemment, ou par décès, les membres des colléges électoraux se réuniront de plein droit, et, à défaut de toute autre convocation, à une époque et pendant un délai fixes et déterminés.

Et si l'on ne perd pas de vue les règles d'organisation dont nous avons reconnu l'utilité relativement à la durée des fonctions représentatives, si l'on considère que, par une suite naturelle de ces règles, il ne se fera guère que des élections partielles, tantôt dans un lieu, tantôt dans un autre, on aura bientôt achevé de dissiper la crainte que cette disposition constitutionnelle pourrait inspirer à quelques hommes pusillanimes auxquels la préoccupation d'un danger chimérique et sans réalité cache l'existence du péril véritable dont ils sont imminemment menacés, et qui, peu exercés d'ailleurs dans la science du droit, ont peine à embrasser dans tout leur ensemble les justes conséquences d'un système d'organisation complet, et en tous points fondé sur les principes de cette science.

Quant à l'indépendance des colléges électoraux, nous avons remarqué que c'est à ce sujet surtout qu'un publiciste célèbre déploie la plus grande sévérité, tant il pénétrait bien toutes les suites de la violation d'un principe si essentiel. Il met les manœuvres tendant à détruire cette indépendance au nombre de ces abus des moyens confiés au pouvoir exécutif, qui, dans son opinion, doivent amener la dissolution du gouvernement. « Le pacte est nul, dit-il, entre autres choses, si la puissance exécutive emploie la force, les trésors et les emplois de la société pour corrompre les représentants, ou gagner ouvertement les électeurs et leur prescrire les personnes qu'ils doivent nommer. Car désigner ainsi les candidats, diriger les électeurs, arranger à son gré les élections, n'est-ce pas couper le gouvernement par les racines, et empoisonner la source même de la sûreté publique. »

Cependant, en Angleterre comme en France, malgré l'évidence du principe, et en Angleterre, malgré plusieurs des dispositions de la législation que nous avons rapportées d'après Blackstone, dans la *Science du Publiciste* (vol. VII, p. 386 et suiv.), on en est encore à savoir quand s'établira sur ce point le règne de la droiture et de la bonne foi; quand on parviendra à se convaincre que particulièrement en ce qui concerne l'observation de ce principe, il n'est point, sans ces vertus, de prospérité, de paix réelle, pour les gouvernements et pour les peuples.

Espérons de voir arriver enfin le moment où cette conviction triomphera, du moins dans la conscience des hommes qui, d'après le poste qu'ils occupent, sont plus spécialement appelés à donner l'impulsion.

Concluons toujours, en attendant, que la surveillance, la police intérieure des collèges doivent appartenir exclusivement à ces collèges, qu'aucun agent du pouvoir exécutif ne peut y être admis, et que leurs présidents, secrétaires et scrutateurs doivent être choisis dans leur propre sein par l'ancienneté d'âge, la voie du sort ou l'élection.

Mais, dira-t-on, si des hommes sont réunis en grand nombre dans un même lieu pour y procéder à quelque délibération ou seulement à des élections, il ne suffit pas qu'ils se trouvent ainsi rapprochés les uns des autres, pour qu'ils forment une assemblée régulière, et capable de procéder avec ordre. Il faut qu'avant tout l'assemblée s'organise, se constitue; et elle ne peut guère s'organiser et se constituer sans avoir déjà un président, des secrétaires, des scrutateurs, qui lui donnent un corps, un ensemble, et qui règlent et dirigent ses opérations. C'est donc en quelque sorte se placer dans un cercle vicieux que de donner à une réunion d'hommes, non encore constituée en assemblée régulière et capable de procéder, le soin de nommer ces membres essentiels pour l'accord et l'union, sans lesquels elle ne saurait rien faire; en d'autres termes, il est nécessaire que le président, les secrétaires, les scrutateurs d'une assemblée soient désignés avant que les hommes qui doivent faire partie de cette assemblée soient réunis, ou tout au moins au moment de leur réunion.

Le mode de procéder par ancienneté d'âge, prévient cette objection et offre, ainsi que le prouvent plusieurs des dispositions des lois constitutionnelles en France depuis 1789, le moyen d'employer ensuite la voie du sort ou celle de l'élection, entre lesquelles on ne doit pas donner la préférence à la première.

Le sort est à la vérité impartial et sans prévention, lorsqu'une main fidèle et une bouche véridique lui servent d'interprètes; mais il faut reconnaître aussi qu'alors même il est aveugle et sans prévoyance.

Maintenant, pour déterminer le mode de procéder

dans les collèges électoraux, il faut d'abord reconnaître qu'aucune raison solide ne saurait motiver la publicité de leurs séances, tandis qu'il en existe au contraire plusieurs qui s'opposent à ce qu'on l'admette. Elle aurait pour résultat de ramener dans ces assemblées la confusion et le désordre, les surprises, les collusions, et généralement tous les inconvénients que l'admission des principes relatifs à leur organisation a pour objet de prévenir et d'éloigner. Elle menacerait et compromettrait leur indépendance et leur inviolabilité.

Ensuite, est-il nécessaire qu'un certain nombre de membres de ces collèges soient présents, qu'un certain nombre de votes aient été émis, pour qu'on puisse procéder valablement aux élections? Quelques précautions que la loi constitutionnelle prenne pour écarter ou diminuer les obstacles résultants de l'éloignement des lieux et d'autres causes, pour simplifier les opérations et prévenir le dégoût et l'ennui, quelque confiance que l'on ait dans l'empressement des électeurs à user de leur droit, dans leur patriotisme et leur zèle, le législateur ne doit cependant négliger aucun moyen possible de stimuler et de soutenir ces bonnes dispositions.

Mais quels seront les moyens les plus propres à produire cet heureux résultat?

Aura-t-on recours, ainsi qu'on l'a fait quelquefois, aux voies coërcitives, aux peines, aux amendes? exclueraton de toutes autres places les citoyens qui ne justifieraient pas avoir fait usage de leur droit d'élection? Toutes ces mesures, l'expérience autorise à le croire, auraient peu d'efficacité, et, loin d'atteindre leur but, elles pourraient bien contribuer, comme par le passé, à produire le mécontentement, l'insouciance, à éloigner toute espèce de zèle et de bonne volonté.

D'un autre côté, si la loi statue qu'aucune élection ne sera valable qu'autant qu'elle sera le résultat d'une pluralité de voix absolue, et pourtant relative au nombre des membres dont chaque collège se compose, il ne sera pas impossible que le caprice, l'indolence, la coupable inaction de quelques électeurs ne mettent quelquefois des entraves aux élections, et ne paralysent ainsi la marche du gouvernement.

Une disposition toute contraire aura probablement des effets tout opposés.

Aucune partie du territoire ne doit être privée de ses représentants, voilà l'objet essentiel et important. Que les élections aient donc lieu, quel que soit le nombre des membres présents et le nombre des votes émis; que jamais, et quel que soit ce nombre de membres et de votes, elles ne puissent être arrêtées ou suspendues: chaque électeur craindra d'abandonner à une dangereuse minorité l'exercice d'un droit si important, et duquel dépend la prospérité de l'état, le bien-être et la tranquillité de chaque citoyen; et bientôt l'électeur s'habituera à considérer l'exercice de ce droit, qui est en même temps l'accomplissement d'un devoir, comme un besoin réel pour lequel il suspendra volontiers toute autre occupation laborieuse et utile, et qu'à plus forte raison il substituera sans répugnance à des plaisirs si souvent insignifiants et futiles.

En Angleterre, les élections se font par les électeurs qui se présentent, quel que soit leur nombre. Là, celui qui se refuse à voter n'a pas le droit de frapper de nullité le suffrage de celui qui vote.

En France, les discours prononcés à la chambre des députés, dans la session de 1816, nous ont fourni plusieurs autorités que nous avons rapportées, dans la *Science du Publiciste* (vol. VII, p. 417 et suiv.), à l'appui de ce principe.

En France aussi, dès le mois de thermidor an 3, on avait reconnu les inconvénients graves des votes faits à haute voix ou d'un scrutin signé.

Dans des assemblées moins nombreuses et moins turbulentes que celles qui précédèrent cette époque, et composées d'hommes naturellement plus intéressés au maintien de l'ordre, plus instruits et plus sages, ces modes de donner les suffrages n'auraient pas les mêmes dangers.

Cependant il est hors de doute qu'ils ne sont à préférer ni l'un ni l'autre au mode d'élection par voie de scrutin secret, et que ce dernier mode est le seul raisonnable et admissible, comme étant le seul qui laisse subsister une indépendance entière, une pleine et parfaite liberté.

Dans les temps de démocratie pure, de révolutions et d'orages, le péril toujours présent de ne pas suivre la direction imprimée par les chefs du parti dominant, ne peut manquer d'intimider le citoyen paisible; il ébranle les plus intrépides, et fait souvent chanceler les résolutions qui semblent les mieux affermies.

Et dans un temps de meilleure organisation et de paix, si ce péril n'existe pas, d'autres considérations, des motifs d'ambition et d'intérêt personnel, ou simplement quelques égards de politesse, de déférence, d'urbanité, suffisent pour gêner l'indépendance des choix.

La nécessité du scrutin secret reconnue, il reste encore à résoudre, dans l'ordre naturel des idées, deux questions essentielles, celles de savoir si les élections doivent avoir lieu à la majorité ou pluralité absolue, ou à la majorité ou pluralité simple et relative; et s'il est par conséquent nécessaire ou non de recourir à deux ou plusieurs tours de scrutin.

On entend par majorité ou pluralité *absolue*, celle qui se forme par un nombre de voix égal au moins à la moitié, plus un, du nombre des votants. Dans ce cas, si, au premier ou second tour de scrutin, nul n'a obtenu un nombre de suffrages égal à cette majorité absolue, on a recours à un troisième et dernier tour de scrutin, lors duquel les votants ne peuvent faire porter leur choix que sur ceux qui ont obtenu le plus de voix au scrutin précédent. On donne le nom de *ballottage* à ce dernier tour de scrutin.

On entend par majorité ou pluralité *simple ou relative*, celle qui résulte d'un plus grand nombre de votes réunis sur une même personne, sans avoir d'ailleurs égard au rapport que ce nombre de voix peut avoir avec celui des membres votants. De cette autre manière, on peut ne pas recourir à un troisième ni à un second tour de scrutin, si ce n'est lorsqu'il existe égalité de voix, et encore la préférence peut alors être déterminée par l'ancienneté d'âge.

Il est facile d'arriver promptement et simultanément à la solution des deux questions dont il s'agit, si l'on remarque qu'il importe d'éviter les complications, les longueurs de nature à provoquer la perte du temps, le dégoût et l'ennui.

Dans la session de 1816, un ministre fit observer

qu'un scrutin de ballottage pouvait entraîner un, deux jours, et peut-être plus.

Quel est donc l'avantage, l'utilité réelle de n'admettre d'élection que d'après la majorité absolue?

N'est-il pas évident que, quel que soit le nombre des voix réunies sur une personne, si ce nombre de voix excède celui que d'autres auront obtenu, il en résulte une préférence certaine et moins équivoque que celle dont on prétend tirer la preuve d'un ballottage, dont l'inévitable inconvénient est de forcer les électeurs à donner leurs suffrages à des hommes qui leur sont inconnus ou indifférents, à des hommes que peut-être il est totalement contre leur intention et contre leur conscience d'élire?

Est-il, dans la réalité, rien de plus propre que ce mode de ballottage à rendre tout-à-fait problématique, à dénaturer entièrement le véritable vote de la majorité?

En Angleterre toutes les élections se font à la majorité simple, et, s'il y a deux ou trois députés à nommer, les deux ou trois candidats qui réunissent le plus de suffrages, sont proclamés.

Si pourtant on trouvait quelques inconvénients à n'admettre qu'un seul tour de scrutin à la pluralité relative, soit parce qu'il en résulterait qu'une trop faible réunion de suffrages déterminerait quelquefois l'élection, soit par toute autre raison, au moins conviendrait-il de n'exiger la majorité absolue qu'à un premier tour, et de se borner, au second tour, à la pluralité relative.

De cette manière, l'éligible qui, au premier tour, obtiendrait la majorité absolue des votes exprimés, serait définitivement élu.

Mais si, au premier tour de scrutin il n'avait pas obtenu cette majorité absolue, les noms des éligibles qui réuniraient le plus grand nombre de voix, seraient proclamés, en nombre double de celui des places demeurées vacantes, afin que, l'attention des électeurs étant provoquée par là autant que légitimement il est possible qu'elle le soit, ces électeurs pussent de nouveau, et pour la dernière fois, manifester leur choix, mais toujours avec une entière liberté, c'est-à-dire sans qu'il leur soit imposé d'autres limites que celles des conditions d'éligibilité que doit déterminer la constitution, et qui ont été exprimées précédemment (voy. pag. 188 et suiv.).

En France, aux termes de la loi du 29—30 Juin 1820 et de l'ordonnance royale du 11 octobre suivant, « nul ne peut être élu député aux deux premiers tours de scrutin, s'il ne réunit au moins le tiers, plus une, des voix de la totalité des membres qui composent le collége, et la moitié, plus un, des suffrages exprimés. » La loi du 5 février 1789 n'exigeait que le quart des voix ; et le réglement du 24 janvier 1789, voulait la moitié, plus une.

Objet unique de la réunion des colléges. Un décret du 14 décembre 1789 autorisait les citoyens actifs à se réunir en assemblées particulières pour rédiger des adresses et pétitions au roi et au corps législatif.

On ne fut pas long-temps sans ressentir les effets funestes de ces assemblées particulières et délibérantes, de ces clubs anarchiques, comme aussi de la latitude indéfinie, de l'extension qui fut alors donnée à l'exercice du droit de pétition.

Si l'on consulte l'histoire, on n'y trouve, dans le fait, rien de plus propre à produire la confusion et le désordre, à enfanter l'anarchie, que ces réunions partielles, discordantes et tumultueuses. Songeant à imposer la loi de la force, elles sont peu disposées à se soumettre à celle de l'ordre et de la raison. Elles n'offrent aucune garantie à l'état, à la société, par leur composition, et par le choix de leurs membres. Aucune disposition constitutionnelle n'en régularise l'organisation, et n'en dirige les délibérations. Leur sort habituel et commun est de devenir le jouet de quelques déclamateurs effrontés, de quelques intrigants audacieux, de se laisser séduire et entraîner par leur dévergondage de paroles et leur loquacité.

Elles furent l'une des causes des plus grands désastres de la révolution française.

En vain, pour en prouver la régularité et la légitimité, prétendrait-on s'appuyer sur la doctrine de la souveraineté du peuple.

Le moindre vice de cette doctrine ainsi mal appliquée et mal comprise, est d'être à jamais rangée au nombre des abstractions métaphysiques et oiseuses que la nature des choses condamne à ne pas recevoir d'exécution. Car « il est contre l'ordre naturel, dit fort bien Jean-Jacques, que le grand nombre gouverne, et que le petit nombre soit gouverné. » Et comme l'observe Montesquieu, « le grand avantage des représentants, c'est qu'ils sont capables de discuter les affaires; tandis que le peuple n'y est point du tout propre. »

C'est en partie pour prévenir ces causes de troubles et de ruine, sans toutefois se soumettre à l'esclavage, sans courber la tête sous le joug non moins redoutable du despotisme d'un seul, de l'oligarchie ou de l'aristocratie, que l'on désire l'établissement d'institutions vraiment libérales, où la modération et l'exacte répartition des puissances préviennent l'excès et les abus de l'autorité, et qui n'appellent jamais à l'administration publique, à l'exercice de la puissance législative surtout, que des hommes éclairés, mûris par l'âge, l'étude, l'expérience, et réellement intéressés au maintien de l'ordre et de la tranquillité.

La doctrine de la souveraineté du peuple pourrait d'ailleurs servir elle-même à démontrer l'irrégularité de ces assemblées particulières et inconstitutionnelles. Car, pour donner à cette doctrine toute son application, il faudrait que le peuple entier et sans exception s'assemblât et délibérât en corps, afin que les gens sages et bien intentionnés, prudents et réfléchis, se trouvassent ainsi opposés aux séditieux et aux brouillons; mais on ne prétend sûrement pas, comme le remarque encore Montesquieu, que l'on doive aujourd'hui remettre en vigueur la loi de Solon, qui déclarait infâmes tous ceux qui, dans une sédition, ne prendraient aucun parti.

Et quant aux pétitions individuelles, ou qui ne peuvent être considérées comme l'œuvre d'une réunion ou d'un concert séditieux, il est vrai qu'elles n'inspirent pas les mêmes inquiètudes, qu'elles ne font pas craindre d'aussi grands dangers; mais elles ne sont pourtant pas non plus sans inconvénients, et elles n'ont d'ailleurs que fort peu d'efficacité (d'après le mode présentement adopté), soit pour la conception et l'adoption des projets de lois d'utilité générale, soit pour la dénonciation et la répression des abus particuliers.

Ce sont là les deux points de vue sous lesquels on pourrait les regarder comme nécessaires; mais elles n'atteignent le but ni d'un côté ni de l'autre.

Sous le premier rapport, celui des projets d'utilité générale, il arrivera de deux choses l'une: ou bien les pétitions qui y sont relatives appelleront et captiveront long-temps l'attention des chambres, et alors elles leur feront souvent consumer en pure perte un temps précieux, et qui serait beaucoup plus utilement employé à méditer et mûrir les plans conçus dans leur propre sein, ou à approfondir et discuter de bonne foi ceux qui sont proposés par le conseil d'état ou le ministère : ou bien, et c'est là ce qui aura habituellement lieu, ces pétitions ne provoqueront qu'un faible intérêt dans les chambres, elles n'en obtiendront qu'un examen superficiel, imparfait, et fort insuffisant, qui n'en absorbera pas moins, sans aucun résultat favorable, une grande partie du temps de leurs séances; l'expérience en offre chaque jour quelque preuve nouvelle.

Sous le second rapport, celui de la dénonciation des infractions aux lois ou des abus partiels des dépositaires et délégués de l'autorité exécutive, croit-on réellement que, parce que quelques dénonciations de ce genre, justes et fondées, seront prises en considération dans les chambres, et renvoyées avec recommandation spéciale à tel ou tel ministère, auquel elles auront été (ou dû être) préalablement présentées, et qui aura conséquemment refusé d'y faire droit, croit-on qu'elles en seront, dans ce cas, beaucoup moins exposées à être de nouveau ensevelies et oubliées dans les cartons de ce ministère ?

L'expérience est toujours là pour répondre.

En un mot, c'est encore par d'autres voies, c'est par un plus grand développement des institutions constitutionnelles, par l'établissement de chambres ou administrations locales, dans les différentes divisions et subdivisions du territoire, par l'organisation de tribunaux indépendants sagement constitués et mieux répartis, que l'on peut sérieusement songer à pourvoir à ces différents besoins de la justice et du bon ordre dans la société.

S'il est vrai que nous ayons parlé avec liberté, que nous ayons élevé la voix avec quelque énergie contre le despotisme, et en général contre toute espèce d'injustice et de tyrannie, nous avons pu, sans craindre de faire suspecter notre patriotisme et notre amour de la liberté, manifester avec franchise notre pensée au sujet des attributions des colléges et des pétitions collectives et individuelles, quoiqu'elle soit malheureusement opposée à l'opinion de quelques vrais amis de cette même liberté, opinion que partagent cependant et que doivent surtout préconiser les dangereux fauteurs de la démagogie ou du despotisme populaire.

Nous ne sommes pas d'ailleurs dépourvus d'autorités, et nous eussions pu en citer un assez grand nombre, si, entre autres raisons de nous en abstenir, nous n'eussions pas été appuyés en ce point, et par l'expérience et par la législation à laquelle elle a donné naissance.

Et pour ne rappeler ici que l'acte le plus récent, nous citerons l'art. 8 de la loi sur les élections du 5 février (auquel il n'a pas été dérogé par la loi du 29 juin 1820, et qui a été corroboré par l'art. 10 de l'ordonnance du 11 octobre de la même année), lequel porte, entre autres choses, « les colléges électoraux ne peuvent s'occuper d'autres objets que de l'élection; toute discussion, toute délibération leur sont interdites. »

A ces dispositions principales relatives à l'organisation et à l'objet spécial des colléges, on doit ajouter quelques autres dispositions secondaires et de détail, par exemple, celles qui concernent l'impression et l'afiiche des listes d'éligibles et d'électeurs, auxquelles il convient de donner la publicité la plus grande et la plus prompte, afin de faciliter les réclamations et leur jugement; celles qui concernent la division des collèges en sections, dans le cas où l'étendue de la population rendrait cette division nécessaire; celles qui concernent le dépôt des bulletins, lesquelles doivent être conçues de manière à respecter le secret, à assurer la liberté des votes; celles qui concernent le dépouillement du scrutin, la durée des sessions et des séances, et autres.

Toutes doivent se coordonner avec les dispositions principales, et être conçues dans le même esprit; et, sous cette condition, elles pourraient être sans inconvénient n matière de quelques ordonnances ou règlements l'exécution.

Titre II. — *Pouvoir exécutif.*

§ Ier. « Les lois, dit M. Necker, ne seraient que des conseils, des maximes plus ou moins sages, sans une autoité active et vigilante qui assure leur empire, et qui transnet à l'administration le mouvement dont elle a besoin.

« Cette autorité, ce pouvoir, quand il passe certaines imites, menace la liberté, et peut mettre en danger la onstitution même; et lorsqu'on le dépouille des prérogatives ou plutôt des attributions qui composent sa force, ne peut remplir son importante destination, et sa place este comme vacante au milieu de l'édifice social. »

Or, « si, par une fiction, continue le même auteur, l'on ersonnifiait pour un moment le pouvoir législatif et le ouvoir exécutif, le dernier, en parlant de l'autre, emrunterait de l'esclave athénien ce mot venu jusqu'à nous : *Tout ce que celui-ci vient de dire, je le ferai.*

Du Roi; de son inviolabilité. Les vrais publicistes ont toujours interprété cette ancienne maxime, *si veut le roi, si veut la loi*, en ce sens, qu'elle reconnaît et consacre la soumission du prince à la loi; et ils n'en ont pas conclu que la volonté isolée du prince pût tenir lieu de loi.

« En France, cette maxime, disent-ils, ne signifie rien autre chose, si ce n'est que le roi ne veut jamais rien que ce que veut la loi. » Suivant les auteurs des *Maximes du droit public français*, « le roi veut tout ce que veut la loi; il ne veut rien qu'elle ne veuille : mais faire dire à la règle que tout ce que le roi veut est à l'instant une loi, ce serait confondre la France avec les États despotiques, où il n'existe en effet d'autre règle, d'autre loi que la volonté versatile d'un seul homme. »

En Angleterre, « le principal devoir du roi, ainsi que s'exprime entre autres Blackstone, est de gouverner son peuple conformément à la loi. *Nec regibus infinita aut libera potestas*, telle était la maxime des Germains, nos ancêtres sur le continent : et non-seulement elle est d'accord avec les principes de la nature, de la liberté, de la raison et de la société; mais encore on l'a toujours considérée comme faisant expressément partie de la loi commune d'Angleterre, même quand la prérogative (ou puissance) royale était à son plus haut degré. »

Mais aussi lorsque le chef de la puissance exécutive, ses ministres et autres agents, se renferment dans les justes limites des attributions de cette puissance, rien ne doit, d'après l'ordre constitutionnel, entraver et paralyser son action; et Montesquieu dit fort bien en sens : « Il ne faut pas que la puissance législative ait la faculté d'arrêter la puissance exécutive.... Et la puissance des tribuns à Rome était vicieuse, en ce qu'elle arrêtait non-seulement la législation, mais même l'exécution; ce qui causait de grands maux. » Bossuet pose également en principe qu'il n'y a point de force coactive contre le prince; mais il ajoute aussi qu'il est soumis comme les autres à l'empire et à l'équité des lois. « Il y est soumis, dit-il, non point quant à la puissance *coactive* ou *exécutive*, mais quant à la puissance *directive* ou *législative*. »

De cette incontestable vérité dérive, comme conséquence naturelle et forcée, le principe de l'inviolabilité du prince; principe sacré dans une monarchie où règne la justice, où les règles de l'ordre et du droit sont respectées et observées, mais qui est sans application et sans force dans un État où elles sont ignorées ou sans vigueur.

Sous un gouvernement où il n'existe d'autre mesure pour apprécier le mérite des actions que celle du bon ou du mauvais succès, peut-on dire en effet que la personne du prince soit inviolable ?

Et quand on chercherait à établir ce principe, isolé de tous les autres, quel en serait le soutien ?

En réalité, dans cette hypothèse, le principe de l'inviolabilité du prince ne subsiste pas ; car, contre l'arbitraire, la tyrannie, l'oppression, contre la force sans modérateur, sans équité, il n'y a que la force à opposer; c'est une loi de la nature que rien ne saurait détruire ou changer.

Et s'il se pouvait qu'en droit ce principe unique de l'inviolabilité, faisant exception, survécût à tous les autres, et se maintînt théoriquement, par sa propre vertu, au milieu des ruines, c'est bien en vain que l'on tenterait de le faire entendre et respecter par des hommes libres, et peut-être moins encore par des esclaves; ce serait perdre sa voix dans le désert, et épuiser infructueusement ses forces à lutter contre les vagues d'une mer agitée.

Lorsque le despotisme, et l'abus du pouvoir qui en est le résultat habituel et comme inséparable, provoquent sans cesse et peuvent exciter un soulèvement général ou du moins de nombreuses et fréquentes séditions; lorsque tout est désordre, injustice et chaos; lorsqu'il existe partout violation des droits, exactions et violences, comment, au milieu des agitations tumultueuses et convulsives qui bouleversent la société, vouloir que la personne du despote soit, en droit comme en fait, plus inviolable que celle d'un autre citoyen?

Placé dans le lieu le plus élevé et le plus ambitionné, c'est au contraire vers lui que se dirigent tous les traits; semblable au chêne dont la cime orgueilleuse domine sa forêt et semble provoquer l'orage, il attire sur lui les coups de la tempête. C'est ce qui fait dire à Tacite « que la sûreté du prince s'affaiblit lorsque son autorité franchit toutes les limites, *nec unquam satis fida potentia ubi nimia est;* » à Bossuet, « que le souverain qui règne par la violence vit au milieu de ses ennemis; » et à Montesquieu, « que le pouvoir va croissant, et la sûreté diminuant, jusqu'au despote sur la tête duquel est l'excès du pouvoir et du danger. »

Au contraire, dans une monarchie constitutionnelle où les pouvoirs sont distincts, modérés, et répartis suivant les règles évidentes et invariables de la nature et de la raison; où le roi n'exerce la puissance législative que de concert avec les principales classes de la société; dans ce gouvernement dont l'ordre et la justice constituent l'essence, où il existe des principes certains, et motivés sur l'intérêt de la société, l'un de ces principes les plus incontestables, c'est celui de l'inviolabilité du roi.

Car, en droit, puisque dans ce gouvernement toutes les résolutions législatives sont la manifestation d'une volonté générale et conforme à la raison, et que les actes du roi, en tant qu'il agit comme chef de la puissance exécutive, se renferment dans les bornes de l'exécution de ces mêmes résolutions législatives, il y aurait absurdité manifeste à ce que la société s'irritât de leurs résultats, quelque funestes et désastreux qu'ils pussent être, en supposant que dans ce cas les résultats des décisions législatives devinssent jamais funestes.

En fait, la société entière, et chacun de ses membres en particulier, supportent tout avec calme et résignation ; la vérité du principe est sentie, son application est appréciée, sans qu'il soit besoin de démonstration ; nul orage ne se forme dans son sein, ou si quelque choc vient encore à menacer le trône, un rempart inébranlable s'offre de toutes parts ; avant d'arriver au prince, il faut immoler les sujets : *unum est inexpugnabile munimentum, amor civium.* Et l'on peut dire que, dans ce gouvernement, image de la puissance paternelle, le roi ne sera pas plus jugé par le peuple, qu'un père ne saurait l'être par ses enfants.

Mais, en droit encore, si la société, si le peuple entier ne peut, dans une monarchie régulièrement organisée, se constituer juge légitime de son roi, à plus forte raison ce droit ne peut appartenir aux représentants que le peuple institue pour l'exercice de la puissance législative.

Non-seulement ces représentants ne sont, disons-nous, et ne doivent jamais être institués que pour l'exercice exclusif de la puissance législative, et non pas pour l'exercice de la puissance judiciaire; mais encore ils ne doivent exercer la puissance législative que d'accord et concurremment avec le prince; et leurs résolutions, tant que son approbation ne les sanctionne pas, sont sans force et sans autorité.

Autrement, l'équilibre cesserait d'exister; la stabilité du gouvernement serait détruite. Sa nature, son essence serait altérée et changée; elle deviendrait absolue, despotique; et le corps législatif qui, dans la personne du monarque, frapperait du glaive parricide, par un jugement sacrilège et téméraire, l'une des branches nécessaires de la puissance législative et le chef suprême de la puissance exécutive, renverserait du même coup les fondements de la constitution, et confondrait dans ses mains les trois éléments constitutifs dont la réunion sera toujours la mort de la liberté.

Aussi Montesquieu, reconnaissant que le pouvoir législatif a le droit et doit conserver la faculté d'examiner de quelle manière les lois qu'il a faites ont été exécutées, ajoute: « Quel que soit cet examen, le corps législatif ne doit pas avoir le pouvoir de juger la personne, et par conséquent la conduite de celui qui exécute *; sa personne doit être sacrée, parce qu'étant nécessaire à l'état pour que le corps législatif n'y devienne pas tyrannique, dès le moment qu'il serait jugé ou accusé, il n'y aurait plus de liberté. Dans ce cas, l'état ne serait point une monarchie, mais une république non libre; » c'est-à-dire, suivant la définition de Montesquieu, une démocratie ou une aristocratie *simple*.

* Voy. ci-après, *De la Responsabilité ministérielle*.

Droits et prérogative spécialement inhérents a la couronne. Par l'une de ses dispositions fondamentales, le pacte constitutionnel doit déterminer d'une manière précise les véritables attributions du pouvoir exécutif; et cette disposition pourrait être conçue en ces termes: « L'exécution de toutes les résolutions législatives, en ce qui concerne le droit public, le droit politique et le droit des gens, appartient au roi comme chef suprême du pouvoir exécutif. De là suit que tout acte, quand il est une conséquence naturelle d'une résolution législative, tous réglements, toutes ordonnances de pure exécution, émanent du roi, et ne deviennent exécutoires que par la manifestation de sa volonté. »

A propos de cette énonciation, il convient de faire sentir l'absurdité du système étrange, admis par quelques esprits faux, et duquel il résulterait que, dans la monarchie constitutionnelle, le roi ne serait qu'une vaine représentation, un être en quelque sorte inerte et passif, dont la présence, l'image ou le nom, seraient seuls de quelque utilité à l'État; système dérisoire qui tend à déconsidérer le monarque, à avilir la royauté.

Dans tout État, l'oisiveté du moindre citoyen est coupable autant que dégradante; car elle est préjudiciable à la société: non-seulement elle la prive du bien que son travail y pourrait produire, mais elle y occasionne une consommation journalière, une perte réelle, qui, en se multipliant, devient pour elle un fardeau. Que serait-ce donc de la nullité, de l'indolence contagieuse du premier fonctionnaire public, du chef de la monarchie?

Dans un État bien constitué, il ne doit pas y avoir un seul homme dont l'existence puisse être considérée comme inutile au bien général; tous doivent y concourir, d'une manière plus ou moins directe et efficace, en raison de l'importance des professions, des emplois, de la fortune. Comment le monarque, placé au sommet de l'édifice, ayant à s'occuper de tous les besoins de son peuple, pourrait-il donc demeurer dans l'indifférence et l'inaction, lorsqu'il s'agit de rechercher et d'employer les moyens les plus propres à les satisfaire tous, autant qu'il se peut, sans en blesser aucun?

Sans doute sa vigilance, sa continuelle surveillance, doivent être averties et secondées, dans la méditation et la conception, par le conseil d'état; dans la délibération, par les chambres et par l'opinion; dans l'exécution, par le ministère. Mais au milieu de cet ensemble d'activité et de mouvement, le centre où tout correspond restera-t-il immobile? ou plutôt ne devrait-on pas pouvoir le comparer à la plus noble partie de l'homme, dans un corps intelligent, laborieux et d'une constitution saine?

Ne serait-ce pas de ce centre, de la royauté même, qu'il faudrait dire, ce qu'un orateur a dit du ministère, que, dans l'organisation du gouvernement constitutionnel, elle n'est pas une tente dressée au milieu d'un camp pour le sommeil.

« Cette impassibilité du roi, ainsi que s'exprime aussi un pair de France (auteur d'un ouvrage qui toutefois n'annonce pas qu'il ait bien compris la doctrine de Montesquieu sur la distinction des pouvoirs), est, si je ne me trompe, ce que nos bons aïeux auraient tout simplement désigné sous le nom de fainéantise. »

Aussi un autre auteur a-t-il publié un ouvrage dans lequel il établit que ce n'est pas là le principe que doivent professer les hommes sensés, qui savent juger le gouvernement représentatif; que c'est une critique qui doit plutôt s'adresser aux gouvernements asiatiques ou absolus. « Dans les états despotiques de l'Orient, dit-il, un visir ambitieux qui veut envahir et exercer seul le pouvoir, s'applique à fortifier, dans l'esprit de son maître et du peuple, l'idée que les souverains sont des divinités sacrées, infaillibles, invisibles, dont toutes les relations avec leurs sujets doivent consister à recevoir les hommages de la flatterie et de l'adoration. Tout se fait au nom du despote, l'amour et les respects sont pour lui seul: mais il demeure étranger au gouvernement de son empire; le danger et la responsabilité des affaires ne conviennent point à son imperturbable dignité; il est relégué dans l'auguste oisiveté de sa cour; il ne paraît que dans les occasions solennelles; on se prosterne devant lui; il passe, il rentre dans son palais; et quand la tyrannie effective du visir, devenue insupportable, excite des révoltes dont le bruit parvient jusqu'au trône, l'envoi d'un lacet et l'appel d'un visir nouveau sont les seuls actes par lesquels le souverain s'occupe un moment de la destinée de ses peuples. Serait-ce là, dans les gouvernements représentatifs, le sort et la tâche des rois? Étrange et déplorable abus de la flatterie! Partout elle sert de masque et d'instrument à l'ambition; elle exalte les souverains pour les écarter, les éblouit de leur grandeur afin d'usurper leur puissance, et s'efforce de leur persuader que le culte que l'on rend à d'immobiles idoles leur convient mieux que les tributs de respect et d'amour qu'on offrait à des divinités actives et tutélaires. Pour nous, ce n'est pas ainsi que nous voulons que les rois soient servis et honorés; nous désirons qu'ils exercent effectivement leur pouvoir, qu'ils en connaissent la réalité et l'étendue, comme les devoirs et les bornes; et nous sommes loin de penser que la nature du gouvernement représentatif les oblige nécessairement à n'être en fait que des rois fainéants ou des monarques d'Asie. »

De ce qui précède, on doit passer à ce qui concerne 1° la liste civile et le domaine de la couronne; 2° le droit de grâce et de commutation; 3° le commandement des armées.

1° *Liste civile et Domaine de la couronne.* Tout fonctionnaire public doit être payé par l'État; c'est, ainsi que nous l'avons déjà reconnu, un principe d'équité et d'intérêt national. Or, le roi étant le premier fonctionnaire de la république, le chef de la monarchie, il doit être environné d'un éclat qui réponde à l'importance, à la majesté de ses augustes fonctions, et à la richesse, à la splendeur du peuple qui le reconnaît pour souverain.

D'autre part, il est incontestable que la dilapidation des deniers publics sera toujours une cause de discrédit et de ruine; que leur mauvais emploi, chez les peuples où les richesses et l'or ont acquis tant de poids, pourra détruire ou tout au moins contrarier les effets des plus heureuses institutions, et recéler un foyer de corruption: et, par ce motif encore, il importe qu'une disposition fondamentale et constitutionnelle distingue les revenus publics de ceux de la couronne, et s'oppose à ce qu'ils se trouvent livrés à la discrétion d'un seul homme. « Des droits indéfinis, des prérogatives trop étendues, une trop grande masse de pouvoirs et de richesses, confiée au monarque, dit un auteur, sont des choses qui l'inviteront toujours à empiéter sur les droits légitimes de son peuple. »

La révolution, en créant la liste civile en France, a produit, dans cette partie de la législation, comme en beaucoup d'autres, une amélioration importante, et dont le besoin se faisait sentir depuis long-temps.

L'acception que l'on attache aujourd'hui à cette expression ne remonte pas à une époque plus reculée; et le décret du 7 octobre 1789, qui statuait que « chaque législature voterait les sommes destinées soit à l'acquittement de la dette publique, soit au paiement de la liste civile, » est le premier acte législatif dans lequel il en ait été fait usage, sans qu'il en contienne néanmoins la définition.

Cette expression est empruntée de celle qu'en Angleterre on employait déjà depuis long-temps dans le même sens, quoique beaucoup plus étendu qu'il ne l'est parmi nous.

En Angleterre, d'après ce que nous avons extrait à ce sujet des *Commentaires* de Blackstone, dans la *Science du Publiciste* (vol. VII, pag. 501 et suiv.), elle signifiait originairement les revenus et droits publics et civils, appliqués par la couronne, d'après la loi, aux dépenses comprises dans cette liste civile, et parmi lesquelles se trouvaient en première ligne celles du roi et de la famille royale.

En France, elle désigne simplement les sommes que l'État paie chaque année au roi, et les domaines dont il lui abandonne la jouissance pour sa dépense personnelle et celle de sa maison.

Par la charte du 4 juin 1814, il a été dit qu'elle serait fixée, pour toute la durée du règne, par la première législature assemblée depuis l'avènement du roi.

Par la loi du 8 novembre suivant, elle a été portée à

vingt-cinq millions pour la dépense du roi et de sa maison civile, et à huit millions pour celles des princes et princesses royales ; et depuis elle a encore été augmentée de sept millions.

Chopin définit le domaine de la couronne, « qu'on « appelle aussi domaine du roi, ou seulement domaine, « celui qui, de toute ancienneté, est uni et annexé aux « fleurons du diadême royal, pour la dépense de table « ou suite de la cour royale, et qui est honorable pour la « conservation du royaume, titres, honneurs et dignités « de la majesté royale. » Mais, lorsque Chopin s'exprimait ainsi, le domaine de la couronne se confondait avec le domaine de l'état, ou, ce qui est la même chose, avec le domaine public.

Aujourd'hui, et d'après la nouvelle législation, cette confusion n'existe plus.

Le domaine public ou domaine de l'état comprend tous les biens qui appartiennent à l'état, c'est-à-dire au peuple considéré comme corps social ; et le domaine du roi ou de la couronne ne se compose que de quelques biens meubles et immeubles faisant partie de ce domaine public, mais dont la jouissance seulement est abandonnée au roi comme complément de la liste civile, soit pour son habitation personnelle, soit pour le mettre d'autant mieux en état de soutenir l'éclat de la couronne.

Relativement au domaine public, par suite de la confusion dont on vient de parler, et au milieu du chaos général de la législation, la question de l'inaliénabilité avait pu faire doute autrefois, et se trouver résolue tantôt dans un sens, tantôt dans un autre. C'est en effet ce qui arriva souvent, et ce dont il est facile de se convaincre, pour peu que l'on consulte les auteurs.

Ce doute, ou plutôt cette versatilité de législation ne peut plus subsister.

Ce qui est reconnu appartenir au peuple, considéré comme corps social, peut être aliéné, si son intérêt le réclame, par le peuple, ou par son roi et ses représentants, c'est-à-dire par la volonté unanime des trois branches distinctes de la puissance législative.

Il ne peut évidemment l'être d'une autre manière, c'est-à-dire par l'une seulement de ces trois branches de la puissance législative.

Relativement au domaine de la couronne, il n'est pas moins évident que le roi seul, non plus que l'une et l'autre des deux autres branches de la puissance législative, ne peut légitimement l'aliéner, soit pour un temps, soit à perpétuité : car la nue propriété en appartient toujours au corps social; et la propriété utile, la jouissance ou usufruit seulement, en est abandonnée à la couronne.

Montesquieu, en parlant du domaine en général et sans restriction, se prononce formellement pour le principe de l'inaliénabilité, « parce qu'il est nécessaire, dit-il, qu'il y ait un domaine pour faire subsister l'état. Si donc on aliène le domaine, ajoute-t-il, l'état sera forcé de faire un nouveau fonds pour un autre domaine. Mais cet expédient renverse encore le gouvernement politique, parce que, par la nature de la chose, à chaque domaine qu'on établira, le sujet paiera toujours plus, et le souverain recevra toujours moins; en un mot, le domaine est nécessaire, et l'aliénation ne l'est pas. »

En appliquant au domaine de l'état en général, ainsi que Montesquieu semble le faire, le raisonnement que renferme ce passage de l'*Esprit des lois*, il se trouve fondé sur une proposition, sinon fausse et erronée, du moins très contestable. Car, bien loin qu'il soit évident que le domaine, considéré d'après cette acception générale, soit nécessaire pour faire subsister l'état, il ne serait pas difficile d'établir que l'existence de ce domaine lui est beaucoup plus onéreuse que profitable, et que, par exemple, la plupart des biens ruraux qui en dépendent seraient mieux administrés, mieux cultivés, et par conséquent produiraient bien plus d'avantages pour la société et pour l'état, s'ils étaient partagés en propriétés partielles et particulières, et que le prix de leur aliénation fût convenablement employé à l'amortissement de la dette nationale.

Et si l'on restreint la conclusion de ce raisonnement au domaine de la couronne seulement, il suffira de dire qu'en effet, ce domaine étant nécessaire à la résidence du prince et à l'éclat du trône, si on l'aliène, l'état sera forcé de faire de nouveaux fonds pour en créer un autre; ce qui doit, selon toute apparence, entraîner une perte réelle.

Aussi le principe de l'inaliénabilité, consacré présentement par la législation, ne s'applique en effet qu'à cette partie du domaine public, spécialement connue sous la dénomination de domaine du roi et de la couronne.

Et pourtant, il est encore au fond difficile de comprendre par quel motif péremptoire le corps social pourrait ainsi s'interdire à lui-même la faculté de disposer de la moindre partie des biens affectés au domaine de la couronne, dans tous les cas où l'utilité de l'aliénation serait manifestement démontrée et reconnue par les trois branches du pouvoir législatif constitué régulièrement, et devenu par là le seul, le véritable interprète des besoins de l'état et de la volonté générale.

Relativement au domaine extraordinaire et au domaine privé, aujourd'hui supprimés avec raison en France, nous renvoyons aux développements que nous avons donnés à ce sujet, dans la seconde partie de la *Science du Publiciste* (vol. VII, p. 522 et suiv.), sur la législation ancienne et sur la législation intermédiaire.

Il suffit de remarquer ici que cette législation ancienne, qui ordonnait la réunion des domaines patrimoniaux du prince à ceux de l'état, à son avènement au trône, était en ce point fondée sur des idées prises d'ailleurs, et applicables uniquement au principe de l'inaliénabilité de la couronne, ou des droits et attributions inhérents à la royauté.

Ce déplacement d'idées et de principes était une conséquence de la confusion que l'on faisait alors du droit de propriété, qui ne peut s'exercer que sur les choses, et du droit de suzeraineté (ou souveraineté), qui s'applique à l'administration de l'état, à la conduite et direction des citoyens qui en sont membres.

A l'égard de la transmission des droits de propriété sur les choses, sur les biens meubles et immeubles, héréditaires, et composant le patrimoine du prince à l'époque de son avènement, il ne peut être question, ainsi que l'imaginaient les anciens auteurs, entre autres Wolf, et même Burlamaqui, de principes relatifs aux royaumes prétendus *patrimoniaux*, à la transmission de l'empire ou des droits et attributions inhérents à la royauté, par rapport à l'administration de la chose publique.

Les raisons de décider sur ces matières diverses n'ont pas plus d'analogie entre elles que les choses mêmes auxquelles elles ont rapport n'en ont les unes avec les autres.

Et si l'on raisonne strictement d'après les vrais principes de la matière, au sujet de cette transmission des biens meubles et immeubles appartenant au prince à l'époque de son avènement, on reconnaîtra qu'il serait tout à la fois et plus juste et plus profitable à l'état de les transmettre, dans l'ordre prescrit par la loi pour le partage des successions, aux autres membres de la famille royale, que de les réunir au domaine de l'état.

Il en résulterait, entre autres, l'inappréciable avantage d'écarter une foule de discussions et de procès, pour ainsi dire insolubles, au sujet de la confusion et du paiement des dettes, desquelles ces héritiers déterminés par la loi resteraient incontestablement tenus, seuls, personnellement et hypothécairement, et comme héritiers et comme détenteurs.

Cela pourrait être aussi un moyen simple de ne pas créer à l'avenir, pour ces membres de la famille royale, des apanages fort onéreux pour la société.

2° *Droit de grâce et de commutation.* Le mot de prérogative a en Angleterre, aussi bien que celui de liste civile et quelques autres, une acception fort étendue. On l'emploie pour exprimer tous les droits, attributions et privilèges exercés, soit par le roi, comme chef de la puissance exécutive, soit par ses ministres et autres agents, et dont plusieurs cependant excèdent de beaucoup les justes limites des attributions de cette puissance.

En France, quelques hommes qui seraient bien aises peut-être de voir la chose s'accroître, afin de l'appliquer d'autant plus facilement à leurs intérêts particuliers, s'attachent autant qu'ils le peuvent à donner au nom un sens fort étendu.

Malgré leurs efforts, pour quiconque raisonne et donne aux mots leur juste valeur, la signification de celui-ci est et sera toujours infiniment plus restreinte.

Il demeure, comme il l'a été jusqu'à ce jour, le synonime de *privilège*, et non pas celui de *droit;* il désigne un pouvoir, une faculté *exorbitante*, ou qui ne se trouve pas renfermée dans la sphère des règles ordinaires du droit, ainsi que doivent l'être en général les attributions de la puissance exécutive.

C'est en ce sens que l'on peut dire avec raison que le droit de grâce et de commutation de peine est la prérogative de la royauté ; car l'exercice de ce droit, emportant exception et dérogation à la loi, il semble que, par cette raison, il devrait se rattacher aux attributions de la puissance de laquelle la loi doit exclusiment émaner ; et cependant il n'en est pas ainsi.

D'autres motifs péremptoires, pareillement fondés sur l'utilité, sur la nature des choses, en ordonnent autrement dans une monarchie bien constituée.

La nécessité de recourir aux chambres législatives, lesquelles ne doivent pas être toujours assemblées, ne saurait se concilier et se coordonner avec l'exécution prompte que les décisions de la puissance judiciaire doivent recevoir.

D'ailleurs, la loi ne devant statuer que d'une manière générale et sans application spéciale à un objet particulier, le droit de grâce, dans les cas ordinaires, ne se trouve plus, par ce motif, aussi exactement circonscrit dans les termes des attributions naturelles de la puissance législative.

Le roi, comme chef de la puissance exécutive, étant en partie chargé de cette application spéciale de la loi aux cas particuliers (tandis qu'il est en même temps l'une des trois branches de la puissance législative), il est évident que par lui seul peut être utilement exercé, qu'à lui seul doit être raisonnablement dévolu le droit de grâce et de commutation ; et que ce droit transféré, si l'on veut, mais sous un certain point de vue seulement, d'une puissance à une autre, sera tout à la fois le droit et la prérogative de la royauté, des soins et des travaux de laquelle il est juste aussi que cette prérogative devienne la récompense.

Considéré sous un autre rapport, ce même droit de grâce peut encore être dit une prérogative dans la personne du monarque, et cela, en ce que, contradictoirement à la législation ancienne de la France, et conformément à la nouvelle, il doit être directement et exclusivement exercé par lui.

Après avoir examiné et relaté, avec les détails et l'étendue convenable pour une question de cette importance (*Science du Publiciste*, vol. VII, pag. 553 et suiv.), cette législation ancienne et actuelle de la France, et celle de l'Angleterre, comme aussi les opinions de plusieurs auteurs, voici ce qu'en résumé nous avons cru devoir admettre comme principes essentiels sur cette matière.

Par cela que la loi ne prononce pas sur un objet particulier, qu'elle doit être générale et la même pour tous, il pourra arriver, ainsi que l'auteur de l'*Esprit des Lois* le remarque, ou plutôt il arrivera toujours, même dans la monarchie la mieux constituée, avec la législation criminelle la mieux méditée et la plus parfaite, que la loi sera en de certains cas trop rigoureuse. Elle ne pourra jamais prévoir toutes les circonstances particulières et atténuantes, dont souvent les délits et les crimes sont environnés. Cependant, comme le dit encore Montesquieu, les juges ne sont que les bouches qui prononcent les paroles de la loi; ils ne peuvent mettre leur volonté au-dessus de la sienne; ils ne doivent être que les interprètes impassibles de ses dispositions même les plus rigoureuses, et l'on peut dire que souvent la justice, ainsi soumise à la puissance de la loi, ne peut, sans regret, entendre les arrêts prononcés dans ses temples et que commandent les strictes et pénibles devoirs de son ministère.

Sous la monarchie la mieux réglée, avec la législation criminelle la plus humaine, la plus parfaite que l'on puisse concevoir, le droit de faire grâce doit donc être admis. En adoptant même les idées tendantes à l'adoucissement des peines, de Beccaria et de M. Bentham, il faudra toujours le considérer comme un correctif nécessaire.

Dans cet état d'organisation monarchique et constitutionnelle, sous l'empire de cette législation criminelle perfectionnée, ce droit ne peut être utilement exercé que par le roi; et, sous le double point de vue que nous avons indiqué, il doit être considéré comme une prérogative exclusive, inhérente à la couronne, et qui ne doit être exercée que par le prince seul, directement et sans délégation.

Mais ce droit doit être renfermé dans de certaines limites, et soumis à quelques restrictions.

Si l'on ne trouve pas, dans la nature et l'énormité du crime, dans les circonstances aggravantes, une cause suffisante de suspendre l'exercice de ce droit, cette suspension du moins doit être admise lorsqu'une partie civile a éprouvé un préjudice qui pourrait être réparé, et qui ne l'a point encore été, à peu près de la manière que cela se pratique en Angleterre, et que le voulait en France l'ordonnance de 1670.

Cette suspension doit avoir lieu aussi pour tous les cas de récidive, c'est-à-dire à l'égard des criminels convaincus et condamnés pour crimes semblables aux crimes déjà à eux remis et pardonnés.

L'histoire offre plusieurs exemples du danger que peut avoir, en de telles occurrences, la trop grande tendance des rois à la clémence. Et c'est alors surtout qu'il ne faut pas se laisser entraîner par le mouvement irréfléchi d'une pitié fausse et exagérée, par le sentiment erroné d'une philanthropie mal entendue.

Ainsi que le droit le prescrit, il est aujourd'hui de règle générale en France (et cela existe aussi en Angleterre, mais pour certains cas seulement), que le recours en grâce ne soustrait pas les accusés à la publicité de l'accusation et du jugement. Il ne peut jamais être suspensif d'une instruction, et ne doit être admis que lorsque cette instruction a été suivie d'un jugement ou d'un arrêt rendu en dernier ressort. Car si le cours de la justice pouvait ainsi être contrarié et suspendu, il en résulterait bientôt un système de privilège, d'inégalité, d'exception, qui anéantirait les bases de la législation, et ne pourrait avoir que les plus funestes résultats.

Par les mêmes raisons, le droit de grâce ne doit pas être exercé en faveur d'une classe, d'un ordre quelconque de citoyens, et devenir pour cet ordre une sorte de brevet d'impunité; quoi qu'en ait dit Montesquieu, en ce point comme en beaucoup d'autres, la législation anglaise n'est pas à imiter.

Pour un prince vraiment sage et équitable, ce qui doit déterminer l'application de ce droit, ce sont les circonstances atténuantes dont le crime a été accompagné, qui peuvent éloigner l'idée de l'endurcissement, de la perversité du coupable, et faire reconnaître en lui un repentir véritable.

C'est encore, ce qui peut arriver quelquefois, une conduite d'ailleurs exempte de reproches, quelque action d'humanité, de patriotisme, de courage, un service éminent rendu à la société. Car s'il est bien vrai qu'en de telles conjonctures l'exercice de ce droit peut avoir des dangers dans un gouvernement mal constitué, et par conséquent sans stabilité, dans une démocratie où, comme Machiavel le dit, *un citoyen impuni peut devenir si insolent qu'il sera capable de renverser la république*; ou dans un gouvernement despotique, *à qui*, ainsi que Montesquieu le remarque, *on ne pardonne jamais*; il n'en est pas de même dans une monarchie assise sur les bases solides de l'équilibre des pouvoirs, de l'ordre, de la fixité. Et c'est encore ici, comme l'observe Blackstone, l'un des immenses et incalculables avantages de ce gouvernement sur toute forme de gouvernement simple, ou mixte et composé. La reconnaissance est un sentiment, une vertu précieuse à conserver; et la société, ou le gouvernement qui agit en sa place, peut alors, sans qu'il en résulte aucun péril pour lui-même, en donner l'utile exemple.

Non-seulement il importe que l'exercice du droit de grâce ne puisse jamais paralyser l'action de la justice, en déranger la marche, choquer les règles et détruire l'uniformité de la procédure et de l'instruction, jusqu'au jour du jugement, mais encore il ne faut pas que la faculté de recourir à ce droit de grâce, accordée au condamné, puisse servir de prétexte pour éloigner indéfiniment l'exécution. La justice ne serait plus respectée, si ses décisions pouvaient être éludées et demeurer sans résultat. La loi doit par conséquent fixer le délai dans lequel cette exécution aura lieu.

D'un autre côté, il ne faut pas que ce délai soit tellement restreint que sa brièveté rende le droit illusoire, en ôtant au condamné la possibilité d'y recourir à temps.

Et c'est cependant, suivant la remarque qu'en a faite M. Necker, ce qui arrivait autrefois à la suite de tous les jugements prononcés hors du ressort du parlement de Paris : inconvénient grave sans doute, vice de législation qui ne doit pas subsister avec une meilleure organisation, sous un gouvernement plus régulier. Si les bienfaits doivent alors s'étendre également sur toutes les classes de la société, à plus forte raison doit-il en être ainsi pour toutes les parties du territoire. Le monarque ne doit être absent pour aucune d'elles, et les plus éloignées doivent ressentir son influence tutélaire, comme s'il y avait fixé le lieu de sa résidence.

Cependant, il faut le dire, cet inconvénient subsiste encore aujourd'hui dans un grand nombre de circonstances, et toutes les fois que le jugement a été prononcé dans un département éloigné de la capitale, si l'on exécute strictement la loi.

Le décret du 16 septembre 1791, concernant la justice criminelle et l'institution des jurés, a statué que « lorsque le jugement de condamnation aurait été prononcé à l'accusé, il serait sursis pendant trois jours à l'exécution. »

Le code d'instruction criminelle de 1808, livre II, titre II, chap. IV, section 2, relative au jugement et à l'exécution des jugements rendus devant les cours d'assises et par le jury, porte : « Le condamné aura trois jours, après celui où son arrêt lui aura été prononcé, pour déclarer au greffe qu'il se pourvoit en cassation...... Pendant ces trois jours, et s'il y a eu recours en cassation, jusqu'à la réception de l'arrêt de la cour de cassation, il sera sursis à l'exécution de l'arrêt de la cour...... La condamnation sera exécutée dans les vingt-quatre heures qui suivront les délais, s'il n'y a pas de recours en cassation; ou, en cas de recours, dans les vingt-quatre heures de la réception de l'arrêt de la cour de cassation qui aura rejeté la demande. »

Le même code d'instruction criminelle, relativement à l'exécution des arrêts rendus par les cours spéciales, porte aussi que « ces arrêts seront exécutés dans les vingt-quatre heures, à moins que le tribunal n'ait usé de la faculté qui lui est accordée par l'art. 595, lequel statue que la cour après la prononciation de l'arrêt pourra, pour des motifs graves, recommander l'accusé à la commisération du chef du gouvernement. »

Ainsi, à l'égard des condamnations prononcées par les cours d'assises, si le condamné ne se pourvoit pas en cassation, afin d'obtenir par là un plus long délai pour pouvoir exercer son recours en grâce, le sursis de trois jours que la loi prononce est bien manifestement insuffisant, même pour ceux qui ont été jugés dans la capitale.

D'ailleurs, ne serait-il pas naturel que le délai qui doit être accordé pour que le recours en grâce puisse être exercé, ne commencât à courir qu'après la prononciation de l'arrêt de la cour de cassation, puisque jusque là les voies et moyens de défense judiciaires ne sont pas épuisés.

Or, dans le cas où ce pourvoi en cassation est admissible et a été formé et rejeté, de même qu'à l'égard des condamnations prononcées par les cours spéciales, lesquelles, aux termes de l'art. 597, ne peuvent être attaquées par voie de cassation, c'est *dans* les vingt-quatre heures que l'exécution doit avoir lieu.

A la lecture de semblables dispositions, on est tenté de croire que le législateur n'a pu vouloir se mettre dans une contradiction évidente avec lui-même par une précipitation si hors de toute raison, et qu'une simple erreur involontaire de rédaction aurait indiqué le délai *dans* lequel l'exécution doit avoir lieu pour celui *pendant* lequel il devait y être sursis.

Si cette erreur matérielle n'a pas existé, le législateur est tombé dans une autre.

C'est par une sorte d'humanité, que, lorsqu'en 1791 le recours en grâce avait été aboli, on crut que le malheureux frappé d'une condamnation devenue irrévocable, et pour lequel toute lueur d'espérance avait cessé d'exister, ne devait pas être laissé inutilement livré aux tourments, aux angoisses, qui dès lors devaient faire de son existence un supplice d'autant plus cruel qu'il serait plus longtemps prolongé. Peut-on croire que le législateur aura été tout à la fois clairvoyant et animé du même esprit de commisération et de pitié, lorsqu'il ranime et prolonge l'espérance, et ravit la possibilité d'atteindre le bienfait à la possession duquel il fait espérer?

Enfin, en ce qui concerne les recommandations permises aux cours spéciales par l'art. 595, il semble qu'en effet si, comme organes et ministres de la loi, les membres de ces cours doivent être impassibles, la justice et la raison ne peuvent pas exiger que, comme hommes, ils soient sans entrailles, qu'ils arrachent de leur cœur toute compassion, et dépouillent en quelque sorte l'humanité. Et s'il existe quelques circonstances atténuantes, un motif quelconque propre à appeler la clémence, qui pourrait mieux qu'eux-mêmes l'apprécier? par qui la sollicitude royale pourrait-elle être plus utilement avertie?

Cependant cette faculté de recommandation que le code accorde aux cours spéciales, il semblerait la refuser aux cours d'assises.

Par quelle raison?

Serait-ce parce que ces cours ne prononcent que sur la déclaration d'un jury?

Si telle fut en effet sa raison, nous la croyons réfutée complètement par les réflexions judicieuses de M. Necker, que nous avons rapportées dans la seconde partie de la *Science du Publiciste* (vol. VII, pag. 602 et suiv.).

Par les motifs sur lesquels il appuie son raisonnement, instruits de plus par l'expérience, nous pensons que le recours en grâce n'est jamais plus nécessaire, et n'a jamais besoin d'être plus étendu, plus appuyé, plus puissamment sollicité, que lorsque les condamnations ont été le résultat d'une déclaration sur un fait, par des jurés qui ne doivent pas connaître ni appliquer la peine, et par des juges que cette déclaration, et les dispositions inflexibles de la loi enchaînent et mettent dans l'impossibilité de suivre la voie de la compassion et de la clémence, pour laquelle l'humanité et la justice même peuvent vivement les solliciter.

3° *Commandement des armées.* Est-il à propos que le prince en personne commande les armées?

Néron disait que, s'il régnait, il ne voulait se réserver que cette part de la puissance.

Et, en général, les princes d'un caractère despotique, et dans le cœur desquels le génie du mal, impatient d'étendre au loin ses ravages, a soufflé de sa bouche impure, les fureurs de la guerre et l'horrible ambition des conquêtes, sont ceux qui tiennent le plus à la vaine gloire de commander en personne les armées.

Dans un gouvernement de prospérité, de justice et de paix, dans un gouvernement tempéré, monarchique et constitutionnel, la direction d'une campagne n'est pas la principale occupation d'un prince attaché à l'accomplissement de ses devoirs.

Bien d'autres points importants réclament d'autant plus sa surveillance en temps de guerre, que la guerre produit toujours quelque dérangement dans le mécanisme et la marche des affaires intérieures. S'il en abandonne la conduite, pour s'appliquer exclusivement aux soins qu'exige le commandement d'une armée; s'il descend en quelque sorte du trône, où toutes les branches de l'administration civile et militaire doivent être placées sous ses yeux, pour se livrer aux détails de l'une d'elles seulement, et n'être pour ainsi dire plus que l'un des agents secondaires du pouvoir exécutif, au lieu d'en être toujours le chef suprême, bientôt peut-être la forme du gouvernement sera chancelante et ébranlée. L'armée, loin d'être un corps essentiellement obéissant et protecteur, pourra bientôt devenir une force oppressive et tyrannique; et un gouvernement militaire, absolu, le plus dangereux de tous pour celui qui l'exerce, le plus insupportable, le plus dur pour le peuple qui le souffre, sera substitué au gouvernement paternel et monarchique, et s'élèvera promptement sur ses ruines pour s'écrouler à son tour avec rapidité.

Une autre considération puissante est celle-ci : le prince qui prend le commandement de l'armée, contracte envers elle une obligation incompatible et pour ainsi dire contradictoire, inconciliable, avec les devoirs dont il est tenu envers la société tout entière. Éprouve-t-il un revers ? il se trouve dans la nécessité, ou de compromettre gravement la sûreté de l'état, déjà trop en danger par son absence, au milieu même des triomphes et des succès les plus éclatants; ou de fuir honteusement, d'abandonner, de sacrifier l'armée, et de faire peser sur lui l'ignominie, le soupçon d'une insigne lâcheté.

En principe général, le chef d'une monarchie bien constituée et où tout doit se faire dans l'ordre, ne commande donc pas les armées en personne.

Il n'y a d'exception à cette règle, dont l'infraction peut avoir de désastreuses conséquences, que dans le cas des imminents dangers, lorsque, par exemple, une partie du territoire est envahie par l'étranger. Alors le salut de la patrie est tout dans la victoire. Le corps de l'état est intéressé à secourir l'une de ses parties en péril. Il n'est pas un seul citoyen pouvant porter les armes, qui ne doive se rallier sous les drapeaux et voler au combat. Le prince donc, pouvant par son exemple soutenir le courage, exciter l'enthousiasme et l'ardeur de la victoire, empêcher les effets dangereux des rivalités, ne doit pas demeurer au loin spectateur inactif et impassible du ravage de ses états, de la ruine de ses provinces, ni, lâchement renfermé dans les murs de sa capitale et de son palais, attendre que l'ennemi vienne en quelque sorte l'atteindre et le frapper sur son trône.

Organisation du conseil d'état et du ministère.

1° En toute société politique, sous tous les gouvernements possibles, plus particulièrement dans une monarchie constitutionnelle où l'accroissement du territoire et de la population nécessite l'admission du système représentatif, la conception des projets de lois et les détails de leur exécution ouvrent une carrière immense à la méditation et exigent le développement d'une continuelle et infatigable activité.

Dans une monarchie de cette nature, le prince doit d'une part participer essentiellement à l'exercice de la puissance législative, et d'autre part assurer l'exécution de toutes les résolutions qui ont acquis force de lois par le concours des volontés du prince et des chambres. Quelle que soit l'étendue de ses facultés physiques et intellectuelles, il est évident qu'il ne saurait suffire à tout par lui-même, que son application et sa constance dans le travail ont besoin d'être secondées sous ces deux rapports, la conception et l'exécution, par des agents subordonnés intermédiaires et dépendants.

Ces agents intermédiaires, ces auxiliaires immédiats de la royauté, ce sont les membres du conseil d'état et les ministres.

Mais suit-il de cette application naturelle du principe d'unité à l'organisation du conseil d'état et du ministère, que l'organisation de ces deux corps doive être abandonnée à tous les changements, à toutes les vacillations et incertitudes de la volonté habituellement arbitraire d'un seul ?

Ou bien, au contraire, n'est-il pas incontestable que le conseil d'état et le ministère faisant partie nécessaire des rouages dont le gouvernement se compose, les bases de leur organisation doivent se trouver établies par les dispositions formelles du pacte constitutionnel?

Jusqu'ici, néanmoins (ce qui ne fut peut-être pas sans intention de la part de ceux entre les mains de qui a résidé le pouvoir), les lois supposées fondamentales, organiques et constitutionnelles ont été à peu près muettes sur cette organisation du conseil d'état et du ministère, de même que sur la limitation de leurs attributions. En sorte que cette partie essentielle de la constitution est restée livrée à l'influence versatile, et funeste en cette matière, des arrêtés, réglements, décrets et ordonnances. Aussi, et de l'aveu des hommes qui se trouvent placés dans la situation la plus favorable pour observer de près le jeu de ces ressorts, rien de plus variable, de plus confus, de plus imparfait que leur organisation, leur mouvement, et le mode selon lequel on est contraint de procéder avec eux; rien de plus fait pour faciliter le triomphe du despotisme et de l'arbitraire.

2° Ce serait une chose utile que de déterminer constitutionnellement, d'une manière fixe, le nombre des conseillers d'état et celui des ministres.

Et il ne faut pas croire qu'il soit impossible de le faire; car, quoique le plus ou moins d'étendue de la population et du territoire puisse apporter quelques variations dans le nombre et l'importance des travaux de la législation, et dans ceux de l'administration supérieure; cette différence toutefois n'est pas si grande qu'on pourrait se le figurer au premier aperçu.

En effet, l'action du gouvernement est déterminée par les divers besoins de la société; et ces besoins, plus étendus, il est vrai, dans une société nombreuse et répandue sur un vaste territoire que dans une société resserrée en de plus étroites limites, sont néanmoins à peu près de même nature ; la division des branches de l'administration peut en conséquence être semblable et identique.

Relativement aux opérations de cette administration, la distinction qui résulte de cette différence dans l'importance soit de la population, soit du territoire, c'est qu'une décision y reçoit plus de développements, plus d'applications particulières, dans un cas, que dans l'autre. Mais il n'y a pas pour cela un grand nombre d'objets de nature différente sur lesquels la méditation et l'administration aient à s'exercer, surtout si, par suite d'une bonne organisation, il existe, dans les provinces, des autorités locales propres à remplacer l'opération centrale du gouvernement, toutes les fois qu'il s'agira d'intérêts partiels et de pure localité.

Ce sera donc une chose utile, que de fixer le nombre de ces premiers auxiliaires de la royauté, conseillers d'état et ministres : car, s'il faut que le monarque y soit puissamment secondé, il importe aussi qu'il ne traîne pas à sa suite une foule d'individus qui prétendent à tout prix rendre leur personne nécessaire, et qui, pour cela, et pour tout envahir, ne se font aucun scrupule de tout bouleverser, de tout confondre, de renverser les bases les plus sacrées de la constitution. Suivant la remarque judicieuse d'un pair de France, c'est en partie parce que ces employés supérieurs sont trop nombreux, qu'ils sont parvenus à dépasser les premières limites de leurs attributions, et à les porter bien au-delà des bornes que leur prescrit le véritable but de leur ministère et de leurs fonctions.

3° Il importe encore de consacrer au sujet de la nomination des conseillers d'état et des ministres, un principe attaqué par des hommes qui proclament leur attachement pour la monarchie constitutionnelle, mais qui n'en ont pas encore bien compris l'ensemble, l'ordre et l'harmonie.

Dans ce gouvernement, où les pouvoirs doivent être scrupuleusement balancés, et maintenus dans la sphère de leurs limites et attributions respectives, les conseillers d'état et les ministres étant les délégués du prince, au prince seul appartient le droit de les nommer, de même que d'autre part et réciproquement, le droit d'élire les représentants ne peut appartenir qu'aux citoyens qui doivent être représentés.

D'où résulte qu'à moins de se rendre coupable d'un empiètement anti-constitutionnel, d'une véritable usurpation, les représentants ne doivent pas plus entreprendre d'entraver, par des moyens quelconques, l'entier exercice de ce droit dans la personne du monarque, que le monarque ne peut, sans choquer le même principe, et la base fondamentale de la constitution, tenter de nuire à la liberté des suffrages dans les délibérations des chambres ou dans les élections.

Si ces délégués de la couronne, si ces agents intermédiaires subordonnés et dépendants se montrent incapables, c'est par l'évidence des faits que leur incapacité doit être prouvée : si, dans l'exécution, les ministres ne se renferment pas dans les limites des attributions de la puissance exécutive, s'ils se rendent coupables d'infractions, de prévarications, d'arbitraire, c'est par l'application franche et non illusoire du principe de la responsabilité ministérielle, que les chambres, que les citoyens lésés, doivent pouvoir provoquer leur destitution et leur répression. Mais, sous peine de déroger à leur éminente dignité, de se voir accusés d'agir en factieux et de jeter le désordre et le trouble dans l'état, les représentants ne peuvent tenter par des voies indirectes et déloyales quelconques, de contraindre le roi au renvoi de ses conseillers d'état et de ses ministres; renvoi que, dans ce cas, il est à craindre de voir devenir de plus en plus grévant et onéreux à la société.

Ensuite, de ce que le choix et la nomination de ces officiers appartiennent exclusivement au roi, en conclura-t-on que l'acte constitutionnel ne peut pas soumettre l'exercice de ce droit à l'observation de règles fondamentales dictées par la raison et par l'intérêt général et commun de la société, de l'état et du prince?

Si, dans cet intérêt général, la prudence du législateur doit subordonner l'exercice du droit d'élection à de certaines conditions, sans doute il peut, par les mêmes motifs, soumettre le choix du prince à quelques-unes de ces garanties constitutionnelles.

Par exemple, si celles de ces garanties qui résultent du domicile, de la fortune, des titres d'époux et de père de famille, et qu'il est sage d'admettre relativement à l'éligibilité des députés de la propriété et de l'industrie, dans les chambres nationales et provinciales (voy. p. 205 et 246), ne sont point de nature à recevoir ici leur application, en est-il de même à l'égard de celles qui se rattachent à la maturité de l'âge, et à l'admission d'un système d'avancement graduel et progressif?

Ce système est-il moins propre à faire régner l'ordre, à repousser l'incapacité, à stimuler l'émulation, dans la ligne hiérarchique de la puissance exécutive, parmi les préfets, sous-préfets et autres agents de cette branche de l'autorité souveraine, qu'il ne l'est pour produire un effet semblable parmi les hommes qui, par leur position, leurs propriétés, leur industrie, se trouvent appelés à participer un jour, en première ligne, à l'exercice de la puissance législative? Non, sans doute.

Et il suffit, au sujet de ces deux espèces de conditions et de garanties, de se demander s'il est raisonnable que la constitution d'un peuple éclairé accorde au roi la faculté de choisir un conseiller ou un ministre de vingt ans. Il suffit de se demander si tel qui se verra renvoyé du conseil ou du ministère à l'époque de sa vie où il eût été temps à peine de l'y appeler, sans qu'après plusieurs années d'exercice et d'administration il ait contribué à rien améliorer, sans qu'il ait rien conçu, rien exécuté de mémorable, n'aurait pas pu devenir capable de favoriser le perfectionnement des institutions, la marche ascendante de la civilisation, et laisser après lui un nom immortalisé par de nobles travaux, dans le cas où l'âge, avant son admission au point le plus élevé de la hiérarchie consultative ou administrative, aurait mûri d'avance son jugement, et mieux réglé l'usage des facultés d'une heureuse et précoce intelligence.

4° Non-seulement il est absurde de voir un ministre proposer et défendre un projet au nom du roi, et quelques instants après, se lever comme député pour son adoption; mais encore, nous le rappelons, s'il est vrai que le temps ait des bornes, que les facultés humaines les plus étendues soient renfermées dans des limites étroites, il n'en faut pas davantage pour convaincre des inconvénients qui doivent résulter de la cumulation des emplois, ne fussent-ils pas de nature différente et opposée. L'homme le plus éclairé et le plus actif ne parviendra jamais à remplir deux fonctions importantes et qui exigent ou le loisir de la méditation et l'application de l'esprit, ou la force et l'activité du corps, aussi complètement et aussi utilement que peuvent le faire deux hommes dont les connaissances seront moins étendues et la santé moins robuste, mais dont toutes les pensées et tous les travaux suivront constamment une même direction et n'auront à remplir qu'un seul objet.

Pourquoi d'ailleurs diminuer les moyens d'émulation et de récompense? pourquoi accumuler sur quelques individus les honneurs, les emplois, la fortune, lorsque tant d'autres citoyens également distingués par leurs vertus, leurs lumières, leurs talents, et dont les services seraient profitables à l'état, se trouvent condamnés à l'inaction, et privés des moyens de servir leur patrie? Quelle source de désordre, d'injustice! Quel monstrueux et préjudiciable abus! Et comment se peut-il que ceux de la volonté de qui dépend son redressement n'en sentent pas encore toute l'utilité, lorsque les publicistes se sont tant de fois appliqués à le signaler?

C'est même aux emplois éminents qu'il importe d'autant plus de faire l'application de ce principe, parce que plus la place est importante, et plus elle doit exiger d'assiduité, de méditation, de travail ; parce que le scandale est d'autant plus visible et révoltant que le lieu où il se passe est plus élevé.

Certes, ce n'est pas étendre trop loin les conséquences funestes de l'inobservation de ce principe, que de lui attribuer, en très grande partie, le ralentissement des progrès de l'esprit humain vers un plus haut degré de perfection des institutions sociales. L'égoïsme favorisé s'efforce seul de fermer les yeux à l'évidence de cette vérité; mais, malgré l'adresse des sophismes qu'il pourra mettre en avant, la puissance de l'opinion en triomphera tôt ou tard. Honneur aux hommes influents et désintéressés qui dès aujourd'hui travailleront à la diriger, à préparer de loin son entier succès, et à ramener ainsi l'observation de l'une des dispositions sages, consacrées par l'assemblée constituante, qui proclama l'incompatibilité des fonctions de la législature avec celles du ministère.

Quant à l'exercice des fonctions de conseiller d'état et de ministre, et au traitement qui doit y être attaché, nous nous bornons à rappeler ces réflexions de l'auteur de l'ouvrage ayant pour titre, du *Conseil d'état considéré comme conseil et comme juridiction dans notre monarchie constitutionnelle:* « Le gouvernement, qui ne peut se passer d'agents pour exécuter les lois et pour administrer, ne peut se passer de conseil. Il importe donc aux véritables intérêts de l'état qu'il existe un conseil; et si l'état en a besoin, l'état doit le payer... Si les agents du pouvoir exécutif sont salariés, pourquoi les conseils de ce pouvoir ne le seraient-ils pas également ?... Le roi, qui ne paie pas ses ministres (sur les fonds de sa liste civile), ne doit pas non plus payer (sur ces fonds) le conseil: car le conseil n'est pas, à proprement parler, le conseil de la personne du roi: il est le conseil de son gouvernement; il est le conseil d'état.

Quant à la durée de ces fonctions de conseiller d'état et de ministre, on ne peut contester qu'au roi appartient le droit de les déléguer et de les révoquer, lorsqu'il le juge convenable; mais comme on ne peut pas non plus méconnaître que les facultés de l'esprit et du corps s'affaiblissent chez les hommes qui sont revêtus de ces fonctions comme chez les autres, il ne serait peut-être pas inutile, même pour le roi, qu'encore à l'égard de ces fonctions de conseiller d'état il existât un terme prescrit par la loi constitutionnelle de l'état.

5° Dans une monarchie constitutionnelle, l'inviolabilité du monarque est un principe sacré; sous cette forme de gouvernement, cette inviolabilité est fondée sur le droit, la raison, la justice, sur l'intérêt évident de la société (Voyez ci-dessus, page 275 et suiv.). Mais, pour que la consécration du principe ne soit pas insuffisante, il faut encore, et par-dessus tout, rechercher et pratiquer les moyens véritables de le faire respecter; et l'on peut dire que, sans la stricte et religieuse observation d'une autre règle fondamentale, de la responsabilité ministérielle, celle de l'inviolabilité du prince ne sera jamais complètement garantie et assurée.

Partout où l'injustice agit, la répression doit se manifester; c'est une loi de la nature. Souvent les conséquences les plus désastreuses se rattachent, par une correspondance plus ou moins directe et visible, à la violation d'un principe d'ordre et d'équité; et cela, par une suite si nécessaire des faits antérieurs ou concurrents, qu'il serait inutile et sans effet de prétendre l'éviter et s'en affranchir.

Voilà pourquoi la véritable sagesse, celle du législateur surtout, doit s'attacher à diriger d'avance le cours des évènements suivant les règles du droit, afin de ne pas s'exposer à tous les désastres qui résultent d'une marche contraire, et d'éviter les anxiétés d'une lutte dans laquelle il ne peut opposer que de trop faibles obstacles aux crises funestes des révolutions. La responsabilité du grand visir et des autres officiers et délégués du grand seigneur n'étant fixée et soutenue par aucune règle fondamentale, le despote se voit forcé d'immoler ces ministres au caprice, à la fureur des janissaires ou du peuple; ce qui n'empêche pas que souvent il ne devienne lui-même la victime des insurrections.

Ainsi, ceux qui craignent la responsabilité des ministres désirent de mettre un terme à l'inviolabilité du roi; et ceux qui s'épouvantent à l'aspect d'un ministre traduit en justice, ouvrent, pour soustraire le coupable à sa peine, la porte aux révoltes et aux révolutions; car, ainsi qu'on l'a dit, « lorsqu'il n'est point de juge avoué, de commun modérateur sur la terre, il faut, comme Jephté, recourir au jugement de Dieu. »

Non-seulement ce principe de la responsabilité ministérielle est une garantie réelle de l'inviolabilité du prince, et l'un des préservatifs les plus efficaces contre les révolutions, mais il faut aussi reconnaître que son observation serait favorable aux ministres. Il devient alors pour eux une sorte de refuge contre les volontés arbitraires du prince.

A la vérité, ce sont bien les ministres qui le plus souvent excitent les rois à dépasser les bornes de leur autorité pour s'emparer du pouvoir absolu, parce qu'il leur est plus facile de pallier leurs fautes ou leurs exactions aux yeux d'un seul, qu'en présence de corps constitués et de chambres représentatives, destinées à surveiller leur conduite et à éclairer l'opinion publique sur les résultats de leur administration; et encore, parce qu'il leur est plus facile de faire adopter leurs vues et leurs projets par un seul homme dont ils peuvent chaque jour étudier le caractère et flatter les faiblesses, que par une assemblée de mandataires ou députés dont la plupart seront impassibles et fortement déterminés à faire respecter l'équité, et dont quelques-uns peut-être nourriront en secret le désir de trouver les ministres coupables.

Mais d'un autre côté, quel ascendant puissant la volonté d'un roi n'exerce-t-elle pas sur la conduite d'un ministre, agent subordonné et dépendant par devoir et par sentiment ; et, dans l'intérêt propre du ministère comme dans l'intérêt du prince et de la société tout entière, la constitution ne doit-elle pas du moins élever un rempart afin de protéger les ministres contre de fréquentes et dangereuses séductions ?

Montesquieu, entre autres, dit : « Comme celui qui exécute, ne peut exécuter mal sans avoir des conseillers méchants, et qui haïssent les lois comme ministres, quoiqu'elles les favorisent comme hommes, ceux-ci peuvent être recherchés et punis. »

Suivant l'expression d'un pair de France, « la responsabilité ministérielle défend le prince contre le ministre, le ministre contre le prince, et la nation contre l'abus. »

Ce ministre même, dont l'auteur de *l'Esprit des lois* dit : « quand cet homme n'aurait pas eu le despotisme dans le cœur, il l'aurait eu dans la tête », le cardinal de Richelieu, convient, dans son *Testament politique*, qu'un ministre peut être accusé. Il ne se trompe que sur le mode d'accusation.

Et la question tout entière gît précisément dans ce point important. Car, en général, il ne suffit pas de rendre un hommage insignifiant et stérile aux principes ; il faut surtout adopter un mode d'exécution qui ne les rende pas chimériques et illusoires dans leur application : et, sous ce point de vue, après avoir reconnu la nécessité de la responsabilité ministérielle, la première question à examiner est celle de savoir envers qui les ministres sont responsables.

Or, posons le principe : « Les ministres sont tout à la fois responsables envers le roi, dont ils sont les serviteurs, et envers la nation dont ils régissent les destinées et dont ils administrent les tributs.

« Ces deux genres de responsabilité se garantissent l'un l'autre.

« Ainsi, la responsabilité périodique envers la nation garantit au roi que les ministres ne chercheront point à le tromper : trop de regards les observent ; trop de voix les dénonceraient à leur maître et à leur pays.

« La responsabilité de tous les jours envers le roi, garantit à la nation un ordre constant et une vigilance perpétuelle de son souverain, quand ses représentants sont séparés comme quand ils sont réunis.

« Si les ministres n'avaient qu'à répondre aux députés de la nation, d'un côté la surveillance serait trop longtemps interrompue, et de l'autre la dignité, l'autorité, la puissance royale, souffriraient trop de cette exclusion. Ce serait alors que les ministres paraîtraient être ceux du peuple et non ceux du roi. C'est alors que l'unité monarchique serait compromise, et avec elle le salut de l'état, qui ne peut s'en passer.

« Si les ministres ne répondaient qu'au roi, ils n'auraient qu'un seul homme à tromper, qu'un seul homme à séduire ; le trône et l'état seraient à la merci d'une faute ou d'un délit ministériel. Que si les ministres étaient séduits, au lieu de séduire, si, par faiblesse, ils trahissaient leur maître, en craignant plus de lui déplaire que de lui nuire, que deviendrait la responsabilité d'un ministre qui ne répondrait d'une mesure qu'à la seule autorité qui la lui aurait commandée ? »

Cette règle, que les ministres ne sont pas responsables seulement envers le roi, mais envers l'état, envers la société tout entière, une fois admise, quelle contradiction, quelle plus grande inconséquence, que de subordonner la possibilité de leur mise en accusation à une autorisation quelconque du chef de la puissance exécutive?

N'est-ce donc pas là édifier et abattre, reconnaître et anéantir tout à la fois le principe?

N'est-ce pas du moins chercher de la manière la plus évidente à en éluder l'application, et rappeler sur le roi le poids de cette responsabilité, qui ne peut exister à son égard sans faire crouler le principal fondement du gouvernement ?

Est-il présumable que le roi accordera l'autorisation, soit que lui-même ait fait exécuter par son ministre un acte arbitraire de sa propre volonté, soit qu'au contraire le ministre soit parvenu à le circonvenir et à obtenir son approbation ?

Une telle incohérence entre le principe et son application ne peut subsister que sous un gouvernement qui tend d'une manière indirecte, mais visible, vers le despotisme ; et l'on sait assez quels sont les imminents dangers attachés à la nature de ce gouvernement funeste.

Les hommes prévoyants et dont les vues sont droites se réuniront donc pour combattre et redresser cette inconstitutionnalité, qui, comme M. Necker le remarque, n'existait pas autrefois en France.

Un autre moyen de rendre le principe de la responsabilité illusoire, insignifiant et sans application, c'est de déclarer cette responsabilité solidaire.

Une responsabilité de corps sera toujours vaine et chimérique; car, indépendamment de l'influence qu'il est facile à ce corps d'exercer pour paralyser l'action de la justice, un tel système de solidarité choque évidemment la raison. Les peines en effet doivent être personnelles toutes les fois que les fautes le sont: c'est un principe incontestable de droit public; et jamais il ne sera ni juste ni même possible de condamner tout un ministère, pour les infractions et les crimes d'un seul de ses membres.

On conçoit bien qu'à la rigueur le prince puisse prendre l'engagement de ne jamais changer un membre du ministère sans renvoyer en même temps le ministère entier; et encore est-il fort douteux qu'un semblable engagement reçût une longue exécution, par cela seul qu'il s'éloigne déjà des règles d'une exacte équité, et que tout ce qui s'écarte de cette base ne peut manquer de tomber en désuétude. Ce qui s'est passé plusieurs fois en France, depuis la restauration, en est une preuve frappante et assurément très péremptoire.

Quant à l'application d'une peine quelconque, conséquence possible de l'exécution du principe, il y aurait bien moins lieu encore d'y avoir confiance, dans le cas de cette solidarité; et l'on a dit avec raison: « Pour être efficace, la responsabilité doit être personnelle; elle disparaît derrière les délibérations collectives; on ne la saisit plus que difficilement quand elle se divise. Toutes les fois donc que vous substituerez la délibération de plusieurs à l'action et à l'autorité d'un homme responsable, vous diminuerez les garanties publiques. » — « On ne conçoit pas la responsabilité individuelle d'un corps délibérant : elle ne peut évidemment atteindre que les ministres. » — « En fait de responsabilité, plus elle est concentrée, et plus elle est réelle. »

Attributions du conseil d'état et du ministère.

1° *Distinction de ces attributions.* Il est évident, et tout ce qui précède le fait assez connaître, que l'existence de l'autorité royale suppose nécessairement deux sortes d'attributions parfaitement distinctes, les unes relatives à la conception, à la méditation des projets de loi, à leur développement, à leur discussion devant les chambres législatives; les autres spécialement relatives à l'exécution, c'est-à-dire à tous les détails de l'administration.

De là, la nécessité du conseil d'état et du ministère, et la différence essentielle qu'il importe d'admettre dans le mode de leur organisation.

Le conseil d'état, participant à la délibération, doit agir collectivement, c'est-à-dire, qu'un projet de loi conçu et rédigé par l'un de ses membres, doit être examiné, médité dans le conseil, avant d'être soumis à la discussion publique devant les chambres législatives.

L'unité, principe moteur de l'exécution, doit se retrouver dans l'organisation du ministère, de telle sorte que chaque branche de l'administration, distincte de sa nature, soit remise et confiée entre les mains d'un chef unique responsable pour les faits de son administration, mais non responsable comme solidaire des infractions ou délits commis dans les autres branches d'administration étrangères à son ministère.

La constitution du 5 fructidor an 3 déclara : « que les ministres ne formaient pas un conseil. »

C'est en partie dans cet esprit que les dispositions de la constitution du 22 frimaire an 8, relatives au conseil d'état, paraissaient avoir été conçues, puisqu'elles portent textuellement : « Sous la direction des consuls, un conseil d'état est chargé de rédiger les projets de lois et les règlements d'administration publique, et de résoudre les difficultés qui s'élèvent en matière administrative. C'est parmi les membres du conseil d'état que sont toujours pris les orateurs chargés de porter la parole au nom du gouvernement devant le corps législatif. Ces orateurs ne sont jamais envoyés au nombre de plus de trois pour la défense du même projet de loi. Les ministres procurent l'exécution des lois et des réglements d'administration publique. »

Le règlement d'organisation du 5 nivose de la même année, entre autres dispositions, porte aussi : « Dans le cas où il s'agit d'une loi à présenter au corps législatif, le chef du gouvernement nomme, parmi les conseillers d'état, un ou plusieurs orateurs qu'il charge de présenter la loi et d'en soutenir la discussion. Les orateurs, en présentant les projets de lois, développent les motifs de la proposition. »

Le conseil d'état doit donc être composé d'hommes impartiaux et judicieux, mûris par l'étude et la réflexion, d'une instruction variée et profonde ; et le ministère, d'hommes actifs et essentiellement obéissants.

Les conseillers d'état seront ce que semblent être, dans un autre hémisphère, à la Chine, aux Indes, ces fonctionnaires publics, que l'on désigne sous le nom de ministres-*penseurs*, ce que, chez nous aussi, leur qualification et leur titre annoncent clairement qu'ils doivent être.

Les ministres seront ce que leur qualification indique également ; de simples administrateurs, exclusivement chargés de faire exécuter, chacun dans la branche d'administration qui lui est confiée, les lois conçues et méditées dans le conseil, adoptées dans les chambres, et définitivement sanctionnées par le roi.

Le conseiller d'état observera la marche de l'administion en général, étudiera ses ressorts, recherchera les anciens abus encore subsistants, épiera ceux qui se manifesteraient de nouveau, ou qui paraîtraient près de naître, écoutera la voix de l'opinion publique, recueillera tous les avis utiles, les méditera, les pèsera, les coordonnera, et proposera ensuite, dans le conseil, les moyens de réforme et d'amélioration que l'amour de la patrie et de l'humanité lui aura suggérés.

Son projet examiné, mûri et perfectionné dans le conseil, il en donnera encore le développement, il en soutiendra la discussion devant les chambres, si le roi juge convenable que le projet leur soit présenté, pour qu'elles en délibèrent, et pour que le roi, éclairé de nouveau par leur discussion libre et franche, puisse, en définitive, accorder ou refuser sa sanction au projet qu'elles auraient cru devoir adopter.

C'est ainsi que les lois, en quelque sorte conçues au sein de la retraite, par l'impartialité et la philosophie, approfondies par des hommes qui feront de leur unique étude l'occupation d'une vie sédentaire et laborieuse, seront mises par eux en harmonie avec les institutions déjà existantes, et qui devront être conservées; que leur discussion publique dans les chambres législatives se trouvera simplifiée, dégagée d'un grand nombre de difficultés ; et que, lorsque, étudiées et discutées de nouveau dans ces chambres, elles auront enfin été sanctionnées et promulguées par le roi, nulle autre sorte de garantie ne saurait être désirée par la société, qui ne pourra manquer de leur accorder alors entière confiance et pleine soumission.

Le ministre, au contraire, exécuteur fidèle des parties de la législation, ainsi perfectionnées de jour en jour, et qui seront confiées à ses soins, se renfermera strictement dans les devoirs qui en sont la conséquence. Il respectera cette législation, il en surveillera tous les détails, et la fera généralement respecter par son exemple.

Mais il ne sortira point de cette sphère d'activité assez vaste, pour se livrer à des travaux purement spéculatifs, et qui, par cela, doivent lui être étrangers. S'il faut du temps pour exécuter, pour agir, il en faut beaucoup plus pour méditer. L'exécution veut de la promptitude; la méditation doit être lente et mesurée. Les idées de l'homme habitué à réfléchir sur l'ensemble des institutions et de la législation finissent par acquérir un certain degré de fixité que ne doivent pas atteindre celles de l'homme qui agit plus qu'il ne médite, qui, pour bien agir, doit agir dans un but spécial, suivre pas à pas la route que le législateur lui trace, se conformer strictement à ses ordres, et dont le devoir est en quelque sorte de penser plus par autrui que par lui-même. Celui-là sondant l'avenir et cherchant l'inconnu, se trouve par fois entraîné dans le vague des abstractions; et ce n'est souvent que par un travail long et pénible qu'il parvient à découvrir l'utile, à concevoir le vrai. Celui-ci, exclusivement attaché à des détails d'administration nécessairement partiels, distrait sans cesse par les soins d'une active surveillance, a besoin d'une science positive, précise et déjà bien connue : ce dont il doit s'occuper par position, ce n'est pas de concevoir des idées neuves, générales, et propres à améliorer l'ensemble, en faisant concorder toutes ses parties entre elles; et si cela arrive, ce fait peut être regardé comme une exception.

Sans doute aussi, on en conviendra, ce ne sont pas les hommes qui, sous quelques rapports et jusqu'à un certain point, peuvent par la nature des places qu'ils occupent trouver leur avantage personnel dans les abus et l'irrégularité, que l'on doit naturellement supposer les plus enclins à rechercher les moyens d'y substituer la règle et le droit, et auxquels on doive raisonnablement s'en remettre du soin de les établir.

Si, dans le cours de son administration, un ministre remarque quelque inconvénient grave, et provenant d'un vice d'organisation, il en préviendra le conseil, qui recevra ses instructions par écrit, et qui, au besoin, entendra les détails et renseignements que le ministre aurait à y ajouter, sans toutefois que celui-ci puisse obtenir voix délibérative dans le conseil sur cette matière; puisque encore une fois, ce ne sont point ceux qui se trouvent placés de manière à pouvoir profiter des abus, qu'il faut choisir pour mieux juger des moyens propres à les réformer.

Mais surtout, on ne verra jamais aucun ministre paraître à la tribune, devant les chambres législatives, d'où la nature de leurs fonctions, la suite et l'urgence de leurs travaux, les excluent si évidemment qu'un ministre a déclaré que, s'ils y sont admis, il devient indispensable, pour les remplacer dans l'exercice et les devoirs essentiels de leurs ministères, de créer des places de sous-ministres ou sous-secrétaires d'état; places dont le moindre inconvénient est évidemment de n'avoir qu'une utilité douteuse, et de se transformer pendant l'intervalle des sessions en d'onéreuses et funestes sinécures. En fait d'administration, tout ce qui n'est pas d'une nécessité réelle, devient par cela même dangereux et nuisible à l'état.

D'ailleurs, d'après ce que nous venons d'exposer relativement à la nature des fonctions ministérielles et aux limites dans lesquelles elles doivent se renfermer; d'une part les ministres ne se trouveraient pas en état de soutenir une discussion étendue et suffisamment éclairée sur tous les points; et d'un autre part encore, ils ne paraîtraient pas, dans la carrière, armés de cette égide du désintéressement personnel, propre à repousser toute défiance et tout soupçon. Et, même dans les temps de calme, on aurait à craindre que leur seule présence ne fût moins souvent un moyen de conciliation, qu'une cause active d'opposition, de trouble et de contradiction, ainsi que peuvent jusqu'ici le faire présumer presque toutes les séances des chambres représentatives.

Au contraire, les attributions du conseil d'état se trouvant également circonscrites dans les bornes que nous venons de leur reconnaître; les membres de ce conseil agissant toujours collectivement, puisque nul d'eux ne sera chargé de la direction d'aucune partie d'administration, et ne pouvant dès lors être considérés, sous aucun rapport, comme passibles de responsabilité, leur présence dans les chambres, et la discusion publique qui leur sera confiée de projets de lois conçus et médités par eux, obtiendront de favorables résultats, sans pouvoir donner lieu aux inconvénients que cette discussion, soutenue par les ministres, ne manquerait jamais d'occasioner.

On peut donc dire que, relativement à la constitution du corps social, sous le rapport de l'autorité royale, le conseil d'état doit être assimilé à l'esprit, à la pensée, dont il est l'organe, et qui animent ce grand corps, tandis que les ministres n'en sont réellement que les membres chargés d'exécuter et d'agir.

Or quel est l'homme qui n'aurait pas bientôt consommé sa ruine et rencontré son tombeau, s'il suivait aveuglément l'impulsion de ses pieds et de ses mains, avant de consulter sa raison; et s'il ne faisait pas plus souvent usage de sa force morale que de ses facultés physiques? Malheureusement, dans ce siècle, quelque éclairé qu'il soit, c'est encore une erreur bien commune que de placer, surtout en politique, le fait avant le droit, le corps avant l'esprit, l'action avant la pensée.

Mais, pour quiconque entreprend de contribuer au triomphe des institutions que la sagesse réclame, il convient d'insister sur ce point important: que, si l'on doit en effet mettre le conseil d'état et le ministère sur le même rang, parce qu'ils sont l'un et l'autre à une distance égale du trône, il n'en est pas moins vrai qu'il existe, entre ces deux premiers agents de l'autorité royale, une différence sensible, une démarcation saillante et ineffaçable, qu'il faudra bien un jour respecter, si l'on veut voir l'ordre s'établir, et la civilisation, plus libre dans sa marche, s'avancer d'un pas rapide et sûr vers le but glorieux que la providence a marqué dans ses bienfaisants et infaillibles décrets.

2° *Attributions du Conseil d'état.* Afin de faire mieux apprécier le peu de fixité et l'irrégularité de l'institution du conseil d'état jusqu'à ce jour, et le défaut d'ordre de son organisation, qui ne peut manquer d'introduire la confusion dans sa marche, nous avons dû en donner un aperçu historique dans la seconde partie de *la Science du Publiciste* (vol. VIII, p. 105 et suiv.).

Nous y renvoyons nos lecteurs, et nous nous bornons à répéter que les reproches les plus vifs et les plus fondés qui s'élèvent en ce moment contre cette institution, les plus graves inconvénients que les esprits justes s'accordent à signaler comme subversifs de l'ordre et des bases de la monarchie constitutionnelle, c'est d'une part l'envahissement fréquent du domaine de la législation par cette portion de l'autorité souveraine que l'on peut désigner sous le nom de régime ou puissance des ordonnances; et d'autre part l'usurpation non moins funeste des attributions du pouvoir judiciaire par le conseil-d'état.

Le préservatif le plus efficace auquel on puisse recourir contre ces inconvénients et ces abus, c'est d'établir dans le conseil et pour base de son organisation la division de la législation et de l'exécution.

Ce sera une chose dont les conséquences et les avantages seront immenses que de trouver, dans le sein de l'un des deux agents principaux de l'autorité royale (dans laquelle l'exercice de la puissance législative s'unit et se confond en un point avec l'exercice de la puissance exécutive), une sorte de balance, un principe de méditation et de sagesse, dont la seule existence aura déjà pour résultat de faire considérer sans cesse par cette autorité les objets qui se trouvent soumis à son action, sous le double aspect qu'indique et réclame aussi la base de la constitution générale de l'état.

Comité de Législation.

Ainsi, l'une des divisions du conseil, désignée sous le nom de comité de législation, sera chargée de l'examen et de la rédaction des plans et projets qui, n'étant pas la conséquence d'une loi préexistante, peuvent devenir la manifestation d'une volonté nouvelle du législateur, mais qui ne doivent acquérir ce caractère de légalité que lorsqu'ils seront émanés du législateur lui-même, c'est-à-dire du roi et des deux chambres.

Comité des Ordonnances.

Une autre division de ce même conseil, désignée sous le nom de comité des ordonnances, n'aura dans le cercle de ses attributions que celles qui, se rattachant à l'exécution des lois déjà promulguées, auront pour but la rédaction et l'examen de tous les règlements de détail ou de pure exécution.

Comité du Contentieux administratif.

Quant à l'usurpation des attributions de la puissance judiciaire, il faut, pour y porter remède, qu'en admettant, dans l'organisation du conseil d'état, une troisième division, désignée sous le nom de comité du contentieux administratif, on s'attache d'abord à bien définir cette expression de contentieux administratif.

Et une fois qu'elle sera bien comprise, on ne devra pas en dénaturer le sens dans le but d'en étendre les bornes.

Or cette expression renferme en elle-même sa définition ; c'est du contentieux administratif qu'il s'agit, c'est-à-dire des difficultés et contestations qui peuvent s'élever entre les différents agents de l'administration, relativement aux opérations de l'administration.

Strictement renfermé dans ces limites véritables, et qui lui appartiennent en propre, cette sorte de tribunal, purement administratif, aura son utilité réelle et incontestable.

S'il arrive, par exemple, qu'un conflit *positif* ou *négatif** s'élève entre les agents de deux ou plusieurs parties de l'administration, qui ne ressortissent et ne dépendent pas d'un même ministère, c'est dans le sein de l'administration que le tribunal compétent pour vider ce conflit doit exister, et non pas dans la sphère de la puissance judiciaire.

Quoique n'ayant pas, et ne pouvant pas offrir, par son organisation, les garanties d'impartialité, d'indépendance, de publicité et autres, qu'il importe de prendre pour base de toute institution destinée à exercer une portion des attributions de la puissance judiciaire, ce tribunal administratif, circonscrit dans ses limites, sera, nous le répétons, sans danger et sans inconvénients : car il n'existe pas alors de véritable litige, de contestation entre deux parties adverses, et ayant à défendre des droits et des intérêts opposés.

La difficulté à résoudre ne touchant que les intérêts généraux de l'administration, et non pas même les intérêts partiels ou privés de ses agents, en ce sens l'administration peut se constituer juge dans sa propre cause sans violer les principes.

* Voy. *Science du Publiciste*, vol. VIII, pag. 209 et 210, *en note*.

Tandis que, si des droits particuliers quelconques se trouvent en opposition avec les intérêts de l'administration, en bonne justice, ce n'est pas à l'une plus qu'à l'autre des parties colitigeantes qu'il faut s'en remettre du jugement de la contestation, pour que ce jugement soit impartial.

Ce n'est pas surtout du côté où se rencontre déjà l'avantage de la force, que le législateur doit laisser pencher la balance. Et, s'il le fait, l'on a toute raison de dire que les intérêts individuels sont alors et par cela seul si gravement compromis, que, loin de marcher à ses fins, l'institution est de nature tout-à-fait propre à agir en sens diamétralement opposé.

Tout ce que peut justifier et réclamer en semblable circonstance la raison d'état, ou les considérations d'intérêt public résultantes de ce que l'administration ne doit pas être intempestivement entravée dans sa marche, c'est que les agents responsables de cette administration, ministres, préfets, sous-préfets et autres, soient, sauf leur responsabilité personnelle, autorisés à prendre telle mesure, telle décision qu'il leur paraîtra nécessaire pour écarter provisoirement la réclamation et les prétentions qui leur font obstacle.

Ce pouvoir doit donc leur être accordé, pourvu qu'une autorité judiciaire, indépendante, et constituée sur des bases propres à garantir cette indépendance légale sans laquelle il n'y a pas de justice, soit en définitive appelée à statuer sur le fond de la contestation, et à prononcer la réparation des torts et préjudices qui, sous les prétextes d'urgence et d'utilité publique, auraient été commis envers les administrés.

Si les lois fondamentales, si la constitution de l'état

ne réservent pas à la partie lésée cette faculté de recours et d'attaque contre les actes des agents de l'administration qui peuvent lui avoir fait grief, il n'existe pas de sécurité; la société n'offre pas à ses membres les garanties qu'elle leur doit pour la libre jouissance, l'entière et paisible possession de leurs droits les plus sacrés.

Il importe donc de se fixer sur ce point, que la division du conseil d'état telle qu'elle vient d'être indiquée en trois sections, savoir, le comité de *législation*, le comité des *ordonnances ou règlements d'exécution*, et le comité du *contentieux administratif*, est suffisante, et qu'elle est la seule qui, concordant avec la nature du gouvernement monarchique constitutionnel, et étant fondée sur une distinction également prise dans la nature des choses, présente à son tour une ligne de démarcation précise et sans enjambements d'une partie sur l'autre, avantage que ne sauraient avoir les divisions précédemment admises ou celles qui subsistent encore.

Car quelle ligne de démarcation fixe pourrait-on tracer entre les attributions d'un conseil des ministres, d'une grande direction, d'un conseil des parties, d'un conseil des dépêches, des affaires étrangères, du commerce, des manufactures, des finances, etc, etc; ou bien encore, entre les attributions d'un conseil d'en-haut, d'un conseil privé, d'un conseil de cabinet; et même d'un conseil de la guerre, sans utilité, ou du moins peu nécessaire, en temps de paix; d'un conseil de la marine et des colonies, dont on peut facilement se passer dans les pays où il n'existe ni colonies ni marine; d'un comité des finances, dont les fonctions seraient fort restreintes, si les institutions provinciales étaient établies, et si le système des finances, de répartition et de perception des contributions, était amélioré; d'un comité du contentieux, qui, dans le moment où nous sommes, embrasse et envahit tout, même les attributions de l'un des trois pouvoirs constitutifs et essentiellement distincts du gouvernement, la puissance judiciaire; et enfin d'un comité de législation qui, en quelque temps, et dans quelque pays que ce soit, doit étendre son influence sur toutes les branches de l'administration en général.

Nous renvoyons encore, s'il est nécessaire, pour plus ample démonstration de ce principe d'organisation du conseil d'état, aux développements plus étendus que nous en avons donnés, aux extraits de la législation, et aux autorités respectables, par lesquels nous l'avons appuyé. (*Science du Publiciste*, vol. VIII, pag. 225 et suiv.)

3° *Attributions du Ministère.* Après avoir reconnu et tracé entre les attributions du conseil d'état et celles du ministère, une ligne de démarcation fixe, naturelle, et conforme aux principes généraux de l'ordre et du droit; après avoir réparti, d'après ces principes, dans le sein du conseil, les attributions qui lui sont particulières, il faut classer et coordonner entre elles les attributions propres au ministère.

On sent assez quels sont les inconvénients et les dangers inhérents à l'existence d'un seul et unique ministère. L'histoire est parfaitement d'accord sur ce point avec l'opinion commune et avec la théorie des publicistes.

Mais, lorsqu'on s'attache à rechercher un mode de répartition régulier et dans lequel toutes les branches principales de l'administration soient distinctes de leur nature, sans enchevêtrement et sans confusion, de grandes difficultés se présentent encore, et la multitude des détails, la diversité des aspects sous lesquels toutes les opérations de la puissance exécutive doivent être envisagées, sont telles, que la bonne foi la plus entière, l'amour le plus exclusif du bien public, ne suffisent pas peut-être pour conduire à la solution du problême.

Cependant, de quelle importance réelle n'est-il pas pour le roi, comme pour la société entière, que l'organisation ne reste pas toujours, sous ce rapport, dans un état d'insuffisance et d'imperfection!

Si d'un côté les principaux rouages d'une partie si essentielle de cette organisation sociale se nuisent et se heurtent, au lieu de coopérer, chacun par une action distincte, au mouvement général de l'administration; si d'un autre côté chaque ministère, au lieu d'être circonscrit et renfermé dans une sphère d'attribntions qui lui soit propre et particulière, empiète sur les limites des autres branches de cette administration, et que toutes les attributions administratives, loin d'être régulièrement classées, coordonnées, et faciles à reconnaître, se trouvent, par la constitution même, mêlées et confondues, on ne peut raisonnablement en attendre que désordre et embarras. Et de ces deux vices d'organisation naîtront toujours les abus, les injustices, les dilapidations.

Au contraire, la simplification, la régularité pour ainsi dire purement matérielle, dévoilant et éclairant tout, corrige, redresse tout, et finit avec le temps par détruire le mal moral et intentionnel jusque dans ses premiers fondements.

En un mot, si l'ordre doit exister quelque part, c'est dans cette partie du gouvernement; aucune autre branche de l'organisation ne nécessite des combinaisons plus justes, un accord plus intime, un plus parfait ensemble; la moindre rivalité dans ses agents, la moindre opposition dans ses mesures, attaquent le système général, et contrarient le bonheur public.

Lors de la rédaction de quelques unes de nos constitutions, depuis 1789, le législateur, désespérant peut-être de surmonter les obstacles qu'il rencontrait sur ce point, s'est contenté de poser quelques bases incomplètes et défectueuses. Il s'en remit au pouvoir exécutif du soin de terminer son ouvrage d'après les vues que lui suggéreraient par la suite les circonstances, et les leçons de l'expérience.

Ce n'était là qu'éluder la difficulté; et, les voies n'étant pas suffisamment préparées, les essais du pouvoir exécutif n'ont pas été moins pénibles. Ses tentatives ont été vacillantes et précaires; et les améliorations qui, en définitive, ont été opérées, sont encore bien éloignées de toucher à un degré satisfaisant de rectitude et de perfection. C'est là ce qu'un exposé exact et étendu des faits nous a rendu évident et sensible. (Voy. *Science du Publiciste*, vol. VIII, p. 319 et suiv.)

Toutefois, et quoique les détails de l'organisation de quelques-uns des ministères actuels soient encore une sorte de dédale où le ministre lui-même ne peut manquer de se perdre, mais dans lequel on dirait qu'il cherche à se renfermer afin de se rendre moins accessible à l'application du principe de la responsabilité, si l'on compare l'état des choses du moment à celui des temps antérieurs à 1789, on reconnaît qu'il existe une amélioration réelle dans cette partie du gouvernement.

Avant cette époque, la France était comme partagée en plusieurs États gouvernés et régis, chacun suivant un mode d'administration plus ou moins despotique et absolu dans l'étendue de sa sphère particulière, et cependant sans uniformité, sans ensemble, sans concordance les uns à l'égard des autres, sans rapport suffisant à un centre commun. Par une contradiction choquante, dans un gouvernement monarchique de nom, l'unité, ce principe si utile à l'action de la puissance exécutive, n'existait qu'imparfaitement, et se trouvait contrariée, interrompue, détruite en vingt endroits différents.

D'après les changements que la révolution, et particulièrement la loi du 27 avril — 25 mai 1791, ont opérés, ce principe d'unité a reçu, du moins en un sens, une application plus exacte, plus générale et plus utile. On a senti que, même dans une république, l'action du ministère devait être régulière et semblable, du centre à tous les points de la circonférence. C'est un foyer dont les rayons, distincts dès leur naissance par leur propre nature, doivent rester toujours distincts, en se prolongeant dans tous les sens jusqu'aux extrémités.

Et, si de cette manière, il se rencontre quelques objets d'administration qui ne puissent être exclusivement attribués à l'une ou à l'autre des divisions ou subdivisions du ministère, il ne faudrait pas en conclure que c'est là un obstacle essentiellement à redouter comme incompatible avec le maintien du bon ordre, avec la promptitude et la force d'exécution.

Il doit, selon toute vraisemblance, résulter plus d'avantages que d'inconvénients de cette sorte de surveillance respective que deux ou plusieurs branches principales ou secondaires de cette puissance administrative et d'exécution peuvent exercer l'une à l'égard de l'autre, en agissant concurremment, mais chacune en ce qui la concerne, sur un même point de territoire, ou sur un seul genre d'établissement, comme pourraient, par exemple, le faire, dans un ordre de répartition peu différent de celui qui existe présentement en France, la division ministérielle à laquelle seraient confiées la salubrité publique et les mesures sanitaires en général, ou encore la division qui aurait dans ses attributions la police, la conservation des bonnes mœurs, l'instruction publique, etc., relativement à celle qui se trouverait chargée de la construction, de l'entretien, de la réparation des monuments publics, des maisons destinées à l'éducation, des maisons qui sont affectées aux établissements de bienfaisance et de charité, aux dépôts de mendicité, aux hôpitaux, aux prisons, etc.

L'état actuel du ministère, en France, est donc incontestablement préférable à l'état du ministère avant la révolution. L'organisation, à cet égard comme à beaucoup d'autres, a fait un pas vers l'uniformité; et c'est une chose d'une haute importance pour le bien-être et la prospérité d'un peuple.

Mais, sous ce rapport, et même relativement au partage des branches ou divisions principales du ministère, nous ne sommes pas encore arrivés au degré possible et nécessaire de simplicité et de régularité.

Si l'on y fait quelque réflexion, on voit bien que la classification présentement admise n'est pas d'accord avec celle qui existe dans la nature.

D'après cette classification naturelle, qu'il ne s'agit pas d'inventer, de créer, qu'il ne faut que reconnaître et consacrer, on ne peut admettre que trois grands ministères, savoir : le ministère de *l'intérieur*, le minisère des *relations extérieures* ou *affaires étrangères*, et e ministère du *trésor public*.

Ces trois grands ministères sont susceptibles d'être ensuite partagés chacun en différentes divisions princi-pales ou sous-ministères, dont la direction doit être confiée à des sous-ministres ou sous-secrétaires d'état.

D'après cette classification, le ministre de l'intérieur éservera sous sa surveillance immédiate les nominations u propositions de nominations, de suspensions et ré-ocations des sous-secrétaires d'état ressortissants de on ministère, des préfets, des sous-préfets, des maires; examen et l'approbation de leurs actes administratifs, es questions relatives à la division et à la statistique du erritoire et de la population, et en général toutes celles ui ne se rattacheraient pas aux attributions particuliè-ement dévolues à chacun de ses sous-ministères.

De même, le ministre des relations extérieures con-ervera sous sa surveillance et proposition directes les ominations, suspensions, et révocations des sous-se-rétaires d'état dépendants de son ministère, des am-assadeurs, des ministres plénipotentiaires, envoyés, ésidents, consuls et autres agents diplomatiques du roi rès des divers gouvernements étrangers.

Le ministre du trésor conservera les nominations des eceveurs généraux et particuliers, des payeurs et autres gents et employés de cette branche d'administration.

Ministère de l'Intérieur.

Les sous-ministères ou divisions principales de ce ninistère sont les sous-ministères, 1° *de la religion ou les cultes*; 2° *de l'instruction publique*; 3° *de la justice*; 4° *de l'agriculture*; 5° *de l'industrie et du commerce*;

6° *des armées de terre ; 7° des flottes ou de la marine ;* 8° *de la police ; 9° des domaines, finances et contributions.*

Nous n'énumérerons pas ici, comme nous l'avons fait dans la *Science du Publiciste* (vol. VIII, pag. 416 et suiv.), les attributions particulières et spéciales de chacun de ces sous-ministères ; nous nous contenterons de reproduire quelques observations propres à faire bien comprendre l'ordre, et toute l'utilité de ce système d'organisation ministérielle *.

Sous-ministère de la Religion ou des Cultes.

Dans un pays où il existe plusieurs religions ; où la liberté des opinions religieuses est un principe de droit public, écrit, garanti et conservé par la législation ; où chacun doit en conséquence obtenir pour son culte la même tolérance et la même protection, comment com

* Nous rappellerons aussi les deux observations suivantes :

1° Dans une monarchie, dans une républiqne même, l'unité doit toujours être la base de l'organisation administrative, depuis le faîte jusque dans les dernières ramifications. Hors de l'observation de ce principe, il ne peut y avoir ni force ni ensemble dans les gouvernemens. En conséquence, toute commission ou administration composée de plusieurs membres, commissaires ou administrateurs égaux en pouvoirs, et réunissant collectivement des attributions de même nature, est une anomalie, un véritable contre-sens constitutionnel, dont les résultats ne sauraient être sans inconvénients.

2° Dans chaque ministère et sous-ministère, l'organisation peut toujours conserver quelques points essentiels de conformité, au moins dans l'existence d'un secrétariat général composé de cinq divisions ou bureaux principaux, savoir : le bureau du *secrétariat* proprement dit, chargé de l'ouverture, de l'examen et de l'analyse des dépêches à l'arrivée, de l'enregistrement et de la distribution des affaires, des renseignements généraux à donner au public, des réponses à faire aux demandes evoir l'absence d'un centre d'administration, seul propre à faire observer avec impartialité les lois fondamentales de l'état sous ce rapport.

Ce ne sont pas les ministres de l'un ou l'autre de ces cultes, qui prendront soin de faire honorer et respecter les autres. On ne doit pas l'attendre d'eux ni le leur demander.

D'ailleurs ce centre d'administration serait peut-être un des moyens les plus efficaces d'amener insensiblement et de fixer enfin toutes les croyances à ce qu'il y a de plus essentiel, de véritablement universel et immuable dans toutes les religions, et de les amener ainsi, par une douce persuasion, à s'unir, à se confondre ensemble, pour honorer en commun et par des vœux patriotiques et fraternels, l'auteur suprême de toute morale et de toute équité.

Sous-ministère de l'Instruction publique.

Cette autre division principale de l'administration

d'audiences, places et secours, de la délivrance des congés à accorder aux employés, et enfin du contre-seing, de l'enregistrement et du départ des lettres et paquets, etc.; le bureau du *contentieux*, chargé de la suite et instruction de toutes les affaires en litige; le bureau des *archives*, chargé du dépôt, de la classification, du répertoire, de la conservation des lois, des ordonnances royales, des arrêtés, règlements, statuts, décisions, circulaires ministérielles, etc., relatifs à la branche d'administration du sous-ministère; le bureau de *comptabilité*, chargé des rapports et décisions sur les matières relatives à la comptabilité spéciale du sous-ministère et de ses bureaux, du contrôle des employés, de la tenue des registres et écritures, de la formation du budjet des dépenses annuelles, des recettes et versements au trésor, de l'ameublement, du mobilier, des fournitures, impressions et dépenses diverses intérieures, des lettres d'avis, expédition et délivrance de bordereaux de paiements, etc; enfin, le bureau de *révision* ou de *perfectionnement*, chargé de tous les projets d'amélioration relatifs à la même branche d'administration.

ministérielle de l'intérieur n'est pas moins nécessaire dans un état, pour y établir, sous le rapport de l'éducation et de l'instruction publique, cette uniformité de doctrine et de principes si nécessaire au bonheur individuel de tous les citoyens et à la prospérité générale de la société.

On ne peut pas obtenir ce résultat de ces systèmes que l'on a quelque sujet de s'étonner de voir adopter dans une monarchie ; de ces commissions composées de plusieurs membres égaux en pouvoirs administratifs; de ces universités, ou autres corps collectifs sans unité suffisante, sans dépendance hiérarchique, constitutionnelle et régulière, dont les uns, se méprenant étrangement sur le but véritable de leur mission, se persuadent qu'il est plutôt de leur devoir d'étouffer, de ralentir du moins les progrès des lumières, que de hâter le développement de la raison et de l'entendement humain, et dont les autres, au contraire, non moins éloignés de la sagesse et de la vérité, ne s'appliquent pas assez à convaincre la jeunesse que la véritable liberté n'est pas ennemie de toute sujétion, de toute dépendance, et qu'elle ne peut même pas exister sans subordination, sans respect pour l'autorité, sans obéissance et soumission aux lois.

Ce sous-ministère peut admettre deux parties ou directions principales et distinctes : la direction de *l'enseignement* ou des *écoles*, et la direction des *bibliothèques, musées, institutions savantes, imprimerie, librairie* et *théâtres*.

Sous-ministère de la Justice.

L'indépendance morale, l'honneur, la dignité de la magistrature, doivent être garantis par l'indépendance d'organisation de l'ordre judiciaire. Toutefois l'existence de ce sous-ministère de la justice dépendant du ministère de l'intérieur est nécessaire; et elle n'aura rien de funeste, si elle n'a rien de contraire aux règles fondamentales de cette organisation d'après les principes essentiels du droit constitutionnel, si les attributions qui lui sont départies et déléguées se trouvent strictement renfermées dans leurs justes limites.

Sous-ministère de l'Agriculture.

Entre autres dispositions relatives à cette partie d'administration de même dépendante de l'intérieur, l'ordonnance du 4 juillet 1814 avait rétabli la société royale d'agriculture dans le titre et les attributions qui lui avaient été conférés en 1788. Elle voulait que cette société fût le centre et le lien de correspondance des différentes sociétés d'agriculture du royaume, et que ses travaux eussent pour objet l'amélioration des diverses branches de l'économie rurale et domestique de la France, etc.

L'ordonnance du 27 janvier 1819 a créé, pour donner son avis sur les questions de législation et d'administration, et sur les projets et mémoires relatifs à l'agriculture, pour présenter ses vues sur les améliorations et perfectionnements à introduire dans l'agriculture et sur les récompenses et encouragements à accorder, un conseil d'agriculture composé de dix membres, à la nomination du ministre, sous l'approbation du roi.

Pour remplir le but qu'elle s'est proposé, cette seconde institution n'est pas moins insuffisante que la première et que toutes celles qui ont été établies jusqu'ici. D'après cette ordonnance, chaque préfet présente, à la vérité, au choix du ministre, un membre correspondant du conseil, ayant le droit d'assister aux séances quand il se trouve à Paris.

Mais quel est le propriétaire, le cultivateur, qui peut abandonner souvent la surveillance de ses travaux domestiques, pour venir, des points les plus éloignés du royaume, assister dans la capitale aux délibérations du conseil établi près du ministère. Et qu'est-ce d'ailleurs que ce conseil composé de dix membres pour tous les départements dont un vaste état se compose, et lors surtout qu'il n'existe pas, dans ces départements, d'institutions constitutionnelles et régulières, qui puissent seconder efficacement ses vues et ses projets d'amélioration.

C'est, comme nous l'avons vu, dans la composition de l'une des trois branches du pouvoir législatif que doivent se trouver rassemblés et constitués en corps libre et indépendant les représentants et mandataires véritables de la propriété, de l'agriculture; et cela non seulement dans la capitale pour tout le royaume, mais encore dans chaque département, dans chaque arrondissement, dans chaque commune.

Les membres que le sous-ministère de l'agriculture appellera dans son sein devront être des hommes spécialement propres, par leurs études habituelles et principales, par des expériences et des travaux assidus, à avancer les progrès de la science, à concevoir des procédés, à juger les plans, qui, examinés et mûris de nouveau dans le conseil d'état, pourront en définitive devenir la matière de projets de lois que les trois branches de la législature discuteront et adopteront en connaissance de cause, et avec l'espérance fondée du succès.

Sous-ministère de l'Industrie et du Commerce.

Le nombre des membres du conseil général du commerce, et le nombre des membres du conseil général des fabriques, tous deux établis près du ministère de l'intérieur, avaient été fixés, l'un et l'autre, à soixante; et la réunion de la Hollande avait augmenté ce nombre de huit pour le conseil général du commerce. Les membres de ces deux conseils devaient être nommés par le ministre de l'intérieur et pris parmi les négocians et commerçants, parmi les fabricants et manufacturiers en activité. Au bout de cinq ans d'exercice, ils pouvaient obtenir le titre de conseiller de commerce, ou le titre de conseiller des arts et manufactures, qui devaient leur être conférés par un brevet signé de la main du chef du gouvernement. Il devait toujours y avoir, à l'un et à l'autre de ces conseils, pour qu'ils pussent délibérer, au moins cinq membres présents ; et dans le conseil des arts et manufactures, chacun de ces cinq membres devait représenter l'un des genres d'industrie ci-après : la fabrication de la soierie, celle de la laine, celle du chanvre et du lin, celle du coton, et celle des cuirs et peaux.

La réflexion que nous venons de faire relativement au conseil d'agriculture institué, depuis, près du même ministère, se reproduit ici. Cette institution était insuffisante *. Elle ne pouvait ni remplacer les chambres représentatives nationales et locales du commerce et de l'industrie, ni atteindre le but spécial qui devait lui être propre.

Les hommes que le sous-ministère de l'industrie et

* Une ordonnance a été publiée, le 6 janvier 1824, pour l'institution d'un *Conseil supérieur du Commerce et des Colonies.*

du commerce admettra dans sa composition n'ont besoin d'être ni manufacturiers ni négociants pour remplir avec fruit leurs fonctions. Il vaut même mieux qu'ils ne puissent être distraits de ces fonctions par la surveillance de travaux et d'intérêts particuliers de ce genre; pourvu que leurs plans, toujours soumis à l'examen du conseil d'état, ne puissent être sanctionnés et convertis en lois, qu'après avoir été proposés, discutés et adoptés, dans les chambres représentatives, par les véritables mandataires de l'industrie et du commerce.

Sous-ministère des Armées.

Plus la civilisation se perfectionne, plus les peuples s'éclairent, et plus les principes du droit politique et du droit des gens ou droit commun, sont facilement et scrupuleusement respectés. Déjà l'on sent de jour en jour davantage les bienfaits et le besoin de la paix. La guerre n'est plus un fléau permanent et habituel, mais un désordre rare et passager.

Cependant, quelque fondée que soit l'espérance que l'on conçoit de voir cet état de choses s'améliorer et s'affermir encore, surtout si l'on en juge d'après le nouvel essor des lumières et d'après le perfectionnement des institutions, cette espérance se fût-elle même réalisée complètement, tout corps politique n'en aura pas moins besoin d'une organisation militaire calculée de manière à assurer à tout évènement sa tranquillité intérieure et extérieure. L'utilité du précepte *si vis pacem, para bellum*, n'en sera pas moins réelle.

Il semble toutefois convenable d'adopter, pour la division du sous-ministère qui doit être chargée spécialement de la direction et surveillance de cette organisation militaire, une dénomination telle qu'elle s'applique plutôt à l'état de paix habituel et permanent, que l'on désire de voir se réaliser, qu'à un état de guerre qui ne doit plus être considéré que comme purement accidentel.

Ce sous-ministère se divisera en deux parties ou directions principales, savoir : celle des *gardes nationales* ou *sédentaires*, et celle des *armées de ligne* ou *troupes actives et mobiles* *.

Sous-ministère des Flottes ou de la Marine.

L'on vient de voir que l'un des résultats salutaires de la civilisation est de tendre à réduire progressivement le nombre des armées mobiles de terre, de le renfermer

* Lorsque les armées de ligne devront sortir du territoire, en temps de guerre surtout, elles passeront, en partie, pour l'administration, dans les attributions de l'un des sous-ministères dépendants du ministère des relations extérieures ; et, pour le commandement et la direction, sous les ordres d'un généralissime ou major général.

Peut-être pensera-t-on qu'il peut y avoir beaucoup de difficultés et d'inconvénients à transporter ainsi une partie importante d'administration d'une division du ministère de l'intérieur à une division du ministère des relations extérieures, quoique cela soit réellement dans l'ordre, et en quelque sorte nécessité par la force, par la nature des choses.

Il faut répondre à cette objection en faisant d'abord remarquer qu'il s'est fait et qu'il s'effectue encore souvent, dans le système administratif, des transmutations d'attributions moins naturelles, et par conséquent d'une exécution plus difficile.

En second lieu, il importe d'observer aussi que l'expérience a constamment démontré l'insuffisance, pendant la guerre, d'un seul ministre pour l'organisation, le personnel, le matériel, la direction et le mouvement des armées ; que l'on s'est vu forcé d'y suppléer, d'une part, par la nomination d'un ministre-directeur de l'administration de la guerre, chargé spécialement de l'administration, de la comptabilité du service des vivres, des fourrages, des remontes, de l'habillement, des lits dans de justes proportions avec les besoins d'une défense légitime, d'arracher ainsi des générations entières à l'influence meurtrière du démon de la guerre, et de rendre les bras vigoureux d'une jeunesse active, d'une population nombreuse, à leur destination naturelle, aux travaux utiles de l'agriculture, de l'industrie et du commerce. Par une conséquence évidente, la même cause, ce bienfait trop méconnu du progrès des lumières, doit conduire au contraire à étendre la prépondérance des forces navales, à développer leur mouvement et leur activité,

Mais ce ne sera pas pour transporter au loin la ruine et la dévastation, pour aller (ainsi que le firent souvent, au nom de la religion même, des conquérants

militaires, du chauffage, des convois et transports, de la surveillance des commissaires des guerres, des agents de l'administration militaire, et des officiers de santé, etc.; et d'autre part, en créant un major général de l'armée, chargé plus spécialement de la direction et des mouvements.

Cette dernière institution, adoptée par un homme auquel la connaissance de l'art de la guerre est sans doute ce que l'on contestera le moins, devient d'autant plus nécessaire dans une monarchie constitutionnelle, où le prince régnant ne doit pas commander les armées en personne. Elle y doit être établie en temps de guerre : car, si les ministres sont, alors surtout, nécessaires au centre, pour surveiller et hâter la levée, l'organisation, l'instruction des troupes, la confection des équipages, des armes, de tout le matériel de la guerre, pour hâter les convois, les transports et expéditions sur les différents corps, il faut de plus, pour diriger et conduire l'ensemble des opérations militaires, la marche, le mouvement des troupes, un homme revêtu d'un pouvoir actif et assez étendu, faisant partie de l'armée, et qui puisse, sans entraver ni ralentir aucune des autres opérations préparatoires, se transporter rapidement d'un lieu à un autre, et voir les choses par lui-même et de près.

impies, ambitieux et barbares), troubler la paix, ravager le territoire des nations étrangères, détruire leur indépendance; pour établir par la violence, dans des champs ruinés et inondés du sang de leurs habitants, des colonies, qui sont onéreuses à l'état dont elles reçoivent et réclament le soutien tant que leur faiblesse et l'insuffisance de leurs propres forces les rendent dépendantes de la mère-patrie, et qui, lorsqu'elles auront vu leurs ressources s'accroître et leur primitif appui se changer en fardeau, ne manqueront pas de rompre des liens devenus des chaînes pesantes quoique trop fragiles pour durer long-temps, de briser un joug fait pour humilier dès qu'il contraint et captive, et d'ailleurs non moins funeste aux oppresseurs qu'aux opprimés.

Ce n'est donc pas vers de telles conquêtes que tendent les vues et la conduite d'un peuple que le flambeau de la raison et de la liberté éclaire et vivifie. Il doit se créer une marine, avoir des flottes et leur imprimer un mouvement sagement calculé de force et d'activité, pour former, dans tous les climats, avec tous les pays du monde, des relations amicales, des opérations d'échange et de commerce, libres, et par cela même profitables; pour semer, faire germer et fructifier partout ces principes de droit, de justice et d'honneur, qui doivent faire naître chez lui, et propager, d'un hémisphère à l'autre, la vie, le bien-être et la fécondité; pour défendre et protéger partout ces principes; pour maintenir sa propre indépendance; pour établir et conserver, dans le même but, des communications faciles et sûres; et pour faire ainsi aimer et respecter le pavillon national flottant sur les mers, d'une extrémité à l'autre de la terre.

Dans un discours sur l'administration de la justice criminelle, l'avocat général Servan fait une réflexion d'un grand sens, et de la sagesse de laquelle les hommes qui gouvernent devraient se pénétrer, particulièrement dans une monarchie constitutionnelle : « Ne jugeons pas, dit-il, de la vigilance du magistrat par la multiplicité de ses actions; l'ordre et l'exactitude en sont un meilleur signe. Un magistrat vigilant n'appesantit point la main sur le joug des lois; il le tient léger et presque insensible sur la tête du citoyen; il observe plus qu'il n'agit, et plus il observe, moins il a besoin d'agir. Défiez-vous de ces hommes publics toujours agissants, toujours inquiets : ce que d'autres prennent pour de la vigilance n'annonce qu'une ame timide et des vues incertaines; leurs yeux toujours troublés ne reçoivent aucune image nette de tant d'objets divers qui s'y confondent; ils s'agitent comme un enfant qui a perdu la lumière, et ils communiquent à la chose publique les ébranlements qu'ils reçoivent de tous côtés. Encore une fois, ce n'est pas là être vigilant, c'est être inquiet; rien ne donne plus de sécurité que de bien voir ce qui est, et rien ne donne plus de loisir que de ne faire que ce qui est utile. »

En général, les auteurs amis de l'ordre et de la tranquillité publique se sont élevés fortement contre l'existance du ministère de la police générale. Ils ont cru pouvoir entreprendre d'en démontrer non-seulement les dangers, mais l'insuffisance et l'inutilité.

Plusieurs même, d'opinions fort contraires sur beaucoup de points, se sont accordés pour affirmer que, sous une constitution libre, le ministère de la police ne doit absolument pas exister.

Et, il faut le dire, leurs ouvrages renferment sur ce sujet des réflexions pleines de justesse et de force, et de la lecture desquelles l'homme d'état peut tirer une grande utilité, s'il est réellement jaloux d'atteindre le but unique qu'il doit se proposer, celui de coopérer à la prospérité de la chose publique, au bonheur de la patrie et de l'humanité.

Dans des circonstances assez récentes, les attaques contre cette branche de l'administration ministérielle ont été renouvelées, en France, avec violence et ténacité, par des orateurs éloquents et de partis diamétralement opposés. Leur accord, si peu commun, a eu ce résultat, qu'en apparence du moins le ministère de la police a été supprimé.

En Angleterre, depuis que l'office du grand-connétable a été aboli, il paraît que ce ministère n'a pas non plus existé; et l'auteur du *Système social* dit à ce sujet que, dans ce pays, ceux qui gouvernent la nation n'ont encore pu établir aucune sûreté dans les chemins, où les voleurs exercent librement leurs brigandages. Les Anglais, ajoute-t-il, craignent la police, parce qu'ils la regardent comme un instrument qui, dans la main du souverain, peut introduire le despotisme; ils aiment mieux être volés que de confier au monarque le soin de les garder.

Ce qu'il est vrai de dire, c'est qu'en effet dans un état mal réglé, mal constitué, cette partie de la puissance ministérielle peut bien tendre à établir le despotisme: et que, le despotisme une fois établi, elle a peut-être des résultats plus funestes encore; qu'elle est alors soupçonneuse, inquiète, violente, tyrannique, arbitraire; qu'elle corrompt et provoque bien plus qu'elle ne surveille ou prévient, ne protège ou garantit.

Mais quelle est la cause de ces mauvais résultats? C'est toujours celle qui dénature et vicie toutes les autres institutions ou plutôt toutes les parties de l'excessive autorité de la puissance exécutive, savoir la nature funeste du gouvernement despotique, dont nous avons assez fait connaître et démontré les imminents dangers, les inévitables inconvénients. Corrompu dans son principe et corrupteur par essence, ainsi que Montesquieu le remarque, il ne recueille et n'exprime des fruits les plus salutaires que des venins et des poisons.

Il n'en faut donc pas conclure que, dans tout état de choses, sous un gouvernement monarchique et constitutionel, où chaque institution, chaque partie de l'administration doit être renfermée dans les bornes de son domaine, calculée et réglée, conduite et dirigée dans le sens qu'elle doit suivre et pour le but qu'elle doit remplir, cette branche d'administration deviendra aussi nuisible et produira de semblables effets.

C'est une proposition exagérée et peu réfléchie, que d'affirmer que cette branche d'administration doit être entièrement supprimée.

Et c'est d'ailleurs pousser trop loin l'irréflexion et la crédulité que de se persuader qu'elle puisse être en effet totalement détruite. En y faisant attention, l'on reconnaît bien, au contraire, qu'elle ne sera que masquée et déplacée, et que de cela même proviennent encore d'autres inconvénients graves qu'il importe essentiellement d'éviter.

Dans la vérité, cette division de la puissance ministérielle n'a pas encore été jusqu'ici ce qu'elle doit être. Ses attributions trop étendues, excessives même en un sens, dans un autre sens ont toujours été envahies et trop restreintes; et cette usurpation, par d'autres parties de l'autorité ministérielle, de plusieurs des attributions essentielles qui, d'après leur nature et suivant les règles du droit, appartiennent en propre à celle-ci, est évidemment l'une des causes qui en ont fait révoquer en doute l'utilité.

Le sous-ministère de la police générale intérieure se divisera donc d'abord en deux parties ou directions principales et distinctes, savoir : la direction de *sûreté* ou de *police* proprement dite; et la direction des *grande et petite voiries*, *des ponts et chaussées*, *canaux*, *navigation intérieure*, *mines*, *minières et carrières*, *mesures sanitaires*, *hôpitaux et prisons*.

Sous-ministère des Domaines et Finances.

Dans l'état actuel de l'organisation ministérielle, en France, cette branche de l'administration centrale paraît être l'une de celles dans lesquelles il existe le plus de complication et de confusion.

Cependant il n'en est peut-être aucune où l'ordre et la simplicité fussent plus nécessaires.

En la séparant du ministère du trésor public, on obtiendrait en partie ce résultat, auquel il y a lieu de croire que l'on arriverait plus complètement encore par l'adoption de quelques-unes des idées que nous avons développées dans la seconde partie de la *Science du Publiciste* (vol. VII, p. 319 et suiv.) au sujet du mode de perception des impôts.

Quant à présent du moins, et jusqu'à ce qu'un plan plus régulier et entièrement conçu dans cet esprit d'utilité et de simplicité, ait été mûri dans le conseil d'état, proposé aux chambres et converti en loi, ce sous-ministère peut admettre cinq parties ou directions principales, savoir : la direction des *eaux et forêts, et autres domaines de l'état;* la direction des *contributions directes;* la direction des *contributions indirectes;* la direction de *la régie du timbre et de l'enregistrement;* et la direction des *postes.*

Ministère des Relations extérieures.

Quant au ministère des relations extérieures ou affaires étrangères; si les attributions naturelles de ses diverses parties ou divisions principales, correspondantes à celles dont nous venons de parler pour l'intérieur, quelles que fussent et leur étendue et leur importance, n'étaient pas cependant suffisantes pour que l'on crût devoir en former autant de sous-ministères, dont chacun serait confié à la surveillance d'un sous-secrétaire d'état, une classification semblable pourra toujours servir de base à son organisation.

En ne formant de ces parties distinctes que de simples directions ou divisions confiées à un chef non promu au titre de sous-secrétaire d'état, l'ordre qui en résulterait serait encore plus régulier de beaucoup que les classifications qui ont existé jusqu'ici dans le département des affaires étrangères, où se rencontre le vice d'organisation qui existait, dès avant 1791, pour toutes les parties du ministère; savoir, que le partage des attributions y est fondé non pas sur la différence et la nature particulière de chacune de ces attributions, mais d'après une classification quelconque des diverses puissances avec lesquelles l'État est en relation.

Cet ordre de choses avait été adopté, et l'on a cru devoir le conserver, sans doute pour donner moins de prise à la publicité, quoique ce système d'organisation soit, par cela même, moins propre à l'établissement et au maintien du bon ordre et de la régularité.

Ministère du Trésor.

Quant au ministère du trésor public, nous rappellerons que la nécessité de ce ministère avait été reconnue formellement par l'arrêté du 5 vendémiaire an X.

Son existence distincte et la responsabilité individuelle du ministre secrétaire d'état qui doit être chargé de sa direction et de sa surveillance, serait à coup sûr une forte garantie de l'ordre dans les finances, de l'exactitude du budget, et de la régularité dans les mouvements de fonds et dans les paiements.

On peut penser qu'avec ce ministère, nul paiement ne serait effectué qu'en vertu des lois et conformément à ce qu'elles prescrivent; que les fonds seraient exactement appliqués aux objets pour lesquels ils auraient été votés; que le système constitutionnel de la *spécialité* (consacré par l'art. 56 de la constitution du 22 frimaire an VIII) serait régulièrement observé.

Sans ce ministère, au contraire, les budgets, le vote des impôts, le principe de la responsabilité ministérielle sous le rapport de la comptabilité, ne sont et ne seront jamais qu'illusions et déceptions. Non-seulement les vérifications sont impossibles; mais fussent-elles scrupuleusement faites, elles resteraient encore sans utilité et sans efficacité.

On doit donc le rétablir, si l'on désire sincèrement de voir l'état du trésor et des finances s'améliorer, et arriver à un degré solide et durable de prospérité.

Ce ministère devra recevoir tous les versements des sommes recouvrées soit par le sous-ministère des domaines et finances dépendant du ministère de l'intérieur, soit par le sous-ministère ou la direction des domaines et finances dépendant du ministère des relations extérieures.

Il devra opérer toutes les répartitions de fonds et tous les paiements dans les diverses branches de l'administration.

Il réunira tous les éléments du budget général et annuel de l'état, en recettes et en dépenses; et il sera chargé de sa formation et de sa rédaction. Le ministre secrétaire d'état réservera même par devers lui, sous son inspection immédiate et directe, ce travail important.

Le surplus de ses attributions admettra trois parties ou directions principales : la direction des *monnaies;* la direction de l'*amortissement;* et la direction des *recettes et dépenses* ou *caisse générale et centrale.*

Pour conclusion, regardons comme certain que, si les parties principales de l'administration ministérielle étaient réparties d'après cet ordre, ou du moins dans un esprit semblable de régularité et de justice, sa marche en serait plus libre, plus prompte, plus stable et plus favorable à la prospérité publique; l'exactitude et la bonne foi y seraient plus communes, plus naturelles, obligées pour ainsi dire par la position des administrateurs, ministres, sous-ministres, employés et autres agents de la puissance exécutive, sans cesser néanmoins d'être en eux, comme dans tout autre citoyen, un titre précieux à l'estime du chef de l'état et des administrés.

ORGANISATION DES PRÉFECTURES, SOUS-PRÉFECTURES ET MAIRIES.

1° Le chef suprême de la puissance exécutive doit avoir des agents ou délégués dans les provinces, dans chaque division et subdivision du territoire national : sans cela, point d'ensemble, d'unité; point de nerf et de force dans l'exécution; point de véritable monarchie.

Et ce que nous avons dit jusqu'ici, appuyé du raisonnement, et fortifié d'ailleurs de toute l'autorité de l'expérience, prouve clairement combien serait grave l'erreur des hommes qui, dans la vue du bien public et de la liberté, se persuaderaient qu'il est possible de confier sans inconvénient les attributions de cette puissance d'exécution, dans une portion du territoire, quelque restreinte qu'elle soit, dans une ville ou dans une commune, à une assemblée délibérante, à un corps quelconque composé de plusieurs membres.

Le gouvernement, organe de *résolution* et *d'action*, a besoin, pour l'exercice de la puissance législative, relativement à tous les intérêts de pure localité, d'être secondé, dans les diverses parties du territoire, par des institutions qui, telles que les deux chambres représentatives de la propriété et de l'industrie, soient d'une nature analogue à celle de sa constitution sous le premier de ces deux rapports, la résolution. (Voy. p. 239 et 240.)

Le gouvernement a besoin, à plus forte raison encore, pour l'exercice de la puissance exécutive, d'être suppléé, dans ces mêmes divisions et subdivisions territoriales et administratives, par un mobile d'action d'une nature pareillement analogue à celle que doit avoir sa propre constitution sous cet autre rapport, c'est-à-dire que ce mobile d'action doit partout, dans la plus petite commune, ainsi que dans la capitale, être placé dans la main d'un seul homme.

Les préfets, les sous-préfets et les maires, sont donc aujourd'hui en France, ainsi qu'ils doivent l'être, les auxiliaires nécessaires, les ministres ou délégués du roi, dans les départements, dans les arrondissements et dans les communes.

2° Le principe qu'il s'agit d'établir ensuite, quant à la fixation du nombre de ces agents, préfets, sous-préfets et maires, est une conséquence directe et immédiate du principe qui vient d'être reconnu, et d'après lequel il ne peut exister qu'un préfet par département, un sous-préfet par arrondissement, et un maire par commune.

La loi du 28 pluviose an VIII porte en effet qu'il y aura dans chaque département un préfet, dans chaque arrondissement un sous-préfet, et dans les villes, bourgs, et autres lieux dont la population n'excéderait pas deux mille cinq cents habitants, un maire et un adjoint; dans celles dont la population serait de deux mille cinq cents à cinq mille habitants, un maire et deux adjoints; dans celles où la population serait de cinq mille à dix mille, un maire, deux adjoints et un commissaire de police, etc.

Mais les adjoints, et les commissaires de police surtout, ne sont et ne doivent être que des suppléants, des officiers subordonnés à l'autorité du maire. Aussi un arrêté du conseil d'état, en date du 2 pluviose an IX, a-t-il décidé que, lorsque le maire était présent, les adjoints n'avaient pas entrée au conseil municipal.

Quant à la fixation du nombre des conseillers de préfecture, de sous-préfecture et de mairie, ce nombre dépendant de la nature et de l'étendue des attributions qui leur appartiennent, ces attributions doivent être reconnues et fixées avant qu'on s'occupe de le déterminer.

3° Puique les préfets, les sous-préfets et les maires sont les auxiliaires, les ministres ou délégués du roi, dans les départements, les arrondissements et les communes, c'est au roi qu'appartient le droit de les nommer; et si ce droit est reconnu et ne souffre aucune difficulté à l'égard des préfets et des sous-préfets, comment pourrait-il en éprouver de fondées relativement aux maires, qui sont placés à un degré inférieur dans la ligne des agents de la puissance exécutive ou d'administration?

Aussi, quoiqu'on ait souvent cherché à rendre les maires électifs, nous avons vu (*Science du Publiciste*, vol. VIII, pag. 551 et suivantes), en remontant jusqu'au règne de Louis VII, que l'on a toujours fini par en revenir plus ou moins, selon le temps, à l'observation du principe.

Suivant les décrets des 19 floréal an VIII, 18 floréal an X, et 5 germinal an XI, leur nomination, dans les communes au-dessous de six mille habitants, a été déléguée aux préfets.

Quant à la nomination des conseillers de préfecture, la loi du 28 pluviose an VIII l'attribuait au chef du gouvernement; mais elle pourrait aussi être déléguée sans inconvénients, ainsi que la faculté de nommer les conseillers de sous-préfecture et de mairie, aux préfets et sous-préfets; pourvu toutefois que le droit d'élection des citoyens fût respecté dans sa véritable et juste application, c'est-à-dire pour le choix et la désignation des mandataires et représentants de la propriété et de l'industrie, non-seulement dans les chambres nationales, mais encore dans les chambres départementales, cantonales et municipales.

Du reste, que le droit à la nomination des maires et des conseillers de préfecture, de sous-préfecture et de mairie, soit retenu et exercé directement par le chef de la puissance exécutive, ou que l'exercice de ce droit soit confié et délégué par lui, il n'en est pas moins certain que la sagesse du législateur et le pacte constitutionnel peuvent et doivent le subordonner à de certaines conditions, telles, par exemple, que celle de l'âge et celle de l'observation d'un système graduel et progressif d'avancement.

Ces fonctionnaires doivent aussi être astreints à la résidence dans le chef-lieu de leur administration, ainsi que l'ancienne et la nouvelle législation l'ordonnent.

4° La cumulation des emplois, prohibée plus d'une fois aussi par l'ancienne et par la nouvelle législation, n'est en effet bonne nulle part; elle n'existe que dans les gouvernements imparfaits, dans les gouvernements despotiques, ou qui sont prêts à le devenir, et qui croient déjà leur autorité assez absolue pour jeter le masque et dépouiller toute feinte. Mais combien n'est-elle pas contraire surtout à la nature des fonctions de préfet, de sous-préfet et de maire !

Comment, dans un état d'ordre, dans un système constitutionnel régulier, tolérer la cumulation de ces fonctions avec celles de mandataires ou représentants de la propriété et de l'industrie dans les chambres? Y a-t-il rien de plus choquant que de voir des maires, des sous-préfets, des préfets, abandonner, pendant une grande partie de l'année, la surveillance des détails de leur administration, pour discuter et contrôler publiquement, dans les chambres provinciales et municipales, leurs propres résolutions, ou, dans les chambres nationales, la conduite et les actes du ministère, dont ils sont les subordonnés et de qui dépend leur révocation ?

Un législateur prévoyant peut-il présumer que ces agents subordonnés procéderont à cet examen avec une pleine liberté de conscience; ou ne doit-il pas regarder comme indubitable qu'à leur insu même leur opinion sera influencée et égarée par la position fausse et contrainte dans laquelle il souffre qu'ils soient placés?

D'ailleurs l'obligation de la résidence que nous venons de reconnaître en principe, et que la législation consacre, suffirait, seule, pour faire ressortir toute l'évidence de l'incompatibilité, du moins dans les chambres nationales. En effet, si la résidence d'un préfet dans son département est prescrite comme un devoir, c'est qu'elle est considérée comme une condition nécessaire à l'exercice de ses fonctions.

Dira-t-on que, dans certains cas et lorsqu'un préfet est appelé à remplir des fonctions de nature différente, mais toujours d'ordre public, les devoirs de sa place seront accomplis aussi bien que par lui, soit par un secrétaire général, soit par un membre du conseil de préfecture ? S'il devait en être ainsi, on répondrait avec toute raison que les places de préfets n'ont pas d'objet, et qu'il faut sans délai les supprimer.

On est donc forcé d'en convenir, il y a encore ici désordre et confusion ; et toutes les fois qu'il y a désordre dans l'organisation, il n'est pas possible que les choses marchent comme elles doivent aller. Jamais le pilote le plus actif et le plus vigilant ne sera sûr de conduire le navire dans le port, lorsque les rameurs ou les matelots, le gouvernail, les rames et les mâts ne sont pas à leur place. Jamais le conducteur le plus habile n'atteindra le bout de la carrière, lorsque le char est brisé, ou les roues sans force et sans soutien.

Si, de la nature des fonctions de préfet, de sous-préfet et de maire, de conseiller de préfecture, de sous-préfecture et de mairie, résulte l'incompatibilité de ces fonctions avec toutes autres fonctions publiques; si la dignité de ces places essentielles d'administration ne permet pas que les hommes qui les occupent se livrent à des spéculations commerciales ou lucratives quelconques, il est dès lors évident qu'un émolument proportionné à l'importance de ces fonctions doit y être attaché : tout travail mérite son salaire.

Les préfets, les sous-préfets et les maires, les conseillers de préfecture, de sous-préfecture et de mairie sont à la vérité les agents spéciaux du chef de la puissance exécutive, mais dans quel intérêt? Ce n'est pas dans son intérêt personnel et exclusif; c'est encore, de même qu'en ce qui concerne les conseillers d'état et les ministres, pour l'utilité publique et commune, pour le bien et la prospérité de l'état en général. C'est donc aussi l'état, auquel ils profitent, auquel ils sont nécessaires et indispensables, qui doit supporter les frais des appointements qu'il est juste de leur allouer.

Depuis leur création, les préfets, les sous-préfets et même les conseillers de préfecture ont en effet été rétribués sur les fonds du trésor; mais les fonctions de maire ont toujours été gratuites. Pourquoi cela? En existe-t-il une raison bien fondée et équitable?

Avant la révolution, les officiers publics qui remplissaient ces fonctions ou autres analogues, sous le titre de maires, d'échevins, de prévôts, etc., jouissaient de différents profits, gages de villes et autres droits, d'exemptions, de privilèges et prérogatives. Sans doute de semblables droits et privilèges devaient être supprimés et ils ne seront pas rétablis; mais ne peuvent-ils pas être remplacés par un traitement modéré, et justement acquis par des occupations actives, assidues, qui doivent être exclusives pour être bien et exactement remplies? N'est-ce pas même le seul moyen que le législateur puisse employer efficacement pour que le fonctionnaire investi de cette autorité regarde toujours l'accomplissement des devoirs qui s'y rattachent comme une obligation stricte et nécessaire, et qu'il ne considère pas sa place comme un simple titre d'honneur qui lui est dû et qui ne l'assujettit à aucun devoir envers les administrés?

La durée des fonctions de préfet et de sous-préfet n'a jamais été limitée par une loi. Plusieurs dispositions législatives, ont, au contraire, fixé un terme plus ou moins court à celles de maire. Pourquoi donc encore cette différence?

Par quel motif raisonnable et fondé les maires et les adjoints devront-ils être fréquemment renommés ou changés, tandis que la durée des fonctions de préfet et de sous-préfet n'aura point d'autres bornes que celles que la volonté du chef de la puissance exécutive y voudra mettre?

Il peut en exister une raison, lorsque les fonctions de maire sont entièrement gratuites et par conséquent onéreuses pour celui qui les exerce; mais ce motif disparaît et s'évanouit, si elles sont rétribuées convenablement.

Ce que nous avons dit précédemment (pag. 14 et 228) peut encore recevoir ici son application en un sens. Aucun emploi ne doit être héréditaire ni vénal ; tous doivent, au contraire, être mérités par les talents et les vertus, et accordés, les uns par la confiance du peuple, les autres par celle du prince. Mais la stabilité, si nécessaire à la prospérité des états, ne veut pas que la durée de ces emplois, quels qu'ils soient, se trouve tellement restreinte et bornée, que les hommes qui les occupent aient à peine le temps d'acquérir l'instruction, la connaissance des choses et des lieux, dont ils ont besoin pour les bien remplir, et que la pratique seule peut leur donner.

Les préfets, les sous-préfets et les maires étant les délégués du prince dans les départements, dans les arrondissements et dans les communes, le droit de les nommer appartient au prince ; par la même raison, le droit qu'il a de les révoquer ne peut pas être contesté.

Toutefois il agira prudemment, dans l'intérêt des localités, de la chose publique, et dans son intérêt propre, s'il ne fait usage de ce dernier droit qu'avec une grande circonspection, et seulement pour des causes graves, directes et personnelles.

Cette circonspection est un moyen d'asseoir et d'affermir son gouvernement. Par suite du changement d'un ministre, destituer vingt ou trente préfets, cinquante ou soixante sous-préfets et maires, lorsque tous, peut-être, faisaient leur devoir, c'est, sans aucune nécessité réelle, ouvrir autant de portes au mécontentement et au désordre, et appeler sur tous les points du territoire le souvenir et le danger des révolutions.

Le législateur doit aussi savoir distinguer, en toutes

choses, ce qui, de sa nature, peut et doit être réglé par la loi fondamentale et constitutionnelle de l'état, et ce qui doit être abandonné au libre arbitre, à la volonté pleine et entière du roi. Et, en usant ici de ce discernement, il reconnaîtra que, si cette loi peut contenir quelque disposition relative à la durée des fonctions de préfet, sous-préfet et maire, de conseiller de préfecture, de sous-préfecture et de mairie, sans anticiper sur le droit ou la prérogative royale, c'est en se bornant à donner à ces fonctions, comme à celles de conseiller d'état et de ministre, le terme que la nature et l'âge prescrivent habituellement à tous les genres de travaux physiques et intellectuels (voyez ci-dessus, pag. 228).

5 Nous avons fait connaître (*Science du Publiciste*, vol. VIII, p. 585 et suiv.) la jurisprudence actuelle relative à la responsabilité des préfets, sous-préfets, maires ou autres agents secondaires du pouvoir exécutif. A cette jurisprudence, appuyée sur une législation plus ou moins fixe, on doit opposer ici l'autorité toujours victorieuse de la première de toutes les lois, de la raison, base universelle et immuable du droit et de ses principes; et nous le répétons, tout administrateur, tout agent du pouvoir exécutif, depuis le ministre jusqu'au dernier de ses agents doit être responsable.

Cette responsabilité est une conséquence forcée de la nature de telles fonctions.

L'ordre, la paix, la prospérité publique sont attachés à son exacte observation.

Que des tribunaux désintéressés et impartiaux soient appelés à prononcer, que tout plaideur téméraire, et dont les plaintes seront jugées mal fondées, soit condamné à des dommages-intérêts; et l'on ne pourra pas raisonnablement présumer qu'il s'en rencontre beaucoup qui soient disposés à élever, à leur propre préjudice, de mauvaises difficultés et d'absurdes prétentions contre les dépositaires de l'autorité administrative. Aucune présomption, quelque forte qu'elle soit, ne peut d'ailleurs avoir assez de poids pour motiver l'infraction d'un principe sans l'observation duquel il n'est point de justice, point de garantie assurée, pour la sûreté, la liberté et la propriété des citoyens.

Et qu'est-ce que reconnaître un principe, et en éluder en même temps l'application? Cette tactique inconstitutionnelle et frauduleuse ne peut en imposer à qui que ce soit.

Cependant c'est tout à la fois consacrer le principe et en éluder l'application, que de subordonner (ainsi que l'ont fait, entre autres, la constitution du 22 frimaire an VIII et le sénatus-consulte du 28 floréal an XII), à une autorisation, soit du conseil d'état, soit de toute autre autorité exécutive d'un degré supérieur au rang occupé par le fonctionnaire inculpé, les plaintes et les poursuites à diriger contre les préfets, les sous-préfets, les maires, et autres agents de l'exécution ou de l'administration, pour faits relatifs à leurs fonctions.

Si l'un d'eux, directement appelé devant la puissance judiciaire constitutionnelle, légitime et régulière, justifie d'ordres supérieurs, il devra être absous, et renvoyé de l'accusation, dont le poids ne pourra plus porter que sur l'agent du degré supérieur de qui l'ordre sera émané. Mais jamais l'accès du sanctuaire de la justice ne doit être rétréci ou obstrué par l'homme puissant qui a intérêt à priver le faible et l'opprimé de la protection qu'il vient réclamer près d'elle.

Mirabeau, entre autres autorités nombreuses que nous pourrions rappeler à l'appui du principe, disait : « Jamais une nation ne sera libre que toute la hiérarchie sociale (exécutive) ne soit comprise dans la responsabilité, le chef seul excepté, parce que l'inviolabilité du prince est nécessaire à la paix publique... Il faut signer cette maxime, si l'on veut être libre.... Résignez-vous à être esclaves, ou déclarez la responsabilité, le chef seul excepté... Vous ne serez jamais que des esclaves, si tous, depuis le premier ministre jusqu'au dernier sbire, ne sont responsables...... Je le répète, toute la hiérarchie (exécutive) doit être responsable, ou bien on trouvera toujours le moyen de rendre tout attentat impuni. »

Les conseillers de préfecture, de sous-préfecture et de mairie, de même que les conseillers d'état en raison de la nature de leurs fonctions, ne sont pas dans le cas de cette responsabilité pour raison de ces fonctions.

Attributions des préfets et des conseils de préfecture, de sous-préfecture et de mairie.

1° *Distinction de ces attributions.* On connaît présentement la distinction essentielle qu'il importe de faire entre les attributions du conseil d'état et les attributions du ministère, et la différence qui doit en résulter dans le mode de l'organisation de l'un et de l'autre. Le conseil d'état participant à la délibération, ainsi que sa dénomination l'indique, doit agir collectivement; l'unité, principe moteur d'exécution, doit spécialement se retrouver dans l'organisation du ministère. (Voy. ci-dessus, p. 314.). La même distinction doit exister, entre les attributions des préfets, sous-préfets et maires, et les attributions des conseils de préfecture, sous-préfecture et mairie. Et il faut en tirer les mêmes conséquences quant à la différence du mode d'organisation propre à chacune de ces deux institutions : à l'une appartient l'unité et l'exécution; à l'autre le conseil et la délibération.

Il faut parler d'abord des attributions des préfets, sous-préfets et maires, et ensuite des attributions des conseils de préfecture, de sous-préfecture et de mairie; parce qu'en effet, ces conseils étant, en quelque sorte, auprès des préfets, sous-préfets et maires, ce qu'est le conseil d'état auprès du roi, ce sont les préfets, sous-préfets et maires, délégués et ministres du roi dans les départements, les arrondissements et les communes, qui se présentent naturellement sur la première ligne, et les conseils sur la seconde.

2° *Attributions des préfets, sous-préfets et maires.* On peut dire que les fonctions des préfets, sous-préfets et maires, toutes de même nature, quoique à des degrés différents de la ligne hiérarchique, doivent renfermer en elles trois espèces ou trois classes d'attributions : les attributions qui se rattachent à l'exercice de la puissance législative *locale*, qu'ils doivent exercer conjointement avec les chambres départementales, cantonnales et communales, attributions dont il a été question ci-dessus, (voy. pag. 246; et *Science du Publiciste* volume VII, pag. 254 et suivantes); les attributions qui ont exclusivement rapport à l'exécution des résolutions législatives prises par eux conjointement avec les mandataires et représentants de la propriété et de l'industrie dans ces chambres provinciales et municipales pour chaque département, pour chaque arrondissement, pour chaque commune ; ces attributions étant une conséquence des premières, elles n'ont pas besoin d'être plus particulièrement déterminées (quelques-unes d'ailleurs se confondent avec celles qui suivent); enfin les attributions qui leur appartiennent, comme étant les ministres du chef de la puissance exécutive, dans les départements, arrondissements et communes, et pour la classification desquelles il faut suivre l'ordre précédemment admis pour la répartition des attributions ministérielles, puisqu'elles en sont une émanation parfaitement analogue et identique, dans les différentes divisions et subdivisions du territoire et de l'administration.

Dans la seconde partie de la *Science du Publiciste* se trouvent encore rassemblés, sous les divers points de vue que présente cette classification, les nombreux fragments de la législation en France, et l'on peut reconnaître par là jusqu'à quel point ils sont déjà en concordance avec les véritables attributions de droit.

Ici, il faut se borner à rappeler le résumé sommaire de ces attributions.

Cultes et Religion.

Les préfets, sous-préfets et maires doivent spécialement veiller, dans l'étendue de leurs juridictions respectives, à ce que tous les cultes admis par les lois de l'état soient respectés et librement exercés.

Ils doivent leur accorder à tous une égale, pleine et entière protection ; etc *.

* Voyez ci-dessus, pag. 15.

Instruction publique.

Ils doivent favoriser de tout leur pouvoir l'instruction publique, s'appliquer à lui donner une bonne direction, et, pour base, la connaissance des principes immuables et universels de la raison, de la morale et du droit.

Si cette instruction était partout ce qu'elle doit être, elle ne serait nuisible nulle part; elle serait partout utile et salutaire, aussi bien dans les dernières que dans les premières classes de la société.

Etat-civil, Fonctions et Formalités judiciaires.

C'est aux maires qu'appartient spécialement la réception des actes de l'état-civil des citoyens, de naissance, de mariage, de décès, la tenue du registre civique et des états de population, etc *.

Les préfets, sous-préfets et maires peuvent aussi coopérer à la rédaction des actes et à l'accomplissement de toutes les formalités propres à constater les crimes et délits de toute nature, à faciliter l'instruction des procès criminels, et à éclairer la justice. Mais à cet égard leurs attributions ne doivent pas aller plus loin, et c'est à tort que quelques-unes de nos lois, particulièrement le code d'instruction criminelle, leur ont donné plus d'étendue, et ont constitué juges, en certains cas, ces agents de la puissance exécutive.

Agriculture.

C'est sous le point de vue de l'agriculture, cette branche importante de l'administration, que la surveillance

* *Voy.* à ce sujet, ci-dessus, pag. 15, 137, 156 et suiv.

des préfets, sous-préfets et maires peut particulièrement avoir une influence efficace pour la prospérité des départements, arrondissements et communes.

Ils doivent s'attacher à faire adopter et à propager, dans ces diverses parties du territoire, les découvertes utiles, les procédés dont l'économie, la simplicité et les avantages auront été reconnus et constatés, soit par les soins du ministère, soit de toute autre manière; recueillir les observations qui leur auront été communiquées, ou qu'ils se seront mis en état de faire par eux-mêmes, et en transmettre le résultat au gouvernement.

Ils doivent aussi faciliter spécialement les dessèchements et défrichements, la naturalisation des plantes exotiques, la plantation des chemins, l'ensemencement des prairies artificielles, la multiplication des troupeaux et l'amélioration des races, le percement des canaux d'irrigation, la libre circulation des grains; protéger les récoltes, faire publier les bans de vendange, prendre des mesures de précaution pour l'échenillage, le glanage, l'enlèvement des chaumes, le ratelage et grapillage, les parcours et vaines pâtures, l'exercice du droit de chasse; surveiller les marchés, le relevé des mercuriales, les poids et mesures, l'exécution des reglements des boulangeries et boucheries, la distribution des indemnités, secours, récompenses et encouragements, etc.

Industrie et Commerce.

La surveillance des préfets, sous-préfets et maires n'est pas moins nécessaire, relativement à cette autre branche d'administration, dans toutes les parties du territoire. Ils doivent s'appliquer de même à faciliter l'adoption des procédés nouvellement découverts et dont l'utilité est reconnue, transmettre au ministère toutes les observations qu'ils auront faites et recueillies à cet égard et toutes les instructions qui leur seront demandées; ils doivent contribuer à maintenir la police, l'ordre et la tranquillité dans les manufactures, fabriques, et ateliers d'ouvriers; faire exécuter les lois, ordonnances et réglements sur la libre circulation des matières premières, ou des marchandises fabriquées; surveiller les foires et autres lieux publics de vente, la vente des matières d'or et d'argent, comme aussi la distribution des indemnités, secours, encouragements et récompenses dans cette autre partie d'administration, etc.

Recrutement et Organisation des armées de terre.

Les attributions des préfets, sous-préfets et maires ne sont point étrangères à celles qui se rattachent aux deux directions dépendantes du sous-ministère des armées de terre dans l'intérieur.

Ils doivent s'occuper spécialement du recensement et de l'inscription exacte, sur les rôles qui y sont relatifs, de tous les hommes en état de porter les armes dans la garde nationale et sédentaire, et remplissant d'ailleurs les conditions requises pour y obtenir leur admission. Ils doivent correspondre avec les autorités supérieures et avec les commandants des légions, relativement aux détails de l'administration, à l'équipement et armement, à la tenue, à l'instruction, à la distribution des récompenses, à l'ordre et répartition du service.

Leur coopération est parcillement essentielle, sous plus d'un rapport, en ce qui concerne l'armée de ligne; par exemple, pour le recrutement, et la réception des engagements volontaires; pour la délivrance des feuilles de route, le casernement, le logement, la nourriture, le fourrage, et autres fournitures des troupes en marche; pour les transports et les charrois, étapes, gîtes et geôlages; pour la recherche des familles et parents des militaires décédés, et autres documents à transmettre au ministère; pour les signalements, pour l'exécution des jugements, pour la police des prisonniers de guerre, etc.

Armées navales, Flottes et Marine.

Leurs attributions ne sont pas non plus étrangères à ce qui concerne le recrutement des armées navales et l'administration de la marine, et cela plus particulièrement dans les départements maritimes.

Ils doivent partout faciliter les recherches, et fournir les renseignements utiles aux inspecteurs des divisions forestières, pour le martelage, la coupe, l'exploitation et le transport des bois de construction, pour les autres parties du matériel, pour le service des vivres et autres fournitures, pour l'inspection des manufactures, forges et ateliers, pour le transport de l'artillerie, pour les charrois, etc.

Ils doivent, en outre, dans les départements maritimes, surveiller l'entretien et la réparation des fortifications, des vatringues et polders, les bris, naufrages et échouements; dresser des procès-verbaux propres à constater les effets et marchandises sauvés; recueillir ces objets, les mettre sous bonne garde; prendre toutes les mesures et moyens de conservation, fournir à ce sujet tous renseignements, et donner toute la publicité convenable, etc.

Police.

Partout où, en raison de l'étendue du territoire et de la population, il existe des agents spéciaux ou commissaires de police, c'est toujours sous la surveillance et l'autorité des préfets, sous-préfets et maires, que ces commissaires doivent agir. (Voy. ci-dessus, p. 350.)

Et dans les lieux où ces agents spéciaux ne sont pas jugés nécessaires, c'est aux préfets, sous-préfets et maires que leurs attributions se trouvent directement dévolues, et par eux qu'elles doivent être exercées.

En conséquence toutes les mesures d'administration relatives à la sûreté et police des campagnes, des routes et des villes, les concernent spécialement, comme aussi celles qui ont pour objet l'exécution des lois et réglements sur les passe-ports, la délivrance des permis de ports-d'armes, la prohibition de certaines armes, la répression du vagabondage, les secours à délivrer aux indigents; la surveillance des dépôts et ateliers dits de mendicité, des hospices et des hôpitaux, des maisons de charité et de bienfaisance, des maisons d'arrêt, de réclusion, et prisons, etc.

Comme se rattachant à l'autre branche de la police concernant les grande et petite voiries, sont pareillement de la compétence des préfets, sous-préfets et maires, toutes les mesures ayant pour but l'exécution des résolutions législatives, soit nationales, soit locales, sur le percement, la confection et l'entretien des routes et chemins de toutes classes, sur leur alignement et redressement, sur les acquisitions, ventes et démolitions pour causes d'utilité publique, sur la construction ou réparation des hôtels de ville, hospices, prisons, halles, marchés, boucheries, ports, ponts et chaussées, écluses, lacs, canaux, phares et fanaux, et autres monuments et établissements publics; la direction et la surveillance de ces divers genres de travaux; la surveillance des mines, minières et carrières, des poudres et salpêtres, des fabriques et usines, verreries, fours à chaux et autres ateliers qui peuvent menacer du feu ou des inondations, et de tous établissements insalubres ou incommodes*, etc.; les eaux thermales, la propagation de la vaccine et autres découvertes utiles à l'humanité sous le rapport de la santé, la police des hôpitaux et prisons sous ce même rapport, la surveillance sur la vente des comestibles et boissons, sur celle des médicaments et substances vénéneuses, sur les médecins, chirurgiens et sages-femmes; les visites particulières propres à prévenir les incendies; les visites des fours et cheminées; les secours aux noyés et asphyxiés; la police des cimetières et des inhumations; la destruction des animaux nuisibles, des chiens errants et vagabonds; l'enlèvement et l'enfouissement de ceux qui sont morts et abandonnés sur la voie publique; et généralement enfin toutes autres mesures sanitaires, ou d'ordre, de police et de sûreté.

Domaines et Finances.

Si quelques idées exposées dans la seconde partie de la *Science du Publiciste* (entre autres, vol. VII, p. 319 et suiv.), relativement à l'établissement et à la perception d'un impôt unique et en partie volontaire, étaient prises en considération, converties en lois, et mises à exécution, de quelle utilité serait alors le ministère des préfets,

* On en trouvera la nomenclature, *Science du Publiciste*, vol. IX, pag. 288 et suiv., *en note*.

sous-préfets et maires! combien il pourrait être apporté, par leur intermédiaire, de simplicité, d'économie et de promptitude, dans la marche et le mouvement de cette branche d'administration, aujourd'hui si compliquée et si onéreuse!

Alors surtout, l'application directe d'une portion des revenus aux dépenses locales et le versement de l'excédant des fonds au trésor, pourraient avoir lieu sans qu'il fût nécessaire de recourir à aucun revirement des capitaux; opération toujours lente, insuffisante et dispendieuse.

Même dans l'état actuel de l'organisation ministérielle et administrative en France, les attributions des préfets, sous-préfets et maires sont en relation avec les attributions des trois premières directions qui doivent dépendre du sous-ministère des domaines et finances ressortissant du ministère de l'intérieur. (V. ci-dessus, p. 332 et 345.)

Ainsi, sous ces trois rapports, ces attributions peuvent être spécifiées comme il suit: *Domaines, eaux et forêts, salines, etc.* Surveillance des gardes, agents et employés de cette branche d'administration, réception de leurs déclarations, rédaction et affirmation des procès-verbaux, et en général mesures administratives et correspondance relatives à la conservation, régie et administration des domaines, et de tous établissements pouvant donner un revenu à l'état et aux communes; baux, fermages, locations, particulièrement celles des places aux halles, foires et marchés, sur les chantiers, rivières, ports, promenades publiques, etc.; partages, aliénations, ventes, droits d'usage et de servitude actives ou passives; octroi, perception, surveillance des droits de péage, mesurage et jaugeage; centimes additionnels;

emploi des revenus et autres ressources des communes; paiement des dépenses, etc. *Contributions directes:* examen et discussion, dans les conseils de préfecture, de sous-préfecture et de mairie, des états ou rôles de répartition, des demandes de décharge ou de dégrèvement; suite et exécution des arrêtés de ces conseils; avis à donner au sujet de toutes espèces de réclamations, etc. *Contributions indirectes:* publication des avis des autorités supérieures; surveillance des préposés, réception de leurs déclarations, rédaction ou affirmation des procès-verbaux; et en général, mesures administratives, correspondance et renseignements relatifs à cette branche d'administration, etc.

Dans les aperçus de la législation que nous avons joints à cette énumération des fonctions administratives dans la seconde partie de la *Science du Publiciste* (vol. IX, p. 26 et suiv.), nous avons cité d'anciennes ordonnances, des déclarations, des règlements, des arrêtés, etc.; il ne faudrait pas en induire que, dans notre opinion, les préfets, sous-préfets et maires, non plus que les ministres, ou le roi même, fussent en droit d'en remettre en vigueur toutes les dispositions sans distinction.

De ces dispositions, les unes sont en opposition directe avec les bases, les principes, les dispositions les plus formelles des résolutions nouvelles émanées de la puissance législative. Celles-là ont été expressément ou implicitement abrogées, et il n'appartient évidemment à aucun des agents de la puissance exécutive, à quelque degré de la ligne hiérarchique qu'il soit placé, de les revivifier; car il serait alors à lui seul législateur, ou plus puissant encore que le législateur, puisqu'il pourrait paralyser, dénaturer, anéantir par degrés la législation.

De ces mêmes dispositions renfermées dans les anciennes ordonnances, déclarations, etc., quelques-unes au contraire, loin d'être en opposition avec les lois, se trouvent en harmonie avec leurs principes; elles sont un moyen efficace d'en assurer l'exécution; elles peuvent donc légitimement, et sans aucune violation de la loi, recevoir leur application. Et si leur ancienneté était telle que les citoyens ne pussent être présumés en avoir une connaissance suffisante, le gouvernement, les ministres, les préfets, et même les maires, rempliraient un devoir en les publiant de nouveau.

Mais cette distinction exige quelque sagacité, et particulièrement une grande bonne foi de la part de l'administrateur.

Aussi ne serait-il pas sans utilité que le publiciste et le législateur en facilitassent la recherche et en simplifiassent l'examen.

Il n'est pas impossible à celui-ci de le faire par une loi qui en fixerait et classerait les principaux points, et dont il est à propos que le publiciste commence par rassembler les éléments.

3° *Attributions des conseils de préfecture, sous-préfecture et mairie.* On a vu que les attributions du conseil d'état sont telles que, pour qu'elles soient convenablement réparties et exercées, il importe que ce conseil soit divisé en trois sections ou comités distincts, savoir: comité de législation, comité des ordonnances et règlements de pure exécution, et comité du contentieux administratif. On a vu que les attributions des conseils de préfecture, sous-préfecture et mairie, sont de même nature que celles du conseil d'état, quoique à des degrés inférieurs. La même base d'organisation doit donc se retrouver dans la répartition de ces attributions.

Pour cela, les conseils de préfecture, de sous-préfecture et de mairie, doivent être divisés aussi en trois sections, comités ou bureaux, savoir : bureau de *législation locale*, bureau des *règlements d'exécution*, et bureau du *contentieux administratif*.

Bureau législatif.

Ce bureau doit être spécialement chargé de la conception et rédaction des résolutions législatives *locales*, et de leur présentation et discussion dans les chambres départementales, cantonnales et communales ; comme, par exemple, lorsqu'il s'agit de la construction d'une route, d'un canal, d'un pont, d'un édifice public quelconque, dont la dépense doit rester à la charge du département, de l'arrondissement, ou de la commune, et que, par conséquent, les représentants de la propriété et de l'industrie, dans le département, l'arrondissement, ou la commune, doivent naturellement voter. (V. p. 246.)

Bureau des Arrêtés et Règlements d'exécution.

La désignation de ce bureau suffit pour faire connaître le cercle de ses attributions spéciales. L'exécution de toute résolution législative, soit générale, soit locale, demande un travail, une correspondance active, des décisions, arrêtés ou règlements ultérieurs ; et c'est dans les limites de cette partie d'administration assez importante, que le bureau dont il est ici question doit se renfermer ; comme, par exemple, lorsqu'il s'agit d'effectuer la répartition des contributions, de régler le partage des bois d'affouage, etc.

Bureau du Contentieux administratif.

Des difficultés s'élèvent quelquefois entre les divers agents de l'autorité exécutive, relativement à l'exercice et à l'étendue respective de leurs pouvoirs; c'est au comité du contentieux administratif dans le conseil d'état, qu'appartient en propre le droit de statuer sur les contestations de cette nature, soit entre les ministres, soit entre les préfets sur le renvoi que leur en font les ministres. Par analogie et par les mêmes motifs, le bureau du contentieux dans les conseils de préfecture, sous-préfecture et mairie, statuera sur les contestations du même genre entre les sous-préfets, les maires et les adjoints, les commissaires de police, les préposés de l'administration des contributions directes et indirectes, les gardes champêtres et autres.

Il pourra aussi accorder les autorisations nécessaires, non pas pour que les tiers soutiennent et revendiquent leurs droits contre les départements, les arrondissements ou les communes; ce qui, de la manière dont on a paru quelquefois l'entendre (voyez *Science du Publiciste*, vol. IX, pag. 449 et suiv., *en note*), peut être regardé comme une véritable absurdité; mais pour que les départements, les arrondissements ou les communes, puissent intenter action en justice, dans la vue et pour la conservation de leurs intérêts, soit entre eux, soit contre des particuliers.

Peut-être trouvera-t-on qu'en raison de la population actuelle, dans un grand nombre de petites communes, ce système d'organisation, qui exige, même pour chacune de ces petites communes, au moins trois employés salariés, indépendamment du maire, entraînerait avec lui les inconvénients d'une dépense nouvelle et ceux d'une sorte de surabondance dans les emplois ; mais à cette objection il y a quelques réponses à faire.

Et d'abord la population tend évidemment à s'accroître; dans l'état de paix que l'on doit désirer de voir se maintenir long-temps, et qui deviendra l'état habituel des peuples, cet accroissement est rapide, et depuis quelques années on en voit en France la preuve chaque jour et de tous côtés.

Pour que cet accroissement de population puisse avoir lieu sans danger, sans embarras, sans entraves, dans la marche de toutes les parties de l'administration, il faut que les cadres de toutes ces parties distinctes existent d'avance, et soient disposés de manière à ce que toutes choses soient successivement classées comme elles doivent l'être, dans la place qui leur est propre et qui seule convient à chacune d'elles.

Que l'on consulte les registres qui peuvent constater le nombre des étudiants en droit dans les facultés de Paris et autres grandes villes, comme aussi les tableaux des avocats stagiaires près des différentes cours royales, et l'on jugera ensuite s'il n'est pas convenable d'ouvrir à cette jeunesse nombreuse toutes les carrières nouvelles qu'un plan d'organisation constitutionnelle régulier et bien conçu, que des institutions libérales et reposant sur des bases larges et stables, peuvent offrir à leur zèle, à leur amour de la patrie et du travail.

Secondement, il y a eu beaucoup d'employés supprimés, et il en existe encore d'autres à supprimer dans des parties d'administration sans nécessité réelle, ou par elles-mêmes fort onéreuses. La plupart de ces employés saisiraient avec empressement les occasions de retrouver de nouveaux moyens d'existence, en se rendant utiles à leurs concitoyens.

Enfin, nous répéterons qu'il vaudrait beaucoup mieux que, dès aujourd'hui, les traitements en général, et surtout ceux des hauts fonctionnaires, fussent plus modérés, et que leur excédent fût équitablement réparti entre les employés des rangs inférieurs.

Cette juste distribution des émoluments et des récompenses, de même que celle des attributions de toutes les branches de l'administration, de toutes les parties de l'organisation sociale, serait d'une grande efficacité, aurait une influence immense pour le bien-être général et individuel, pour la conservation ou le rétablissement des bonnes mœurs, pour le maintien et la propagation de toutes les vertus publiques et privées. L'état, les départements, les arrondissements et les communes y trouveraient des sources nombreuses de bon ordre et de prospérité.

Afin de compléter ce qui concerne l'organisation du pouvoir exécutif, il faut remarquer que les ambassadeurs, plénipotentiaires, résidents, ou consuls, étant les agents et délégués du roi à l'extérieur du royaume, comme les ministres, préfets, sous-préfets et maires à l'intérieur, il conviendrait que les ambassades et consulats, etc., se rapprochassent, en plusieurs points, des mêmes bases d'organisation.

§ II. De la transmission des droits du trône.

1° Sous un gouvernement despotique, il en est des règles que l'on voudrait établir au sujet de la transmission des droits de la couronne, comme de celles qui sont relatives au principe de l'inviolabilité de la personne du prince (voy. pag. 275); on ne peut compter sur leur exécution, et il serait d'ailleurs impossible d'indiquer d'avance quelle est, dans ce sytème précaire et vacillant, la meilleure loi à adopter.

Si l'on veut y établir l'hérédité du trône, nous avons vu (p. 145) quels inconvénients peuvent en résulter. Le souverain désigné par la loi fondamentale ou par une sorte d'usage est-il né sous la funeste influence de quelque astre malfaisant, la pernicieuse atmosphère des adulateurs nombreux qui l'environnent a-t-elle corrompu son enfance, le peuple est bientôt sous le poids d'une odieuse oppression, et l'excès de ses maux, son infortune et sa misère, ne tardent pas non plus à devenir la cause ou de révolutions violentes, ou de catastrophes et de déchirements sanglants.

Quelquefois aussi il se présente un chef audacieux et intrépide; le peuple le regarde comme un libérateur et suit aveuglement ses étendards.

Le despote sera-t-il, comme cela se rencontre souvent, sans énergie, sans courage, efféminé, amolli dès sa jeunesse par l'excès des plaisirs et de la volupté, sa chute plus facile et plus prompte ne sera jamais sans danger pour l'état.

Préférerait-on qu'avec cette forme de gouvernement la souveraineté fût élective, le trône et la société ne seront pas pour cela exempts de séditions et de troubles.

En sorte que, dans tous les cas, on peut dire, avec les publicistes : « Sous un gouvernement despotique, le trône appartient à celui qui a le courage de s'y placer. C'est ainsi que le despotisme, qui est l'ouvrage de la force et de l'usurpation, se détruit par l'usurpation et par la force : ce qui fait que les plus grands ennemis des rois sont ceux qui leur conseillent de s'emparer du pouvoir absolu. » Sous ce gouvernement, il ne peut exister de principes et de règles sur quelque point que ce soit. Tout y dépend des évènements et des circonstances ; tout y est vague, incertain, arbitraire ; ce qui est utile dans un temps, y est défavorable et nuisible dans un autre.

Dans une monarchie bien constituée, les choses sont tout autres : les principes reconnus et posés d'avance n'y sont pas sans effet, et particulièrement les règles relatives à la transmission des droits de la couronne. Ces règles sont même nécessaires ; elles servent de point de ralliement à tous les esprits ; elles deviennent la boussole de l'opinion publique, la base de la volonté générale, qui, sous cette forme de gouvernement, ont et doivent avoir une influence réelle et puissante. Elles étouffent l'ambition, arrêtent les brigues, écartent et préviennent les conspirations.

Quel que fût le principe admis dans une monarchie de ce genre, relativement à la transmissibilité des droits du trône, il est possible qu'il y fût salutaire, par cela seul qu'il serait, ainsi que les autres, plus invariable et plus certain.

Cependant il importe de rechercher quel est, entre tous les modes de transmission, le plus favorable ; et pour parvenir à la solution de cette question, si l'on se contentait de consulter les usages existants ou ayant existé, sans interroger en même temps le droit et la raison, on ne sortirait pas d'incertitude ; car, sur ce point important, les usages et les lois ont varié selon les pays et les temps. Ils ont été plus multipliés et plus nombreux que ne le sont les diverses nations qui ont paru sur la terre. Et il y a plus ; ces lois, ces usages divers, considérés d'une manière trop restreinte et purement relative, n'ont pas été trouvés dépourvus de sagesse et de solides fondements par des publicistes célèbres, particulièrement par l'illustre auteur de *l'Esprit des Lois.* (V. *Scien. du Publ.*, v. IX, p. 502.)

Nous ne formerons donc pas notre jugement en cette matière sur des faits, des usages, des coutumes si variables et si contraires. Il faut bien remarquer d'ailleurs, pour répondre aux motifs allégués par Montesquieu, que la plupart de ces coutumes plus ou moins extraordinaires n'ont quelque apparence de fondement que lorsqu'on les envisage relativement à un état de choses déjà loin, sous plusieurs autres rapports, de la droite voie, et dans lequel ces usages, quoique destinés à combattre un mal préexistant, sont la conséquence d'une base fausse contraire aux vrais principes du droit et de la nature. Ainsi, par exemple, l'esclavage et l'existence des eunuques, qui peuvent avoir dans quelques pays leur utilité relative, sont des violations bien évidentes du plus sacré de tous les droits, celui de la liberté individuelle. Par ses résultats, la polygamie est contraire aussi à ce principe, à la raison, à la sagesse, à la véritable richesse et prospérité d'un peuple, à la population. Et la religion, lorsqu'elle entreprend de fixer l'ordre des mariages et des successions, usurpe une partie des attributions et de l'autorité des lois civiles et de la puissance temporelle; elle est alors plus dangereuse et plus nuisible qu'elle n'est salutaire.

L'ordre de succession au trône doit être établi dans

l'intérêt de la société et pour la conservation de l'état.

L'intérêt de la société et la conservation de l'état exigent que cet ordre de succession soit établi de la manière la plus stable, la plus invariable, et la plus facile à connaître.

Voilà les deux vérités qui doivent servir de base à toutes les règles relatives à la transmutation des droits du trône; voilà dans quel but il est possible de faire sans danger l'application de cette maxime si rebattue, et dont les esprits faux tirent souvent les conséquences les plus dangereuses : *Salus populi suprema lex.*

« L'ordre de succession étant une des choses qu'il importe le plus au peuple de savoir, le meilleur, dit Montesquieu, de l'opinion duquel nous pouvons ici nous appuyer plus encore que nous n'avons eu besoin de le combattre, est celui qui frappe le plus les yeux, comme la naissance, et un certain ordre de naissance. Une telle disposition arrête les brigues, étouffe l'ambition; on ne captive plus l'esprit d'un prince faible, et l'on ne fait pas parler les mourants. »

Le mode de l'élection, au contraire, de quelque manière qu'il soit réglé, laisse toujours ignorer jusqu'au dernier moment quel sera le successeur du prince régnant : les cœurs cherchent vainement un objet d'affection pour s'y attacher; et cet état d'incertitude et de doute dans lequel ce mode laisse les esprits ne se trouve pas en harmonie avec le sentiment de prévoyance qui leur est propre, et qui porte l'homme à désirer de vivre dans l'avenir.

D'un autre côté, il est utile que l'homme qui doit un jour occuper le premier rang dans la société, soit élevé, autant qu'il est possible, pour ce rang.

Or, dans une monarchie où l'autorité du prince est tempérée, au lieu d'être illimitée et sans bornes comme sous le despotisme, l'éducation de l'héritier présomptif du trône peut y être soumise à des règles certaines, propres à étendre et développer les facultés de son ame, au lieu de les détruire ou de les corrompre.

Dans une monarchie bien réglée, l'héritier du trône aura appris et saura de bonne heure, de même que la génération croissant avec lui et sur laquelle il règnera un jour, que sa puissance est soumise à l'empire des lois, qu'il ne peut régner que par elles et pour elles; que ce n'est point pour l'avantage personnel ou pour le plaisir du prince que la royauté a été établie et qu'elle subsiste, mais qu'ayant été instituée pour l'intérêt et la félicité des peuples, elle ne saurait avoir d'autre objet ni d'autre fin; qu'un prince né pour commander est aussi né pour le travail; que c'est à lui à veiller et même à souffrir pour le repos et la sûreté des peuples; que le pouvoir sans bornes est une frénésie qui ruine la propre autorité des princes; que lorsqu'ils s'accoutument à ne connaître d'autre loi que leurs volontés absolues, ils sapent les fondements de leur puissance; et qu'enfin le pur amour de l'ordre est la source de toutes les vertus politiques, aussi bien que de toutes les vertus civiles.

Si cependant le caractère et les qualités du prince ne répondent pas complètement à l'espoir que l'on en aura dû concevoir; si les mauvais conseils, dont il n'est peut-être pas possible de le garantir entièrement, prévalent encore sur les préceptes dont l'éducation et la sagesse des lois auraient dû fortifier son ame et éclairer sa raison, la forme du gouvernement, la force et la solidité de toutes les institutions, en écarteront du moins les plus grands dangers et en préviendront les suites les plus funestes.

Sera-t-il faible et sans activité; ces institutions deviendront son appui.

Sera-t-il ambitieux et téméraire; il trouvera dans ces institutions une résistance salutaire pour l'empêcher de courir aussi facilement à sa perte, et de précipiter le trône et le peuple dans l'abîme où le poussent les flatteurs et les courtisans.

Et c'est parce qu'il est impossible de ne pas entrevoir dans l'avenir de pareils dangers, qu'il est nécessaire d'élever l'édifice qui doit leur résister, sur des bases fermes et solides que le pouvoir ne puisse pas aisément ébranler.

La transmission des droits du trône par voie d'hérédité, ainsi comprise, est donc un principe constant sous la monarchie constitutionnelle.

Mais comment cette hérédité sera-t-elle réglée?

Ainsi que l'ont fait des publicistes, même très éclairés, assimilera-t-on les règles de l'hérédité aux règles générales des successions relativement à la transmission des biens mobiliers et immobiliers? En conséquence, sera-t-il procédé entre les héritiers du prince au partage du peuple, comme à celui d'un troupeau, d'un champ ou de quelque autre propriété? ou la couronne sera-t-elle transmise au contraire intégralement et sans partage à un seul et unique héritier?

S'il était d'abord admis en point de droit que l'ordre de succession au trône est établi dans l'intérêt de la famille régnante, et non pas dans l'intérêt du peuple et de l'état, la solution de cette première question, relative au mode de successibilité de la couronne, serait, on peut le dire, directement opposée à ce que jugent d'avance la raison et le plus simple bon sens. Car, partant de ce principe faux et erroné, il faudrait en tirer, d'après les véritables principes du droit civil, cette conséquence autrefois admise, mais qui maintenant paraîtrait étrange chez les nations civilisées, savoir, que le trône et le peuple sont sujets à partage.

S'il est au contraire reconnu que la légitimité ou l'hérédité du trône n'a point d'autre base que la conservation de l'état et le plus grand intérêt de la société, il est indubitable aussi que ce principe fondamental de l'hérédité doit être réglé et interprété de manière à ne pas produire un effet diamétralement opposé au but qu'il doit atteindre.

Or rien ne serait assurément plus contraire à la conservation et à l'intérêt d'un état, que sa division en autant de parts qu'il se rencontre d'héritiers dans la famille du prince régnant, et la subdivision à l'infini de chacune de ces parts en autant de lots qu'il se présenterait d'ayants-droit à la succession des premiers héritiers dans chaque branche. Et lors même que, d'après la force des choses, la loi, par une restriction formelle, viendrait entraver les conséquences naturelles du principe, et en borner l'application à un premier partage entre les héritiers du premier degré, l'histoire atteste suffisamment que ce partage des empires fut toujours funeste et devint la cause active de leur ruine.

Dans la monarchie constitutionnelle, ce sera donc un second principe invariable que le trône est un, indivisible, et qu'il doit être transmis dans son intégrité et sans partage à l'héritier désigné par la loi fondamentale de l'état.

Comment l'héritier entre les mains de qui seront transmis les droits du trône sera-t-il choisi? Le sera-t-il dans la ligne ascendante ou dans la ligne descendante; dans la ligne directe ou dans la ligne collatérale; parmi les oncles, les frères, les neveux ou les enfants du prince décédé?

Il est dans l'ordre de la nature que la génération qui croît et s'élève succède à la génération qui vieillit et s'éteint; la transmission des droits du trône doit donc s'opérer en ligne descendante.

Par la même raison, entre autres, les enfants doivent aussi être préférés aux oncles et autres parents collatéraux ascendants, et par suite aux neveux et autres parents de même en ligne collatérale.

Les minorités ont des dangers sans doute; mais ce n'est point en dérangeant l'ordre naturel, en choisissant un roi débile et que la vieillesse ramène vers l'enfance, qu'il faut espérer d'y remédier.

Les motifs que Montesquieu tire de la polygamie et de l'intrigue des eunuques sont insignifiants, et nous dirions presque dérisoires, pour établir en droit les régles relatives à l'ordre de succession au trône, parce qu'en droit les eunuques et la polygamie n'existent pas.

Lorsqu'il a d'abord été reconnu et admis que le trône doit être indivisible et impartageable, lorsque l'on a pris d'ailleurs les précautions nécessaires pour attribuer le droit de succession à l'un des enfants du prince régnant, le plus ou moins grand nombre de ces enfants n'est pas une raison mieux fondée pour changer l'ordre naturel de succession, et pour appeler au trône les enfants des frères ou de la sœur, et non pas ceux du père.

Enfin, les motifs de religion, de jalousie, de caste, etc., dont parle l'auteur de l'*Esprit des Lois*, sont aussi peu déterminants pour placer sur le trône la ligne collatérale à l'exclusion de la ligne directe. (V. p. 277.)

L'hérédité de la couronne aura donc lieu en ligne descendante, ainsi qu'on vient de le dire, et de plus en ligne directe.

Mais, s'il existe plusieurs enfants, l'aîné sera-t-il préféré à tous les autres?

Il est des pays où tous les biens immobiliers et tous les biens personnels qui se trouvent en la possession du père au jour de son décès appartiennent au plus jeune de ses enfants; et cette disposition de loi civile n'est pas, sous certains points de vue, aussi dénuée de justice et de raison qu'au premier aperçu elle pourrait le paraître. Quand les aînés ont reçu d'avance une portion de l'héritage, que le père les a établis, aidés et secourus, il arrive par là que long-temps avant sa mort ils sont eux-mêmes en état d'élever et d'établir leurs propres enfants. Le plus jeune au contraire est celui qui a plus besoin d'assistance et de secours. D'ailleurs, lui seul est resté sous le toit paternel, et, n'ayant point encore de femme ni d'enfants, tous ses soins sont consacrés à soulager la vieillesse de ses père et mère, courbés par le poids des ans et s'avançant vers la tombe. Souvent lui seul pendant les dernières années de leur vie accompagne leurs pas chancelants. Il ferme leurs paupières et recueille leurs derniers soupirs. Ainsi la portion d'héritage que le père commun s'était réservée se trouvant de fait en la possession de son dernier enfant, il n'est pas contre la nature qu'elle lui soit dévolue par le droit. C'est ainsi que, selon le P. Duhalde, les choses se passent chez les Tartares, peuples conducteurs et propriétaires de troupeaux, et chez plusieurs peuples du nord.

Cependant il serait contre la raison et le droit qu'en conservant les biens qui se trouvent encore en la possession du père au moment de son décès, le plus jeune des fils succédât à son autorité. D'après l'ordre naturel, cette autorité doit bien évidemment passer à l'aîné, parce que généralement la raison, l'expérience, lui ont donné, dès l'âge du discernement, et doivent lui conserver par la suite, une sorte d'ascendant sur les autres membres de la famille, comme cela était, entre autres, chez les Hébreux. .

L'autorité royale, qui, sous certains rapports, est l'image de la puissance paternelle, doit de même être transmise dans la ligne directe de cette descendance par l'ordre de primogéniture, et cela, que l'aîné soit né avant ou après l'avénement de son père à la couronne; *Unus tantum in regno succedit, primogenitus scilicet.*

Il faut aussi décider si les femmes seront admises au trône.

Diodore suppose que, dans les quinze mille ans auxquels il a cru pouvoir fixer la durée du règne des hommes en Égypte, depuis que les dieux eurent cessé de régner, il y eut quatre cent soixante-dix rois et cinq reines. Hérodote n'en compte qu'une, savoir Nitocris, sur trois cent trente-trois rois. Une femme qui voulait se mêler des affaires de l'état fut une chose si extraordinaire parmi les Romains que, lorsque Amasie se présenta pour parler devant le sénat, la république crut devoir envoyer consulter l'oracle pour savoir ce que présageait un phénomène si rare. Sparte ne laissait même pas le titre de reine aux femmes de ses rois ; et Venise a depuis refusé le titre de duchesse à celle du doge. En France, les femmes ont été exclues de la couronne par induction des dispositions de la loi salique, dont on attribue l'établissement à Pharamond, premier roi de la race des Mérovingiens.

Dans les Indes, en Afrique, en Asie, en Pologne, en Russie, en Suède, en Danemarck, en Hollande, en Angleterre, et autres pays de l'Europe, les femmes, au contraire, ont été admises sur le trône ; et, si l'on en croit même plusieurs historiens, philosophes, et, publicistes, elles y ont souvent règné sagement et avec gloire.

Convient-il donc que les nations civilisées suivent à l'avenir l'exemple de la France, ou les Français ont-ils intérêt à abandonner l'une des lois fondamentales du royaume pour adopter la coutume suivie chez d'autres peuples? en d'autres termes, quel est le principe préférable en lui-même, et que l'on doit admettre comme base dans une bonne constitution?

Pour résoudre cette question, il est encore indispensable de consulter la voix de la nature, et il n'est pas difficile de reconnaître ici les conseils qu'elle donne.

Sans doute il est des femmes douées d'un esprit actif, d'une grande capacité de jugement et d'une certaine force d'ame et de caractère. Plusieurs, sur le trône, ou dans les rangs moins élevés de la société, ont été animées par un grand courage, et ont fait paraître de sublimes et héroïques vertus. Il en est dont les forces physiques se sont en quelque sorte trouvées en rapport avec la noblesse de leurs sentiments et l'étendue de leurs facultés intellectuelles.

Mais ces qualités corporelles et morales, ce courage, sont-ils généralement au nombre des dons heureux par lesquels la nature se plaît à les embellir ? ces vertus sont-elles leur habituel et véritable apanage, ou ne lui seraient-elles même pas opposées et contraires ? Les femmes fortes ne doivent-elles pas être considérées comme des phénomènes ; leurs mœurs, leur caractère ne font-ils pas contraste avec la faiblesse, la timidité et la douceur, avec les vertus particulières à leur sexe ?

Ensuite, les lois naturelles de l'union conjugale seront-elles renversées, et les lois civiles et humaines auraient-elles la puissance de les abroger ? Des reines, des princesses commanderont-elles à leurs époux ; ou, par la volonté manifeste et immuable de la Providence, ne sont-elles pas et ne doivent-elles pas rester soumises, dans quelque rang que ce soit, aux règles ordinaires et raisonnables résultantes du mariage ? Voilà ce qu'il faut d'abord considérer et juger, avant que de décider s'il est convenable d'admettre les femmes au trône, ou s'il est au contraire nécessaire de les en exclure ; puisque, suivant que nous l'avons dit, ce n'est pas sur de simples faits, sur des usages plus ou moins variables et contradictoires, que l'on peut asseoir et établir des principes généraux et certains.

Dieu, dit l'écriture, a soumis les femmes à la domination des hommes dès la naissance du monde. *Mulieres viris subditæ sint, quoniam vir caput mulieris..... Sub viri potestate eris, et ipse dominabitur tibi.* Il a menacé les hommes de leur donner des femmes pour maîtres comme une marque de sa malédiction. Le prophète Isaïe menace les Juifs de la domination des femmes et des enfants, comme de deux punitions égales.

Aristote ne partageait pas, sur ce point aussi bien que sur plusieurs autres, le sentiment de Platon, son maître. Il reconnaissait avec raison la différente destination de l'homme et de la femme, par la différence des qualités du corps et de l'esprit, que l'auteur de la nature a mise en eux, en donnant à l'un une force de corps et une intrépidité d'ame, qui le mettent en état de supporter les plus rudes fatigues, et d'affronter les plus grands dangers; et à l'autre, une complexion délicate et faible, une douceur et une modeste timidité qui la rend plus propre à une vie sédentaire, et qui la porte à se renfermer dans l'intérieur de la maison, et dans les bornes d'une industrieuse et prudente économie.

Et quand on en viendrait à consulter les femmes elles-mêmes, on en trouverait bien peu qui, en désirant de placer le diadème sur leur front, ne songeassent pas avant tout à la faculté que pourrait leur donner le pouvoir qu'elles supposeraient y être attaché, d'y substituer une couronne dont le poids fût plus doux pour elles à supporter. Mais, si vous leur représentez les inquiètudes, les chagrins et les fatigues inséparables de l'administration d'un royaume, lors même qu'il jouirait de la meilleure constitution possible, combien en rencontrera-t-on, dans ce cas, qui puissent méconnaître la faiblesse de leurs bras et la pesanteur d'un sceptre, et qui ne préfèrent les guirlandes du myrte aux chaînes de la royauté. Car « de toutes les affaires humaines, ainsi que le disait Isocrate à Nicoclès, la plus difficile et celle qui demande le plus de soins, c'est sans contredit le gouvernement d'un royaume. Quand on regarde la royauté de loin, on ne voit qu'autorité, éclat et délices: mais de près, tout est épines.... Un roi se doit à tous les hommes qu'il gouverne, et il ne lui est pas permis d'être à lui.... La royauté, quand elle est prise pour satisfaire sa propre ambition, est une monstrueuse tyrannie; quand elle est prise pour conduire un peuple innombrable comme un père conduit ses enfants, c'est une servitude accablante qui demande un courage, une application, une patience héroïques. »

Dans tous les cas, il suffit que, sur le trône où elle serait assise, une reine fût obligée de placer son époux près d'elle, pour que, d'après les vérités et les maximes que nous venons de rapporter relativement à la subordination naturelle des femmes à la puissance conjugale, il en résultât un motif puissant et péremptoire de ne pas les y élever : car, dans ce cas, entre autres inconvénients graves, il est possible qu'elle épouse un prince étranger; cela même est probable. Et la réunion des gouvernements de deux peuples dans la même main serait, suivant la raison, et d'après le sentiment des plus sages publicistes, un mal non moins grand, quoique provenant d'une cause opposée, que le démembrement de l'un ou de l'autre de ces peuples en plusieurs états.

Et l'on objecterait en vain, disent encore les publicistes, que, dans ces royaumes *féminins*, le mari de la reine n'a que le titre de roi, comme en Angleterre; il sera toujours à craindre qu'il n'abuse de l'autorité maritale pour engager la reine à violer les droits auxquels il est étranger. Dans le fait, il sera toujours véritablement roi.

Il faut donc conclure encore que, si l'intérêt de la famille régnante était la base des règles relatives à l'hérédité de la couronne, on pourrait peut-être élever un doute sur la question de savoir si la justice doit ou non y admettre les femmes; mais, si l'intérêt de la société et la conservation de l'état sont le seul et unique fondement de tout ce qui se rattache à ce point de discussion, la solution est indubitable et forcée; et l'on doit, en résumé, dans une monarchie constituée sur de solides fondements, tenir pour constante cette maxime dont le plus grand nombre et les plus sages des auteurs reconnaissent la vérité, que de tous les modes d'hérédité la succession *agnatique* ou *de mâle en mâle* est de beaucoup la plus favorable, surtout comme propre à préserver mieux des déchirements intérieurs et du danger d'une domination étrangère.

L'avantage de désigner à l'avance l'héritier du trône, celui de n'être pas forcé de recourir toujours, à défaut d'héritier légitime, au mode de transmission par voie d'élection, sont-ils suffisants pour faire admettre les enfants naturels à l'hérédité de la couronne? des motifs d'une haute considération ne s'opposent-ils pas à ce qu'à ce titre ils puissent y être appelés?

Si, dans l'intérêt social et dans l'ordre de la nature, la sainteté des lois du mariage doit être respectée, il est surtout essentiel pour cela que le monarque observe ce devoir; qu'il donne à cet égard, comme en tout, le salutaire exemple d'une conduite conforme aux lois: et les lois qui veulent favoriser le mariage ne doivent pas accorder aux enfants issus d'un commerce illicite, des droits entièrement égaux à ceux des enfants nés de l'union qu'elles légitiment et sanctifient. Il est une maxime certaine et dont il convient de faire principalement ici une juste application; c'est que les bonnes mœurs valent souvent plus que les bonnes lois.

D'ailleurs, l'éducation des enfants naturels, même de ceux dont le trône aurait pu ombrager le berceau, est souvent fort négligée, presque toujours imparfaite; elle ne peut donc donner aucune garantie de leur conduite et de leurs vertus futures. Un enfant naturel peut rester ignoré, inconnu jusqu'à la mort du prince, et une incertitude aussi dangereuse que le doute attaché au mode de transmission par élection serait le résultat infaillible de la loi qui permettrait qu'à titre d'hérédité il pût un jour prétendre à la couronne; est-il d'ailleurs constant que le fils naturel de la maîtresse d'un roi sera le fils de ce prince? De telles incertitudes sont seules une objection sans réplique.

Le prince aussi pourrait avoir plusieurs concubines et par elles un grand nombre d'enfants nés hors du mariage. La naissance de ces enfants peut se rapprocher d'une même époque. Elle est ordinairement, chez les peuples avancés en civilisation, enveloppée des ombres du mystère, et par là seraient encore accrus l'embarras, la difficulté de reconnaître l'aîné d'entre eux. De cet inconvénient naissent, chez les peuples orientaux, les rivalités et cette longue suite de crimes qui ont tant de fois ensanglanté les trônes dans cette partie du monde.

Il est vrai que peut-être les conséquences d'une disposition fondamentale, par laquelle les enfants naturels seraient admis au trône par voie d'hérédité, seraient d'autant moins funestes que l'organisation sociale se rapprocherait davantage de la forme d'une monarchie constitutionnelle; mais, dans aucun cas, cette disposition ne saurait être entièrement exempte des inconvénients et des dangers qu'un législateur sage doit chercher à prévenir.

Sous le gouvernement constitutionnel, le principe de la légitimité, dans ce sens propre, doit donc, de même que celui de l'hérédité proprement dite, être inviolable et sacré; et d'après lui, jamais les enfants naturels du prince régnant ne doivent prétendre à arriver un jour au trône, du moins par voie directe de succession.

Par une suite de ce qui vient d'être développé relativement à ces deux principes, l'hérédité et la légitimité; et puisque en effet nous venons d'établir successivement que le mode de la transmission des droits du trône par voie d'hérédité est préférable au mode de transmission par élection; que le trône est indivisible et impartageable, et doit être transmis intégralement à l'héritier déterminé par la loi fondamentale; que la ligne descendante doit être admise avant la ligne ascendante, et la ligne directe avant la ligne collatérale; que la transmission doit avoir lieu par ordre de primogéniture; que les femmes ne doivent pas y être appelées; et, enfin, que les enfants naturels ne peuvent y prétendre comme héritiers et successeurs de plein droit, il faut conclure encore qu'à défaut de descendants légitimes, ces droits de la couronne doivent être dévolus au parent le plus proche, par représentation, du côté paternel, d'abord en ligne descendante, ensuite en ligne ascendante, également à l'exclusion des femmes et de leurs descendants.

Ainsi, lorsque le roi défunt laisse des frères ou des descendants d'eux, l'aîné de ses frères ou de ses descendants succède d'abord; puis le second, ou l'aîné de ses descendants; ensuite le troisième, etc. Et si le roi n'a laissé ni frères ni descendants d'eux, le même ordre d'hérédité peut encore être admis, en remontant d'abord au plus proche des ancêtres.

Si l'on fait attention que Henri IV n'était parent de Henri III qu'au vingt-troisième degré, on ne trouvera pas sans doute que ce soit pousser trop loin la prévoyance que de supposer la possibilité de l'extinction de la famille royale dans la ligne masculine ascendante et descendante.

Or, dans le cas où il n'existerait pas en effet de parents mâles du côté paternel, nous tirerons encore, des motifs qui appuient les règles précédentes, et de quelques autres qui seront rappelés en parlant du choix de la régence dans les cas de minorité, cette conséquence, qu'au prince régnant appartiendra le droit de désigner son successeur.

Mais remarquons dès à présent que cette disposition de la loi fondamentale pourrait toutefois devenir la source d'abus et d'inconvénients graves, si, pour éviter, entre autres choses, que l'on ne parvienne, ainsi que le dit Montesquieu, à captiver l'esprit d'un prince faible, à faire parler les mourants, cette sorte d'adoption n'était soumise à des formalités authentiques et solennelles, dont le moindre avantage sera de dissiper tous les doutes sur la liberté et la réalité de l'élection.

C'est ainsi qu'autrefois les rois et empereurs qui voulaient désigner leur successeur au trône, prenaient le soin de l'y faire asseoir avec eux en présence du peuple, et que souvent ils l'associaient de leur vivant à l'empire.

Dans une monarchie constitutionnelle, où rien de ce

qui importe si fortement au repos et à la tranquillité de l'état ne doit rester incertain et arbitraire, l'exercice de ce droit, les solennités dont il doit être accompagné, seront prévues et prescrites d'avance par l'une des dispositions de la loi fondamentale.

Ce qui est d'usage à cet égard en Angleterre, depuis long-temps déjà, indique suffisamment la règle qu'il convient d'adopter.

Les anciennes formalités, cette installation publique du successeur adoptif sur le trône, accompagnée de cérémonies qui tenaient plus ou moins des idées superstitieuses que l'on avait alors, peuvent être désormais remplacées, dans les gouvernements représentatifs bien organisés, par une déclaration faite par le roi en personne, devant les deux chambres réunies à cet effet.

On peut même exiger que cette déclaration soit suivie de l'acquiescement formel de ces deux branches essentielles et constitutives de la puissance législative ou suprême, comme cela existe de fait en Angleterre, ainsi que, d'après Blackstone, nous l'avons rapporté dans le corps de la *Science du Publiciste* (vol. IX, p. 584 et suiv.).

On trouve, dans les *Maximes du Droit public français*, un grand nombre de textes tirés de la *Vulgate*, du *Deutéronome*, de *l'Ecclésiaste*, et des autres livres saints, qui tous montrent les rois comme ayant été originairement établis par l'élection du peuple. Il en fut de même parmi les nations modernes.

Ce n'est pas en effet le droit d'élection qui peut être révoqué en doute et contesté.

Toute la difficulté réside dans le choix et la possibilité des moyens d'application, surtout dans les pays d'une vaste étendue et d'une grande population.

Ainsi que nous l'avons reconnu précédemment (entre autres, p. 143, 154, 383), c'est la crainte des séditions, des brigues, et la nécessité d'éviter le fléau des guerres civiles, qui ont dû faire prédominer la transmission des droits du trône par voie d'hérédité.

Toutefois, avec un gouvernement bien organisé, l'exercice de ce droit d'élection peut être réglé par la constitution de l'état, de manière à en aplanir les difficultés et à en éloigner les inconvénients.

Dans une monarchie constitutionnelle, en Angleterre, en France, les choses sont déjà disposées de telle sorte que ces difficultés d'exécution et ces inconvénients ne sont plus autant à redouter.

Lorsqu'à défaut de parents mâles du côté paternel, et à défaut d'adoption régulière et dans les formes solennelles, il pourra devenir nécessaire de recourir à cette voie primordiale de transmissibilité des droits du trône; si les deux chambres représentatives nationales s'accordent sur le choix, cet accord devra être regardé comme une garantie suffisante de l'utilité et de la sagesse de ce choix. Si leur avis est différent et se partage, l'intervention de la cour suprême de justice, remplaçant sous quelques rapports les anciens parlements, point central et d'unité en ce qui concerne l'organisation judiciaire, donnera le moyen de faire cesser cette dissidence, en déterminant la préférence en faveur de l'un des deux candidats sur lesquels l'une et l'autre chambre auraient fait porter leur choix.

Par ce mode simple, d'une exécution prompte et facile, on peut éviter de recourir à l'élection dans les assemblées du peuple ou collèges électoraux; ce qui, sans être absolument impraticable, serait du moins sujet à beaucoup de lenteurs et d'inconvénients.

2° La constitution doit encore fixer l'âge auquel le prince sera réputé avoir atteint sa majorité et être en état de régner et gouverner par lui-même.

Cette époque de la majorité des rois doit-elle être la même que celle qui est indiquée par la loi civile pour la majorité des autres membres de la société, ou doit-elle être anticipée par l'effet d'une dérogation positive et formelle.

La question est importante, et l'on peut dire que la paix et la prospérité de l'état en dépendent essentiellement.

Pour la décider, dira-t-on, ainsi que le fit Charles V, dans le préambule de l'ordonnance des mois d'août 1374 et mars 1375, « que cette Providence qui veille incessamment sur la conduite des états répand des lumières et un jugement prématuré dans l'âme de ceux qui doivent gouverner les autres hommes; que les enfants des rois sont confiés dès leur plus tendre enfance, à des personnages éclairés et vertueux; qu'on emploie l'attention la plus scrupuleuse à les instruire; et qu'il n'est donc pas étonnant que les princes fassent des progrès plus rapides que le commun de leurs sujets. »

Ces raisons sont loin d'être décisives et péremptoires. Car on peut répondre avec fondement que, si, sous certain rapport, les princes sont placés dans une position plus favorable que celle de leurs sujets pour acquérir des lumières précoces, une instruction prématurée, il existe aussi autour d'eux une foule de causes propres à agir en sens contraire, et capables de paralyser les efforts des hommes vertueux et sages auxquels leur éducation peut avoir été confiée.

D'ailleurs encore, il y a ici quelque différence à faire entre l'ornement de l'esprit, et la maturité de la raison et du jugement. On voit souvent le premier de ces deux avantages exister sans l'autre, et cela plus particulièrement peut-être chez les hommes d'un rang élevé et que la fortune favorise.

C'est à l'égard de ce premier avantage que ceux-ci sont placés dans une position favorable; c'est cet avantage qu'une telle position peut mettre à même d'acquérir en quelque sorte prématurément.

Il n'en est pas de même du second. Quelque rang que l'homme occupe, cet autre avantage ne s'acquiert guère qu'insensiblement et par degrés. La solidité du jugement, la maturité de la raison demandent avant tout la maturité de l'âge, et ne marchent habituellement qu'avec elle. C'est alors seulement, et lorsque cette première condition existe, que les connaissances précédemment acquises deviennent réellement fructueuses en tous points et tournent au profit de la sagesse. Jusque-là, et bien souvent même à un âge déjà avancé, il n'est point rare de voir, ainsi qu'on le dit vulgairement, l'esprit exclure la raison.

Et pourtant, c'est cette dernière qualité dont les rois et tous ceux qui gouvernent ont par-dessus tout besoin.

Et quand on supposerait qu'ils en sont pourvus et plus tôt et plus abondamment que les autres hommes, il ne faudrait pas non plus oublier que la tâche qui leur est confiée en exige aussi plus que toute autre, qu'il s'agit en un mot de l'administration d'un royaume.

Il est encore une autre remarque à faire; c'est qu'à moins qu'il n'existe des motifs d'exception très puissants, évidents, péremptoires, il est tout-à-fait contraire à la sagesse, à l'intérêt du trône et de la société, de créer pour le monarque et sa famille une législation, des règles différentes et en quelque sorte destructives de celles qui existent pour la société tout entière.

Chez les anciens peuples des Gaules et de la Germanie, il paraît que les rois étaient réputés majeurs dès l'âge de quinze ans, c'est-à-dire, lorsqu'ils étaient en état de porter leurs armes. Mais cette loi n'était pas spéciale, et uniquement relative au prince héritier de la couronne. Elle était commune à tous les guerriers; or, à cette époque, tous les membres de la société ou presque tous étaient soldats. Cette loi était d'ailleurs fondée sur ce que la guerre était la plus importante, et, pour ainsi dire, l'unique affaire de ces peuples encore barbares.

S'il est surtout une inconséquence évidente, une contradiction vraiment étrange et choquante dans la volonté du législateur, c'est celle qui le porte à avancer l'époque de la majorité des rois d'autant plus qu'il croit nécessaire d'éloigner davantage celle de la majorité des citoyens; comme cela a existé d'après la législation, en France, laquelle avait fixé l'époque de la majorité des sujets à vingt-cinq ans révolus, et pour les rois au commencement de leur quatorzième année.

Pour parvenir à une solution facile de la question, tout se réduit à mettre en parallèle les avantages et les dangers qui peuvent naturellement résulter de l'une et de l'autre de ces deux hypothèses opposées.

Dans l'une, c'est-à-dire dans le cas où il serait apporté, par la loi constitutionnelle et fondamentale, relativement à la fixation de la durée de la minorité du prince, dérogation et restriction au principe généralement admis et reconnu nécessaire (eu égard à l'état de la civilisation et aux progrès des lumières) pour la majorité de tous les autres membres de la société, ces inconvénients et ces dangers sont immenses et imminents. Ce sera néanmoins les signaler en peu de mots, que de dire que l'on s'expose ainsi, par une précipitation inconsidérée et non motivée, par une confiance en des mains trop faibles encore, à changer un règne qui eût pu devenir heureux et prospère, en un règne de désordres, d'abus et de calamités. L'écriture menace les peuples de les punir en les soumettant au gouvernement des enfants, ainsi qu'à celui des femmes (voy. ci-dessus, p. 387).

Pour éviter ce malheur, les Lombards, pendant la minorité d'Antharis, fils de leur roi, formèrent une sorte d'aristocratie. Et semblable cause a plus d'une fois occasioné ce dangereux changement dans la forme du gouvernement.

Dans l'autre de ces hypothèses, au contraire, et en supposant que d'heureuses dispositions naturelles, les effets d'une sage constitution sociale, les soins d'une vigilante éducation, aient hâté dans le prince le développement de la raison, que chez lui la force et la solidité du jugement aient devancé de quelques années la maturité de l'âge et l'époque prescrite pour sa majorité ; si l'on cherche à connaître les inconvénients qui peuvent résulter de la prudente circonspection que le législateur aura mise à son ouvrage, on ne rencontre, en approfondissant les conséquences que cette circonspection, en elle-même, peut avoir, qu'avantages et nouveaux motifs de sécurité. Le prince ainsi favorisé de la nature, saura encore faire tourner cet intervalle au profit de l'instruction et de la sagesse dont il a tant besoin pour prendre en main les rênes du gouvernement.

Si l'on y fait attention, on voit que les discordes, les scandales, et autres grands inconvénients et détriments, ainsi que s'exprimait Charles V, qui signalèrent autrefois les temps des régences, furent les principaux motifs qui provoquèrent les rois à abréger la durée de la minorité de leurs enfants.

C'était là prendre complètement le change, et agir en sens inverse de ce qu'il aurait fallu faire.

Ce qui eût été convenable et vraiment efficace, c'eût été de fixer pareillement par des dispositions sages les principes et les règles relatives à la régence; et c'est encore ce qu'on n'avait fait que très imparfaitement.

Mais prétendre abréger le temps de la minorité, et en limiter le terme avant le délai déterminé par la nature pour le développement complet de l'intelligence, même dans les climats tempérés, c'était ne remédier à rien; disons plus, c'était aggraver le mal, au lieu de l'éloigner. Car, quelque puissants et élevés que soient les rois, la nature ne soumet pas sa marche uniforme et régulière au gré de leur caprice et de leurs aveugles volontés.

Aussi une déclaration de majorité anticipée n'empêchait pas que le roi mineur ne restât encore soumis au régent, à la reine, aux ministres. Quoi qu'en pussent dire les déclarations et les ordonnances, il ne devenait majeur que de nom, et ceux qui avaient en main l'autorité, ne continuaient pas moins à régner comme si la minorité légale eût encore subsisté. C'est là ce qui arriva même après la mort de Charles V, et à l'égard de Louis XIII et de Louis XIV, qui ne régnèrent dans la réalité que plusieurs années après qu'ils se furent déclarés majeurs.

Et si, en pareille circonstance, le roi, par suite de sa déclaration de majorité légale, se fût soustrait à la direction de l'autorité établie et reconnue jusque-là, pour n'écouter que lui et ne suivre que ses propres idées, qu'en pouvait-il résulter, si ce n'est qu'il ne tombât aussitôt sous la conduite et la puissance bien plus fatale encore des favoris et des courtisans ?

Ces vérités, qui ont été senties par divers auteurs (et nous en avons cité plusieurs, *Science du Publiciste*, vol. X, pag. 36 et suiv.), seront sans doute prises par la suite en considération par le législateur.

3° Dans les temps anciens d'une civilisation qui parfois encore nous est trop vantée, les guerres intestines et étrangères étaient plus longues ou du moins plus multipliées, plus fréquentes, qu'elles ne le seront sans doute désormais. Les Rois étaient dans l'usage de commander les armées en personne; leur liberté, ainsi que leur vie, était donc souvent exposée. Dans l'intérêt de l'état et du prince, peut-être eût-il été convenable d'apporter dans ces anciens temps à l'égard du prince quelque restriction à la liberté naturelle qui appartient en général à tout homme de voyager, de se transporter, à sa volonté, d'un lieu, d'un pays dans un autre (voy. ci-dessus, pag. 7).

Aujourd'hui, quoi qu'on en puisse dire, l'état de la civilisation est déjà un peu différent, et, du moins sous ce rapport, ses progrès sont assez frappants. Les rois peuvent voyager sans inconvénients, sans crainte, et aussi librement que tous autres citoyens, à l'intérieur comme à l'extérieur de leurs royaumes ; depuis quelques années surtout ils usent amplement et comme à l'envi de cette précieuse faculté.

Cependant il ne serait pas sans utilité que, sur le point de quitter le territoire national, un roi songeât à prévenir les lenteurs et les interruptions que pourrait occasioner son absence, à assurer la marche régulière et active du gouvernement, en désignant un administrateur, un régent provisoire, qui puisse momentanément le remplacer. Nous avons vu (*Science du Publiciste*, vol. IX, p. 56 et suiv.) que jadis les rois en usaient ainsi.

Ce qui importe plus essentiellement encore, c'est que, dans le cas où le roi se serait éloigné sans avoir eu cette prévoyance, une disposition formelle de l'acte constitutionnel règle de quelle manière il y sera pourvu. Quelque juste confiance que l'on puisse à l'avenir avoir dans le triomphe de l'équité, dans les progrès sensibles de la civilisation, du moment néanmoins où le prince a quitté le sol et franchi les frontières du royaume, où il ne se trouve plus dans le sein de la famille, mais environné d'un autre peuple, dont les intérêts peuvent être fort différents, et quelquefois opposés à ceux de la nation à laquelle il appartient, la liberté de son choix tardif ou de ses décisions ultérieures ne peut plus être considérée comme entière, son indépendance morale devient problématique. Et par suite, son autorité royale, en tant qu'il pourrait prétendre à l'exercer encore directement et par lui-même, des terres étrangères, doit être paralysée et suspendue.

Or, à quel moyen plus naturel, plus simple et plus prompt, pourrait-on alors recourir, si ce n'est à celui qui vient d'être indiqué pour la dévolution de la couronne même, par voie d'élection à défaut de parents au degré successible, ou à défaut d'adoption. Sous la seconde race et sous la troisième, ce droit fut exercé par les grands du royaume, par les barons, par les princes, prélats, nobles gens des bonnes villes et autres notables, faisant et représentant les trois états généraux du royaume, et par les parlements (Voy. *Science du Publ.*, v. X, p. 61 et 62).

Les rois sont hommes, et, comme tels, ils sont soumis aux maladies, aux infirmités dont la nature humaine est affligée. Leur puissance, quelque étendue qu'elle soit, ne les garantit pas de ces maux, que peut-être même elle provoque souvent.

En Angleterre, si l'héritier *apparent* de la couronne est atteint d'une affection mentale, avant l'époque de son avènement, le droit d'élire un autre roi appartient au parlement. S'il n'en est frappé qu'après être monté sur le trône, il en est autrement; et le droit de le déclarer déchu est hors de la sphère des attributions des deux chambres.

En France, les auteurs font cette remarque, « lorsque l'incapacité survient dans le cours du règne, ce peut être le cas d'établir une régence; mais il n'en doit pas être ainsi, lorsque, dans l'instant de l'ouverture de la succession à la couronne, l'héritier présomptif se trouve incapable. »

Cette distinction est fondée.

La maladie dont le monarque est atteint dans le cours de son règne peut n'être qu'accidentelle et passagère. Dans ce cas, c'est encore la bonté des institutions et la sagesse du choix, précédemment fait, des ministres et autres agents de l'autorité royale, qui préserveront l'état d'inconvénients graves.

Et, lors même que l'aliénation du roi serait plus durable, autre chose assurément est d'arracher en quelque sorte du trône un prince qui, depuis quelques années déjà, depuis long-temps peut-être, sera saisi du gouvernail et aura dirigé sagement le vaisseau de l'état, ou d'y appeler celui dont une démence antérieurement connue et encore subsistante atteste d'avance l'incapacité. C'est à l'égard de celui-ci sur-tout qu'on aurait droit de s'étonner, avec Mézerai, « de voir des nations célèbres aimer mieux devenir la proie des factions sanglantes et de l'anarchie, que de priver des princes en démence du droit de régler le sort des humains. »

Si donc le prince régnant tombe dans un état de démence, l'acte constitutionnel et fondamental doit prescrire de lui donner un représentant pour la régence et l'administration du royaume, et un tuteur quant à la garde de sa personne. Et, comme la désignation qui pourrait être faite de ces représentant et tuteur, par le prince lui-même dans un moment de lucidité, ne peut offrir une garantie assez rassurante d'un retour certain à cet état de santé, et conséquemment de la sagesse, non plus que de l'entière liberté du choix, il est évident que la législation ne doit pas accorder au roi une telle latitude, et qu'il faut recourir à des préservatifs plus assurés.

Si l'élévation des rois sur le trône ne les garantit pas

des maladies du corps et de l'esprit, elle ne les préserve pas non plus de la corruption du cœur. Pendant longtemps du moins, ils ont sous ce rapport vécu dans un air contagieux et empoisonné. Un fleuve de sang semble avoir pris naissance avec les premiers gouvernements des sociétés humaines, et presque tous les trônes en ont été teints, presque toutes les familles appelées à la souveraine puissance l'ont plus d'une fois souillée de massacres et d'horreurs.

Si l'on remonte d'âge en âge, si l'on jette un coup-d'œil rapide sur les annales politiques du monde, comme nous l'avons fait dans la *Science du Publiciste* (Vol. X, p. 71 et suiv.), quelle énumération de crimes n'y voit-on pas tracée! L'histoire des temps réputés fabuleux, l'histoire sainte, les histoires anciennes et modernes, toutes offrent, auprès des trônes, un affreux tableau, un amas épouvantable de meurtres, d'empoisonnements, de forfaits détestables, dont l'éclat de toutes les couronnes ne saurait et ne doit pas détourner nos yeux.

Un tel spectacle devait inspirer la pensée de ne pas réunir dans la même main la régence et la tutelle du prince. Cependant, en consultant l'histoire, particulièrement l'histoire de France, nous avons vu (*Science du Publiciste*, vol. X, p. 88) que ces fonctions ont été plus souvent unies que séparées.

Elles furent disjointes pendant la minorité de Charles III, de Charles-le-Simple, de Louis-le-Fainéant; et Charles V les avait aussi séparées, dans le réglement qu'il avait fait pour la minorité de son fils.

Elles furent réunies pendant les minorités de Childebert II, de Clotaire II, de Sigebert, de Louis-le-Débonnaire, de Charles-le-Simple (après la mort de

Hugues l'Abbé et la déposition de Charles-le-Gros), de Lothaire, de Philippe Ier, de Philippe-Auguste, de Saint-Louis, de Charles IX, de Louis XIII, de Louis XIV et de Louis XV (le duc du Maine n'ayant été chargé que de l'éducation du roi mineur).

La constitution de 1791, et le sénatus-consulte de l'an XII reconnurent le principe de la séparation de la régence et de la tutelle.

Mais le sénatus-consulte du 5 février 1813 apporta à leurs dispositions des changements importants.

La charte du 4 juin 1814 est muette sur ce point, ainsi que sur tant d'autres.

Faut-il donc à l'avenir se reporter à cette législation ancienne, que quelques hommes, pour ne la pas connaître, se représentent souvent comme si entière et si parfaite qu'elle aurait pu, suivant eux, suffire à tous les siècles, que rien n'eût été tout à la fois plus facile et plus sage que de la leur imposer!

Pense-t-on qu'il convienne d'adopter, dans ses dispositions à cet égard, le prétendu système organique, et assez précaire toutefois, du gouvernement impérial?

Ou, si le législateur plus éclairé aperçoit par la suite les dangers inévitablement attachés à l'une comme à l'autre de ces deux hypothèses, ne doit-il pas en résulter l'adoption du principe qui fut consacré par la constitution de 1791, et que le droit prescrit, parce que la raison et la prudence le recommandent?

Quant à la *nature* des fonctions de la *Régence*, il suffit pour la reconnaître de considérer quel est son objet; et la distinction qui vient d'être établie indique clairement que cet objet est relatif à l'administration du royaume, à l'exercice de l'autorité royale, tant sous le rapport de la participation qu'elle doit avoir à l'exercice de la puissance législative, que sous le rapport du mouvement qui lui appartient relativement aux attributions de la puissance exécutive.

Quant à *l'étendue* et à *l'exercice* de la régence, « naturellement, dit le *Nouveau Répertoire de jurisprudence*, le pouvoir du régent, pendant la minorité, l'absence, ou la maladie du monarque, doit être le même que celui d'un monarque majeur, présent et jouissant de toutes ses facultés. Celui qui tient la place du souverain doit exercer tous les droits de la souveraineté. » En effet, on comprend combien il importe au salut de l'état, à la prospérité publique, que la marche du gouvernement et de l'administration ne soient point entravées et suspendues. Le roi ne meurt jamais; donc, aucune stagnation ou interruption ne doit faire apercevoir son absence.

Mais on conçoit aussi que, dans les pays où l'autorité royale, quoique considérée comme héréditaire, est cependant sans règles de droit, sans limites fixes et constantes, il y a bien quelques dangers, pour le respect et l'exécution de ce principe d'hérédité, et, par suite, pour la tranquilité et la paix de la société, à confier, pendant la durée d'une minorité, cette même autorité despotique, indéfinie et mal circonscrite, au plus proche parent du roi mineur. Il est donc naturel et comme indispensable de chercher en de tels pays à restreindre la puissance des régents par des ordonnances, des déclarations, des édits, au risque de paralyser l'administration et de porter un préjudice notable à la chose publique. Et, en consultant encore l'histoire de la monarchie française sur ce point, on reconnaît que ce fut l'appréhension de ce danger qui dirigea la conduite de Charles V, relativement aux modifications et restrictions dans lesquelles il chercha à renfermer la puissance du duc d'Anjou, en lui conférant la régence.

Sous un gouvernement constitutionnel, où l'existence des chambres, la nature des institutions, soutiennent et consolident l'autorité royale, en la plaçant sur ses bases et en la renfermant dans ses véritables et justes limites; par cela que l'autorité royale ne reçoit aucune extension au-delà des bornes qui lui sont propres, aucune attribution qui ne lui soit nécessaire pour remplir son but, elle peut, d'une part, être remise entre les mains du régent, sans qu'il y ait lieu d'appréhender, de l'exercice de cette autorité par celui-ci, les inconvénients qui en résulteraient dans un gouvernement mal constitué, et, de l'autre part, au contraire, on ne peut rien en retrancher qu'on ne l'énerve et qu'on ne porte ainsi une dangereuse atteinte à la force du gouvernement.

Cette règle avait donc été sagement érigée en loi par la constitution de 1791.

Le sénatus-consulte du 28 floréal an XII et celui du 5 février 1813 apportèrent encore à cette disposition fondamentale des modifications dont on ne peut pas être surpris, d'après la direction que le gouvernement avait prise alors, et qui le conduisait rapidement à sa ruine, quelques précautions exagérées, autant que vaines, qu'il prît d'ailleurs pour se garantir et se conserver.

Nul article de la charte n'a pour but de fixer à ce sujet le droit constitutionnel en France; il faudra donc un jour y suppléer.

Quant aux *conséquences* des fonctions de la régence,

s'il importe au bien public et à la prospérité de l'état que la marche du gouvernement, la conduite et l'action de l'administration, des affaires publiques et particulières, ne soient pas entravées et interrompues pendant le temps des absences et des minorités, il n'est pas moins utile d'en éloigner le provisoire, l'incertitude, l'instabilité, qui naîtraient de la faculté réservée au prince, après son retour, ou ayant recouvré la santé, ou étant devenu majeur, de confirmer ou d'annuller à son gré les résolutions prises, les actes consommés sous la régence.

Si ces actes rentrent dans la sphère et l'exercice des attributions de la puissance législative, il est évident qu'ils ne peuvent être rapportés et modifiés que par de nouvelles dispositions législatives délibérées, prises et proclamées avec le consentement des chambres, et revêtues de toutes les formes nécessaires pour la validité et la promulgation des lois, et qui ne doivent conséquemment produire aucun effet rétroactif, ni préjudicier en rien aux droits acquis par suite des lois et résolutions antérieurement publiées au nom du roi absent ou mineur par l'intermédiaire du régent.

S'agit-il d'actes et de mesures de pure exécution, il n'est pas moins constant que ces actes, s'ils ont été faits en conformité des lois existantes et pour en assurer l'exécution, doivent être maintenus, et ne sauraient être détruits par de nouvelles mesures qui se trouveraient en contradiction avec ces mêmes lois, et que surtout les droits consacrés et régulièrement acquis en vertu de ces actes faits conformément aux lois rendues pendant la régence, doivent être religieusement respectés.

Quant à la *forme* de la régence, nous avons vu (entre autres, *Science du Publiciste*, vol. X, p. 122 et suiv.) que, dans le but de régler et de modérer la puissance des régents, les rois et les publicistes ont pensé qu'il était convenable de créer et d'adjoindre à la régence un conseil de régence; mais nous avons vu aussi (*ibid.*) combien à cet égard les événements ont en général mal répondu à l'attente du législateur. Sa prévoyance, en agissant ainsi, fut presque toujours une source féconde de dissensions, de troubles, de désordres, ou, dans d'autres circonstances, elle demeura sans exécution. De sorte que, s'il fallait n'en juger que par la connaissance des faits, on pourrait déjà en déduire avec certitude l'imperfection d'une semblable institution.

Pour démontrer, par le secours seul du raisonnement, et pourtant d'une manière évidente, l'inutilité et même le danger d'un conseil de régence, il suffit d'un dilemme fort simple.

Ou bien ce conseil de régence ne sera rien autre chose que ce que doit être un conseil, c'est-à-dire qu'il n'aura pas voix délibérative, mais seulement voix consultative. Alors, et si déjà il existe (comme cela doit être pour la régularité de l'organisation sociale) des chambres représentatives et un conseil d'état institués par le pacte fondamental sur des bases constitutionnelles et de droit, dans le but d'assurer l'exercice de l'autorité royale, tant sous le rapport de la participation aux attributions de la puissance législative, que sous celui du plein exercice de la puissance exécutive, à quoi bon compliquer les ressorts de l'organisation par une espèce de superfétation instantanée, par une institution bornée à quelques années de durée, et dont les fonctions ne seraient qu'un véritable empiètement d'une partie importante des attributions naturelles d'institutions indispensables, permanentes, et commandées par le droit ?

Ou bien, ce conseil de régence aura plus que voix consultative, il statuera à la pluralité des voix, et alors les inconvénients seront bien autrement graves et nombreux. C'est cependant les signaler encore en peu de mots que de dire, avec un auteur, « que le gouvernement devient, dans ce cas, une véritable oligarchie. »

En vain espèrerait-on en prévenir ou en pallier les conséquences funestes, en donnant voix prépondérante au régent en cas de partage, c'est toujours mettre hors de place la délibération, l'introduire inconsidérément et sans raison dans les éléments de l'organisation du premier mobile d'exécution ; de sorte qu'il ne peut en résulter que lenteurs, hésitations, défaut d'ensemble, de force et d'harmonie, etc., et par suite déconsidération, mépris et anarchie.

Quant à la *durée* de la régence, lorsque l'on a reconnu que l'autorité royale ne doit être ni interrompue ni entravée, il faut ajouter que cette autorité ne doit pas être considérée comme pouvant même sommeiller un instant, et qu'en ce sens encore on a raison de poser ce principe, que le roi ne meurt pas.

Ainsi, dans les cas d'absence du chef de la monarchie, les fonctions du régent doivent commencer, à compter du jour où le monarque, ayant quitté le territoire national, se trouve par-là dans une position telle que sa liberté, son indépendance morale peut devenir l'objet d'un doute ; et par les mêmes raisons, elles doivent durer jusqu'à ce que toute crainte, toute incertitude à cet égard soit dissipée par son retour au sein de la patrie.

Dans les cas de démence, ou d'incapacité pour cause de maladie ou infirmité, les fonctions de la régence doivent commencer du jour où cet état d'incapacité, constaté dans un conseil de famille, aura été déclaré par les deux chambres; et elles doivent durer jusqu'à ce que le retour à la santé ait été constaté, reconnu et déclaré avec les mêmes formalités.

Enfin, dans les cas de minorité, les fonctions du régent commenceront au moment de la mort du prédécesseur du roi mineur; et elles cesseront de plein droit le jour où celui-ci atteindra sa majorité.

Pendant la durée de la régence, aucune cause étrangère à la personne du régent ne doit interrompre ses fonctions ou l'exclure de la régence.

Ainsi, par exemple, dans le cas où, par défaut d'âge ou autre cause d'empêchement du parent le plus proche, la régence aura été dévolue à un autre; celui-ci, une fois entré en exercice, continuera ses fonctions aussi long-temps que devra durer la régence, et le parent qui, par quelque cause que ce soit, se sera trouvé empêché d'exercer la régence, ne pourra y prétendre, l'empêchement cessant.

Si, par exemple encore, le prince mineur décède laissant la couronne à un prince, aussi mineur, d'une autre branche, le régent en exercice conservera la régence jusqu'à la majorité du nouveau roi.

La constitution de 1791, le sénatus-consulte de l'an XII, et celui du 5 février 1813, se sont conformés à ce principe, dans les dispositions que nous en avons extraites, et qui sont rapportées dans la *Science du Publiciste* (vol. X, pag. 131).

Si, pour reconnaître quelle est la nature des fonctions de la régence, il suffit de savoir quel est son objet; si, de cet examen, il résulte que ces fonctions doivent comprendre tout ce qui est relatif à l'administration du royaume, on voit clairement, par le même rapprochement, quelles doivent être aussi la *nature*, l'*étendue* et la *force* des fonctions de la *Tutelle;* on reconnaît qu'elles doivent se concentrer sur tout ce qui peut être relatif à la garde et à l'éducation de la personne du roi mineur.

Après la mort de Louis XIV, il s'éleva à ce sujet une difficulté, sur l'exécution de son testament, entre le duc d'Orléans, qu'il avait institué président du conseil de régence, et auquel le parlement venait de déférer la qualité de régent, et le duc du Maine, auquel le roi défunt confiait l'éducation de son fils. Il s'agissait de savoir à qui du régent ou du duc du Maine appartiendrait le commandement des troupes destinées à la garde et au service de la maison du roi.

Dans cette circonstance, on ne fit pas, du moins avec assez d'exactitude, la distinction qu'il importe d'admettre à ce sujet.

Ce qu'il faut distinguer, c'est d'une part les mesures et les actes d'administration relatifs à l'organisation, à la tenue, à la discipline des troupes, à la nomination, à l'avancement de leurs officiers; et d'autre part, les ordres et commandements relatifs à la garde et au service journalier de la personne du roi mineur.

Les actes d'administration quelconques tiennent au système général d'organisation et de commandement, admis dans l'armée; donc, ces actes ne peuvent être séparés, sans inconvénients et sans désordres, des attributions du ministère auquel ils se rattachent, et qui, lui-même, ne peut être placé hors de la ligne hiérarchique de la puissance d'exécution, de régence, d'administration. Au contraire, du moment ou la constitution consacre le principe de la séparation de la régence et de la tutelle, par une conséquence immédiate des motifs sur lesquels ce principe se fonde, il est évident que les ordres et commandements qui concernent l'exercice des fonctions de la tutelle, de la garde et éducation, ne doivent pas émaner d'une autorité autre que celle à laquelle ces fonctions se trouvent confiées.

Quant à la *forme* de la tutelle, c'est peut-être en ce qui la concerne, que l'adjonction d'une sorte de conseil composé d'hommes vraiment philosophes et éclairés, seraient en effet d'un très grand avantage. Pour diriger l'éducation d'un prince, pour former un grand roi, ce n'est pas trop sans doute de la sagesse, et de la réunion des lumières de plusieurs.

Les anciens Perses avaient admis cette coopération de quelques personnages illustres, non-seulement par leur naissance, mais par leurs vertus, leur courage et leur instruction, pour initier de bonne heure l'héritier présomptif de la couronne dans les diverses branches des connaissances auxquelles on était alors parvenu; pour former son esprit et fortifier son cœur par l'exemple, de tous les conseils le plus efficace et le plus sûr; et pour l'élever ainsi dans la pratique habituelle des vertus les plus utiles à la puissance suprême, les plus essentielles pour l'application des principes de la politique et du gouvernement.

Quant à la *durée* des fonctions de la tutelle, soit dans les cas de démence, ou d'incapacité pour cause de maladie grave, soit dans les cas de minorité, il est clair qu'elle doit être la même que celle de la régence dans les mêmes occurrences, et que ces fonctions, d'espèces différentes, mais existantes par les mêmes causes, doivent commencer et finir toutes deux en même temps.

En France autrefois, et encore d'après la constitution de 1791, la nature, aux yeux du législateur, était censée avoir mis en réserve une loi particulière et d'exception, relativement à l'époque de la majorité des rois; la raison était supposée croître dès l'enfance, et devancer de plusieurs années, pour les jeunes rejetons de la famille royale, l'âge auquel elle se développe et se manifeste habituellement chez les hommes, dans les autres classes de la société. On pensait aussi, suivant l'apparence, que, variable en un autre sens, et abrogeant sans motif ses règles les plus uniformes, ce grand et éternel principe de l'ordre admettait une autre loi exceptionnelle, mais inverse, relativement aux progrès de l'intelligence chez les hommes qui, sans être destinés par la naissance à exercer les fonctions de la royauté en leur nom propre, sont cependant placés assez près du diadème pour que le sang de celui qui le porte circule encore dans leurs veines, et pour qu'ils puissent se trouver appelés de droit, quoique sous un titre différent, à un pouvoir de nature identique. Ainsi, l'époque de la majorité, fixée à dix-huit et à quatorze ans pour les enfants des rois, ne le fut qu'à ving-cinq ans pour le prince de la famille royale et pour tout autre citoyen désigné par la loi ou appelé par l'élection aux fonctions de la *régence* et de la *tutelle*.

Cependant, s'il faut qu'un frère puîné du roi défunt ait atteint sa vingt-cinquième année pour être capable de gouverner en qualité de régent, il est difficile de concevoir que le fils du roi, neveu du régent et héritier de la couronne, (le régent lui-même, s'il eût été appelé au trône, ou tout autre membre de la famille royale, devenu apte à succéder à défaut d'héritier dans la ligne directe), ait acquis, huit ou dix années plus tôt, toute la sagacité nécessaire pour régner sagement; et cela, par cette seule raison que ce n'est pas comme régent, mais comme roi. Ou, si le roi n'est déclaré majeur que lorsqu'il peut, ainsi que tout autre citoyen, être considéré comme ayant atteint réellement l'âge de maturité, par quel motif raisonnable reculer cette époque de plusieurs années à l'égard du régent?

C'est sans doute l'inconvénient prétendu d'une différence trop peu sensible entre l'âge du roi mineur et l'âge du régent qui a donné à penser que la règle ne devait pas être ici la même pour l'un et pour l'autre.

En y réfléchissant davantage, on reconnaît que cette raison n'est pas suffisante, surtout si le principe de la séparation de la régence et de la tutelle reçoit son application.

Une seconde condition dont la loi fondamentale doit prescrire l'existence comme qualité essentielle dans la personne du régent et dans celle du tuteur, c'est la qualité de régnicole.

Et par les motifs indiqués ci-dessus (p. 388) au sujet des dangers de la réunion de deux couronnes sur une seule tête, cette loi fondamentale doit aussi exclure des fonctions de la régence celui qui serait déjà assis sur un trône étranger; exclusion renfermée explicitement dans la constitution de 1791, omise dans le sénatus-consulte de l'an XII, et rappelée dans celui du 5 févier 1813.

« Y a-t-il quelqu'un dans le royaume, dit M. de Polverel, (*Ancien Répertoire de jurisprudence*), à qui la régence appartienne de droit ?... Un point de cette importance devait-il être livré au choc des opinions ? y avait-il de l'inconvénient à fixer un ordre immuable pour l'administration du royaume pendant la minorité ?»

En premier lieu, pour parvenir à ce but, il faut remarquer que, dans une monarchie où la transmission des droits du trône par voie d'hérédité est un des principes fondamentaux reconnus par la constitution de l'état, il est naturel aussi que la régence y soit déférée d'après un ordre et des règles analogues; et qu'en conséquence elle appartient de droit au parent le plus proche en degré, selon l'ordre de l'hérédité au trône.

Cet autre principe peut bien, il est vrai, n'avoir pas été constamment suivi en France, non plus que dans les autres états monarchiques; mais il est cependant évident qu'au moins dans ce royaume de France, il a été habituellement considéré comme étant au nombre des lois de l'état, et que les faits opposés font exception et ne constituent pas la règle.

Si on remonte jusqu'aux premiers règnes de la troisième race (Voy. *Science du Publiciste*, vol. X, p. 154), on trouve en effet, dans l'espace d'un demi-siècle, c'est-à-dire depuis la mort de Louis-Hutin jusqu'à celle du roi Jean, plusieurs régences dévolues d'après l'ordre de succession à la couronne.

La constitution de 1791 admet et proclame le principe dans les termes les plus formels.

En second lieu, et quant à la question de savoir si

les femmes doivent être ou non appelées à l'administration du royaume en qualité de régente, les faits ne sont pas moins opposés et en contradiction entre eux.

Pour ne rappeler ici que la législation nouvelle, la constitution de 1791 et le sénatus-consulte de l'an XII ont prononcé l'exclusion des femmes à cet égard.

Mais le sénatus-consulte du 5 février 1813 et les lettres-patentes du 20 mars de la même année n'eurent aucun égard à cette disposition fondamentale; ils en ordonnèrent tout autrement.

La charte de 1814 ne s'explique pas.

En droit, et pour l'avenir, que conclure encore?

En droit, il faut le reconnaître, quels que soient les faits antérieurs, ou antécédents, la question est si promptement résolue d'après ce qui a été exposé (ci-dessus, pag. 384 et suiv.) au sujet du principe qui ne permet pas d'admettre les femmes au trône, qu'il serait plus exact de dire qu'il n'y a véritablement pas de question.

Qui ne conçoit en effet que les motifs qui s'opposent à ce que les femmes soient appelées comme reines au gouvernement de l'état, prescrivent également de ne pas leur reconnaître ce droit et cette capacité en qualité de régentes?

On alléguerait en vain, en le leur conférant, que, dans la vue de prévenir les inconvénients que leur administration doit faire redouter, on peut restreindre, plus ou moins leur autorité, ainsi que cela s'est pratiqué en semblable occurrence; que, comme le firent Charles V, Louis XIII et le chef du dernier gouvernement, on peut instituer auprès d'elles un conseil de régence, pour les éclairer dans la direction des affaires les plus importantes du gouvernement et de l'administration ; qu'enfin on peut, ainsi que le fit le sénatus-consulte du 5 février 1813, prononcer la prohibition de passer à de secondes noces.

Il s'en faut de beaucoup que la réunion de tous ces moyens offre un palliatif suffisant pour contrebalancer avec quelque efficacité les inconvénients graves que doit faire craindre ici l'infraction du principe.

De plus, chacun de ces moyens serait une cause très réelle de désordres et de dangers nouveaux. Nous renvoyons, sur ce point à ce que nous avons dit en traitant de la *Forme* de la *régence* (*Science du Publiciste*, v. X, p. 122 et suiv.; et ci-des., p. 408 et suiv.).

Nous ajouterons seulement quelques mots relativement à la prohibition de passer à de secondes noces; prohibition prononcée, entre autres motifs, dans la vue de ne pas compromettre les droits et peut-être la vie du roi mineur, et de ne pas appeler de fait au gouvernement de l'état un prince étranger, ou déjà chargé du poids d'une couronne étrangère.

Sans doute, c'est, en faveur d'une reine, comme à l'égard de toute autre femme, un titre réel à l'estime, que son respect pour la mémoire d'un époux. C'est, dans une mère surtout, une chose digne de vénération et d'hommage, que la perpétuité de sa tendresse pour le père des enfants qu'elle a portés dans son sein, que sa fidélité à des nœuds que la naissance de ces gages d'un légitime amour rend d'autant plus chers et plus sacrés, et auxquels leur existence semble attacher plus fortement encore le sceau de l'indissolubilité.

Mais que le législateur ne s'y méprenne pas! Il faut qu'il sache que cette fidélité de devoir et de souvenir, cette renonciation à de nouvelles affections, doivent toujours être le résultat d'une volonté libre et non pas l'exécution forcée d'une disposition prohibitive de la constitution ou des lois fondamentales, et qu'une telle prohibition, bien loin de remplir le but qu'on pourrait se proposer, serait, sans l'atteindre, nuisible à la conservation des mœurs et propre à provoquer les déréglements les plus honteux, les désordres les plus criminels.

Pour démontrer la nécessité de consacrer d'une manière formelle, le principe de l'exclusion des femmes pour les fonctions de la régence, il suffit, sous tous les rapports, des avertissements de la prudence et du bon sens, des conseils de la réflexion, sans qu'il soit besoin de recourir aux leçons de l'expérience et de l'histoire.

Nous ne redirons donc pas les désastres causés par deux reines dont les noms sont parvenus jusqu'à nous, accompagnés d'une déplorable célébrité; nous ne rappellerons pas les horreurs de la régence sous Catherine de Médicis, les massacres de la Saint Barthélemy, les troubles, les divisions de la France pendant la régence de Marie de Médicis, enfin l'état de désolation et de ruine où le royaume se trouva réduit lorsque la reine Anne d'Autriche et le cardinal Mazarin le pillaient comme à l'envi l'un de l'autre.

Il ne serait cependant pas inutile que, pour mieux apprécier le présent, on voulût bien quelque fois reporter de bonne foi ses regards sur toutes ces époques de pénible souvenir, d'ignorance, de barbarie, de superstition, de calamités sans nombre, où l'ordre et le droit n'étaient nulle part, l'iniquité, la confusion, l'arbitraire partout; où l'artifice et la perfidie remplaçaient la prudence et l'honneur ; la fureur et la haine, le courage ; et le fanatisme, la religion.

Ce sera surtout lorsque la régence sera dévolue, ainsi que cela vient d'être dit, au plus proche parent du roi mineur suivant l'ordre de l'hérédité au trône, c'est-à-dire du côté paternel, lorsque la prévoyance salutaire du législateur posera des règles fixes pour l'éducation et l'instruction du prince, que la dévolution de la tutelle et garde du roi mineur à la reine-mère, sera d'autant plus à propos. Pour éloigner de lui les dangers, pour redoubler à cet égard de zèle et de vigilance, on peut alors s'en reposer avec confiance sur la sollicitude et l'amour maternel. Où trouver plus de sécurité, comment espérer une plus forte garantie, que dans cette tendresse naturelle, fortifiée d'ailleurs par tout ce que les institutions et les lois peuvent avoir de sagesse et de puissance?

Une semblable sécurité ne saurait se rencontrer nulle autre part; et c'est ce qui fait que les publicistes et les législateurs ont généralement pensé qu'à défaut de la reine-mère, la tutelle et la garde du roi mineur ne doivent pas être dévolues de plein droit à aucun autre de ses parents paternels ou maternels. Il faut donc qu'il y soit alors pourvu, ou par le choix du roi prédécesseur, ou par voie d'élection.

S'il convient, dans une monarchie constitutionnelle, d'appliquer les principes fondamentaux de la transmission des droits de la couronne par voie héréditaire, avant de recourir à l'application des règles qui ont pour objet de déterminer la dévolution de ces mêmes droits par voie d'adoption; en d'autres termes, si le droit d'adoption ne peut être légitimement exercé qu'à défaut de parent mâle au degré successible du côté paternel; si le même ordre de dévolution doit être observé en ce qui concerne la régence et à l'égard de la reine-mère en ce qui concerne la tutelle, il n'est pas moins nécessaire que, par suite de l'esprit d'ordre et de prévoyance spécialement inhérent à cette forme régulière de gouvernement, la constitution adopte et prescrive les règles relatives à la dévolution de la régence du royaume, de la tutelle, garde et éducation du prince mineur, suivant un mode analogue à celui de l'adoption, c'est-à-dire d'après le choix et par la désignation du roi prédécesseur, savoir : en ce qui concerne la régence, dans le cas d'éloignement des membres de la famille royale du côté paternel que le droit d'hérédité y appelle; dans le cas de leur incapacité ou démence régulièrement constatées; et dans le cas d'extinction entière de la famille royale : et, en ce qui concerne la tutelle, dans les mêmes circonstances, mais à l'égard de la reine-mère seulement.

En effet, dans toutes ces hypothèses, n'est-il pas naturel de reconnaître, dans la personne du prince régnant, la faculté légale de désigner lui-même les hommes qui devront après sa mort exercer momentanément son autorité comme monarque et comme père ? de qui pourrait-on raisonnablement attendre un meilleur choix? en qui pourrait-on présumer tout à la fois plus de moyens, une position plus favorable, et un désir plus vif de n'user de ce droit que d'une manière utile et au bien-être général de l'état et à l'intérêt particulier de l'héritier présomptif de la couronne?

Ainsi formellement reconnue par l'une des dispositions constitutionnelles pour tous les cas qui viennent d'être spécifiés, l'existence de ce droit relatif à la dévolution de la régence et de la tutelle, non plus que celle du droit d'adoption relatif à la transmission des droits mêmes de la couronne, n'aura pas l'immense inconvénient de rencontrer, de provoquer parmi les membres de la famille royale cette opposition anarchique et funeste qu'il faut attendre de l'exercice de ce droit hors de ces justes limites et dont l'histoire offre encore tant de preuves incontestables.

Il faut pourtant en écarter aussi les dangers de la non-publicité, le doute, l'incertitude, l'obscurité dont le choix du prince pourrait rester enveloppé, s'il ne devait être connu qu'après sa mort, si l'on pouvait craindre qu'il fût le résultat de la captation, le fruit pernicieux de l'intrigue des courtisans, qui trouvent toujours autant de facilité à pénétrer dans l'enceinte des palais, que les hommes intègres, qui pourraient contrebalancer leur influence, éprouvent ordinairement d'entraves pour y faire entendre leur voix.

Et afin d'y obvier, on peut encore recourir à l'emploi de cette formalité simple, mais solennelle, dont l'organisation du gouvernement constitutionnel, toujours féconde en résultats heureux, indique assez l'emploi, et qui est, ainsi que nous l'avons vu précédemment (pag. 394 et 395), un moyen facile de rendre en quelque sorte la nation entière présente à la déclaration positive que le roi en personne peut faire à ce sujet devant les deux autres branches de la puissance législative réunies à ce sujet; et à laquelle la nation par cet intermédiaire auguste peut donner à son tour un acquiescement authentique.

Nous avons vu, dans la *Science du Publiciste* (vol. X, pag. 187 et suivantes), que cette formalité est d'ailleurs étayée par des usages analogues d'une grande antiquité.

La réflexion et l'expérience démontrent encore assez clairement que, si, dans une monarchie où l'hérédité de la succession au trône est un principe reconnu, le législateur adoptait le mode de dévolution de la régence et de la tutelle *électives*, de préférence à celui de la régence et de la tutelle *héréditaires* ou même à celui de la régence et de la tutelle *testamentaires*, il préparerait de ses mains le foyer des dissensions intestines, et que de la tombe royale jaillirait l'étincelle qui viendrait bientôt enflammer ce foyer de discorde et de guerre civile. Autour des princes du sang, ou même du régent désigné par le choix du feu roi, se grouperaient aussitôt de nombreux partisans prêts à soutenir les prétentions de ceux-ci, et, malgré eux peut-être, disposés à défendre des droits regardés comme certains, contre une loi injuste à leurs yeux, subversive de l'ordre social, contraire à leurs intérêts et au bien public; opinion qu'il ne leur serait pas même difficile de faire partager par le peuple.

D'un autre côté, peu de mots suffisent pour prouver que, dans tous les cas qui viennent d'être indiqués tant à l'égard de la régence qu'à l'égard de la tutelle, et dans celui où le roi décédé aurait de plus négligé de manifester son choix, avant sa mort, suivant les formes déterminées par la constitution, il importe que cette constitution ne reste pas muette sur ce point, que le législateur, voyant voguer sans obstacle le vaisseau de l'état, ne tombe pas dans une sorte d'engourdissement et de sommeil, et que, la tourmente venant à le surprendre au milieu de cette préjudiciable incurie, il ne se trouve pas tout-à-coup lancé sans pilote et sans gouvernail à travers les abîmes creusés par son imprévoyance.

Ce qui se passa, au sujet de l'élection de Marie de Médicis, après la mort de Henri IV, peut donner la mesure de ce qui serait alors à redouter.

Du reste, plusieurs autres faits historiques ont été cités (*Science du Publiciste* vol. X, pag. 195 et suiv.), dans la vue de constater que, non seulement la régence et la tutelle furent plus d'une fois déférées en présence et même avec le consentement des grands du royaume, des états et des parlements, mais encore qu'elles le furent par ces différents corps.

L'exercice de ce droit d'élection à la régence, ainsi que celui de l'élection pour la transmission des droits du trône dans des circonstances semblables, et telles qu'elles viennent d'être rappelées, peut être confié sans plus d'inconvénients aux deux chambres si elles sont unanimes dans leur choix, et à la cour suprême de justice en cas de partage.

Si ce droit fut autrefois exercé avec quelque fruit par des corps d'une institution imparfaite, mais qui formait alors une sorte de contre-poids, et d'obstacle au despotisme, (voy. ci-dessus, pag. 147), comment ne le serait-il pas avec plus de succès par des corps d'une constitution plus réfléchie, et appelés à représenter la nation entière, et au besoin par une institution dont l'objet doit être de rassembler dans son sein toutes les attributions d'ordre judiciaire, autrefois désunies et disséminées en plusieurs parlements sans lien, sans unité de doctrine, de législation et de jurisprudence.

Ce qui a été exposé dans le premier paragraphe de ce

titre au sujet de la nomination des conseillers d'état et des ministres, des préfets, sous-préfets et maires, et des conseillers de préfecture, sous-préfecture et mairie, (voy. ci-dessus, pag. 303 et suiv., pag. 351 et suiv.), dispense de parler ici du mode de transmission de la puissance exécutive dans la personne de ces délégués et agents du prince.

Non-seulement leurs fonctions ne peuvent être héréditaires; mais ils sont et ils doivent être essentiellement amovibles, dans le but de maintenir l'unité et la subordination sur toute l'étendue du territoire, dans toutes les parties de l'administration et du royaume.

TITRE III. — *Pouvoir judiciaire.*

Nous avons déjà mis au nombre et au premier rang des vérités qui doivent servir de base à l'organisation du pouvoir judiciaire la proposition, « que ce pouvoir doit être institué de telle sorte que toutes ses branches et ses attributions tendent et se réunissent vers un centre commun, propre à conserver l'uniformité de la jurisprudence; de telle sorte que cette jurisprudence, dans son esprit, soit une, subordonnée et conforme à la législation, et, dans son application, libre et indépendante. » (Voy. ci-dessus, p. 166.) Nous avons vu aussi (pag. 119) que la puissance judiciaire doit être distincte et séparée de la puissance législative et de la puissance exécutive; qu'autrement, ainsi que Montesquieu le dit, il ne saurait y avoir de liberté; et que les princes qui ont voulu devenir despotiques, ont toujours commencé par violer ce principe, duquel découle manifestement encore celui de l'indépendance de la magistrature. Enfin, nous avons eu lieu d'entrevoir (*Science du Publiciste*, vol. IV, pag. 533) que la connaissance des règles qui concernent cette organisation du pouvoir judiciaire suppose nécessairement la solution de plusieurs autres questions importantes, telles que celles qui sont relatives à la fixation des différents degrés nécessaires de juridiction, à la liberté de la défense, et à sa publicité.

C'est au commencement de ce titre qu'il convient de rassembler ces diverses questions, et de les examiner successivement, ainsi que nous l'avons fait dans la *Science du Publiciste* (vol. X, pag. 211 et 212), et que nous allons le rappeler ici dans l'ordre et sous les titres suivants: tendance et réunion de toutes les branches du pouvoir judiciaire vers un centre commun, essentiellement propre à conserver l'uniformité de la jurisprudence; examen de la question relative aux différents degrés nécessaires de juridiction; indépendance de la magistrature; publicité des audiences et des jugements; liberté de la défense.

1° L'Écriture considère et signale comme un grand peuple celui qui ne reconnaît qu'une seule et même loi, et chez lequel les jugements sont justes; en effet, l'unité de la législation est tout à la fois un bienfait inappréciable et une preuve manifeste d'intelligence et de sagesse. Mais, pour que les jugements soient justes, pour qu'il résulte un bien réel de cette unité de législation, il faut nécessairement que la jurisprudence des cours et autorités judiciaires s'y rattache et soit uniforme comme elle. Sans cette concordance et cette uniformité de la jurisprudence, évidemment celles de la législation seraient insuffisantes et nulles; tandis que leur existence simulanée est un des moyens les plus efficaces d'harmonie et le prospérité.

Telle n'est point en général la position de toute société qui n'est pas encore parvenue à un état avancé de civilisation; et c'est ce qui, en ce sens, motivait complètement l'observation critique que Pascal faisait, lorsqu'il disait: « On ne voit presque rien qui ne change de qualité en changeant de climat; trois degrés d'élévation du pôle renversent toute la jurisprudence, et un méridien décide de la vérité. » — « Qu'était-ce enfin, dit aussi un publiciste, qu'une loi dont la justice locale et l'autorité bornée tantôt par une montagne, tantôt par un ruisseau, s'évanouissait, parmi les sujets d'un même état, pour quiconque passait le ruisseau ou la montagne.... L'unité amène l'ordre et le maintient; la règle paraît inséparable de l'uniformité, et il conviendrait que des peuples qui n'ont qu'un même roi n'eussent qu'une même loi et une même coutume, comme un même poids et une même mesure....; et l'uniformité des jugements n'est pas moins à désirer que l'uniformité des lois. »

Le préambule de l'ordonnance du mois de février 1731, par laquelle la législation sur la matière des donations avait été fixée et rattachée à des bases uniformes pour toute la France, prouve assez qu'en ceci du moins les intentions, aussi bien que les intérêts de la couronne, ne différent en rien de ce que la révolution a eu en partie pour but d'établir en faveur du peuple.

L'assemblée constituante, après avoir aboli les privilèges, les immunités, les coutumes particulières et les lois locales, qui rendaient les provinces, les contrées, quelquefois même les communes, étrangères les unes aux autres, voulut que les Français fussent réunis sous une administration et une législation uniforme et générale.

Ce beau système d'unité, qui devait avoir une grande influence sur la prospérité publique, n'aurait cependant pas obtenu un plein succès, si l'on n'eût en même temps cherché les moyens d'empêcher que les lois ne fussent interprétées et appliquées de diverses manières dans les différentes cours, et qu'il ne se formât une jurisprudence particulière dans chaque arrondissement.

Pour prévenir cet inconvénient grave, il fallait établir une cour suprême, uniquement chargée d'imprimer une direction uniforme à tous les tribunaux du royaume; de proscrire les fausses doctrines, de veiller sans cesse à la religieuse observation des formes et à l'exacte application des lois. Il fallait que cette cour fût indépendante, fortement constituée, et composée de magistrats du premier mérite, afin que ces arrêts fussent reçus dans toutes les cours comme des oracles. L'assemblée constituante institua sur ce plan la cour de cassation.

Toutefois, on ne sentit pas alors, on ne comprend pas encore assez, que, pour atteindre complètement le but, toutes les branches de la puissance judiciaire, soit civiles et commerçantes, soit contentieuses et de comptabilité, soit correctionnelles et criminelles, doivent trouver leur centre d'unité dans cette institution salutaire, que quelques esprits faux semblent encore, mais en vain, vouloir repousser et méconnaître, tandis que l'on est au contraire resté jusqu'ici de beaucoup en arrière du développement qu'il importe de donner à son organisation

2° La lenteur des formes, la longueur des procès est assurément un inconvénient grave ; mais la précipitation es jugements est un plus grand malheur encore. Le itoyen qui voit s'écouler plusieurs années de sa vie avant e pouvoir obtenir justice, se plaint avec raison; mais elui qui est, lui et sa famille, dépouillé pour toujours, ondamné sans appel et sans recours, par un jugement réfléchi, précipité, et cependant irrévocable, est bien lus à plaindre.

On conçoit que, sous un gouvernement despotique, s jugements doivent être rendus promptement et xécutés de même: c'est le caprice, la force, et non la istice, qui décide; et, si l'empire de celle-ci est durable, elui de la force est instantané et précaire.

Dans une monarchie bien constituée, au contraire, est la justice seule qui prononce, les jugements sont résultat d'une conviction intime et éclairée, et cette onviction est moins facile à se former que l'arbitraire est prompt à prononcer. Aussi, suivant ce que dit auteur de l'*Esprit des lois*, les corps qui ont le dépôt es lois ne servent jamais mieux que quand ils vont à as tardifs. Et, en traitant, dans le même ouvrage, de simplicité des lois criminelles dans les divers gouernements, Montesquieu entre dans un développeent que nous avons rapporté (*Science du Publiciste*, ol. X, pag. 222 et suiv.), et qui fait bien comprendre sens et l'étendue qu'il convient de donner à cette ensée.

Aussi avons nous reconnu que, lorsque les institutions ont tendu à s'éloigner du despotisme, on a énéralement considéré comme un principe salutaire organisation, celui qui admet plusieurs degrés de ridiction; et, en France, il y eut même excès à cet égard, uisque dans les juridictions séculières, ainsi que dans la juridiction ecclésiastique, il se trouvait en quelques endroits jusqu'à cinq et six degrés de juridiction.

Aujourd'hui, le moyen terme a été atteint, en matières civiles, correctionnelles et de police, et quelquefois en matières de comptabilité administrative et contentieuse. C'est un point de législation bienfaisant et salutaire que celui qui admet les trois degrés de juridiction, le jugement de première instance, la voie d'appel, et le pourvoi ou recours en cassation pour vice de forme ou violation de la loi.

Quoi qu'en puissent dire les détracteurs de ce nouvel ordre d'organisation judiciaire, il faut espérer que chaque jour on le verra se consolider, s'affermir davantage, et admettre enfin toute l'étendue d'application que les principes sur lesquels il est fondé doivent recevoir.

Nous venons de dire que les trois degrés de juridiction existent en matière de police et en matière correctionnelle, comme en matière civile ; mais s'ils sont nécessaires pour le jugement de simples délits dont la conviction n'emporte avec elle que des peines légères, comment ne le sont-ils pas lorsqu'il s'agit de l'application de peines afflictives et infamantes, lorsqu'il s'agit d'une condamnation à la peine capitale? A ce sujet, on se demande de nouveau si l'honneur et la vie des hommes sont moins précieux et moins sacrés que leur liberté et leurs biens.

C'est par l'institution du jury qu'on a cru pouvoir suppléer à l'existence du second degré de juridiction en matière criminelle ; mais, pour que la déclaration d'un jury pût complètement suppléer la révision d'un procès sur appel, il faudrait qu'il fût possible de penser que le jury est à l'abri de toute erreur, et qu'il ne doit jamais se tromper sur l'appréciation des faits. Or l'expérience a déjà prouvé que ses décisions ne sont pas infaillibles.

3° Lorsque les nations se sont agrandies, les relations multipliées, les intérêts et les difficultés étendues et compliquées; lorsque, aux principes de droit naturel, on s'est vu forcé d'adjoindre des règles et des lois de convention, qui n'en découlent et ne s'y rattachent que d'une manière plus ou moins éloignée, plus ou moins sensible, il est évident qu'il ne faut confier l'application de ces principes et de ces lois qu'à des hommes qui en aient fait une étude particulière et approfondie, et qui réunissent à la fois dans leur personne toutes les garanties possibles de science et d'intégrité. Il est bien évident que, pour que les jugements soient respectés et les juges respectables, il est essentiel surtout que ces hommes investis du droit si éminent de prononcer sur la fortune, sur la liberté, sur l'existence de leurs concitoyens, jouissent dans la plus grande latitude de toute leur indépendance morale, c'est-à-dire d'une entière liberté de conscience. L'homme qui prononce sur le sort, la fortune, la vie des autres hommes, sans être en possession de cette complète indépendance, n'est point un juge, un véritable magistrat, mais un sicaire, un bourreau.

Aussi avons-nous aperçu, au travers des nuages incertains et de l'obscurité de l'histoire, que, dans les pays et aux époques où les peuples ont joui de quelque ombre de liberté, l'indépendance de la magistrature a été considérée et reconnue comme une garantie fondamentale et sacrée de leur bonheur, par les rois les plus équitables et les plus amis de l'humanité.

Mais il faut aussi être conséquent, et ne pas placer le magistrat dans une position qui compromette cette indépendance; il faut rechercher, au contraire, et mettre en vigueur, de bonne-foi, tous les moyens propres à la garantir et à la conserver.

C'est ici que le système que l'on considère comme celui de la philosophie moderne, est évidemment plus conforme à la prudence et à la raison, que ne le sont les idées des hommes qui se proclament les détracteurs de cette philosophie, et qui probablement n'agissent ainsi et ne l'accusent que parce qu'ils sont loin de la bien connaître.

En effet, on ne doit pas voir, dans l'homme, en général, un être nécessairement vicieux de sa nature, constamment enclin au mal. Il faut le juger ce qu'il est réellement, haïssant l'injustice, prompt à s'émouvoir à l'aspect de tout acte d'arbitraire et de violence, aimant essentiellement l'ordre, en reconnaissant les avantages, en éprouvant le besoin, et conséquemment aussi disposé à suivre la direction que lui imprime ce besoin de l'ordre, tant que les passions funestes qui l'arrachent à lui-même ne viennent pas l'assiéger, et le détourner de cette voie salutaire.

Mais il ne faut pas non plus le croire, dans quelque rang qu'il se trouve, entièrement à l'abri de ces passions pernicieuses, de ces sources d'iniquité et de désordre, exempt de toutes faiblesses, de haine, d'avarice, d'ambition. Partout, sur la chaise curule et sous la pourpre, il est exposé à leurs attaques; elles viennent souvent l'assaillir. Et partout aussi on l'a vu, on le voit encore chaque jour, vaincu et subjugué par elles.

Cependant, suivant les détracteurs de la philosophie, la vertu, à l'existence de laquelle ils refusent de croire parmi les gouvernés, dans les classes communes et les plus nombreuses de la société, est tellement ferme dans les gouvernants et les magistrats, qu'elle suffirait seule pour les couvrir d'une égide impénétrable, et les rendre inaccessibles à toute espèce de séduction.

Or il est évident, il faut en convenir, que, dans cette hypothèse, d'après ce partage de perfection et de vertu, d'une part, de vice et d'imperfection, de l'autre, la nature des institutions serait assez peu importante; il serait inutile surtout de chercher à les perfectionner. Il suffirait d'imposer aux uns une obéissance servile, une confiance aveugle; et, quant aux autres, il serait tout au plus convenable de les inviter à se conduire, en tout temps et en toutes choses, avec le plus entier désintéressement, à ne suivre que les devoirs austères de la morale et de l'honneur, et à ne jamais prêter l'oreille aux conseils perfides, mais séduisants, de l'égoïsme.

La saine philosophie, la bonne politique, joint, au contraire, au sentiment d'une estime raisonnable et fondée pour l'humanité, celui de la prévoyante circonspection qui ne doit pas cesser d'animer le législateur. Elle craint, avec quelque raison sans doute, que le désir du bien, la puissance de la morale, le charme de la vertu, ne soient point encore assez forts pour placer l'administrateur et le magistrat à la hauteur de ses devoirs. Et c'est pour cela qu'elle demande, par-dessus tout, des institutions préservatrices, et qui soient telles que les strictes obligations inhérentes aux fonctions les plus éminentes ne se trouvent que le moins possible en opposition avec les besoins et les vues de l'intérêt personnel. Ce qui n'exclut pas au surplus la persuasion que l'amour de l'équité ne deviendra jamais un appui inutile et superflu, et qu'il sera toujours, d'un secours inappréciable et infini.

Reconnaissons-le donc aussi ; tant que cette manière exacte et circonspecte de juger les hommes et les choses ne sera pas adoptée franchement par le législateur, ainsi que par le publiciste et le philosophe, il n'est que trop vrai qu'entre autres inconvénients graves qui résulteront d'un esprit et d'un système opposés, l'indépendance de la magistrature, faute de garantie réelle, ne sera jamais qu'un vain nom.

Certes, il sera louable de rendre, comme on le voit souvent lorsque l'occasion s'en présente, un hommage solennel au principe. L'on sera porté à reconnaître un cœur généreux, une âme noble et grande dans celui qui n'hésitera pas à proclamer hautement, et en tout temps, les utiles vérités qui s'y rattachent. On applaudira sincèrement surtout au zèle de l'homme qui tentera de faire usage des talents et de l'éloquence, pour entretenir le feu sacré prêt à s'éteindre, pour ranimer au sein de la magistrature ce salutaire et précieux sentiment de liberté et d'indépendance, sans lequel il ne peut exister ni véritable justice, ni sagacité et discernement.

Mais ces efforts seront loin d'être efficaces, d'être assez puissants pour conserver, dans toute l'intégrité nécessaire, l'indépendance morale du juge, lorsque, s'il est permis de s'exprimer ainsi, elle ne sera pas d'ailleurs mise à couvert par son indépendance matérielle et physique, c'est-à-dire par l'exacte répartition des pouvoirs, par le perfectionnement et l'ordre dans les institutions.

Hors de là, et peut-être encore avec cela, les magistrats seront faillibles, comme le sont tous les hommes. C'est bien souvent sans s'en apercevoir, qu'ils fléchiront et dévieront de la ligne étroite d'une rigoureuse impartialité.

Plus ils seront vertueux et éclairés, plus ils tiendront à rester fidèles à leurs devoirs, et plus aussi ils désireront de se trouver garantis, contre les genres nombreux de séduction qui les environnent, par tous les moyens qui peuvent leur servir de rempart.

L'omission d'une seule des précautions qu'indique la nature des choses est donc un vice d'organisation, une lacune dans les institutions, que la prudence législative ne saurait tolérer, et qui ne lui permet pas de se livrer au repos, qu'elle ne soit parvenue à la faire disparaître.

Le respect et la conservation des principes élémentaires de la vie sociale, la sûreté, la liberté, la propriété des citoyens, et conséquemment aussi, le bien-être et la prospérité générale, se lient si intimement à cette indépendance de la magistrature, que l'homme libre et juste, aussi bien que le législateur, ne saurait craindre de voir s'élever autour du sanctuaire trop de barrières, destinées à la conserver intacte.

Ainsi, l'inamovibilité des places de judicature, admise en France par l'article 58 de la charte, du mois de juin 1814, comme moyen de garantie, doit en effet être placée au rang des conditions qu'une sage constitution peut prescrire.

Mais ce préservatif isolé est incomplet et insuffisant.

Et si l'on se rappelle ce que nous avons eu lieu d'exposer (entre autres, ci-dessus, pag. 214, 229 et suiv.) au sujet de l'organisation des chambres représentatives, dont les membres doivent aussi jouir d'une entière in-

28.

dépendance, il n'en faut pas davantage pour faire comprendre que l'application du principe de l'inamovibilité n'est bien réellement qu'un des moyens que peut adopter la constitution, sans être le plus efficace et le plus essentiel.

Aussi a-t-on eu raison de demander s'il est bien certain qu'il n'y ait pas plusieurs moyens d'éluder cette loi d'inamovibilité pour les premiers présidens, pour les présidens, et même pour les conseillers et les juges, soit en les changeant de cour ou de tribunal, soit en leur ôtant une place plus avantageuse, pour leur en donner une qui le soit moins, soit en les contraignant, à force de dégoûts et d'injustices, à rompre d'eux-mêmes, par une démission, l'obstacle que la loi opposait à la passion.

Aussi a-t-on eu raison de demander encore, si envoyer le premier président de Paris, à la cour d'Ajaccio, n'est pas une disgrâce, une véritable peine; si le juge qui peut être puni de ses jugements est indépendant; et si celui qu'on peut faire voyager après chaque sentence est inamovible.

4° Dans toutes, ou presque toutes les sociétés naissantes, la justice se rend en public.

Il en était ainsi chez la plupart des peuples de l'antiquité.

En France, dans les premiers temps de la monarchie, les assises ou plaids se tenaient, de même que chez ces nations d'une origine plus ancienne, dans un champ, en rase campagne, aux portes des villes, dans une rue, sur un rempart, devant les églises, dans un cimetière, toujours dans un lieu public et ouvert, où les parties et le peuple pouvaient avoir un accès libre et facile.

Avant 1789, les ordonnances prescrivaient la publicité en matières civiles; mais, par une contradiction étrange, cette publicité, à coup sûr plus nécessaire encore lorsqu'il s'agit de la liberté, de la vie, de l'honneur des citoyens que lorsqu'il n'est question que de leur fortune, n'était point alors admise dans les matières dites de grand-criminel.

A la honte du siècle de Louis XIV, l'ordonnance de 1670 maintint le secret de l'information, malgré la réclamation touchante que fit à cet égard M. le président de Lamoignon, lors de la rédaction du procès-verbal.

Et, même au civil, dans les affaires appointées, les rapports se faisaient habituellement en la chambre du conseil, hors de la présence des parties et de leurs défenseurs. Divers arrêts et règlements l'avaient prescrit ainsi.

Les publicistes et les jurisconsultes les plus éclairés élevaient la voix contre ces abus, ces violations réelles du droit, contre cette révoltante et monstrueuse inconséquence.

La voix de la raison et de l'humanité, si lente à se faire comprendre, fut enfin entendue par l'assemblée constituante; et depuis lors, la législation, dont nous avons donné l'historique en ce point (*Science du Publiciste*, vol. X, pag. 286 et suiv.), a toujours maintenu au fond, et sauf quelques restrictions, le principe de la publicité en matières civiles, correctionnelles et criminelles.

Cependant il reste encore une grande lacune à remplir à cet égard, un pas immense, mais nécessaire, à faire relativement à cette importante partie de l'organisation judiciaire ; c'est, ainsi que nous l'avons prouvé dans la *Science du Publiciste* (vol. X, p. 292 et suiv.), l'application de ce principe de publicité à l'instruction et au jugement de toutes les affaires litigieuses de comptabilité et d'autre nature qui s'élèvent entre les comptables, ou tous autres citoyens, et le gouvernement lui-même ; affaires dont le jugement est aujourd'hui si mal-à-propos attribué à la section du conseil-d'état dite du *contentieux*, et que l'on désigne sous l'inexacte et fausse dénomination *d'affaires contentieuses administratives*.

« Presque jamais, dit l'auteur du *Conseil-d'état selon la Charte*, un procès n'est perdu en justice administrative, sans que le plaideur qui succombe ne suppose que ses titres n'ont pas été bien connus, que ses moyens n'ont pas été bien entendus, que son rapporteur à manqué d'exactitude. Or, de cette conjecture sur les faits, au soupçon sur la personne, il n'y a qu'un pas ; et quel est le magistrat qui ne veuille être au-dessus du soupçon.

« Il est impossible de n'être pas alarmé, quand on songe que l'action, et conséquemment le droit de tout particulier dépend d'une décision qui sera rendue, à huis-clos, par des juges qui n'ont pas de règles fixes....

« Que sera-ce donc si l'on songe que les déchéances extinctives de l'action et du droit sont opposées avec succès, même par le domaine ; et que la justice administrative se trouve ainsi exercer un pouvoir discrétionnaire, pour enrichir le fisc, en ruinant les citoyens.

« L'usage actuel ne saurait être justifié : il n'a pour lui que son ancienneté ; mais les usages antiques doivent et peuvent tous subir une réforme, selon le texte et l'esprit de la charte : et la charte veut impérieusement que toute institution offre les garanties qu'exigent les droits privés, et que comporte l'ordre public. »

5° La défense est de droit naturel, et la loi ne doit en priver personne. Tout jugement qui sera prononcé sans que les parties aient été appelées et entendues, est une tyrannie monstrueuse contre laquelle la conscience de l'homme juste se soulevera toujours.

Cette vérité de sentiment autant que de raison ne doit pas non plus être restreinte à quelques cas particuliers. Elle doit au contraire recevoir l'application la plus générale. En d'autres termes, il faut qu'elle soit respectée, quels que soient le genre de l'attaque, la nature de la contestation, et conséquemment aussi l'ordre, la classe ou la branche de juridiction devant laquelle cette contestation est portée et qui en devra connaître.

En matière civile, commerciale, correctionnelle, criminelle, en matières réellement contentieuses d'administration ou de comptabilité, soit entre particuliers seulement, soit entre particuliers et le gouvernement ou la société, en tout, partout, le droit de la défense doit être sacré.

Toutes les allégations tirées de circonstances ou de faits particuliers, de raisons soi-disant politiques; tous ces échafaudages d'argumentations auxquels on a recours pour chercher à étayer une thèse contraire, ou pour miner et affaiblir, par la tactique funeste des exceptions, a doctrine qui adopte le principe pour base; tous ces moyens de destruction, à force ouverte ou détournés, ne doivent être, aux yeux du publiciste et du législateur, que de vaines et futiles considérations.

Il ne faut jamais qu'ils l'oublient ; la société, quoi qu'on en ait pu dire, ne demande pas aux citoyens le sacrifice d'un seul de leurs droits bien définis et bien compris. (Voyez *Science du Publiciste*, vol. Ier, pag. 59 et suiv. ; et ci-dessus, pag. 3 et suiv.). La société n'existe au contraire qu'afin que chacun de ses membres puisse jouir de ces droits avec une plus entière et plus parfaite sécurité.

Si l'ordre de choses présent, la forme, la nature des institutions ne permettent pas d'atteindre complètement le but, c'est la preuve qu'elles ne sont pas ce qu'elles doivent être ; qu'il existe un trajet plus ou moins long à parcourir pour arriver au terme d'une véritable civilisation ; terme auquel le législateur est spécialement chargé de les conduire, et que la raison, l'amour de ce qui est bon, utile et juste ne cesseront de réclamer, tant qu'il ne sera pas atteint et à jamais assuré.

Il est donc superflu de s'arrêter à démontrer un principe senti, reconnu, proclamé par les hommes les plus dignes des éloges et de la reconnaissance de la postérité.

Mais il faut se hâter d'en tirer une conséquence immédiate et non moins incontestable, savoir, qu'en droit, cette faculté de la défense, pour que l'exercice n'en soit pas illusoire et peut-être plus dangereux que favorable, doit, en toutes matières et dans quelque branche de juridiction que ce soit, être accordée et garantie par la loi dans toute la plénitude et l'étendue de l'acception.

D'où il suit que ce plein et entier exercice du droit de défense, soit au civil, soit au criminel, ne doit pas devenir la cause d'une accusation nouvelle, servir à étendre l'accusation déjà existante, ni en conséquence être un motif pour aggraver la peine que peut entraîner la première, lorsqu'elle est prouvée.

Si l'accusé en était réduit à craindre que ce qu'il pourrait entreprendre de dire pour sa justification ne tournât contre lui, et ne rendît sa position plus périlleuse qu'elle ne l'eût été dans le cas où il n'eût fait aucun effort pour repousser l'aggression et éclairer ses juges, il est certain que l'exercice du droit ainsi réglé serait, à peu de chose près, destructif du droit lui-même. Par une suite naturelle de l'appréhension, sans cesse présente à sa pensée, d'attirer sur sa tête une accusation plus terrible et plus foudroyante que la première, l'homme traduit en justice pourrait hésiter à proférer un seul mot pour se disculper.

Quelle que soit donc la gravité des inconvénients que l'on veuille supposer être la suite de la latitude indéfinie de la défense, jamais ils n'entreront en comparaison avec les dangers imminents qui sont le résultat infaillible des restrictions que l'on y apporterait indirectement, en admettant qu'elle pût donner lieu à une aggravation de peine, ou même à une accusation subséquente. Ne suffit-il pas de la faculté accordée aux juges de prononcer le maximum de la peine?

Il importe assurément beaucoup que le prévenu n'ajoute pas au délit ou au crime dont il peut s'être rendu coupable, le tort d'une défense scandaleuse, d'une conduite inconvenante dans le sanctuaire de la justice, ou irrespectueuse pour la magistrature.

Mais son intérêt le lui interdit assez, et est une garantie bien suffisante qu'en général il n'en agira point ainsi.

Quand il serait vrai qu'un tel inconvénient ne dût pas être sans exemple, ne fera-t-il pas toujours exception?

D'ailleurs, n'importe-t-il pas bien davantage à la société, à la justice, à l'humanité, que l'innocent, gêné, contraint, paralysé par la crainte dans ses moyens de justification, ne puisse être, par cela même, confondu avec le coupable, et exposé à une condamnation inique et quelquefois irréparable?

Entre ces deux hypothèses, quelle proportion, quelle comparaison y a-t-il à établir?

De la conséquence première qui découle immédiatement du principe de la liberté de la défense et qui lui sert de commentaire, se déduit encore cette autre règle d'une application également générale, que, si l'accusé ou les parties, soit en demandant, soit en défendant, ne se sentent point la capacité, la présence d'esprit, la facilité d'élocution ou autres qualités et talents nécessaires pour exposer et développer leur cause, présenter et faire valoir les moyens de fait et de droit dont leur fortune et celle de leur famille, leur liberté, leur vie, leur honneur dépendent, il ne peut leur être interdit de se choisir un ou plusieurs conseils et avocats, et de placer en eux leur confiance.

Si elles sont dans l'impossibilité de procéder par elles-mêmes à ce choix, il doit être fait d'office pour elles.

Cette faculté de se choisir des conseils et des défenseurs ne doit pas non plus être bornée ni quant à la limitation du nombre, ni d'aucune autre manière.

Si l'accusé n'a pas assez de confiance dans les lumières d'un seul, il doit lui être permis de recourir à celles de plusieurs.

Si les avocats qui exercent leur ministère dans le lieu, près de la cour ou du tribunal où le procès doit s'instruire et se juger, lui sont inconnus, s'il lui paraît utile à ses intérêts de prendre des défenseurs parmi les jurisconsultes et les avocats qui exerçent habituellement hors de cette cour ou de ce tribunal, si des relations antérieures de confiance et d'amitié, ou même une certaine réputation de talent les lui présentent comme des hommes dont ce talent et le zèle lui font concevoir plus de sécurité, la loi doit respecter religieusement ce vœu du malheur; elle ne doit pas permettre qu'il soit repoussé et méconnu.

A bien approfondir les choses, il n'existe encore ici aucun motif d'arracher cette espérance de succès ou ce moyen de consolation aux prévenus qui pourraient être prématurément considérés comme étant le moins dignes de commisération et de pitié. Car l'avocat digne de cette noble profession doit pouvoir l'exercer dans un lieu aussi bien que dans un autre, et celui contre lequel il existerait des raisons fondées d'exclusion ne devrait pas être toléré plus ici que partout ailleurs.

Cette faculté de se choisir des défenseurs accordée aux parties qui n'ont pas la capacité ou la volonté de se défendre elles-mêmes, est dans la réalité un moyen des plus efficaces pour écarter, dans l'intérêt de ces parties, dans celui de l'ordre et du respect dû à la magistrature, les longueurs, les désavantages d'une discussion sans méthode et sans clarté, scandaleuse ou inconvenante.

Les travaux préliminaires, l'étude constante et soutenue, les connaissances étendues exigées pour le barreau, l'esprit de vérité et de justice qui caractérise et distingue éminemment cette profession, la haute considération dont elle doit jouir et dont elle a toujours senti vivement le besoin; telles sont les fortes et précieuses garanties que ses membres offrent tout à la fois aux parties, aux magistrats et à la société.

Mais, pour que le conseil et l'avocat puissent remplir l'objet principal de leur généreuse et bienfaisante profession, sous ce triple rapport de l'intérêt individuel, du vœu de la justice et des magistrats, de l'ordre et du bien-être social; pour que la faculté accordée à l'accusé de se choisir un défenseur, ou la sollicitude de lui en désigner un d'office, ne soient pas plus qu'illusoires; pour qu'il n'y ait pas déception enfin, il est manifeste que ces conseils et avocats, du choix des parties, ou nommés d'office, doivent trouver, dans les dispositions de la loi et dans les intentions bienveillantes des magistrats, toutes les facilités dont ils ont besoin, qu'ils doivent être assurés d'une liberté et d'une protection égales à celles dont les parties elles-mêmes ont droit de jouir; et cela, soit relativement à la connaissance qu'ils sont obligés de prendre de tous les faits, de toutes les circonstances du procès, des pièces, actes et procédures de l'instruction, soit relativement aux relations, conférences et communications intimes qu'ils sont dans la nécessité d'avoir avec leurs clients, soit enfin, relativement à la rédaction et publication de leurs mémoires, à leurs discours, plaidoieries, et observations écrites ou verbales.

Cette liberté, cette protection, la confiance, on peut dire illimitée, qu'elle exige et suppose de la part tant du législateur que de la partie privée, imposent à l'avocat d'importants devoirs, d'un côté, envers la société et la partie publique qui accuse au nom de celle-ci, de l'autre, envers les malheureux dont cette accusation compromet les biens, l'existence, l'honneur; devoirs d'autant plus difficiles à remplir qu'ils semblent se combattre et se détruire ; obligations embarrassantes et délicates qui nécessitent un tact, un discernement rares, une sagacité parfaite, et capable de concilier des choses en apparence diamétralement opposées, des intérêts qui, du moins sur beaucoup de points, se froissent et se contrarient.

En toutes choses, la conduite, les écrits, les discours de l'avocat doivent prouver d'un côté, loyauté, franchise, amour de l'ordre, de la justice et de la vérité ; de l'autre, humanité et dévouement, science, honneur et sagesse.

Que d'études, de veilles et de travaux, il a dû employer pour oser seulement aspirer à la possession de telles vertus, de qualités si éminentes? Que de courage et de constance ne lui a-t-il pas fallu et ne lui faut-il pas encore tous les jours pour les perfectionner, les étendre, et en faire un utile et louable usage, lorsqu'une tâche pénible sollicite son appui et prescrit l'exercice de son ministère?

Et quand admis dans le sanctuaire révéré où la justice va prononcer sur le sort des hommes dont la liberté, l'honneur et la vie lui sont confiés, quand en présence des organes respectables et impassibles de la loi, il se trouve placé entre tant d'écueils, pressé sous le poids d'une accusation grave, obligé de lutter contre la puissance déjà si grande de la prévention que cette accusation porte avec elle, soit pour la réfuter, en démontrer la fausseté et la faire entièrement évanouir, soit du moins pour l'atténuer, et en rendre les conséquences moins terribles et moins funestes aux accusés, que de recueillement, que de présence d'esprit, que de rapidité dans la conception, que d'ordre et de logique lui sont alors nécessaires ? De quel souvenir ou plutôt de quel sentiment profond de tous ses devoirs, de quel tact sûr de toutes les convenances, de quelle alliance de modération et de force, de calme et d'énergie, en un mot de quel ensemble de facultés physiques et intellectuelles n'a-t-il pas alors besoin ? Quelle puissance pourra le mettre au niveau des fonctions d'un si honorable, mais si difficile ministère ?

Et quelle reconnaissance, quel dédommagement, ses généreux efforts ne lui mériteront-ils pas, tant de la part de la magistrature, dont ils servent à prévenir les erreurs et à éclairer la justice, que de la part de la société tout entière dont il arrête et désarme le bras prêt à frapper l'un de ses enfans présumé coupable, et, grace à ses soins, reconnu innocent ?

Est-il une profession qui puisse prétendre à plus juste titre à la considération publique, fruit précieux du travail, des sentiments nobles et généreux, et de la fidélité à tous les devoirs que prescrit le véritable honneur ?

Si les devoirs de l'avocat sont grands envers la société et spécialement à l'égard de la magistrature, n'a-t-il pas à réclamer aussi quelques droits particuliers dont l'exacte observation est d'autant plus nécessaire et plus sacrée que leur infraction serait un obstacle à ce qu'il pût de son côté remplir ces mêmes devoirs que la nature des choses lui impose ?

Honneur, confiance et considération, telles sont,

en termes généraux, les obligations naturelles et de droit dont la société et la magistrature en particulier sont tenues envers cette profession, qui peut à tant d'égards être assimilée à la magistrature elle-même, qui fait en partie son lustre, et qui se trouve si spécialement placée sous sa protection.

Pour rendre ici la règle plus sensible en signalant quelques points essentiels de son application, nous dirons, par exemple, que, si l'avocat doit être véridique et fidèle dans l'exposition des faits, méthodique dans le développement et la discussion des moyens, concis et concluant dans le résumé qu'il doit en faire; que, s'il doit en général concevoir et conduire le plan de sa défense de manière à marcher directement et avec ensemble vers son but, et à ne point employer inutilement des moments toujours précieux pour la justice, en la fatiguant de redites, de discussions lâches ou sans objet; en un mot, s'il doit être laconique, autant que peut le permettre et que le réclame même l'intérêt de sa cause; de sa part aussi, le magistrat doit lui prêter une attention scrupuleuse et soutenue.

La nature des fonctions de la magistrature, les graves résultats qu'elles doivent avoir pour le sort et la fortune des citoyens, l'intérêt de la société, que le juge sur son siége représente, et qui ne lui délègue son autorité que pour en user avec une stricte équité, et par conséquent avec une parfaite connaissance de cause, que de considérations puissantes se réunissent pour mettre cette attention scrupuleuse au premier rang des devoirs les plus essentiels et les plus sacrés du magistrat!

Qu'un président ou un juge vienne à l'audience avec une opinion déjà formée par avance dans son cabinet ou dans le monde, sur le simple vû des pièces, ou, ce qui est pis encore, par suite de suggestions adroites, dont il n'aura pas su se préserver; qu'il affecte ensuite, pendant le cours des plaidoieries, un air d'inattention et de préoccupation, de distraction ou d'ennui; qu'il s'entretienne avec d'autres juges de choses entièrement étrangères à l'affaire qui se discute, sur laquelle il va bientôt donner sa voix; ou bien encore, qu'il choisisse ce moment pour sa correspondance particulière, ou même pour la rédaction prématurée du jugement qu'il lui faudra prononcer, pourrait-il y avoir rien de plus choquant et de plus contraire à la dignité, à l'honneur de la magistrature? Et dût-on voir revivre dans le juge qui connaîtrait si mal ce qu'il doit à ses hautes fonctions et ce qu'il se doit à lui-même, le nom des hommes qui auraient acquis le plus d'illustration dans la carrière, on ne pourrait que regretter d'autant plus vivement de ne point retrouver en lui ces qualités éminentes, ces vertus auxquelles il est probable que ces grands hommes dûrent leur célébrité et la respectueuse vénération dont ils seront restés l'objet.

Il n'est peut-être pas non-plus pour la justice de fléau plus grand qu'un magistrat chargé de présider l'audience, qui se persuade qu'il conçoit mieux la cause, sans avoir encore entendu ni les parties ni leurs avocats, que ceux-ci ne la comprennent dans l'intérêt et d'après les explications de ces parties, et qui dès lors prétendra tracer et diriger à son gré le plan des plaidoiries.

Sans doute il ne serait pas impossible que, par l'effet d'une heureuse rencontre, il eût aperçu les divers points de la discussion sous leur jour véritable, et de telle sorte que, si les défenseurs les eussent saisis et présentés de même, il en fût réellement résulté quelque avantage, au moins sous le rapport de la promptitude et de l'économie du temps.

Mais, en voulant ainsi circonscrire et contraindre la discussion, forcer les avocats à abandonner subitement, au moment où ils prennent la parole, l'ordre de leurs idées et le plan qu'ils ont adopté avec réflexion, pour leur en faire suivre un autre qu'ils n'ont pu méditer, qui ne leur a pas été développé, qu'ils pourraient ne pas concevoir ou ne vouloir pas adopter, lors même qu'il leur eût été préalablement expliqué, c'est éloigner la vérité, et non pas être favorable à sa manifestation; c'est aller en sens inverse du but que l'on croirait atteindre; et, bien loin d'économiser le temps, provoquer les longueurs, les redites, et la diffusion.

Tel autre encore, trop confiant dans ses forces, se croira doué d'une telle pénétration, d'une sagacité si prompte et si infaillible, qu'il s'imaginera de même saisir d'un seul coup-d'œil, aux premiers mots de l'exposé des faits, ou à la lecture de simples conclusions, le point décisif des causes les plus compliquées. Il regardera comme inutiles et superflus tous arguments, leurs réfutations, et explications ultérieures. En conséquence, il ne voudra plus rien entendre, et se croira en droit d'interrompre, de prohiber, en quelque sorte, les plaidoieries, ou de n'y plus prêter aucune attention.

Cependant fût-il dans l'intention de donner gain de cause au défenseur auquel il retire et interdit la parole, il est incontestable qu'en agissant ainsi, il peut porter le plus notable préjudice, même à la partie à laquelle son opinion est favorable. Ce qui lui paraît évident peut n'être pas également clair pour les autres juges appelés avec lui à prononcer. Ce qui a d'abord paru incontestable pour tous, aurait pu changer de face, et se montrer sous un aspect tout différent et plus exact, si les plaidoieries n'eussent pas été inconsidérément scindées ou interrompues.

Si donc une saine logique, le laconisme, la clarté et la précision sont les qualités essentielles et qui constituent en grande partie le talent de l'avocat plaidant, on peut dire, avec non moins de vérité, que la patience, la modération, la défiance de soi-même, sont, aussi bien que l'intégrité et la bonne judiciaire, les premières vertus du magistrat; que, sans celles-là, les autres ne lui servent à rien, et que souvent, quelque brillantes qu'elles soient, elles peuvent devenir fort nuisibles.

Ces vertus magistrales, si l'on peut les désigner ainsi, étaient, chez les Romains, mises à une bien plus rude épreuve qu'elles ne le sont aujourd'hui en France. On y voyait la même partie employer pour sa défense le secours de plusieurs orateurs : témoin la cause de Balbus, concernant le droit de bourgeoisie, que Cicéron, Crassus et Pompée plaidèrent alternativement; la cause de Muréna qui, accusé d'avoir corrompu les suffrages dans la poursuite du consulat, confia le soin de sa défense à Crassus, à Hortensius et à Cicéron : témoin encore la cause de Volusenus Catulus, qui fut défendue et par Domitius Afer, et par Crispus Passiénus, et par Décius Lélius. On sait que Tibère accorda six défenseurs à Pison.

S'il arrivait pourtant qu'un avocat s'écartât des bornes de ses devoirs, des règles de la bienséance, du respect qu'il doit à la magistrature, etc.; et que la cour ou le tribunal qui aurait à lui en adresser le reproche crût devoir sévir contre lui, l'avertir, le censurer ou réprimander, l'admonester, le suspendre ou l'interdire, n'y a-t-il pas quelques remarques et distinctions importantes à faire, fondées sur l'existence d'une espèce d'Ordre ou de corporation, sur la formation d'une liste ou tableau des noms de tous les avocats qui font partie de cet ordre, et sur cette espèce de solidarité morale qui existe entre ses membres, par suite de leur inscription?

Pour entrer dans cet examen, et pour résoudre les questions qui en découlent, il faut connaître la nature de cette sorte d'association, que l'on peut appeler extra-légale.

Dans cette vue, nous avons extrait et rapporté, dans la seconde partie de *la Science du Publiciste* (vol. X pag. 332 et suiv.), ce qui résulte de la tradition, et de ce que les auteurs ont écrit à ce sujet. Nous avons rapporté l'état de choses présentement existant en France, aux termes des lois, décrets, ordonnances, particulièrement d'après l'ordonnance du 20 novembre 1822.

Les faits ainsi exposés, nous avons abordé directement la question de savoir si, d'après les vrais principes et en droit strict, il est raisonnable et juste d'exiger l'inscription au Tableau, indistinctement pour tous les licenciés en droit qui se consacrent à la profession d'avocat, soit comme jurisconsultes, soit comme avocats plaidants aux audiences, ou si, au contraire, cette inscription ne devrait pas être respectivement facultative, tant de la part des avocats qui, se trouvant précédemment inscrits, forment en effet un ordre, une corporation, que de la part de ceux qui, après avoir d'ailleurs passé dans les écoles de droit le temps d'étude prescrit par la loi, subi les examens, soutenu les thèses nécessaires, et obtenu successivement les grades et diplômes de bachelier et de licencié, se consacreraient à l'exercice de la profession sans se faire inscrire.

Nous n'avons pas dû chercher à le dissimuler; en général, les corporations ou associations de sciences, d'arts, de professions, de métiers, d'industrie, peuvent avoir un grand but d'utilité et obtenir d'heureux résultats. Mais, pour qu'elles n'aient rien que de favorable, pour que l'esprit de privilège ne s'y puisse introduire, qu'il ne les éloigne pas peu à peu d'une sage et bonne direction, et que leur existence ne devienne pas une violation manifeste des principes élémentaires et les plus évidents du droit public et de l'équité, la liberté la plus entière doit être une base première et fondamentale de leur institution.

Dans les règles et les détails de leur organisation, elles ne doivent rien avoir de contraint et de forcé. D'une part, nul ne doit être placé dans l'alternative de renoncer à l'exercice de la profession et de l'industrie à laquelle il veut se consacrer, ou de ne pouvoir s'y livrer que par suite d'une association obligée; et, d'autre part, comment pouvoir raisonnablement forcer l'admission dans aucune de ces sociétés, ordres ou corporations, dont les membres, par le seul fait de cette admission, s'engagent entre eux à une réciprocité d'obligations et de devoirs particuliers, et contractent de plus, les uns pour les autres, une véritable solidarité morale envers l'état et envers la société tout entière.

Que les hommes capables d'exercer avec le plus d'honneur et de distinction une profession quelconque jugent tile, pour l'avantage et la considération dont cette rofession doit jouir, de former entre eux une sorte 'association confraternelle, dont cette solidarité morale loit être la conséquence; dès lors tous ceux qui s'y desineront, et qui voudront l'exercer également avec honneur spireront à l'avantage de faire partie de ce corps. Il e sera pas nécessaire que la loi intervienne pour conraindre les uns à y entrer, les autres à recevoir les asirans; il suffira qu'elle autorise et qu'elle protège.

Et d'un autre côté, par cela que le corps ou l'ordre era composé d'hommes dignes d'estime, et jaloux de la loire de cet ordre formé et spécialement placé sous leurs uspices, le législateur ne peut pas avoir de raisons sérieuses de redouter que quelques vues misérables d'inérêt personnel et de rivalité portent ces mêmes homnes à repousser loin d'eux ceux qui seront réellement lignes de la profession, et qui s'annonceront comme apables de soutenir et d'accroître la considération qu'elle ura déjà méritée et acquise dans l'opinion.

De semblables soupçons seraient d'ailleurs d'autant plus dénués de fondements, que le défaut d'admission lans l'ordre ne serait pas une cause d'exclusion ou d'inerdiction, c'est-à-dire que l'exercice de la profession serait indépendant de l'admission dans la corporation.

Telles sont les seules bases sur lesquelles de pareils ordres ou associations peuvent être assis, non-seulement de manière à ne pas choquer les principes, à ne pas enfanter les abus, mais encore pour avoir une efficacité réelle et produire les résultats utiles qu'on pourrait en attendre.

Si chacun au contraire a le droit ou plutôt la faculté légale d'en faire partie, si la volonté générale de l'ordre peut être forcée pour tout individu auquel on ne pourrait pas opposer des motifs formels et précis d'exclusion, il est manifeste qu'alors toutes relations amicales disparaissent, et que toute solidarité morale s'évanouit.

C'est particulièrement à l'égard de la profession d'avocat que ces vérités sont sensibles et incontestables.

Cette noble profession exige, dans l'intérêt de la société, de la justice et de la vérité, comme pour l'honneur et les avantages particuliers de ceux qui l'exercent, une réciprocité entière d'estime, de confiance, d'égards et de procédés. Or, sera-t-il possible qu'il en soit ainsi, lorsque la confraternité qui doit exister entre eux ne sera pas complètement libre et de leur choix?

Aussi l'opinion du barreau était-elle anciennement conforme à cette doctrine, qui était considérée comme la base fondamentale de l'institution, puisque « les avocats étaient reconnus entièrement maîtres de leur « tableau, maîtres d'en faire ou de n'en pas faire, « maîtres de n'y inscrire que qui bon leur semblait; « qu'ils ne pouvaient empêcher un licencié d'exercer la « profession, qui, sous ce point de vue, était de droit « public, mais aussi que l'on ne pouvait les forcer à « fraterniser avec lui. »

Ainsi fixé sur l'acception et l'étendue qu'il faut donner, sous ce rapport, à la liberté, à l'indépendance de l'ordre des avocats, c'est maintenant qu'il se présente une distinction toute naturelle, dont le simple exposé fera concevoir sous quel autre point de vue important l'existence de l'Ordre que l'indépendance de ses membres doit fonder peut à son tour contribuer essentiellement à garantir et assurer cette même indépendance.

Par l'effet de cette distinction, si un avocat exerçant sans être inscrit au tableau appelle sur lui, par sa conduite, par ses écrits, par ses discours ou plaidoieries, l'admonition, la réprimande et la censure, la suspension, ou même l'interdiction, le tribunal devant lequel le fait aura eu lieu, ou auquel il sera dénoncé et qui se trouvera ainsi appelé à en connaître, pourra, d'après l'isolement dans lequel le prévenu sera placé, statuer directement et de plein droit, sans aucun intermédiaire, et en premier ressort.

Mais, si une cour ou un tribunal pense avoir mêmes motifs de sévir contre l'un des membres reconnus et admis au tableau de l'ordre, et que la peine à prononcer doive excéder celle d'un simple avertissement, ou tout au plus de la reprimande, le fait devra être préalablement dénoncé au conseil de l'ordre, dans le but de provoquer l'interdiction pendant un temps ou même la radiation.

Tant que cette interdiction et suspension, ou cette radiation définitive, n'auront pas été prononcées, tant que ce membre n'aura pas été repoussé de la corporation, que la protection qu'elle lui a accordée n'aura pas été formellement suspendue ou retirée, et qu'en ce qui le concerne cette solidarité morale existante entre le corps entier et chacun de ses membres n'aura pas été solennellement interrompue ou anéantie, la peine ne serait pas seulement personnelle, mais elle deviendrait une attaque directe, une offense réelle contre l'ordre entier dans la personne de l'un de ses membres.

Et si, par suite de cette investigation en quelque sorte judiciaire, aussi bien que dans le cas de faits parvenus directement à la connaissance du Conseil de 'ordre, l'interdiction temporaire ou la radiation définitive sont prononcées par ce conseil, l'appel de sa décision ne pourra être porté devant les cours et tribunaux.

Du moment où il est reconnu que les relations de confraternité résultantes de l'inscription au tableau, pour ne pas être insignifiantes et illusoires, ne doivent être que facultatives et volontaires, sans que d'ailleurs leur absence soit par elle-même exclusive de l'exercice individuel, isolé, et sans garantie respective, de la profession, il est clair que l'infirmation d'une décision du corps ne doit et ne peut avoir aucune puissance propre à contre-balancer et détruire les conséquences nécessaires de cette résolution.

Pour que sur l'appel la décision à intervenir soit de nature à avoir quelque efficacité véritable, elle ne peut être provoquée que devant l'assemblée générale de l'ordre, ou du moins devant une majorité composée, par exemple, de tous les membres âgés de trente ans, et comptant dix années au moins d'inscription et d'exercice non interrompu *.

Nous avons reconnu (*Science du Publiciste*, vol. X, p. 362 et suiv.) que telles étaient autrefois l'une des bases de l'institution, et l'opinion des hommes dont les vertus, les lumières et les talents contribuaient le plus à l'honneur et à l'éclat de la profession.

Aujourd'hui, d'après le décret du 14 décembre 1810, aussi bien qu'aux termes de l'ordonnance du 20 no-

* C'est de cette manière que les assemblées de l'ordre pourraient être composées pour l'élection du conseil de discipline, sans aucun des inconvénients que l'on a paru redouter de la composition de ces assemblées telle qu'elle résultait des dispositions du décret du 14 décembre 1810.

vembre 1822, la liberté de la défense et l'indépendance de l'avocat, principes qui ne devraient pas être méconnus dans une monarchie constitutionnelle, n'ont pas au fond les éléments de garantie que l'on a droit d'attendre de l'hommage rendu à leur utilité, même dans le rapport adressé au roi, le 20 novembre 1822, et qui sert en quelque sorte de préambule à l'ordonnance du même jour. (*Voy. Science du Publiciste*, vol. X, pag. 339, 389, 396 et suiv.).

Une réflexion peut servir de conclusion à ce qui précède.

Pour établir l'organisation des sociétés d'après les principes vrais du droit, pour éviter les méprises et les faux résultats, le législateur doit s'élever à la hauteur du grand sujet qu'il médite, en approfondir et en embrasser l'ensemble, en distinguer les points essentiels, en dériver une suite de conséquences exactes, établir ainsi une hiérarchie intellectuelle et morale, autant que physique et matérielle, telle que la subordination graduelle dans les idées et dans les choses y soit observée, telle que les objets secondaires et de détail ne viennent pas s'offrir en première ligne et s'interposer de manière à faire perdre de vue les bases et les principes qui doivent conserver la prééminence, qui doivent étendre et faire sentir leur pouvoir et leur influence sur tout le reste, pour que l'ordre s'établisse et s'affermisse enfin.

Ainsi, dans tout le cours de ce titre concernant l'organisation du pouvoir judiciaire, n'oublions pas que les vérités qui résultent de la solution des propositions que nous venons de rappeler, doivent servir de fondement à tous les détails de cette partie de l'organisation sociale, et que ces vérités sont incontestablement *la tendance ou réunion de toutes les branches de cette organisation judiciaire vers un centre commun, propre à conserver l'uniformité de la jurisprudence; l'existence des trois degrés de juridiction; l'indépendance de la magistrature; la publicité des audiences, et la liberté de la défense.*

Hors de la stricte observation de ces principes, il n'y aura jamais parfaite justice, mais, plus ou moins, désordre et arbitraire.

§ 1er. Organisation de la Cour-suprême judiciaire.

1° Sous un gouvernement défectueux, où les pouvoirs seraient mal répartis et mal combinés, dans lequel le pouvoir législatif surtout n'aurait pas une triple base, d'une part dans l'existence d'une autorité monarchique ou royale, et d'autre part dans le concours de deux chambres nationales représentatives, on pourrait redouter avec quelque raison que, par la force des choses, par une suite naturelle et comme obligée de ce besoin d'équilibre et de balance qui se fait sentir dans la constitution de tous les peuples éclairés et craignant le despotisme, la Cour-suprême, ce sommet de l'ordre judiciaire, ce premier corps de la magistrature, ne cherchât, ainsi que le faisaient autrefois les parlements, à outrepasser les bornes de ses attributions, en s'immisçant en partie dans l'exercice de la puissance législative ou de la puissance exécutive.

Il n'arrivera rien de semblable dans une monarchie tellement constituée que ces deux pouvoirs, le législatif et l'exécutif, assis et élevés sur les fondements qui doivent leur servir de base, se soutiennent déjà mutuellement et forment un contre-poids bien suffisant pour résister à toutes les entreprises d'envahissement que pourrait tenter le pouvoir judiciaire; entreprises qui raisonnablement ne se présument même pas.

Dans l'hypothèse de cet ordre de choses constitutionnel et régulier (dans lequel la France se trouve déjà, en partie du moins), il n'y a donc aucun motif fondé de ne pas donner à cette institution tout le développement qu'elle doit recevoir pour se trouver dans un rapport parfait avec le système entier de l'ordre judiciaire.

Or, si l'on rassemble toutes les branches de cette troisième puissance constitutive de l'organisation sociale, afin de n'en former qu'un tout, complet et distinct, propre à recevoir l'application des mêmes principes et des mêmes règles, et qu'ensuite on le divise, d'après une classification prise dans la nature, on y reconnaît nécessairement trois branches, auxquelles doivent par conséquent correspondre les trois sections principales de la cour-suprême de justice, savoir: la cour de cassation *civile* et *commerciale ;* la cour de cassation du *contentieux* entre l'État et les parties, de *liquidation* et *comptabilité*; et la cour de cassation *correctionnelle* et *criminelle.*

2° Nous avons vu, dans la *Science du Publiciste* (entre autres, vol. X, pag. 452, 459, 503 et suiv.), que la cour de cassation, la cour des comptes, et le conseil-d'état, (section dite comité du contentieux), institutions judiciaires dont la réunion doit se trouver comprise dans l'organisation de la cour suprême, n'ont pas été jusqu'ici exemptes de beaucoup de variations et d'instabilité, quant à la fixation du nombre de leurs membres.

Peut-être pense-t-on assez généralement, au premier aperçu, que le nombre n'en peut être déterminé que d'une manière arbitraire, ou tout au plus qu'il suffit que les membres soient assez nombreux pour soutenir le lustre et la dignité dont les corps principaux de la magistrature doivent être environnés, et répondre à la nature, à l'importance et à la diversité de leurs fonctions.

En approfondissant davantage la question, en la considérant sous un autre point de vue également essentiel, on reconnaît qu'il existe encore une base importante à prendre en considération pour la solution de cette question et pour l'établissement du principe, et qu'en prenant cette base comme point d'appui, le nombre des membres de la cour suprême, aussi bien que celui de la représentation nationale dans les deux chambres législatives, devrait correspondre à la division du territoire et au nombre des cours d'appel.

Si l'on se rappelle qu'en quelque pays que ce soit les préfectures ou départements peuvent être fixés à cent cinquante, afin que cette division départementale puisse être mise en relation avec le nombre des membres dont chaque chambre représentative peut se composer sans inconvénient (voy. p. 188), il en résulte que les cours royales ou d'appel seront fixées aussi à cent cinquante, que la cour suprême nationale judiciaire se formera d'un nombre pareil de magistrats, lesquels seront répartis également, dans les trois sections principales de cette cour, point central de l'ordre judiciaire. De sorte que chacune de ces cours ou sections principales sera composée de cinquante juges; non compris les maîtres des requêtes, auditeurs et référendaires que peuvent réclamer les besoins du service près de ces cours, l'examen, la vérification des pièces, la rédaction des rapports, etc.

Et il faut observer de plus que cette concordance, ce principe d'organisation relatif à la fixation du nombre des membres des trois sections principales de la cour suprême deviendra, par une sage application, un moyen d'encouragement et de récompense, dont le législateur peut obtenir d'utiles résultats.

3° En effet l'on doit encore mettre au rang des dispositions fondamentales et constitutionnelles qu'il est nécessaire d'adopter relativement à l'organisation du pouvoir judiciaire en général, et particulièrement de la cour suprême, qu'aucun de ses membres ne sera admis, s'il ne réunit en sa personne les qualités propres à garantir l'indépendance, la probité, la sagesse et l'instruction, telles, par exemple, que celles de l'âge, et plus particulièrement celles qui résultent de l'avancement progressif et graduel recommandé par tous les publicistes éclairés comme l'un des plus puissants véhicules d'émulation, comme l'un des mobiles les plus efficaces de l'ordre et de la justice.

Nous avons dit (p. 208) qu'à Athènes il fallait avoir été Archonte, et d'une conduite irréprochable pendant l'exercice de cette charge, pour être reçu dans le sein de l'aréopage ; qu'à Venise, aucun noble ne parvenait aux premières magistratures, qu'après s'être acquitté des moindres à la satisfaction de ses concitoyens.

En France, autrefois, suivant les dispositions des édits des mois de décembre 1665, août 1669, février 1672, on ne pouvait obtenir les charges de président de la chambre des comptes, non plus que celles de président au parlement, ou des autres cours, qu'à l'âge de quarante ans accomplis, et qu'après avoir exercé pendant dix années un office de judicature dans une cour supérieure.

Mais ces règles étaient alors à peu près insignifiantes, parce que, toutes sages qu'elles étaient, le roi en dispensait souvent et quand bon lui semblait.

Et, si, comme nous l'avons vu, plusieurs dispositions de la législation postérieure à 1789 ont consacré le principe d'une manière plus ou moins formelle, elles sont aujourd'hui peu respectées et auraient besoin d'être sanctionnées de nouveau.

4° On peut rappeler ici que la distinction des trois pouvoirs est le principe fondamental d'un gouvernement bien constitué; que la cour suprême judiciaire, si l'on veut qu'elle ne puisse devenir redoutable et dangereuse pour les deux autres pouvoirs, doit se trouver strictement renfermée dans la sphère des attributions qui lui appartiennent; que le temps d'ailleurs a ses limites, et que les facultés de l'homme ne sont ni indéfinies, ni universelles. L'on en conclura avec toute certitude que les membres de cette cour suprême ne doivent jamais remplir des fonctions relatives à l'exercice, soit de la puissance législative, soit de la puissance exécutive.

Cela est au surplus évident par soi-même. Si ces membres du premier corps de la magistrature, chargés de maintenir l'uniformité de la jurisprudence dans tout le royaume et de faire concorder entre eux les divers points de cette jurisprudence, au lieu de méditer et d'étudier avec une attention soutenue le véritable esprit des lois existantes, afin de n'en faire jamais qu'une application exacte et semblable à elle-même, abandonnent ces devoirs importants, pour se livrer à d'autres soins, pour créer, proposer, discuter des projets de lois nouvelles, contrôler et combattre des mesures de finances et des actes d'administration; en un mot, s'ils descendent de leurs siéges pour monter à la tribune et y usurper la place de législateur, ou bien encore pour s'emparer des premières fonctions administratives, faudra-t-il donc que les législateurs et les ministres viennent à leur tour rendre la justice pour eux? On conçoit que par là nul n'étant à sa place, rien non plus ne sera ni sagement conçu, ni utilement conduit et exécuté.

Il faut ajouter que l'incompatibilité entre les fonctions de la magistrature dans la cour suprême et celles qui se rattachent à l'exercice de la puissance législative et de la puissance exécutive, est un des moyens les plus efficaces de garantir et préserver l'indépendance morale de ses membres, et que, par cela seul, la loi constitutionnelle d'un bon gouvernement doit s'empresser de reconnaître cette incompatibilité, de la proclamer comme principe. Les membres de la cour suprême de justice, occupant le faîte de la hiérarchie judiciaire, leur indépendance et leur impartialité sont d'autant plus précieuses, et il est d'autant plus essentiel de ne pas les laisser sans garantie et sans défense. « Le cœur du magistrat ambitieux, dit d'Aguesseau, est un temple profane; il y place la fortune sur l'autel de la justice, et le premier sacrifice qu'elle lui demande est celui de son repos : heureux si elle ne veut pas exiger celui de son innocence ! Mais qu'il est à craindre que des yeux toujours ouverts à la fortune, ne se ferment quelquefois à la justice, et que l'ambition ne séduise le cœur pour aveugler l'esprit ! »

Il est même convenable, par les mêmes raisons, que la constitution ne permette pas aux membres du premier corps de la magistrature d'accepter aucuns dons ou faveurs émanant de la puissance exécutive. Les dignités, les distinctions et les titres étrangers à l'éclat dont brillent par elles-mêmes leurs augustes fonctions, leur doivent être interdits.

Rien à leurs yeux ne peut être plus élevé et plus grand que d'exercer un si noble sacerdoce; et le remplir dignement doit être leur seule ambition.

Les aréopagites ne participaient point aux faveurs publiques; l'éminence de leurs charges faisait toute leur récompense.

En France, les membres des anciens parlements cherchaient à conserver leur indépendance et à se préserver des séductions de la vanité, par l'usage de ne porter jamais ni titres, ni décorations.

Nous avons eu lieu de remarquer, (*Science du Publiciste*, vol. X, p. 265), qu'en France encore l'indépendance des premiers magistrats était garantie du moins par la vénalité de leurs charges.

Nous avons vu également, il est vrai, (*Science du Publiciste*, vol. I, p. 140, vol. X, p. 553; et ci-dessus, p. 14), que cette vénalité des charges est un désordre qui choque et contrarie l'un des principes élémentaires du droit public.

Forcer ceux qui servent l'état à le payer pour les services qu'ils lui rendent, c'est une chose qui offense le bon sens et la raison.

Aussi cette violation de la justice et du droit n'exista-t-elle jamais sans qu'il en résultât une foule d'autres abus subversifs de l'ordre, de l'équité, et non moins nuisibles à la prospérité générale.

Elle donnait naissance, par exemple, à des privilèges, exemptions et immunités pareillement opposés au principe d'une juste et sage égalité; elle motivait et justifiait en quelque sorte certaines épices ou émoluments tout à la fois déshonorants pour la magistrature et ruineux pour les parties, auxquelles la société, sous un gouvernement bien constitué, doit rendre la justice gratuitement. L'empereur Alexandre-Sévère, et Louis XII après lui, disaient avec raison que « l'homme vénal vend en détail le plus chèrement qu'il le peut ce qu'il a acheté en gros. »

Dans la monarchie constitutionnelle, ce sera donc en assurant aux membres de la cour suprême judiciaire un traitement honorable et proportionné à l'éminence de leurs places, et non pas en entachant leurs fonctions d'un caractère méprisable et odieux de vénalité, que la loi fondamentale cherchera à environner ces premiers magistrats d'une nouvelle garantie d'impartialité, d'indépendance et de majesté. Ainsi qu'on l'a dit, « si la considération dont est entouré le magistrat tient à ses vertus personnelles, elle tient aussi à la manière dont il peut soutenir son rang. »

Quoiqu'un corps de magistrature institué d'après ces règles d'organisation soit assurément de nature à donner l'espérance que jamais il n'y aura lieu à réprimer dans ses membres aucune infraction aux obligations, injonctions ou défenses que ces règles leur prescrivent, cependant l'acte social doit s'occuper de prévoir ce qui serait à pratiquer dans ces cas extraordinaires et rares, mais non pas impossibles.

Les membres de l'aréopage étaient soumis à la censure; et, chez les Romains, les magistrats pouvaient du moins être accusés après leur magistrature. « La toge, dit un auteur, n'est pas un talisman qui rende infaillible celui qui en est revêtu ; et le juge, pour en être couvert, n'oublie pas toujours qu'il est homme. »

Il existe encore, nous l'avons admis comme vérité fondamentale (voy. pag. 435 et suiv.), un autre principe dont l'observation est propre à garantir l'indépendance de la magistrature, s'il n'est pas employé isolément, c'est l'inamovibilité ; principe suivi en plusieurs cas, même dans les républiques anciennes, à Lacédémone, à Athènes, à Rome, à Carthage; principe dont l'utilité et la sagesse ont été démontrées par d'habiles publicistes modernes; principe en vigueur depuis longtemps déjà dans tous les états monarchiques, en France, en Angleterre, et que les constitutions doivent désormais consacrer irrévocablement, dans le sens et avec les restrictions que nous avons indiqués précédemment en parlant de la durée des fonctions représentatives (voy., entre autres, ci-dessus, p. 228). En ce qui concerne la cour suprême, nous avons, dans la *Science du Publiciste* (vol. X, p. 557 et suiv.), appuyé ce principe de plusieurs faits historiques, de l'opinion de Platon, de Bodin et de son abréviateur, de Montesquieu, de Loiseau et autres, ainsi que des dispositions de la législation actuelle de la France et de l'Angleterre.

Mais il convient de limiter la durée de toutes fonctions inamovibles à l'époque de la vie où les facultés physiques et intellectuelles s'affaiblissent et déclinent sensiblement. Parvenus à ce terme, les magistrats membres de la cour suprême ont, de même que les représentants ou tous autres fonctionnaires publics, droit à une retraite honorable qui leur donne les moyens d'achever, dans la paix et la sécurité d'une modeste fortune, une carrière jusque-là remplie utilement pour la société.

5° Il ne servirait à rien de s'être scrupuleusement appliqué à garantir par tous les moyens possibles l'indépendance individuelle des membres du premier corps de la magistrature, si, d'accord avec l'opinion publique, la loi constitutionnelle ne proclamait et ne garantissait formellement l'indépendance et l'inviolabilité du corps entier.

Quel scandale, quel désordre, quel notable préjudice, ne résultaient pas autrefois en France des exils des parlements? « Le ministère de Louis XV voulait les renverser; il fut vaincu; les parlements, un moment abattus, se relevèrent aux acclamations publiques, et les fantômes dont on avait garni leurs bancs révérés disparurent. »

L'administration de la justice ne saurait être ni paralysée, ni suspendue, ni même détournée de son cours ordinaire pour être livrée à des commissions temporaires et de circonstance, sans que la constitution de l'État ne soit ébranlée, et par conséquent sans que la fortune publique et tous les droits individuels, la propriété, la liberté, la vie des citoyens, ne soient gravement compromis.

Ces mesures violentes et pernicieuses pouvaient être provoquées, sous un gouvernement défectueux, par l'existence d'un système d'opposition mal concerté, par une balance trop imparfaite du pouvoir, par un contrepoids dangereux en cela même qu'il n'occupait pas la place qui lui convient. Ces coups d'autorité pouvaient alors être déterminés par des prétentions plus ou moins exagérées, par des tentatives d'usurpation et d'envahissement sur le domaine de la puissance législative et de la puissance exécutive malheureusement réunies et confondues dans une seule main.

De semblables prétentions, de pareilles tentatives ne sont plus à craindre, elles ne peuvent pas exister sous un gouvernement où la nature, les caractères distincts et les limites véritables des attributions de chacun des grands pouvoirs seront déterminés par la constitution, dans un gouvernement où les attributions de la puissance législative seront exercées simultanément par deux chambres représentatives solidement instituées, et par un roi fort de leur appui.

A l'égard de l'application du principe de la publicité, à la tenue des audiences de la cour suprême, il suffit de renvoyer à ce qui vient d'être établi (pag. 436 et suiv.), en traitant, sous un point de vue général, de la publicité des audiences et des jugements.

Il s'en suit qu'il n'est aucun motif fondé de déroger à ce principe et d'en éloigner l'observation, même à l'égard de l'une des trois sections principales de ce premier corps de la hiérarchie judiciaire, savoir, celle qui doit remplir les fonctions de la cour des comptes, et les fonctions qui sont aujourd'hui attribuées à l'une des sections du conseil-d'état, dite le comité du contentieux.

Attributions de la cour suprême judiciaire.

Quant aux dispositions constitutionnelles relatives à la fixation des attributions de la cour suprême nationale judiciaire, il se présente en première ligne une question d'une si grave importance qu'elle domine toutes celles qui peuvent se rattacher au même sujet, et que sa solution doit précéder l'examen de toutes les autres.

Autrefois, en France, le conseil du roi évoquait et jugeait quelquefois le fond des affaires après avoir cassé les arrêts des parlements.

Cette faculté semble être refusée à la cour de cassation.

A cet égard, l'ancien état des choses doit-il être rétabli? le nouveau est-il préférable? En d'autres termes, la cour suprême judiciaire doit-elle, comme le conseil le faisait autrefois, connaître, en certains cas du moins, du fond des affaires qui lui sont soumises?

Voilà ce qu'il faut décider.

Pour y parvenir, nous avons commencé par exposer les faits (*Science du Publiciste*, vol. XI, p. 7 et suiv.).

Nous avons fait ensuite connaître les opinions opposées les unes aux autres, d'hommes recommandables par leur savoir et leur expérience.

Après quoi, nous sommes arrivés à la conclusion, en posant successivement les trois questions distinctes qu'il s'agit de résoudre, et en appliquant à chacune d'elles les véritables et principaux motifs de décision.

En premier lieu, l'interprétation appartient-elle à l'autorité qui a l'initiative, ainsi que l'a dit M. le conseiller d'état chargé de présenter au corps législatif la loi du 16 septembre 1807?

Si on s'en réfère, sur cette première demande, à l'exposé des raisonnements produits à l'appui de l'affirmative, tels qu'on les trouve énoncés dans le *Répertoire de jurisprudence*, on remarque d'abord qu'au nombre de ces raisonnements se rencontre évidemment une pétition de principe.

On y lit ce qui suit: « Le partage d'opinions, qui existe entre la cour de cassation d'un côté et les tribunaux de l'autre, étant un signe non équivoque de l'obscurité de la loi, il en résulte qu'il y a nécessité d'interpréter: or l'interprétation de la loi n'appartient ni à la cour de cassation ni aux autres tribunaux. Ce droit ne peut appartenir qu'à l'autorité qui a l'initiative de la loi. »

C'est justement là ce qu'il s'agissait de prouver.

Il est vrai que la même phrase est terminée par cette autre supposition, « que l'autorité qui a l'initiative de la loi et qui est chargée de la rédaction et proposition connaît parfaitement l'esprit dans lequel toute loi est conçue. »

Mais, sans s'arrêter à remarquer (ce qui a d'ailleurs été démontré ci-dessus, p. 182) que, dans un gouvernement constitutionnel qui serait établi en tous points sur ses fondements les plus incontestables, cette initiative, ce droit de proposer devrait être réciproque entre chacune des trois branches de la puissance législative, le roi et les deux chambres, supposons que ce droit ne soit admis qu'en faveur de l'une de ces trois branches, de celle qui alors cumulerait l'exercice de la puissance exécutive avec une participation en quelque sorte privilégiée à la puissance législative; dans cette supposition même, est-il donc constant que l'esprit de la loi doit n'être pas aussi bien connu des deux autres branches de la puissance législative (dont on ne nie pas du moins que la coopération pour la formation de la loi ne soit un principe fondamental d'organisation) qu'il peut l'être de la première? Non, sans doute; car il est de la plus grande évidence qu'une conséquence nécessaire de la prérogative ou du droit exclusif de proposition est l'obligation de rendre sensible l'esprit dans lequel tout projet de loi est conçu.

S'il n'en était pas ainsi, si l'on présumait que, des trois branches de la puissance législative, deux pourraient voter sans avoir aussi bien que la troisième, une entière connaissance de cause; loin qu'il pût en résulter un motif pour attribuer le droit d'interprétation à celle qui déjà serait investie du droit de proposition, il faudrait se hâter de déclarer qu'il y aurait, en cela, une raison déterminante et péremptoire d'accueillir un principe tout contraire, puisque autrement rien n'empêcherait qu'un défaut de développement des motifs et des fins réelles de la loi ne devînt par la suite une cause fréquente d'interprétation, et n'eût de cette manière le grave inconvénient de remettre l'exercice presque entier des puissances législative, exécutive et judiciaire, c'est-à-dire du pouvoir despotique ou absolu, entre les mains d'un seul.

Sans même recourir à l'hypothèse, sinon probable, du moins très possible, d'une expression équivoque et douteuse employée, non sans dessein ultérieur, dans la rédaction de la loi, qui ne voit clairement qu'en thèse générale la branche du pouvoir législatif qui aurait le droit d'interpréter la loi, deviendrait l'unique législateur, au moins dans tous les cas d'interprétation, prévus ou fortuits?

Ce point posé, pour en prévoir et en apprécier tous les dangers, il suffit ensuite de remonter à la démonstration des vérités élémentaires du droit constitutionnel et d'organisation, ou d'en appeler, ainsi qu'on l'a dit, à ce que Montesquieu et les publicistes ont adopté pour principe en cette matière, que, dans un gouvernement modéré et auquel ces vérités élémentaires servent de bases, dont le premier fondement doit être la distinction des trois pouvoirs, et le second la division du pouvoir législatif en trois branches également distinctes, jamais aucune des attributions de ce pouvoir ne peut être exercée exclusivement par l'une de ses trois branches, sans choquer et ébranler fortement l'édifice de la constitution.

Nous eussions donc regardé comme entièrement superflu de donner plus de temps à la solution de cette première question, lors même que l'examen subséquent des deux autres n'aurait pas dû ajouter encore à tout ce qu'elle a déjà d'irrécusable et de déterminant pour l'homme auquel les premières notions du droit ne sont point étrangères.

En second lieu, si, sous cette forme de gouvernement, la seule désirable, et, il faut le croire, désormais aussi la seule possible chez tout peuple civilisé, le droit exclusif d'interprétation ne peut appartenir à l'une ni à l'autre des trois branches de la puissance législative, (ni surtout à celle qui aurait exclusivement l'initiative des propositions de lois, et ce, en opposition déjà trop directe avec l'esprit et la nature de l'institution), est-il vrai du moins que « ce droit d'interprétation doive être, comme l'avance l'un des auteurs dont nous avons fait connaître l'opinion, l'œuvre du législateur, mais du législateur éclairé par le magistrat? »

Cette sorte de restriction ne peut tenir lieu d'une démonstration.

Nous avons donc cherché ailleurs l'objection la plus spécieuse que l'on pût faire dans le même sens, et nous avons vu que cette objection s'appuie toute entière sur ce raisonnement: L'interprétation de la loi doit appartenir à ceux qui ont institué les formes et rédigé les lois (c'est donc à dire aux trois branches de la puissance législative concurremment), parce qu'ils connaissent mieux que tous autres les motifs et le sens des lois, et conséquemment aussi de quelle manière elles doivent être entendues et appliquées.

Nous n'affaiblissons pas l'argument, en le reproduisant; nous lui donnons une force nouvelle par l'application plus étendue que nous lui prêtons, en en arguant comme d'un motif pour attribuer l'interprétation aux trois branches constitutives de la puissance législative, et non pour prouver qu'il est naturel de confier cette interprétation à l'une des branches de cette puissance, au roi en son conseil. Cette conséquence, on vient de le voir, est en effet la seule que l'on puisse en induire avec exactitude.

Mais, dans ce sens, et d'après cette application même, sa réfutation est toujours simple et facile.

Elle résulte d'abord des considérations puisées dans la nature du gouvernement représentatif, et dont l'une se trouve assez clairement indiquée dans un des passages du traité de *l'Autorité Judiciaire*, savoir, que les sessions des chambres représentatives ne sont et ne peuvent être que temporaires et non permanentes (voy. ci-dess., p. 229 et suiv.), et que le cours de la justice ne saurait s'accommoder des interruptions longues et fréquentes par lesquelles il se trouverait suspendu et paralysé chaque année, si ces chambres étaient appelées à participer à l'interprétation de la loi, comme elles coopèrent à sa formation.

Une seconde considération prenant aussi sa source dans la nature du gouvernement, et peut-être plus concluante encore que la précédente, c'est le renouvellement (trop fréquent, dans l'état actuel des choses, soit en France, soit en Angleterre, même en ne l'opérant qu'après sept années) des membres de la chambre des députés. (Voy. ci-dessus, p. 224 et suiv.)

Le changement rapide de ceux qui participent instantanément à l'exercice de la puissance législative dans cette chambre des députés ou dans la chambre des communes suffirait pour détruire en grande partie la force de l'argument.

Et peut-être faut-il y apercevoir déjà une cause pour qu'en opposition, et afin de contrebalancer cette action, ce mobile d'innovation et de changement, l'interprétation de la loi dût être remise à un premier corps de magistrature, institué sur une autre base, sur celle de la durée et de la perpétuité. En Angleterre, le dernier degré de la hiérarchie judiciaire existe dans la chambre des pairs, et les membres de cette chambre ne sont pas seulement inamovibles, comme le sont les membres de la cour de cassation en France; ils sont héréditaires.

Au surplus, pour démontrer que l'interprétation n'appartient pas au législateur, se réunissent encore ici deux arguments tout aussi puissants, et tirés des notions universelles du droit.

D'une part, c'est que la puissance législative ne doit disposer que d'une manière générale et non dans la vue d'une acception, circonstance ou espèce particulière, et qu'à la puissance exécutive et à la puissance judiciaire seules (chacune dans les limites de ses attributions spéciales) appartient, au contraire, le droit d'en faire l'application aux cas particuliers.

Si ce principe incontestable n'est pas respecté, si le législateur, au lieu d'avoir toujours pour objet, dans l'exercice de sa puissance, les besoins généraux de la société, descendait de la hauteur où la nature de ses fonctions doit le maintenir, s'il cherchait par là à se rapprocher de chaque intérêt individuel, de localité et de circonstance, il ne pourrait manquer de s'écarter de son but véritable, l'utilité publique, qui ne peut se trouver que dans l'ensemble et la réunion complète de tous les intérêts généraux ou spéciaux dont elle se compose, considérés d'une même et égale distance, et non dans l'examen isolé de quelques-uns des intérêts individuels et particuliers. Bientôt alors, comme l'expérience ne l'a que trop prouvé, l'esprit d'incertitude, de tâtonnement, de versatilité, et souvent peut-être de faveur ou de partialité, présiderait seul aux délibérations du législateur, et dicterait ses volontés d'un jour ou du moment.

Or, si l'on admettait, (comme l'avaient prescrit effectivement la loi du 1er décembre 1790, la constitution de 1791, celle de l'an III, et non pas l'acte constitutionnel du 22 frimaire an VIII, ni la loi du 27 ventose de la même année, ni les sénatus-consultes du 16 thermidor an X et du 28 floréal an XII, mais comme cela résulterait encore de cette doctrine, que l'interprétation doit être l'œuvre du législateur éclairé par le magistrat), que la cour suprême judiciaire pût être placée dans l'obligation de demander et d'attendre l'interprétation de la puissance législative, et que, lorsque la loi interprétative serait parvenue à sa connaissance et lui permettrait de statuer, elle fût tenue de s'y conformer dans la prononciation de l'arrêt, ne serait-ce donc pas à peu de chose près comme si le législateur se transformait en magistrat et prononçait lui-même? Et, dans cette hypothèse, que deviennent la dignité, l'honneur, l'indépendance du premier corps de l'Ordre judiciaire, réduit au rôle intermédiaire et purement passif d'agent subordonné et dépendant.

D'une autre part, si la puissance judiciaire ne doit pas prononcer et statuer d'une manière générale, par voie de dispositions ou de règlements généraux, ainsi que la puissance législative; si elle ne doit asseoir ses jugements que sur la législation déjà promulguée et existante (ce qui constitue deux principes également reconnus d'une manière formelle par toute bonne législation), la puissance législative, au contraire, ne peut légitimement disposer et statuer que pour l'avenir, et non pour le passé, non pour des faits, des contestations déjà pendantes devant les cours et tribunaux; c'est-à-dire que ses décisions ne peuvent donner lieu à aucune rétroactivité (autre principe non moins formellement consacré par la législation française, par toute législation raisonnable et d'accord avec les éléments du droit).

Il s'en suit donc aussi qu'aucun procès, aucun litige déja né et ayant même parcouru plusieurs degrés de juridiction ne peut être équitablement jugé par un arrêt motivé sur une manifestation nouvelle, et jusqu'alors inconnue, de la volonté législative.

Cette manifestation de volonté, cette loi de création nouvelle ne doit, ne peut-être d'aucun poids dans la balance de la justice : puisqu'elle était ignorée des parties, elle n'a pu servir de base à leurs conventions respectives ; et, puisqu'elle n'était pas non plus connue des juges de premier ni de second ressort, elle n'a pas dû servir davantage de fondement à leurs jugements.

S'il en était autrement, celui qui se serait conformé à l'esprit, au sens de la loi promulguée, pourrait perdre sa cause, et la partie adverse qui par hasard aurait rencontré l'intention non encore exprimée du législateur, la gagnerait.

C'est ce qui se trouve clairement exprimé par l'auteur du traité de la *Magistrature en France, considérée dans ce qu'elle fut et dans ce qu'elle doit être.*

C'est ce qui pourrait donner lieu à l'un des plus graves inconvénients précédemment signalés, à la facilité dangereuse de dicter des lois d'une rédaction peu soignée, inexacte ou obscure, que l'on pourrait ensuite interpréter tantôt dans un sens, tantôt dans un autre, d'après les faits et les circonstances qui solliciteraient son application.

Il importe évidemment, au contraire, que, par la nature du gouvernement, par les principes et les détails de son organisation, le législateur se sente placé dans la nécessité et de donner à sa pensée toute la maturité, tout le développement qui peuvent l'amener à en prévoir les conséquences, et d'exprimer sa volonté avec la précision et la clarté qui doivent en rendre l'exécution facile.

Cette obligation de prudence et de circonspection imposée au législateur par la forme et la combinaison des institutions, aura cet avantage, que le besoin des interprétations sera aussi rare qu'il pourrait devenir fréquent dans un système qui aurait pour suite naturelle de favoriser la négligence du législateur, ou peut-être même de provoquer, dans l'une des branches constitutives, certaines idées d'extension de puissance et d'autorité.

Cependant, malgré cette garantie de sagesse dans la législation, et malgré toutes celles que peuvent, d'autre part, donner les autres principes de la constitution, savoir, la méditation dans le conseil, la discussion dans les chambres, l'adoption définitive et la promulgation par le roi, il arrivera certainement que les dispositions législatives n'auront pas toutes le même degré d'évidence et de netteté; et l'on se trouve ainsi conduit à poser et à approfondir la troisième et dernière question.

La puissance judiciaire, ou plutôt le corps de magistrature placé au sommet de la hiérarchie de cette troisième branche constitutive et organique, doit-elle en effet recourir à l'interprétation de la puissance législative pour appliquer la loi, lorsque les dispositions de cette loi sont vagues, équivoques, et qu'il en résulte quelque doute, quelque difficulté de nature à en voiler le sens?

Pour que cette troisième question dût être résolue affirmativement, il faudrait qu'il fût possible de bien démontrer que le pouvoir législatif se trouve réellement dans une position plus favorable pour mieux pénétrer l'esprit de la loi. Or, les considérations qui se sont déjà présentées dans la discussion de la question précédente, suffiraient pour prouver que telle n'est pas la vérité; que, par la nature des choses, le pouvoir législatif n'a point à cet égard l'avantage qu'au premier aperçu et avant aucun examen on pourrait être disposé à lui supposer (ne fût-ce qu'en raison de l'analogie des mots); qu'il faut nécessairement prendre pour motifs déterminants de décision, et le défaut de permanence des sessions des deux chambres, et la mobilité de l'une d'elles, par le renouvellement fréquent des membres qui la composent (du moins d'après l'état actuel du système représentatif et électoral en Angleterre et en France), et surtout la généralité et la non rétroactivité qui doivent être deux caractères principaux de tous les actes de ce pouvoir législatif (motifs d'une conséquence et d'une application plus générales).

Poussant l'examen plus loin, et, afin de mieux l'approfondir, nous avons recherché, dans la *Science du Publiciste* (vol. XI, p. 57 et suiv.), par quels moyens il doit être suppléé à l'obscurité de la loi, comment il est possible de parvenir à une juste interprétation de ses dispositions équivoques ou trop concises.

Il est évident que c'est d'abord par le rapprochement et l'ensemble de toutes ces dispositions, et particulièrement de celles qui n'ont pas d'ambiguité.

Ce rapprochement, cet ensemble, doivent révéler l'esprit de la loi à l'intelligence du magistrat éclairé, aussi bien qu'à celle du legislateur; et ils les conduiront l'un et l'autre à la découverte du sens qu'il faut attacher à chaque article en particulier.

Si le magistrat ne peut pénétrer par là l'intention de la loi et de chacune de ses dispositions, il y a quelque raison de présumer que ce qui aurait dû être déterminé par cette loi ne s'est cependant pas présenté, lors de sa rédaction, à la pensée du législateur; que le cas n'a pas été prévu.

Cela étant, comment suppléera-t-on pour le passé, pour un fait préexistant, à l'insuffisance de la volonté législative ou à un silence absolu?

On vient de le dire.

Ce ne doit pas être par une disposition nouvelle, par une véritable loi jusqu'alors inconnue, qui pourra bien statuer pour l'avenir et empêcher la difficulté de se reproduire, mais à laquelle on ne peut donner aucun effet rétroactif.

Ce sera encore par un rapprochement des dispositions de la loi que l'on veut interpréter, avec le système général des lois déjà promulguées et restées en vigueur; et définitivement, à défaut de toutes dispositions antérieures corrélatives, par des conséquences exactement déduites des premiers principes du droit naturel.

Or, dans ces deux dernières occurrences, un premier corps de magistrature, composé d'un grand nombre de magistrats vieillis dans l'application habituelle et journalière des lois écrites et des règles de l'équité, n'est-il pas, par cela même, le pouvoir que la raison désigne spécialement comme plus propre que tout autre à une bonne et sage interprétation? Les notions fondamentales du droit doivent être familières au législateur comme au magistrat; mais il ne fait pas toujours une étude aussi suivie du code de la législation existante; il ordonne, il dispose pour les besoins présents et à venir, mais il ignore quelquefois, et même bien souvent, la chaîne longue et embarrassée des antécédents.

Enfin il faut ajouter à cette dernière raison si concluante et si péremptoire un autre motif qui n'est pas non plus sans importance.

Quelques justes droits que puissent avoir à la confiance publique les magistrats des cours et tribunaux inférieurs, il est cependant indispensable de faire reconnaître et respecter la suprématie du premier corps de l'ordre judiciaire, centre essentiel de l'uniformité qui doit exister dans la jurisprudence comme dans la législation.

L'expérience, d'accord avec le bon sens, prouve que l'on n'y parviendra pas, tant que les éléments vicieux de la constitution ou son imprévoyance rendront possible une controverse prolongée, une lutte scandaleuse et pour ainsi dire interminable, ou qui du moins ne pourrait prendre fin que par l'intervention d'une autorité étrangère à l'ordre judiciaire; lutte qui ne peut se perpétuer ainsi, sans choquer, suivant ce que dit Montesquieu, le but des lois, sans rendre la propriété des biens incertaine et précaire, sans causer un préjudice immense, sans devenir un véritable fléau pour les citoyens et pour l'état.

Cependant il est une disposition restrictive de la suprématie qu'il faut attribuer à la cour suprême judiciaire; et cette restriction, la nature et la fin de l'institution la justifient et la rendent nécessaire.

C'est qu'elle ne devra jamais prononcer sur le fond qu'après avoir préalablement reconnu, par un premier arrêt, qu'il y a eu violation des formes ou contravention expresse à la loi; que le second arrêt, à intervenir sur le fond, sera prononcé avec la plus grande solennité, sections réunies, ainsi que le prescrit la loi du 27 ventose an VIII.

Et (quoique à cela peut-être dût se reduire tout ce que

la prudence exige et ce que la constitution devrait ordonner), si l'on croit utile de porter plus loin les précautions et la prévoyance, on peut encore y ajouter; mais alors il faudra du moins se borner, avec cette même loi du 27 ventose an VIII, conforme en ce point à la constitution du 5 fructidor an III, à un seul renvoi dans une cour ou tribunal inférieur, dont l'arrêt ou le jugement pourra également donner ouverture à la cassation pour vice de forme ou pour contravention expresse à la loi, avant qu'il puisse y avoir lieu à l'examen du fond devant la cour suprême, lequel devra toujours se faire en audience solennnelle de toutes les sections et chambres réunies.

Du reste, en prononçant sur les contestations déjà pendantes en justice, par induction du système général de la législation relativement à une loi spéciale quelconque, et à défaut de disposition directe et précise, la cour suprême aura d'autant plus facilement lieu de reconnaître les lacunes, les imperfections ou incohérences de la législation. Et ce sera plus que jamais aussi le cas d'emprunter à plusieurs des précédentes constitutions de la France la disposition qui lui enjoindra d'envoyer chaque année au roi et aux deux chambres, à l'ouverture des sessions de la puissance législative, une adresse motivée ayant pour objet d'indiquer les différents points sur lesquels l'expérience lui aura découvert, dans le cours de l'année expirée, les lacunes, les défauts et les vices des diverses parties de la législation, ainsi que le besoin d'y pourvoir.

Cette adresse motivée, et présentée aux trois branches de la puissance législative, sera plus efficace qu'une simple députation envoyée au chef du gouvernement seulement, comme le prescrit la loi du 27 pluviose an VIII; et surtout qu'un état de tous les arrêts rendus, avec l'analyse des affaires dans lesquelles ils sont intervenus, ce qu'exigeaient la loi du 1er décembre 1790, la constitution de 1791, et celle de l'an III : car on aurait dû voir une cause à peu près infaillible de désuétude et d'inexécution dans la longueur et l'inutilité d'un semblable travail, relativement à tous les arrêts cassés pour violation reconnue de la forme, ou contravention expresse aux dispositions non équivoques de la loi, et, à plus forte raison, en ce qui concerne tous les arrêts de rejet.

Attributions ordinaires. Après avoir établi quelle doit être l'étendue de l'autorité de la cour suprême, pour qu'elle puisse être considérée comme la clef de la voûte, le sommet de l'ordre judiciaire, pour que sa suprématie soit réelle et respectée, et qu'elle puisse ainsi contribuer à établir et conserver dans l'État l'uniformité de la jurisprudence, avantage si précieux que l'on ne saurait trop vivement le désirer, il importait de rechercher quelle doit être la division ou subdivision des trois sections principales de cette cour suprême, et la répartition de ses attributions ordinaires dans chacune d'elles. Car, si l'on veut que les institutions d'un peuple arrivent enfin au degré de régularité, d'ordre et d'harmonie, auquel la providence porte l'homme à aspirer (et qu'avec le temps il est destiné à atteindre par la nature de sa propre constitution physique et intellectuelle), non-seulement il est nécessaire que le faîte de l'édifice social repose sur de solides fondements, mais il faut aussi que toutes les parties secondaires soient, d'après leur rang, leur importance, et les rapports qui doivent exister entre elles, coordonnées, réunies ou séparées de telle manière que chacune d'elles occupe précisément la place qu'elle doit avoir, et dans le système général de l'organisation, et dans celui de l'institution particulière à laquelle elle appartient.

Nous avons vu, dans la *Science du Publiciste* (vol. XI, pag. 64 et suiv.), quelle est cette subdivision des trois sections principales de la cour suprême ; quelle est, dans chacune de ces sections, la répartition de ses attributions, que la réflexion indique et qu'elle doit faire adopter comme conforme au droit et à l'ordre de la nature.

Mais, par la raison que cette division et cette répartition ne reposent encore que sur le droit, sur l'ordre naturel des choses, sans être confirmées et soutenues par des antécédents formels, nous avons dû nous borner à indiquer succinctement de quelle manière la loi fondamentale peut, en statuant à cet égard, donner le mouvement et la vie à une institution ignorée, mais en quelque sorte préexistante, et qui n'attend que le germe fécondateur de la sanction législative pour prendre son développement, et acquérir la vertu et la force tutélaire qu'elle doit avoir et exercer un jour, pour le bien-être individuel et pour la prospérité sociale.

1° Section civile et commerciale.

La dénomination de cette section principale de la cour suprême judiciaire fait assez connaître que, d'après la distinction et la division naturelle de ses attributions, elle doit être partagée en deux chambres, savoir : la chambre purement *civile*, et la chambre *commerciale*.

Ainsi que l'indique aussi leur dénomination, la chambre civile et la chambre commerciale auront pour objet spécial de prononcer, savoir : l'une en matières purement civiles, et l'autre en matières de commerce, soit intérieur soit extérieur, soit de terre soit de mer, sur les demandes ou pourvois en cassation interjetés pour violation des formes ou contravention expresse à la loi, contre les arrêts définitifs rendus en second ressort par les cours d'appel, et contre les jugements définitifs rendus par les tribunaux de première instance, soit en premier, soit en second ressort, mais ayant acquis force de chose jugée, à défaut d'appel dans les délais, ou par autre cause.

2° Section du Contentieux entre l'État et les Parties, de Liquidation et de Comptabilité.

Cette autre section principale de la cour suprême sera partagée, d'après la nature de ses attributions, en deux chambres, savoir : la chambre du *contentieux* entre l'état et les parties, et la chambre de *liquidation* et *comptabilité*.

Ces deux chambres auront pour objet spécial de statuer, l'une dans les affaires contentieuses entre l'état ou l'administration et les parties, telles que celles qui intéressent la régie de l'enregistrement, les douanes, les impôts indirects, etc.; l'autre dans les affaires de liquidation et de comptabilité, telles que plusieurs de celles dont la connaissance et le jugement sont aujourd'hui attribuées à la cour des comptes, sur les pourvois interjetés pour violation des formes ou contravention expresse à la loi, contre les arrêts définitifs rendus en second ressort par les cours d'appel, et contre les jugements pareillement définitifs rendus par les tribunaux de première instance, soit en premier, soit en second ressort, mais ayant acquis force de chose jugée.

3° Section correctionnelle et criminelle.

C'est encore la distinction et la division naturelle de ces attributions, qui demandent que cette section principale de la cour suprême soit partagée en deux chambres, savoir : la chambre *correctionnelle* et la chambre *criminelle*.

Ces deux chambres auront pour objet spécial de prononcer, l'une en matières correctionnelles et de police, l'autre en matières criminelles, sur les pourvois en cassation interjetés pour violation des formes ou contravention expresse à la loi, contre les arrêts définitifs rendus en second ressort par les cours d'appel, et contre les jugements pareillement définitifs rendus par les tribunaux de première instance, soit en premier, soit en second ressort, mais ayant acquis force de chose jugée.

La chambre criminelle prononcera aussi sur l'admission des demandes en révision, et, s'il y a lieu à cassation, elle renverra les accusés devant la cour qui en devra connaître, pour être procédé devant elle sur les actes d'accusation subsistants.

Elle statuera sur les accusations de forfaitures et sur les prises à partie dirigées individuellement contre un ou plusieurs des membres d'une cour d'appel ou de second degré; et si elle déclare qu'il y a lieu à accusation, elle désignera la cour devant laquelle l'affaire devra être instruite et jugée.

Enfin elle statuera pareillement sur les accusations de même nature portées contre une cour ou un tribunal entier; et si elle déclare qu'il y a lieu à accusation, elle en renverra l'examen et le jugement devant les sections et chambres réunies de la cour suprême.

Les différentes chambres ci-dessus désignées connaîtront, en outre, chacune en ce qui la concerne, en raison de la nature et de la diversité des matières, des demandes sur requête en réglement de juges; de l'admission de ces demandes, lorsqu'elles devront être contradictoires; de l'admission des demandes en récusation et en renvoi d'une cour d'appel à une autre, pour parenté ou alliance, ou autre cause de suspicion légitime; et elles renverront ces demandes, lorsqu'elles auront été admises, au jugement des sections et chambres réunies de ladite cour.

Attributions extraordinaires (*sections réunies*). L'objet de ces attributions peut être indiqué ainsi qu'il suit: arrêt définitif après un premier renvoi et un second arrêt de cassation par la chambre qui en a dû connaître; arrêt définitif sur les demandes contradictoires en réglement de juges, en récusation, en renvoi d'une cour à une autre, pour parenté, ou alliance, ou autre cause de suspicion légitime; réglements des conflits d'autorités; prise à partie contre une cour, ou contre un tribunal entier; jugement des ministres et autres principaux agents responsables de la puissance exécutive; jugement des membres de l'une et de l'autre chambres représentatives, pendant la durée de leurs fonctions; jugement des membres de la cour suprême, relativement aux crimes et délits commis dans ou hors de l'exercice de leurs fonctions.

1° *Arrêt définitif après un premier renvoi et un second arrêt de cassation par la Chambre qui en a dû connaître.*

Ce premier objet des attributions de la cour suprême, en séance extraordinaire de ses sections et chambres réunies, est clairement justifié par ce qui précède; et il suffit de rappeler ici, à ce sujet, que cette cour suprême, sommet éminent de l'ordre judiciaire, centre essentiel d'uniformité dans la jurisprudence, pour atteindre ce but important doit conserver une suprématie marquée sur toutes les cours et tribunaux; que les procès ne doivent pas être interminables; que l'intérêt public, aussi bien que celui des parties, souffre de leur prorogation indéfinie et de l'incertitude des propriétés, qui en est la suite inévitable; et que le but même des lois qui établissent certaines formalités nécessaires à la liberté et à la sagesse des jugements, en serait choqué.

2° *Arrêt définitif sur les demandes contradictoires, en réglements de juges; en récusation, en renvoi d'une cour à une autre, pour parenté, ou alliance, ou autre cause de suspicion légitime.*

Pour motiver ce second objet des attributions des sections de la cour suprême en séance extraordinaire, il suffit encore de se reporter à ce qui a été exposé précédemment (pag. 428), et de remarquer qu'il en résulte un moyen de suppléer, autant qu'il se peut, à la garantie résultant, en toutes autres matières, de l'application du principe des trois degrés de juridiction; garantie dont les parties se trouvent privées par la force même des choses, quant à la contestation incidente.

3° Règlement des Conflits d'autorité.

Lorsqu'il y a lieu de statuer, ainsi qu'il est dit dans l'article précédent, sur un réglement de juges, sur un simple conflit de juridiction entre deux cours d'appel ou entre deux tribunaux non ressortissants de la même cour, la chose est sans difficulté ; le droit et la législation sont à peu de chose près d'accord.

Mais, si une action est intentée devant une cour ou un tribunal, et qu'une autorité de l'ordre exécutif ou administratif s'oppose au jugement, et prétende être seule compétente pour en connaître, il y a complication; ou du moins la question paraît n'être plus d'une solution aussi facile.

Ne semble-t-il pas alors que le litige n'existe plus réellement entre les intérêts privés et l'administration, mais qu'elle devient une espèce de lutte, entre deux pouvoirs en quelque sorte rivaux et opposés?

Si cela était admis, de deux choses l'une : ou bien l'on reconnaîtrait, d'une manière arbitraire et sans consulter le droit, la faculté de statuer dans l'un ou dans l'autre de ces deux pouvoirs que l'on suppose également intéressés à la décision de la contestation ; ou bien, comme il répugne au bon sens de constituer quelque partie que ce soit juge dans sa propre cause, on serait conduit à rechercher un troisième pouvoir (le pouvoir législatif) pour juge.

Cependant ce troisième pouvoir ne peut pas être institué pour juger; ses décisions ou plutôt ses résolutions, ses volontés, doivent ne reposer que sur des considérations d'utilité et d'intérêt général, abstraction faite des considérations particulières et partielles, des intérêts de circonstance et de localité (V. ci-dess., p. 475 et suiv.).

Il n'est pas d'ailleurs permanent dans un gouvernement constitutionnel et représentatif.

Ainsi, sous aucun rapport, il ne saurait non plus, en droit, être compétent.

Que résoudre donc dans cette alternative?

Nous ne craignons pas de le dire : cette alternative n'existe pas, et le moyen de décision se présente de lui-même, si l'on commence à éclaircir le point de fait, ou plutôt la supposition de fait sur laquelle cette alternative repose.

On aperçoit alors sans peine que la lutte ne s'engage réellement, par la déclaration de conflit, lors même que cette déclaration est sollicitée et provoquée par l'une des parties civiles, qu'entre cette partie civile et l'administration d'une part, et les autres parties civiles d'autre part. Du moins est-il bien constant que l'administration a souvent et presque toujours un intérêt personnel et direct dans les contestations de cette nature; et ce n'est guères qu'à ce titre qu'elle se prétend compétente, tandis que l'autorité judiciaire y est, pour ce qui la concerne, complètement étrangère.

C'est en vain qu'on alléguerait contre elle, pour décliner sa juridiction, les motifs et les vues d'extension et d'envahissement assez généralement inhérents, il est vrai, à tous les corps constitués. Nul autre corps, nul autre pouvoir, le conseil d'état, le ministère, ne seraient pas plus à couvert de cet argument. Et puisque encore une fois il s'agit, en pareille circonstance, de statuer sur un véritable litige, de juger, en un mot, c'est toujours à la puissance judiciaire seule que le droit en appartient incontestablement, et en elle seule que l'acte constitutionnel doit le reconnaître.

Enfin, faut-il le répéter, c'est de la tendance au despotisme que l'on doit par-dessus tout se garantir. Le serpent fait passer son corps où il est parvenu à glisser sa tête. En fait de tyrannie légale, c'est à cette tête subtile qu'il faut prendre garde, de peur de voir bientôt se dérouler tous les plis tortueux qu'elle traîne à sa suite. Or, quelque chose que l'on puisse craindre ou supposer de l'accroissement d'autorité et de puissance de la part des corps judiciaires, dans une monarchie représentative assise sur ses bases, et où les attributions des trois pouvoirs constitutifs seront clairement déterminées et réparties par la loi fondamentale, on n'en aura jamais autant à redouter de ce côté que de la part des agents principaux de l'un de ces trois pouvoirs, savoir, du conseil d'état, et surtout du ministère.

4° Prise à partie contre une Cour ou contre un Tribunal entier.

On a vu (p. 486) qu'au nombre des attributions de la chambre criminelle de la cour suprême, se trouve l'attribution de statuer sur les accusations de forfaiture, et sur les prises à partie, dirigées individuellement contre un ou plusieurs des membres d'une cour d'appel ou de second degré; et que, si elle déclare qu'il y a lieu à accusation, elle désigne la cour devant laquelle l'affaire doit être instruite et jugée; qu'elle doit statuer pareillement sur les accusations de même nature portées contre une cour ou un tribunal entier, et que, si elle déclare aussi dans ce cas qu'il y a lieu à accusation, elle en renvoie l'examen et le jugement, non pas alors à une autre cour, mais devant les sections et chambres réunies de la cour suprême.

Le motif de cette différence est assez évident : il est

contre la raison et le droit que le jugement d'une cour entière de justice soit déféré à une autre cour placée au même rang et sur la même ligne dans la hiérarchie judiciaire.

5° Jugement des Ministres et autres Agents principaux de la Puissance exécutive.

La responsabilité ministérielle est un principe incontestable de droit constitutionnel. Nous avons vu, entre autres choses, qu'il est l'une des garanties les plus solides de l'inviolabilité du prince, autre principe fondamental et sacré sous un gouvernement bien constitué. De telle sorte que, suivant le sentiment des publicistes les plus éclairés, ces deux principes sont inséparables; qu'en droit, comme en fait, ils se trouvent tellement liés et unis l'un à l'autre, que celui que l'on serait porté à considérer comme le premier et le plus sacré des deux, l'inviolabilité, est sans efficacité, sans force ni vertu, si le second n'est pas franchement admis et loyalement pratiqué. En effet, à défaut d'une responsabilité réelle de la part des ministres et autres agents principaux de la puissance exécutive, la fortune, l'honneur, l'indépendance nationales, aussi bien que la propriété, la liberté et la sûreté individuelles, tous les principes du droit public, du droit politique et du droit des gens, sont compromis; ils peuvent être scandaleusement outragés, et les exactions les plus révoltantes, les plus odieuses, seront commises sans moyens de répression régulière et légale. Et partout où agit l'injustice, une répression quelconque, selon la loi de nature, réagit et se manifeste. Moins elle aura été prévue, calculée et limitée d'avance par le législateur, plus elle sera violente, désastreuse et terrible dans ses résultats.

Après avoir reconnu (pag. 308 et suiv.) sous quels rapports importants le principe de la responsabilité des agents du pouvoir exécutif doit recevoir son application; que cette responsabilité doit exister simultanément envers le roi et envers la société tout entière; que, pour ne pas être illusoire, cette responsabilité doit être individuelle et non pas solidaire, il convient d'examiner les questions suivantes, savoir: s'il doit exister quelque différence dans le choix de l'autorité compétente et dans le mode de la procédure et du jugement, à l'égard des crimes et délits commis par les ministres ou autres agents de l'exécution, dans l'exercice de leurs fonctions ministérielles ou autres fonctions de même nature, et à l'égard des crimes et délits commis par ces mêmes ministres hors de l'exercice de leurs fonctions; par qui l'accusation peut être intentée et poursuivie; quelle autorité est compétente et doit être appelée à prononcer en semblable matière.

C'est dans la loi constitutionnelle et fondamentale que doit être exprimée la solution de ces questions principales; celles qui peuvent s'y rattacher encore, sur la concordance et la classification des délits et des peines, ne sont que secondaires, et peuvent être l'objet spécial d'un chapitre du code pénal ou des lois subséquentes.

Sur la première question, on pourrait penser d'abord qu'il doit en effet exister quelque différence dans le choix de l'autorité compétente, dans le mode de la procédure et du jugement, à l'égard des crimes et délits commis par les ministres ou autres agents principaux de l'exécution, dans l'exercice, ou hors de l'exercice de leurs fonctions.

Car, hors de ses fonctions, tout fonctionnaire est un simple citoyen, et le principe général de droit (consacré même par l'art. 62 de la charte) est que « nul ne peut être distrait de ses juges naturels » ; principe fondé tout à la fois sur l'intérêt du plaignant et sur celui de l'accusé.

Mais précisément par cette raison, que le principe a pour fondement l'intérêt des deux parties, et non l'intérêt exclusif de l'une d'elles, il n'en faut pas davantage pour qu'avec quelques moments d'attention, on reconnaisse que ce principe est susceptible d'exception dans le cas dont il s'agit ici, ou plutôt que ce n'est pas le lieu de son application; puisque, sous le rapport de l'intérêt du plaignant, il serait à craindre que la puissance ou l'influence seule d'un inculpé de haut rang, ne fussent des considérations propres à gêner l'indépendance, à contrarier l'impartialité d'un tribunal inférieur, qui serait appelé à prononcer sur l'accusation. Et en ce qui concerne le prévenu, s'il se trouve privé, même pour des délits présumés commis hors de l'exercice de ses fonctions, de la garantie résultante en faveur de tout autre citoyen de l'application du principe des différents degrés de juridiction, il ne saurait être admis à s'en plaindre ; cette privation est une conséquence de l'éminence de la place qu'il occupe, et qu'il est libre de remplir ou de refuser.

Donc la règle véritable, le principe qu'il faut tenir pour constant en semblable matière, c'est que tout agent du pouvoir exécutif ou du roi doit être accusé et traduit, pour crimes ou délits présumés commis dans ou hors de l'exercice de ses fonctions, devant une autorité ou supérieure ou pour le moins égale, et correspondante, dans la hiérarchie judiciaire, avec le rang occupé par l'inculpé dans la ligne de la puissance administrative ou d'exécution.

Relativement à la seconde question (par qui l'accusation peut-elle être intentée et poursuivie?), un principe se présente aussi dès le premier coup d'œil. Et, ce principe énoncé, la question est aussitôt résolue que proposée; car plus on y réfléchit, et plus on voit que cet autre principe ne peut admettre d'exception, et que surtout il ne saurait avoir d'application plus juste et plus directe que celle qu'il s'agit d'en faire ici contre les dépositaires du pouvoir.

Ce principe est que la plainte appartient à celui qui souffre; que l'on ne peut sans exaction, sans tyrannie et arbitraire, arracher à l'opprimé le droit de signaler et de poursuivre l'oppresseur.

Ainsi, l'accusation contre les hauts agents du pouvoir exécutif, s'ils prennent le fait et cause des agents subalternes dans la même ligne, ou si ceux-ci établissent et justifient qu'ils n'ont agi que d'après des ordres supérieurs, est une faculté, un droit naturel et constitutionnel, conséquence nécessaire de la liberté individuelle, et sans lequel cette liberté peut être à chaque instant violée, ou n'existe réellement pas. Il doit donc être sacré et imprescriptible comme elle; aucune considération, fût-elle choisie parmi les plus spécieuses et les plus graves, aucune loi contraire, ne l'effaceront jamais. Sous un gouvernement régulier, ce droit sera religieusement respecté dans chacun des membres de la société, ou, s'il a été méconnu, le sentiment de la justice, la voix de l'honneur et de la vérité ne cesseront de le réclamer que lorsqu'enfin il aura été proclamé de nouveau.

Et si l'on craignait, par exemple, (appréhension d'ailleurs pusillanime et tout-à-fait chimérique), qu'en consacrant et respectant ainsi un droit sans lequel il n'y a pas de sécurité à espérer, l'administration ne fût fatiguée et harcelée par de téméraires récriminations, une peine et des dommages-intérêts proportionnés à l'inconvenance de l'accusation, seraient un frein assez puissant pour réduire cet inconvénient à peu de chose, si ce n'est pour l'effacer entièrement.

Le législateur homme de bien, celui qui a pour but d'établir et de faire régner l'équité, sera donc pressé d'une crainte toute différente, et bien plus fondée. Il ne verra pas encore, dans la faculté d'accusation directe réservée à la partie privée, une garantie suffisante pour le citoyen dénué de richesse et d'influence, réduit à entrer en lutte, seul et sans appui, contre un adversaire dépositaire du pouvoir, fort de tous les prestiges qui en sont l'apanage; pour ce citoyen qui regardera, avec quelque raison, comme inutile et dangereux de faire usage d'un droit dont la constitution ou les lois lui auront vainement permis l'exercice.

En conséquence, si la nature du gouvernement, la forme des institutions est assez heureuse et assez favorable pour qu'elle offre un moyen facile de prêter assistance à la faiblesse opprimée par la puissance, le législateur se hâtera de le saisir.

La répression des délits privés intéresse bien moins encore le citoyen qui en est victime, que la société tout entière; c'est pour elle et par elle que le châtiment surtout doit être provoqué. Ainsi, dans un gouvernement représentatif, quoi de plus juste et de plus simple, que la société, avertie, par l'intermédiaire des chambres représentatives nationales, des crimes et délits qui seront dénoncés à ces chambres par les parties lésées, et que, sans le droit qu'il s'agit de consacrer ici, les agents de l'autorité pourraient commettre dans l'ombre avec impunité, en étouffant les cris des malheureux comprimés par eux ou par leurs inférieurs ; que la société, disons-nous, élève, par l'organe de ces chambres, contre les crimes de la puissance, devant la cour suprême, une voix redoutée des coupables à quelque haut rang qu'ils soient parvenus, et qu'enfin les sections réunies de cette cour prononcent solennellement sur cette accusation de l'une ou de l'autre des chambres représentatives?

Voilà de quelle manière propice et salutaire peut être exercé ce droit de pétition, si insignifiant aujourd'hui, contre lequel nous avons dû nous élever (voy. *Science du Publiciste*, vol. X, p. 439 et suiv., et ci-dessus, p. 270 et suiv.), précisément à cause de la nullité dont il est, et de l'abus fréquent que l'on en fait actuellement.

Il est d'ailleurs des délits et des crimes publics dont la répression ne peut être efficacement poursuivie contre les hauts agents de la puissance exécutive, les ministres et autres, que par les chambres nationales; tels sont ceux de concussion, de trahison, et autres de nature à blesser et compromettre la fortune, l'honneur, l'indépendance, la sûreté de l'État.

Maintenant, quelle sera l'autorité compétente et qui doit être appelée à prononcer sur l'accusation intentée et poursuivie, soit par la partie privée soit par les chambres, ou sur la dénonciation de cette partie, ou de leur propre mouvement?

Seront-ce aussi les chambres?

Non, sans doute; puisqu'elles peuvent et doivent accuser, il est contraire à tous les principes du droit, de les constituer juges.

Croit-on pouvoir limiter et restreindre la faculté de juger à l'une de ces chambres et attribuer exclusivement à l'autre le droit d'accuser et de poursuivre?

Mais sur quelle apparence de fondement? où trouver la raison solide de cette restriction? comment et pourquoi limiter à l'une de ces chambres le droit de poursuivre une accusation qui peut être un devoir pour l'une comme pour l'autre; que l'une ou l'autre, ou même l'une et l'autre tout ensemble, peuvent être en état et avoir l'intention de former?

Aura-t-on recours à la création d'une autorité, d'une cour ou commission spéciale?

Mais, en fait, nous avons eu lieu de faire remarquer plusieurs fois (entre autres, *Science du Publiciste*, vol. XI, p. 137, 173 et suiv.) combien, en France, en Angleterre, et partout, l'expérience permet peu de placer des garanties, d'espérer de l'impartialité, dans les jugements de ces sortes de commissions temporaires, créées pour le besoin d'une cause.

En droit, leur composition est toujours plus ou moins arbitraire, leur indépendance plus ou moins douteuse, et par conséquent leur justice plus ou moins équivoque.

On sait d'ailleurs ce qu'en ont pensé en tous temps les publicistes les plus dignes d'estime (voy. *ibid*, p. 173 et suiv., *en note*).

On peut le dire; si l'on en était réduit dans un État à créer ainsi des commissions de circonstance et du moment, pour prononcer sur la mise en jugement d'un agent principal de la puissance exécutive, d'un ministre par exemple, il faudrait en conclure que l'organisation ne serait pas complète, qu'il y existerait une omission grave, une lacune dangereuse, contraire à la stabilité, à la force de toutes ses parties, et qu'on doit nécessairement remplir.

D'après l'hypothèse dans laquelle nous raisonnons toujours, c'est-à-dire dans la supposition d'un gouvernement entièrement constitué, où donc enfin placer la puissance de juger les ministres et autres agents principaux de l'administration?

Si, pour base de cette troisième et dernière solution, ainsi que de tant d'autres aussi faciles et à l'égard desquelles on semble moins chercher que fuir la vérité, on recourait davantage et avec bonne foi aux principes qui s'y appliquent (principes qui se rencontrent dans les premières notions du droit, et auxquels les rapprochements que la plus simple logique indique pourraient même suppléer), toute incertitude disparaîtrait.

En effet, qu'il y ait lieu de prononcer sur une accusation dirigée contre un ministre ou contre tout autre agent principal de l'administration, il s'agit toujours de juger, et l'action de *juger* est l'attribution naturelle de la puissance *judiciaire*.

Seulement, comme l'accusation est portée et l'action poursuivie contre des fonctionnaires éminents et placés au plus haut degré de la hiérarchie administrative ou d'exécution, que par cette raison le jugement doit être accompagné de la plus grande solennité, qu'une telle accusation peut souvent avoir pour cause des actes de malversation, de concussion dans les finances ou dans quelque autre partie de l'administration, c'est le corps judiciaire placé au sommet de l'une des branches principales de l'organisation constitutionnelle, c'est-à-dire la cour suprême, sections réunies, qui est la seule autorité compétente pour statuer en semblable circonstance; de même que dans le cas où les ministres et autres principaux comptables croiraient devoir demander la revision des arrêts prononcés contre eux par l'une des chambres de cette cour suprême, savoir, la chambre de liquidation et comptabilité.

N'est-il pas d'ailleurs constant, les publicistes n'ont-ils pas démontré, n'avons-nous pas établi comme principe invariable que la distinction des trois puissances est le premier fondement d'une bonne organisation sociale; et plus spécialement encore, qu'à moins d'enfreindre ce principe, et par conséquent d'amener un désordre, un danger réel, aucun corps participant à l'exercice de la puissance législative ne peut exercer une fraction quelconque des attributions de la puissance judiciaire?

Nous nous sommes assez étendus sur la démonstration de ces vérités élémentaires qui doivent servir de base à la constitution; il serait superflu d'y revenir plus longuement, et il suffit de faire remarquer ici que chacune de leurs applications en confirme de plus en plus la justesse, l'étendue et l'efficacité.

6° *Jugement des membres de l'une et de l'autre Chambres nationales, pendant la durée de leurs fonctions, et dans l'exercice ou hors de l'exercice de ces mêmes fonctions.*

On a vu, dans le titre 1er de ce chapitre, relatif à l'organisation du pouvoir législatif, que les membres des chambres nationales ne doivent constitutionnellement être soumis à aucune responsabilité pour raison de la manifestation de leurs opinions, soit dans des discours improvisés à la tribune, soit même dans des écrits médités et plus réfléchis. Ce serait nuire à leur indépendance, la paralyser en quelque sorte; et le mal qui résulterait d'un état d'engourdissement et d'inertie qui serait ainsi provoqué dans les scrutateurs et contradicteurs nécessaires des agents de la puissance exécutive, serait plus grave et plus étendu dans ses nombreuses conséquences, que ne peut l'être, dans un gouvernement fortement constitué, l'énonciation d'un principe faux, d'un sophisme, d'une opinion déraisonnable, d'une phrase ou même d'une doctrine criminelle.

Mais quelles que soient les mesures que doit prescrire la constitution pour éclairer et diriger le choix des collèges électoraux et pour le fixer sur des hommes honorables et dignes de l'estime de leurs concitoyens, quelles que soient les qualités et les garanties de sagesse et de moralité que puissent en général réunir en leur personne les membres de la représentation nationale, la loi constitutionnelle n'en doit pas moins prévoir le cas, strictement possible, où, pendant la durée de ses fonctions, un membre de l'une ou de l'autre chambre serait présumé coupable d'un crime ou délit quelconque, ou simplement de quelque infraction aux obligations et injonctions, défenses et prohibitions, que doit leur imposer cette loi fondamentale de l'état. En sorte qu'à leur égard se reproduisent aussi les trois questions de savoir, s'il y a quelque différence à établir relativement aux crimes et délits qui pourraient avoir été commis par eux dans l'exercice, ou hors de l'exercice, de leurs fonctions; par qui l'accusation doit être intentée et poursuivie; et quelle est l'autorité compétente et qui doit prononcer.

Si les moyens de décision qui viennent d'être développés, ne sont pas applicables dans toute leur étendue aux deux premières questions que nous venons de rappeler, quelques considérations importantes peuvent y suppléer et déterminer à les résoudre de la même manière.

Quant à la question de savoir quelle est l'autorité à qui appartient le droit de prononcer, on peut invoquer les considérations qui sont appuyées sur l'éminence des fonctions représentatives nationales; sur le respect dont celui qui en est revêtu ne peut cesser d'être environné, lorsqu'il n'est encore que prévenu, et quelquefois même après la condamnation; sur la solennité avec laquelle doivent avoir lieu l'accusation et l'instruction qui y sont relatives et le jugement qui doit en être la suite.

On peut demander aussi si l'expérience prouve que l'on puisse compter beaucoup, au moins dans l'état actuel des choses, sur l'indépendance d'un tribunal inférieur, lorsque l'accusation d'un député connu pour faire partie de l'opposition est portée devant ce tribunal.

On peut aussi remarquer que, quand il serait possible (ce qu'ici, par exemple, l'expérience la plus récente est bien loin de faire présumer) qu'une chambre représentative pût conserver, en jugeant l'un de ses membres, cette impartialité scrupuleuse sans laquelle il n'y a ni justice ni jugement, il est certain que l'on n'y ajoutera pas foi par cette raison fort simple, que la majorité qui croit devoir accuser se trouve être la majorité qui condamne et qui se constitue juge et partie.

Mais il faut encore invoquer ici le grand et salutaire principe de la distinction des pouvoirs et le souvenir de tous les dangers qui ont suivi et qui suivront toujours leur cumulation.

Ainsi l'on doit admettre pour principe fondamental que les membres des chambres représentatives nationales seront jugés, sur l'accusation des parties lésées, du ministère public, ou de l'une et de l'autre chambre, par la cour suprême, sections réunies; et ce, pour tous les crimes, délits ou infractions à leurs devoirs constitutionnels, présumés commis par eux, pendant toute la durée de leur mandat, soit dans l'exercice, soit hors de l'exercice, de leurs fonctions.

Et si l'on objectait que l'éminence de ces fonctions, sur laquelle est appuyée la compétence de la cour suprême, devrait être un motif de conséquence opposée; que, du moins en ce qui concerne l'une des deux chambres (la chambre des pairs dans l'état d'organisation présentement existant en France), la haute dignité de cette chambre est un obstacle à l'application du principe, quelque vrai qu'il soit en lui-même; que, relativement aux membres de cette chambre (aujourd'hui héréditaires), il doit y être dérogé, parce que, dans quelque branche de l'organisation que ce soit, aucun corps constitué ne peut être à son niveau et ne correspond au rang qu'elle occupe dans la branche principale de cette organisation sociale; on répondrait d'abord qu'il n'est ici et qu'il ne peut jamais être question que du jugement d'un ou de quelques membres pris isolément, et non pas du corps entier.

Ensuite, il est totalement contraire au droit et à la raison de penser que la cour suprême judiciaire ne doit pas être placée par la loi constitutionnelle au même rang que l'une ou l'autre des deux chambres représentatives nationales.

Elle est au faîte de l'une des trois branches principales de l'organisation sociale, comme les deux chambres représentatives sont l'une et l'autre au sommet d'une autre de ces branches.

Et de plus, lorsque les trois sections de cette cour suprême se trouveront réunies, le corps judiciaire constitué par leur ensemble occupera seul cette sommité de l'organisation, tandis que l'une et l'autre chambre représentative n'est qu'un démembrement du pouvoir législatif, une des trois parties distinctes dont ce pouvoir se compose.

Il est donc facile au pacte constitutionnel de consacrer et de mettre en pleine vigueur ces principes d'ordre et de droit par une disposition formelle et précise.

Mais, quelle que soit la force de semblables dispositions, tant qu'elles ne seront pas en harmonie parfaite avec ces principes de droit, de raison, d'équité naturelle, elles n'auront jamais le degré de stabilité auquel elles doivent tendre; elles seront elles-mêmes une cause certaine de changement, de vacillation, et provoqueront sans cesse ce désir de perfectionnement et d'amélioration qu'elles doivent se proposer de satisfaire.

Enfin il faut ajouter que, quelle que fût la supériorité que l'on prétendît devoir attribuer, par les termes de la loi, à l'une et à l'autre des chambres, toujours serait-il vain et sans raisons solides de prétendre qu'un corps de magistrature suprême placé au degré le plus haut de la hiérarchie judiciaire, ne serait pas assez élevé encore pour être une autorité compétente, lorsqu'il serait question de prononcer sur une accusation dirigée, non pas contre les chambres ou contre l'une d'elles, mais seulement contre un ou quelques-uns de leurs membres.

7° Jugement des membres de la Cour-suprême, relativement aux délits et aux crimes commis dans ou hors l'exercice de leurs fonctions.

Les membres de la cour suprême ne sont pas non plus exempts de l'observation de plusieurs devoirs constitutionnels. Par exemple, dans la vue de mettre leur indépendance à couvert des séductions puissantes et des faiblesses dangereuses de la reconnaissance même, la loi fondamentale doit particulièrement leur imposer, ainsi qu'aux membres des chambres représentatives, l'obligation de s'abstenir de solliciter, ou d'accepter aucuns dons, graces ni faveurs émanant de la munificence royale.

D'ailleurs, sous le rapport des crimes et délits, soit en matière d'état, soit en matière correctionnelle et criminelle, quelque confiance que doive inspirer, dans ces hommes investis de si nobles fonctions, les lumières, les services et les vertus qui les y auront portés, ils sont hommes cependant, et comme tels, aux yeux du publiciste et du législateur, ils ne sont pas infaillibles.

Donc, s'ils peuvent devenir coupables, il faut aussi qu'ils puissent être jugés, et par conséquent on doit encore poser et résoudre à leur égard les trois questions résolues ci-dessus, relativement aux ministres et hauts fonctionnaires administratifs, et aux membres des deux chambres nationales.

Des moyens de décision et des considérations, sinon complètement identiques, du moins assez analogues, s'appliquent aux deux premières, et en déterminent la solution.

Quant à la troisième, elle présente en apparence plus de difficulté et d'incertitude.

Et pourtant, prenant toujours pour base le principe

fondamental de la distinction des trois puissances, la nécessité de ne pas déplacer et confondre dans les mêmes mains aucune portion des attributions naturelles de ces puissances, le danger éminent des commissions temporaires et extraordinaires, enfin les garanties réelles résultant de la solennité d'un jugement prononcé par les trois sections réunies du premier corps de la magistrature, on posera en principe, pour solution de ces trois questions principales, que les membres de la cour suprême judiciaire seront jugés, pour crimes, délits ou infractions à leurs devoirs constitutionnels, présumés commis, soit dans l'exercice, soit hors de l'exercice de leurs fonctions, sur l'accusation dirigée et poursuivie contre eux par les parties civiles, ou par l'une ou par l'autre des deux chambres représentatives nationales, ou par le ministère public comme agent de la puissance exécutive; et ce, devant les trois sections réunies de ladite cour, en dernier ressort, sans aucun appel ni recours à aucune autre autorité que ce soit.

C'est ainsi qu'à Athènes le tribunal des Éphètes, tribunal suprême que Dracon avait institué, et ensuite celui de l'Aréopage, que Solón lui substitua, jugeaient non-seulement les hommes élevés en charges et en dignités, mais encore les membres mêmes de l'Aréopage; c'est ainsi qu'autrefois, en France, les grands et les pairs du royaume étaient jugés par les parlements.

Si, de ce que la cour suprême se trouve appelée à juger ses propres membres (ce qui a été reconnu contraire aux règles du droit, quant au jugement des membres de l'une et de l'autre chambre représentative par celle de ces chambres à laquelle ils appartiennent), on cherche à tirer un argument contraire à ce point de doctrine, ou plutôt à prouver que, quels que soient les efforts du publiciste et du législateur, il existe toujours un terme au-delà duquel l'imperfection et l'irrégularité sont inséparables des institutions humaines, nous conviendrons de cette dernière vérité, mais toutefois en remarquant que du moins il serait mille fois heureux pour les peuples que le législateur, ainsi que le publiciste, ne considérât sa tâche comme complètement remplie, que lorsqu'il aura atteint ce terme dont les bornes sont posées par la nature des choses, ce *non plus ultrà* de la perfectibilité constitutionnelle.

Organisation des cours et tribunaux de département, d'arrondissement et de commune.

1° Il faut se rappeler ici ce qui a été exposé relativement à l'uniformité de la jurisprudence, à l'application et à la démonstration du principe des trois degrés de juridiction; à la nécessité d'une hiérarchie judiciaire qui corresponde et se rattache, de tous les points du territoire, à un centre commun, à un sommet unique de cette branche essentielle et distincte de l'organisation sociale; enfin relativement à la division et à la répartition des attributions de ce corps suprême de la magistrature, lesquelles doivent se retrouver et se répartir d'après les mêmes bases et les mêmes règles, dans les cours et tribunaux des degrés inférieurs (voy. p. 426, 428, 458 et 469). On en déduira en substance que la cour suprême judiciaire doit connaître non-seulement des pourvois interjetés contre les arrêts rendus par les cours d'appel ou de second degré, mais encore des jugements rendus en second ressort par les tribunaux de première intance, ou plutôt d'arrondissement, considérés comme tribunaux d'appel à l'égard des jugements rendus en premier ressort dans les justices de paix ou justices communales ; que les cours d'appel ou de département doivent connaître des appels interjetés contre les jugements rendus en premier ressort dans les tribunaux d'arrondissement ; et que ces tribunaux d'arrondissement doivent pareillement prononcer en second ressort sur les appels des jugements rendus en premier ressort par les justices communales.

En France, ce système graduel et régulier de hiérarchie judiciaire est déjà établi, du moins en ce qui concerne les matières civiles, commerciales et correctionnelles.

Il importe de l'adopter aussi en matière contentieuse entre l'administration et les parties, en matière de liquidation et comptabilité, et en matière criminelle.

Pour y parvenir, il faut évidemment que, comme on vient de le dire, l'organisation de l'ordre judiciaire repose en entier, c'est-à-dire à tous les degrés de juridictions secondaires, dans les cours et tribunaux inférieurs, de même que dans la cour suprême, sur l'une de ses bases véritables et essentielles, savoir, la division et répartition naturelles des attributions du pouvoir judiciaire en trois branches distinctes, auxquelles doivent, par conséquent, correspondre, dans chaque cour et dans chaque tribunal, trois sections principales ; section *civile et commerciale ;* section *du contentieux* (entre l'administration et les parties), *de liquidation et comptabilité* (remplissant certaines attributions en ce moment dévolues aux conseils de préfecture); section *correctionnelle et criminelle* (ou tribunal de simple police, dans les communes).

2° Montesquieu (*Esprit des Lois*, liv. XXX, ch. 18) signale comme un abus dangereux et contraire aux anciens usages de la monarchie, l'usage des jugements prononcés par un seul juge.

En France, plusieurs dispositions de la législation moderne que nous avons rapportées, (*Science du Publiciste*, vol. XI, p. 192 et suiv.), ont plus ou moins consacré un principe conforme à ce sentiment de Montesquieu.

En Angleterre, les juges de paix font seuls les actes d'instruction; mais ils ne peuvent juger qu'aux assises, c'est-à-dire dans une réunion de deux ou plusieurs juges de paix; et, si l'affaire est de nature à exiger des connaissances d'une certaine étendue, ils sont obligés de s'adjoindre un magistrat d'un tribunal supérieur (voy. entre autres, Blackstone, *Commentaires*, vol. II, p. 29. Traduction de M. Chompré).

Il faut en effet poser en principe, que, dans une société bien gouvernée, jamais un homme seul, quel qu'il soit, ne doit être constitué par la loi juge de la plus faible portion de la fortune d'un autre homme, non plus que de sa liberté ou de sa vie. « Quoique les tribunaux composés de plusieurs juges ne soient pas infaillibles, il n'en est pas moins vrai que l'on trouve toujours plus d'instruction dans trois juges que dans un seul, et qu'il est beaucoup plus rare que plusieurs juges soient simultanément entraînés par une injuste prévention. » On peut aussi invoquer en ce sens un passage de *l'Abrégé de la République* de Bodin, que nous avons cité (*Science du Publiciste*, vol. XI, p. 197 et 198).

On vient d'ailleurs de reconnaître que l'organisation

de l'ordre judiciaire, à tous les degrés de juridiction (dans les justices communales, ainsi que dans la cour suprême), doit admettre la division et répartition des attributions qui lui sont propres en trois branches ou sections distinctes. De telle sorte qu'il faut en induire, et prendre pour règle constitutionnelle, que, dans les communes (aujourd'hui cantons) d'une étendue et d'une population ordinaire, chacune de ces trois sections (en ne les subdivisant même pas en deux chambres) doit être composée de trois juges au moins, ou neuf juges au total.

Et si, dans quelques-unes de ces communes, le peu d'étendue du territoire et la faiblesse de la population sont des considérations assez fortes pour que le nombre de ces premiers magistrats soit encore jugé trop grand, l'expédient à adopter, comme étant le moins contraire au principe, sera de n'établir (par chaque branche d'attributions, civile et commerciale, contentieuse et de comptabilité, correctionnelle et criminelle), qu'un seul juge, qui sera chargé des actes et mesures d'instruction relatives à celle de ces trois branches d'attributions à laquelle il sera spécialement attaché, mais qui ne pourra prononcer de jugement qu'avec la réunion et le concours des deux autres membres de la même justice communale.

Quant au nombre des magistrats dans les tribunaux dits *de première instance*, et qui seraient plus exactement dénommés tribunaux *d'arrondissement*, il peut aussi être fixé constitutionnellement (à raison de trois à sept membres par chacune des deux chambres de chaque section) de dix-huit à quarante-deux juges au total, selon l'étendue du territoire et de la population, et sauf à en régler la répartition ainsi que peuvent l'exiger l'utilité du service et les besoins des localités.

Enfin, pour les cours *d'appel*, plus exactement dites *de département*, si l'on prend toujours la même progression pour base, on sera naturellement conduit à fixer le nombre de leurs membres (à raison de sept à onze juges ou conseillers par chacune des chambres de chaque section) de quarante-deux à soixante-six au total, aussi d'après l'étendue du territoire et l'importance de la population du département, et sauf à en régler de même la répartition de la manière que peut réclamer l'utilité du service.

Ce n'est pas s'écarter beaucoup des proportions actuelles, puisque la loi du 20 avril 1810 porte que le nombre des membres des cours royales pourra s'élever à Paris jusqu'à soixante, et, dans les autres cours, à quarante; et qu'il ne pourra être, à Paris, au-dessous de quarante, et, dans les autres cours, au dessous de vingt.

3° Dans les républiques mêmes, la possession d'une certaine fortune fut considérée comme l'une des conditions requises pour l'admission à l'exercice des charges et des magistratures.

A Athènes particulièrement, Solon voulut que l'on recueillît une mesure déterminée d'huile et de froment pour y être éligible.

En Angleterre, les juges de paix doivent être propriétaires d'un domaine libre de toute espèce de charge et produisant annuellement au moins cent livres sterlings.

« Pourquoi, dit un magistrat, n'admettrait-on pas en France une condition à peu près semblable? pourquoi n'exigerait-on pas cette espèce de garantie ? pourquoi n'éloignerait-on pas les simples prolétaires, qui ambitionnent souvent ces places par cupidité, et qui les obtiennent par suite de leurs intrigues et de leurs cabales ? Les propriétaires sont les plus intéressés à la répression des délits : il leur importe essentiellement que les coupables soient punis ; il leur importe bien davantage que les innocents soient absous, car la condamnation d'un innocent est une violation directe du pacte social, et l'un des plus grands désordres qui puissent affliger la société. »

Nous avons eu lieu de remarquer aussi que presque toujours la maturité de l'âge fut une autre condition exigée pour l'admission aux charges et emplois publics.

Chez les Romains, entre autres, il y avait des lois, appelées *annales*, qui fixaient l'âge auquel on pouvait parvenir à la magistrature. Cet âge était de vingt-cinq ans, jusqu'au temps d'Auguste qui le réduisit à vingt.

Nous avons énuméré dans la seconde partie de la *Science du Publiciste* (vol. X, p. 535), les divers édits, ordonnances et déclarations qui, quoique mal observés, avaient, autrefois, en France, fixé les différents âges requis pour être reçu dans les offices de la magistrature, dans les justices et sièges particuliers, prevôtés, vicomtés, sénéchaussées, bailliages, présidiaux, parlements, cours souveraines ou supérieures.

Nous y avons cité la loi du 16 août 1790, laquelle porte que nul ne pourra être élu juge ou suppléant, ou chargé des fonctions du ministère public, s'il n'est âgé de trente ans accomplis ; et la loi du 27 ventose an VIII, qui renferme une semblable disposition.

Chez les Hébreux, pour plus de garantie de l'incorruptibilité des juges, non-seulement on exigeait qu'ils fussent d'un âge mûr (sans que leurs facultés intellectuelles fussent affaiblies par la vieillesse), riches ou au moins indépendants par leur fortune; mais on excluait de la magistrature, et ceux que la nature avait disgraciés, et ceux que rendaient suspects leurs habitudes morales ou la profession qu'ils exerçaient: l'eunuque était de ce nombre, ainsi que le père frappé d'impuissance. « On supposait que l'âme du premier, flétrie par la douleur, serait disposée à la cruauté, et que le second, n'ayant jamais serré un fils contre son sein, manquerait peut-être de cette douceur, de ces entrailles paternelles, si nécessaires au magistrat. »

A Athènes, à Rome, à Venise, en France, dans les Républiques anciennes et modernes, partout, les publicistes et les législateurs les plus éclairés ont unanimement pensé qu'un système d'avancement graduel et progressif était un principe d'ordre, d'émulation, de stabilité utile à admettre dans toutes les branches et les parties de l'organisation sociale.

Aux développements que nous avions déjà donnés de ce principe, dans la *Science du Publiciste* (entre autres, vol. V, p. 165; VI, p. 212; VIII, p. 41, 559; X, 529 et suiv.), nous avons ajouté (*ibid.*, vol. XI, p. 206 et suiv.) plusieurs opinions recommandables, celle de Fénelon entre autres, et celle de Bodin dont voici la réflexion: « Le vrai prix de la vertu est l'honneur; et il faut mettre aux yeux des sujets les charges et offices comme loyers d'icelle. » — « On est censé, dit l'auteur du Traité *de la Magistrature en France*, avoir acquis aujourd'hui les connaissances suffisantes (pour former un magistrat) quand on a suivi les différents degrés de l'instruction publique et subi les examens nécessaires pour obtenir un diplôme de licencié.

« Ne serait-il pas convenable que les éligibles eussent exercé pendant un temps déterminé les fonctions de défenseurs près les tribunaux ? Dans les écoles de droit, on étudie les lois, on ne peut acquérir qu'un peu de théorie ; ce n'est qu'en suivant le barreau qu'on apprend à les appliquer... Un simple légiste, qui n'est point encore familiarisé avec la jurisprudence des cours, et qui n'a pas été dans le cas de pénétrer dans les divers détours de la chicane, est exposé à commettre des erreurs bien graves et bien funestes. Magistrat prématuré, ce n'est qu'en faisant des victimes qu'il acquerra l'expérience.

« Il serait à désirer que le choix tombât de préférence sur les anciens jurisconsultes les plus distingués par leurs lumières et par leur sagacité, afin que le barreau devînt la véritable école spéciale du magistrat, et que la magistrature fût une retraite honorable pour les avocats les plus considérés.

« Le public en tirerait un double avantage, puisque, d'une part, il n'aurait pas à redouter l'incapacité et l'inexpérience des juges, et que de l'autre l'espoir d'arriver à la magistrature exciterait une émulation salutaire dans le barreau.

« Ces deux professions, honorées l'une par l'autre, seraient mieux exercées... On peut compter que le jurisconsulte qui aura constamment respecté, dans ses écrits et dans ses plaidoyers, la vérité, les principes de l'ordre social et la morale publique, dont tous les jours auront été marqués par quelques services rendus à la société, dont toutes les occupations auront été des exercices de droiture, de justice et de délicatesse, remplira dignement les fonctions de la magistrature. »

De toutes ces considérations puissantes et tirées de la nature des choses, il faut, suivant nous, conclure que le pacte constitutionnel, au nom et dans l'intérêt de la société, doit, pour la nomination des juges dans les cours et tribunaux inférieurs, exiger, comme garanties essentielles d'indépendance, de moralité, de maturité, d'instruction et de sagesse, les cinq conditions suivantes; la possession d'une certaine fortune, ainsi que l'ont, entre autres, prescrit le décret du 16 mars 1808, la loi du 20 avril 1810, le décret du 6 juillet de la même année, et l'avis du conseil d'état du 19 février 1811; la fixation d'un âge déterminé en raison de l'élévation des places dans la hiérarchie judiciaire, ainsi que l'ont aussi prescrit plusieurs des dispositions de la législation française; la qualité d'homme marié; celle de père de famille; et, surtout, l'observation scrupuleuse d'un système d'avancement graduel, tel que nul ne puisse être nommé membre de la cour suprême, s'il n'est âgé de quarante ans, et s'il n'a exercé dans une cour de département pendant cinq ans au moins; ni conseiller dans une cour de département, s'il n'est âgé de trente-cinq ans, et s'il n'a exercé dans un tribunal d'arrondissement pendant cinq ans au moins; ni juge dans un tribunal d'arrondissement, s'il n'est âgé de trente ans, et s'il n'a exercé dans une justice communale pendant cinq ans, ou suivi le barreau comme avocat pendant dix ans au moins; ni membre d'une justice communale, s'il n'est âgé de vingt-cinq ans, et s'il n'a de même exercé la profession d'avocat, pendant cinq ans.

33.

4° « Tel est, disait le président d'Aguesseau, le caractère dominant des mœurs de notre siècle : une inquiétude généralement répandue dans toutes les professions, une agitation que rien ne peut fixer, ennemie du repos, incapable du travail, portant partout le poids d'une inquiète et ambitieuse oisiveté; un soulèvement universel de tous les hommes contre leur condition ; une espèce de conspiration générale, dans laquelle ils semblent être tous convenus de sortir de leur caractère ; toutes les conditions confondues, les dignités avilies, les bienséances violées, la plupart des hommes hors de leur place, méprisant leur état et le rendant méprisable; toujours occupés de ce qu'ils seront, pleins de vastes projets, le seul qui leur échappe est celui de vivre contents de leur état. »

Dans ses *Considérations sur les mœurs*, Duclos s'exprime ainsi : « Le magistrat regarde l'étude et le travail comme des soins obscurs qui ne conviennent qu'à des hommes qui ne sont pas faits pour le monde : il voit que ceux qui se livrent à leurs devoirs ne sont connus que par hasard de ceux qui en ont un besoin passager ; de sorte qu'il n'est pas rare de rencontrer de ces magistrats aimables qui dans les affaires d'éclat sont moins des juges que des solliciteurs qui recommandent à leur confrères les intérêts des gens connus. »

Dans une réclamation présentée au ministre de la justice, au mois d'octobre 1819, au nom des juges suppléants au tribunal de première instance du département de la Seine, l'un de ces magistrats se plaignait en ces termes : « Il faut en convenir, les moyens de parvenir, usités de nos jours, nuisent à la dignité du magistrat ; ils gênent son indépendance; ils lui enlèvent tout à la fois l'estime de lui-même et celle d'un public observateur attentif et sévère, peu disposé à considérer les magistrats assujétis à briguer sans cesse des faveurs et des préférences.»

Que conclure, pour le publiciste, de ces observations historiques et critiques faites en des temps assez éloignés les uns des autres, et différents entre eux sous beaucoup d'autres rapports?

Que ces abus et ces vices, dont la magistrature n'était point exempte dans le seizième, le dix-septième et le dix-huitième siècles, étaient, sont et seront toujours le résultat inévitable d'institutions imparfaites et défectueuses, et particulièrement de l'infraction du principe constitutionnel de l'incompatibilité, en ce qui concerne son application à l'exercice des charges de la magistrature.

Ce principe est une des conséquences les plus directes et les plus évidentes de l'ordre, et par conséquent son observation serait sans doute l'une des sources les plus fécondes de la prospérité d'un état. Car c'est par l'ordre que tout germe, fructifie et produit; c'est par lui que tout marche régulièrement à sa fin.

Mais peut-on dire que l'ordre existe, peut-on le reconnaître, lorsque ni les hommes ni les choses ne sont à leur place?

Et spécialement ne sera-t-il pas inconvenant et dérisoire que, par une suite même des règles admises quant à ce qui concerne l'organisation, un magistrat tout-à-coup transformé en législateur, puisse venir, dans l'une ou l'autre chambre représentative, délibérer, discuter longuement sur l'adoption de lois nouvelles, négligeant forcément pour cela l'application de celles qui existent et dont on réclame l'application par-devant lui, ou bien que ce législateur mobile et transitoire, changeant de lieu, sans pourtant changer précisément de rôle, arrive soudain dans le sanctuaire consacré à l'application des lois, et qu'il y fasse de ces lois une satire d'autant plus choquante que le titre de l'orateur lui donnerait plus d'éclat et de solennité? Quelle confiance peut alors inspirer cet organe de la magistrature? Et quel abus, en tous temps, ne devra pas résulter de la possibilité d'un tel désordre?

Autrefois, en France, d'après l'édit du mois de novembre 1771, qui avait rétabli, dans chacune des villes et communautés du royaume où il y avait corps municipal, les offices de maires, lieutenants de maires, etc., les présidents, les baillis et leurs lieutenants ne présidaient pas aux assemblées des hôtels de ville; ils n'avaient droit de s'y trouver que comme principaux habitants, sans pouvoir y faire aucune fonction ni directement ni indirectement.

La loi du 14—22 décembre 1789 concernant l'établissement des municipalités, porte textuellement : « Les citoyens qui occupent des places de judicature ne peuvent être en même temps membres des corps municipaux. »

La loi du 6—27 mars 1791 relative à l'ordre judiciaire porte aussi : « Nul ne pourra être juge de paix et en même temps officier municipal, membre d'un directoire, etc. »

Et le décret du 13 juin de la même année, concernant l'organisation du corps législatif, portait encore « que l'exercice des fonctions judiciaires et autres serait incompatible avec celles de représentant au corps législatif, du moins pendant toute la durée de la législature.

La constitution de 1791 contient une disposition semblable; et ce n'était cependant point encore assez.

Montesquieu assigne un lot à chaque profession : les richesses à ceux qui lèvent les tributs, la gloire et l'honneur à la noblesse, le respect et la considération à ces ministres et à ces magistrats qui, ne trouvant que le travail après le travail, veillent jour et nuit pour le bonheur de l'empire.

Doit-on conclure de ce passage, à l'exemple de plusieurs personnes, qu'il faut retrancher les appointements des magistrats, ou du moins les réduire, comme sous l'ancien régime, à l'intérêt de la finance de leur charge, parce qu'un salaire en argent est incompatible avec la dignité de leur ministère?

C'est ainsi que l'on abuse des citations pour étayer les opinions les plus absurdes.

En disant que la magistrature doit-être environnée de respect et de considération, Montesquieu a-t-il pu prétendre que les magistrats ne dussent recevoir aucun traitement pécuniaire.

La preuve du contraire, c'est qu'il les assimile aux ministres; et, certes, personne ne s'est encore avisé de soutenir que le ministère fût une fonction gratuite.

Si, faute de traitement, le magistrat tombait dans l'indigence, pense-t-on qu'il pût inspirer long-temps le respect et la considération?

Et comment le salaire du magistrat serait-il incompatible avec la dignité de son ministère? Les principaux fonctionnaires de l'état ne reçoivent-ils pas des traitements?

Il reste à examiner si le trésor public peut supporter cette dépense.

Quelques personnes prétendent qu'il ne le doit pas et qu'il vaut beaucoup mieux rétablir les épices et faire payer les frais de justice par ceux qui plaident, que les répartir sur la masse entière de la société, dont une grande partie ne plaide pas.

Cette opinion est inadmissible, parce qu'en principe, si chaque citoyen doit concourir par ses services et ses contributions au maintien de la société, c'est à la société et au gouvernement qui la représente, à faire règner dans son sein l'ordre et la paix, à garantir par conséquent à chaque individu la sûreté de sa personne et la propriété de ses biens. Et comme toutes les contestations judiciaires ont pour objet des questions de sûreté ou de propriété, la société doit pourvoir gratuitement à leur solution, afin que l'indigent ne soit pas exposé à éprouver un déni de justice, s'il se trouve hors d'état d'acquitter les émoluments du juge. Lorsqu'un citoyen est assailli par des malfaiteurs, la gendarmerie vole à son secours, et ce secours est pour lui essentiellement gratuit. De même, lorsqu'il éprouve une injustice, il doit trouver un secours désintéressé dans les organes de la loi; par la raison que, la sûreté et la justice devant être considérées l'une et l'autre comme dettes de la société, les frais qu'elles occasionent doivent être également pris sur les contributions générales.

Sous ce premier rapport, le rétablissement des épices n'est pas conforme aux principes élémentaires de l'ordre social.

Les épices ont encore l'énorme défaut d'être une perception absolument arbitraire, abandonnée à la discrétion de ceux qui doivent en profiter. Elles assimilent le juge à un mercenaire vendant la justice; et elles blessent par conséquent la dignité de son ministère. Aussi ont-elles toujours été considérées, d'après ces divers motifs, comme une rétribution injuste en elle-même, vile, et déshonorante pour la magistrature.

On craint que les traitements de la magistrature ne forment une surcharge onéreuse au trésor public, et ce danger sera sans doute exagéré par les gens de finance, toujours disposés à lésiner sur les fonds qui ne sont pas destinés à leur département; mais l'homme d'état n'en sera point touché. Persuadé que l'administration de la justice est un des premiers besoins de la société, qu'une bonne organisation judiciaire est peut-être le plus précieux avantage dont on puisse faire jouir les administrés, il ne contestera point la dépense qui sera jugée indispensable pour l'obtenir. Ceux qui proposent de rétablir les épices, c'est-à-dire de gréver encore les plaideurs par une nouvelle taxe, veulent-ils donc que le sanctuaire de la loi, semblable à ces écueils trop célèbres, consomme la ruine et la perte de tous ceux qui auront le malheur d'en approcher.

En traitant ici de ce qui se rattache à l'exercice des fonctions judiciaires dans les cours et tribunaux inférieurs, c'est aussi le lieu de faire remarquer qu'entre autres obligations et injonctions naturelles et de droit, la constitution doit prescrire, comme l'ont fait la loi du 2 septembre 1790 et celle du 6 juillet 1810, que les membres de ces cours et tribunaux seront tenus de résider dans le lieu où ils exercent leurs fonctions.

Au sujet de la durée des fonctions judiciaires dans les cours et tribunaux inférieurs, rappelons encore les réflexions de l'illustre d'Aguesseau. « Si, dans un âge avancé, dit-il, la patrie permet au magistrat de jouir d'un repos que son travail a si justement mérité, c'est l'amour même de son état qui doit lui inspirer le dessein de le quitter : tous les jours il sent croître son ardeur; mais tous les jours il sent diminuer ses forces; il craint de se survivre à lui-même, et de faire dire aux autres hommes qu'il a trop vécu pour la justice. Sa retraite n'est pas une fuite, mais un triomphe; il sort du combat, couronné des mains de la victoire; et toutes les passions qui ont vainement essayé d'attaquer en lui l'amour de son état, vaincues et désarmées, suivent, comme autant de captives, le char du victorieux. Tous ceux qui ont goûté les fruits précieux de sa justice, lui donnent, par leurs regrets, la plus douce et la plus sensible de toutes les louanges; les vœux des gens de bien l'accompagnent; et la justice, qui triomphe avec lui, le remet entre les bras de la paix dans le tranquille séjour d'une innocente solitude. Et soit qu'avec ces mêmes mains qui ont tenu si long-temps la balance de la justice, il cultive en repos l'héritage de ses pères; soit, qu'appliqué à former des successeurs de ses vertus, il cherche à revivre dans ses enfants, et travaille aussi utilement pour le public que lorsqu'il exerçait les plus importantes fonctions de la magistrature; soit qu'enfin, occupé de l'attente d'une mort qu'il voit sans frayeur approcher tous les jours, il ne pense plus qu'à rendre à la nature un esprit meilleur qu'il ne l'avait reçu d'elle; plus grand encore dans l'obscurité de sa retraite, que dans l'éclat des plus hautes dignités, il finit ses jours aussi tranquillement qu'il les avait commencés. On ne l'entend point, comme tant de héros, se plaindre, en mourant, de l'ingratitude des hommes, du caprice de la fortune. Si le ciel lui permettait de vivre une seconde fois, il vivrait comme il a vécu; et il rend grace à la Providence bien moins de l'avoir conduit glorieusement dans la carrière des honneurs, que de lui avoir fait le plus grand et le plus estimable de tous les présents, en lui inspirant l'amour de son état. »

Ce tableau touchant est l'expression d'un homme de bien, d'un digne et vertueux magistrat, pénétré de la nature et de l'importance des devoirs que ses honorables fonctions imposent.

Mais pour qu'un pareil tableau ne soit pas souvent en contradiction avec la réalité, il faut encore que la prévoyance du législateur se manifeste, et que la constitution de l'état renferme quelques dispositions conçues et dictées dans la vue d'atteindre le même but. Cette prévoyance législative est en toutes choses beaucoup plus puissante que ne le sont les conseils et les simples exhortations.

D'ailleurs la justice et l'humanité veulent que le magistrat courbé sous le poids des ans, épuisé par les travaux pénibles de son ministère, puisse obtenir une retraite.

S'il est imprudent de confier les fonctions judiciaires à de jeunes légistes qui n'ont point acquis assez l'expérience des hommes et des choses, il est plus dangereux encore d'en laisser continuer l'exercice par un juge tombé en caducité, qui éprouve de jour en jour l'affaiblissement progressif de toutes ses facultés intellectuelles et morales. Le magistrat trop jeune peut acquérir; mais le vieillard perd sans cesse; il est exposé à commettre à chaque instant des inadvertances et des bévues qui compromettent sa réputation, sa gloire, et l'intérêt de la justice. Il ne saurait être destitué par l'autorité, lorsque la constitution veut qu'il conserve ses fonctions pendant toute sa vie s'il n'est tombé en forfaiture. Il ne peut donner sa démission s'il n'a que ses appointements pour subsister. Il est donc de la dignité et de la sagesse du gouvernement de ne pas souffrir que celui qui a consacré sa vie entière au sacerdoce de la justice soit réduit à la cruelle alternative de continuer un service qu'il est hors d'état de bien faire, ou de voir accumuler sur sa tête les angoisses réunies de la décrépitude et de la misère.

5° Enfin, pour établir les principes de l'inviolabilité, de l'indépendance et de la publicité des cours et tribunaux de premier et de second degré, nous avons cité dans la *Science du Publiciste* (vol. XI, p. 243 et suiv.) plusieurs réflexions historiques et critiques que nous ne pouvons rapporter ici.

Nous nous bornons uniquement à rappeler, avec l'espérance de ne rencontrer ni opposition, ni divergence de sentiment, du moins parmi les hommes éclairés, que, sous un gouvernement constitué, où tout est à sa place, où tout marche dans l'ordre et les limites déterminés par la nature et que doit consacrer la loi fondamentale de l'état, cette inviolabilité et cette indépendance des cours et des tribunaux doivent en effet être religieusement respectées, et qu'aucune espèce de commissions temporaires ne doit y être établie.

L'existence de ces commissions, cours prévotales ou autres, est une atteinte réelle portée à ces principes de l'inviolabilité et de l'indépendance des cours et tribunaux ordinaires, et toutes les voix qui s'élèvent contre leur établissement rendent un hommage plus ou moins direct à ces principes.

Quant au principe de la publicité, la législation, en France, l'a formellement consacré par les premiers actes de la révolution.

La loi du 16—24 août 1790 sur l'organisation judiciaire porte : « en toute matière civile ou criminelle, les plaidoyers, rapports et jugements seront publics, et tout citoyen aura le droit de défendre lui-même sa cause, soit verbalement, soit par écrit »; et la loi du 19—22 juillet 1791, « les audiences de chaque tribunal seront publiques, et se tiendront dans le lieu qui sera choisi par la municipalité.... L'instruction se fera à l'audience, le prévenu y sera interrogé, les témoins pour et contre entendus en sa présence, les reproches et défenses proposés, les pièces lues, s'il y en a, et le jugement prononcé de suite, ou au plus tard à l'audience suivante, etc. »

Attributions des cours et tribunaux inférieurs. Une indication sommaire des attributions judiciaires dans les cours, dans les tribunaux, et dans les justices inférieures ou communales, et quelques réflexions à ce sujet, nous ont paru suffire pour faire connaître que ces attributions peuvent et doivent y être réparties de la même manière et d'après les règles qui ont été indiquées ci-dessus (p. 484) au sujet de l'organisation de la cour suprême judiciaire.

1° Section civile et commerciale.

Relativement à la division de cette section civile et commerciale en deux chambres, nous avons fait observer qu'aujourd'hui, en France, il n'existe de tribunaux de commerce, pour le jugement en premier ressort des contestations de leur compétence, que dans quelques villes du royaume. Le code de 1807 a réservé au chef du gouvernement la faculté de déterminer, par un réglement d'administration publique, le nombre de ces tribunaux et les villes où ils seraient situés.

Partout où ils n'ont pas été établis, leurs fonctions sont remplies par les tribunaux civils dits de première instance.

Au second degré de juridiction, cette distinction ne subsiste plus; et les cours royales prononcent sur les appels des jugements rendus en premier ressort par les tribunaux civils et par les tribunaux de commerce.

Pourquoi cet état de choses doublement irrégulier?

Il existe entre les procès sur les matières civiles et les procès en matières commerciales une distinction naturelle, et qui motive l'admission d'une distinction semblable dans l'organisation des cours, aussi bien que dans celle des tribunaux; mais il n'en résulte pas la nécessité de recourir nulle part, et à quelque degré de juridiction que ce soit, à l'établissement de tribunaux extraordinaires et d'exception, tels que sont les tribunaux de commerce actuels.

Et si cette vérité peut être aujourd'hui le sujet d'objections fondées, c'est uniquement parce que les règles présentement admises pour la nomination des juges dans les tribunaux civils ou ordinaires sont plus éloignées encore de ce qu'elles devraient être, que ne le sont les règles qui s'observent à l'égard des tribunaux d'exception ou de commerce.

2° Section du Contentieux entre l'Administration et les Parties, de Liquidation et Comptabilité.

Relativement à cette section nous avons fait voir que, sous un gouvernement dont le but est d'assurer en toutes choses le triomphe du bon droit et de la justice, il ne suffit pas que les citoyens puissent trouver dans les institutions de l'ordre judiciaire, des moyens prompts et faciles pour faire respecter par les autres citoyens individuellement leurs personnes et leurs propriétés. Il importe bien davantage que chacun d'eux trouve cette protection contre les employés des diverses branches d'administration, qui outrepassent quelquefois les bornes de leurs attributions et abusent de la portion d'autorité qui leur est confiée.

Et comment y parvenir si l'administration est juge et partie dans une semblable cause, ou s'il faut que le propriétaire lésé soit forcé d'abandonner la surveillance de ses affaires, les travaux de sa profession, pour venir dans la capitale, à deux cents lieues peut-être de son domicile, solliciter comme une faveur ce qu'il est fondé à réclamer comme un droit?

N'est-ce donc pas, au contraire, à l'administration que doit être imposée l'obligation, sauf l'exécution provisoire qui lui appartient, de faire juger ses prétentions et réclamations sur les lieux, et par des autorités vraiment judiciaires, dont l'indépendance garantisse l'impartialité?

N'est-ce pas un principe consacré par la législation des peuples civilisés, que le défendeur ne doit pas être distrait des juges naturels de son domicile? N'est-ce pas ici le lieu d'observer ce principe; ne serait-ce pas au besoin le lieu d'en étendre l'application, puisque, l'administration ayant ses agents et préposés dans toutes les parties du territoire, cette application ne peut entraîner pour elle aucune difficulté réelle?

Dans le cours des dernières sessions de la chambre des députés, plusieurs membres de cette chambre ont manifesté des opinions (que nous ne pouvons rapporter ici comme nous l'avons fait dans la *Science du Publiciste*, vol. XI, p. 271 et suiv.), qui s'accordent parfaitement, quoique d'une manière plus ou moins directe, avec ce que le droit recommande d'adopter par la disposition constitutionnelle et fondamentale relative à cette partie de l'organisation judiciaire.

3° *Section correctionnelle et criminelle.*

Relativement à cette section, nous avons dû rappeler que le principe des trois degrés de juridiction doit être observé plus scrupuleusement encore, lorsqu'il est question de prononcer sur l'honneur, la liberté et la vie des hommes, que quand il ne s'agit que de leur fortune; lorsqu'il importe de reconnaître l'existence d'un crime, que lorsqu'il ne faut que statuer sur celle d'un délit ou d'une simple contravention. Et l'observation de ce principe conduit encore à établir, dans les cours, les tribunaux et les justices inférieures ou communales, de même que dans la cour suprême, la division de cette section correctionnelle et criminelle.

Mais cette division n'est présentement admise en France que pour les cours royales.

Une autre remarque générale, c'est que cette première répartition des attributions judiciaires à chacun des trois degrés successifs de juridiction, n'empêche pas que, pour l'utilité du service et la prompte expédition des affaires, chaque cour, chaque tribunal et chaque justice communale, ne puissent, suivant les localités, admettre une subdivision de l'une et de l'autre des deux chambres principales dont ils doivent se composer, en plusieurs autres chambres ou sections: ce que l'on peut sans inconvénient leur laisser la faculté de déterminer par un réglement intérieur et particulier.

§ II. Renouvellement des cours et tribunaux.

C'est, il faut le dire, une chose vraiment déplorable que de voir toujours le mal placé si près du bien, et en quelque sorte rivaliser avec lui de force et de puissance dans toutes les institutions. Un abus est-il supprimé, une infraction des principes les plus évidents du droit a-t-elle disparu; d'autres naissent aussitôt. C'est l'hydre aux cent têtes. Si d'un côté, l'on se rapproche de la règle et du bon sens; d'une autre part, on s'en éloigne au même instant. Ce qui serait de nature à faire penser que le hasard, beaucoup plus que la sagesse et la réflexion, a présidé jusqu'ici à la formation de toute organisation sociale; édifices imparfaits dont ne saurait se contenter l'esprit d'ordre et de raison.

Ainsi, par exemple, en France, avant la révolution, si, comme nous l'avons vu, les attributions de la magistrature n'étaient point assez exactement renfermées dans les limites de la puissance judiciaire; si les premiers corps de cette magistrature s'appliquaient, en toute circonstance, à les étendre davantage, et ne prétendaient à rien moins qu'à remplacer les états généraux, nous avons remarqué aussi (pag. 464) que, jusqu'à un certain point, l'indépendance de ses membres se trouvait garantie par diverses circonstances (défectueuses à la vérité sous d'autres rapports), par les préjugés mêmes dont ils étaient environnés, par leur position de fortune, par la propriété et la vénalité de leurs charges (vénalité qui mettait à chaque ambition les bornes de chaque fortune), par l'exigence des preuves de noblesse (qui limitait encore le nombre des concurrents pour l'obtention des offices), par les usages, les ordonnances et réglements sur les élections, présentations et réceptions, etc.

Actuellement, le désordre et le mal ne sont pas moins grands : seulement ils ne sont plus les mêmes; ils sont divergents, ou plutôt ils proviennent de causes directement opposées sous quelques rapports.

Par exemple, non-seulement les attributions des cours et tribunaux, même celles de la cour suprême, sont de beaucoup refoulées en-deça de leurs bornes naturelles ; mais encore les barrières propres à défendre leur indépendance se sont écroulées et n'ont point été remplacées ; et l'on a dit avec raison que tout ce qui peut flatter et séduire les hommes, l'intérêt, l'ambition, la vanité, sont autant de liens par lesquels sont enchaînés les juges.

A la vérité, on convient qu'un magistrat ne doit prononcer que d'après la loi et sa conscience, et que pour cela il faut qu'il jouisse de cette entière liberté de jugement, de ce libre arbitre, de cette indépendance sans laquelle il ne peut réellement pas exister de justice ; et comment en effet, dans un pays éclairé, méconnaîtrait-on une chose aussi incontestable?

Cependant, par une inconséquence à peine croyable, le mode adopté pour la nomination de ce magistrat est une atteinte funeste portée à son indépendance; car un juge nommé par un ministre dépendra toujours du ministre qui le nomme.

Mais, nous dit-on, il est inamovible!

Eh! qu'importe, encore une fois, son inamovibilité! Est-il un seul membre d'un tribunal de première instance qui n'aspire à devenir conseiller d'une cour royale, et un seul conseiller de cour royale qui ne veuille être membre de la cour de cassation? Est-il un juge ou un conseiller dans un tribunal de première instance, dans une cour royale ou dans la cour de cassation, dont l'ambition ne fût réveillée par la possibilité et l'expectative d'être nommé président.

Que l'on renonce donc à des détours et à un langage qui ne pourront jamais persuader que les crédules et les sots; et que l'on cherche plutôt les moyens de mettre la législation en harmonie avec le droit: car ces moyens existent, à n'en pas douter; et pour les reconnaître, le bon sens et la bonne foi suffisent.

Dans ce but, on se rappellera d'abord que, pour les magistrats de l'ordre judiciaire, aussi bien et peut-être plus encore que pour les autres fonctionnaires publics dans quelque autre branche de l'organisation sociale que ce soit, il doit exister des conditions d'éligibilité, telles du moins que l'âge, l'étude, l'instruction, l'exercice préalable d'une profession dans laquelle les vertus et les talents aient pu se développer et se manifester. (Voy. p. 202, 304, 352, 461, 511 et suiv.).

Ensuite, sur le fait de savoir si ces conditions ont été remplies et de quelle manière elles ont été remplies, il ne saurait y avoir de meilleurs appréciateurs que les autorités judiciaires.

A ces considérations nous ajouterons ce que nous avons recueilli d'un des plus grands hommes de l'antiquité, ce que l'on retrouve dans les ouvrages des publicistes et ce qu'avec eux nous avons admis en principe, que la puissance judiciaire ne saurait être légitimement exercée que par des arbitres permanents élus par les justiciables, par ceux sur le sort, la fortune et l'existence desquels ils peuvent avoir à prononcer ; que, chez un peuple libre, sous un bon gouvernement, les citoyens doivent faire par eux-mêmes tout ce qu'ils peuvent faire utilement pour eux ; qu'ils ne doivent jamais être privés de ce droit d'agir et encore moins du droit d'élire ceux qui devront agir pour eux, lorsque l'exercice de ces droits ne peut devenir préjudiciable.

En ce sens, on peut particulièrement appliquer ici ce que Montesquieu dit, en parlant du gouvernement républicain et des lois relatives à la démocratie : « Le peuple doit faire par lui-même tout ce qu'il peut bien faire; et ce qu'il ne peut pas bien faire, il faut qu'il le fasse par ses ministres. Ces ministres ne sont point à lui s'il ne les nomme : c'est donc une maxime fondamentale, que le peuple nomme ses ministres, c'est-à-dire ses magistrats. »

L'auteur de *l'Abrégé de la République de Bodin* dit aussi : « Ce serait au peuple que devrait appartenir le choix de ses magistrats : plusieurs républiques jouissent de cet avantage. Il conviendrait encore mieux à la monarchie, avec laquelle il n'est point incompatible. Ce serait un bon moyen pour rappeler la monarchie à la vertu. Mais cette loi seule ne suffirait pas pour donner les charges au mérite; il faudrait encore, par des lois sévères, interdire toute influence à ceux qui exercent l'autorité royale dans les provinces : car il est comme décidé qu'ils chercheraient à se rendre maîtres des élections par tous les moyens possibles. Si la liberté du peuple était gênée, la loi deviendrait inutile; le choix dépendrait de la protection privée; la vénalité publique vaudrait encore mieux. »

« C'est principalement au peuple, dit un autre auteur, qu'il appartient de choisir et de nommer les citoyens propres à tenir dans leurs mains la balance de la justice. Ces magistrats doivent être des sages qui, libres dans leurs fonctions, n'aient à rendre compte de leurs jugements qu'à Dieu et à leur conscience. Le prince est chargé par le peuple de faire exécuter les lois; le devoir du juge, au contraire, est de les interpréter et de les appliquer aux espèces qui leur sont soumises : ces deux pouvoirs sont essentiellement distincts. C'est pourquoi il est naturel que le prince place près des tribunaux des mandataires de son choix, pour veiller à l'exécution des actes judiciaires; il serait absurde et contraire à tous les principes, que les dépositaires de la justice fussent également ministres du pouvoir exécutif. Ainsi le peuple seul, dans un gouvernement tempéré, a le droit d'instituer ses juges. »

Ces principes ou vérités fondamentales une fois bien établies, et gravées dans notre esprit en caractères ineffaçables, si l'on cherche franchement un mode d'élection auquel elles puissent servir de base, voici ce qu'il doit être.

Autrefois les parlements exerçaient le droit de présentation; il faut qu'un droit semblable soit reconnu et consacré constitutionnellement pour tous les corps judiciaires. « Présentation pour présentation, celles des compagnies seraient sans contredit plus respectables que celles des premiers présidents et des procureurs-généraux, lesquels ne présentent jamais que leurs créatures, ou les candidats qui paraissent les plus disposés à l'obéissance envers le ministère : et il n'est pas douteux qu'alors la magistrature acquerrait bientôt des hommes dignes de l'illustrer. »

Ce droit de présentation consacré, lorsqu'une place de judicature deviendra vacante, une liste d'un certain nombre de candidats réunissant toutes les conditions requises pour l'éligibilité sera dressée, savoir : pour l'élection d'un membre de justice communale, par cette justice communale, imprimée, envoyée et affichée dans le lieu des séances des collèges électoraux de premier degré ou communaux; pour l'élection des juges dans les tribunaux d'arrondissement, par ces tribunaux, envoyée et affichée dans les collèges électoraux de second degré ou d'arrondissement; pour l'élection des conseillers dans les cours de département, par ces cours, et de même envoyée aux collèges électoraux de troisième degré ou de département; enfin, pour l'élection des membres de la cour suprême, par les sections réunies de cette cour, et de même adressée aux collèges électoraux de département; ou encore alternativement tant à l'une et à l'autre des chambres représentatives nationales qu'au ministère, de manière à ce que, dans ce dernier cas, un tiers des membres de la cour soit élu par l'une des deux chambres, un tiers par l'autre chambre, et l'autre tiers par les ministres, que, par suite de leur responsabilité, ces sections réunies de la cour suprême peuvent être appelées à juger.

De cette manière, le but sera atteint, les principes seront respectés autant qu'ils peuvent l'être; et les citoyens admis, d'après les règles du droit constitutionnel, à élire les membres de la représentation, jouiront sans difficultés et sans inconvénients du droit d'élire leurs magistrats à tous les degrés de la hiérarchie judiciaire.

Ce système d'ordre sera d'autant plus précieux qu'il contribuera puissamment à ce que l'exercice du droit d'électeur ne soit plus considéré, par un très grand nombre, plutôt comme une corvée pénible et insignifiante que comme l'honorable privilège d'un homme libre et d'un véritable citoyen.

Ce système d'élection concordera merveilleusement avec tous les détails des autres branches d'administration.

Il paraît que Mirabeau en avait aperçu l'ensemble et l'utilité, lorsqu'il disait : « J'avais pensé, j'avais espéré du moins, que la division que l'on formerait du royaume, pour opérer une représentation nationale, serait propre tout à la fois à l'établissement d'un système uniforme, soit pour la perception des impôts, soit pour l'administration publique, soit enfin pour le renouvellement de l'ordre judiciaire. »

Voilà ce sur quoi il importe d'appeler l'attention de l'autorité et celle de l'opinion publique. Voilà ce qui intéresse, de la manière la plus directe et la plus puissante, la prospérité générale, la fortune, la liberté, la sûreté individuelles. C'est de ces perfectionnements et améliorations, dérivant de vérités et de principes aussi positifs, qu'il faut constamment entretenir les citoyens, sans jamais perdre l'espoir de voir triompher un jour le droit et la raison.

Toujours est-il sûr que l'on doit concevoir plus d'espérance de succès en signalant ainsi le but avec franchise, qu'en se livrant à des plaintes vagues, à des déclamations insignifiantes, qui sont au contraire un moyen infaillible de fatiguer l'attention des plus studieux adeptes, de rebuter le patriotisme, et de ne rien obtenir, faute d'avoir rien précisé et de savoir soi-même ce que l'on désire et ce que l'on demande.

Sans doute, après l'admission de ces règles pour le renouvellement des corps judiciaires, tout ne serait pas terminé; ou il faudrait du moins d'assez longues années pour que la distribution de la justice devînt parfaitement régulière, moins difficile, moins tardive, moins dispendieuse; pour simplifier la procédure, que l'on sait être susceptible d'une foule de réformes en matières tant civile que criminelle; enfin pour préserver les parties de quelques dilapidations. Mais on n'aurait plus à craindre de voir la magistrature déshonorée et avilie par des hommes voués à l'intrigue, à l'ambition, sans véritable honneur, sans principes, et n'ayant pas la conscience des devoirs de leur état.

Alors les justiciables seraient jugés par leurs pairs, et trouveraient dans leurs juges de véritables jurés. Alors l'homme prudent ne se croirait plus, dans la crainte trop souvent justifiée de voir méconnaître les droits les plus certains, forcé d'en faire à l'avance l'abandon. Alors l'innocence injustement accusée pourrait comparaître avec sécurité dans le sanctuaire de la justice, et s'y défendre avec une liberté entière. Alors, en un mot, l'ordre judiciaire pourrait atteindre à ce degré d'amélioration que les vœux du monde civilisé appellent depuis long-temps, mais sans en avoir encore assez connu les conditions.

Jusque-là, au contraire, on croira toujours retrouver la censure des vices inhérents à l'ordre de la magistrature dans ce tableau tracé par un publiciste : « Les poursuites légales tourneront, dit-il, contre ceux qui les auront entreprises. En vain l'innocence et la vertu réclameront la protection des cours de justice; il ne s'y trouvera de protection que pour les démagogues (ou, suivant le temps, les esclaves du pouvoir) dominants et leurs amis. Le chemin aux emplois de cette nature sera fermé à quiconque n'adulera pas servilement les idoles du jour. Les jeunes gens n'auront, pour acquérir de la réputation dans le barreau, d'autre moyen que de s'attacher aux grandes trompettes de l'état; et quiconque mettra le pied dans la carrière, sera obligé d'entrer dans les vues des juges et de ceux qui les ont créés, s'il veut se faire une réputation et avoir des clients. » Jusque là, on sera fondé à répéter, avec quelques autres écrivains judicieux, ces plaintes amères : Infortunés mortels! renoncez à soutenir vos droits; ne songez pas à défendre l'héritage de vos pères; souffrez sans aucune réclamation les usurpations du fisc ou d'un voisin cupide et de mauvaise foi; en aucun cas, gardez-vous de chercher un asyle dans le temple où vous croiriez devoir le trouver; ainsi que les voyageurs saisis d'effroi s'éloignaient des antres de Polyphême et de Cacus, fuyez-le : car, si vous n'êtes pas dévorés par le monstre qui est parvenu à en exiler la déesse auguste à laquelle ce temple fut consacré, vous n'éviterez pas d'être dépouillés par la foule des pirates subalternes, toujours plus avides et plus affamés, qui en occupent les défilés obscurs et les détours tortueux.

L'avocat-général Servan a exprimé ces plaintes en d'autres termes non moins énergiques. (Voy. *Science du Publiciste*, vol. XI, pag. 304 et suiv.)

Dans la première partie de la *Science du Publiciste* (vol. I, p. 149; vol. II, p. 228; vol. III, p. 327) et au commencement de ce résumé (pag. 14, 40 et 108), nous avons vu que les principes élémentaires du droit public, du droit politique et du droit des gens, sont invariables et universels, de tous les pays, de tous les temps, parce qu'ils sont tous les justes et exactes conséquences de vérités universelles et invariables; parce que ces vérités qui leur servent de bases sont elles-mêmes tirées de la nature des choses, de l'utilité véritable, de l'intérêt général et individuel des peuples et des hommes; et parce que cet intérêt général et individuel des peuples et des hommes est invariable et ne saurait cesser d'exister.

Dans le premier livre de la seconde partie, nous avons reconnu aussi que, par les mêmes motifs, les principes généraux d'organisation sociale qui s'y trouvent développés, sont universels et invariables. (Voy. *Science du Publiciste*, vol. V, p. 323; et ci-dessus, p. 160.)

Il faut encore reconnaître ici que les principes spéciaux de l'organisation du gouvernement constitutionnel et représentatif sont invariables et universels, de tous les temps, de tous les pays; et cela, toujours parce qu'ils sont les exactes et justes conséquences de vérités invariables et universelles, entièrement puisées dans la nature (Voy. *Science du Publiciste*, vol. XI, p. 307 et suiv.).

S'ils ne paraissent pas tels à tous les yeux, c'est qu'ils font partie d'une science très vaste, qu'il faut avoir approfondie tout entière (ce qui est rare), afin de pouvoir bien apprécier les rapports, l'ensemble, la justesse et la concordance de toutes ses parties, de toutes les vérités et de tous les principes dont elle se compose.

Les esprits éclairés qui la possèdent regarderont donc comme erronée et pernicieuse cette opinion trop répandue, qu'il n'existe, en matière d'organisation sociale ou de droit constitutionnel, aucune vérité positive; que, sous ce rapport, comme sous celui de la morale et du droit philosophique, la raison, l'utilité, la justice, ne sont qu'accidentelles et relatives; qu'ainsi les lois constitutives ou organiques n'ont aucune base immuable et fixe, qu'elles dépendent uniquement des temps, des circonstances et des lieux, de la volonté aveugle et arbitraire des rois ou des peuples; ou bien encore, que cette partie de la science politique, et les éléments du droit et de la morale, et les préceptes de la vraie religion, et ceux de la saine philosophie, sont inconciliables et contradictoires entre eux.

Sans doute, si nous sommes hors de la droite voie tracée par le Principe éternel de toute vérité; si, loin déjà de cette voie salutaire, nous nous précipitons volontairement dans le chaos du mensonge et de l'erreur; si nous consentons à saper de nos propres mains la plupart des fondements les plus essentiels de l'ordre et des institutions sociales, on peut le dire en effet, alors il n'existe rien de stable, rien de fixe. Peut-être le bien deviendra-t-il un mal; ou du moins, le mal pourra devenir relativement un bien.

C'est ainsi, par exemple, que l'on aura quelque raison de penser que l'existence d'un corps de noblesse héréditaire peut avoir son utilité dans l'État, si l'on suppose que la masse du peuple est destinée par la Providence à rester ensevelie dans l'abrutissement, l'ignorance et la misère ; ou, si l'on se persuade qu'il ne peut exister, dans les institutions, aucune autre puissance capable de prévenir les violences de l'anarchie, ou l'excès et l'abus du pouvoir.

C'est ainsi qu'un foyer d'aristocratie héréditaire restreint et renfermé dans le sein de l'une des deux chambres, paraîtra n'être pas sans utilité lorsque la représentation n'est point assise et organisée, dans l'une et l'autre chambre, sur ses bases véritables.

A défaut de tout système représentatif, des autorités judiciaires, sortant du cercle naturel de leurs attributions pour exercer en partie celles de la puissance législative et même celles de la puissance administrative, ont pu jusqu'à un certain point tenir lieu d'un contre-poids plus régulier, et avoir pour l'époque leur but d'utilité, quoique étant en elles-mêmes d'une grande imperfection.

La suppression de la peine de mort et en général la modération des peines ne pourraient pas s'effectuer sans dangers, si, comme il n'est arrivé que trop souvent, le désordre des institutions est un foyer permanent de vice et de corruption; si ce désordre est tel que ceux qui gouvernent ou du moins leurs agents subalternes peuvent se croire dans la nécessité de provoquer le mensonge et le parjure; s'il est possible d'aspirer aux récompenses et aux honneurs par la bassesse et l'abjection.

En un mot, sous le rapport de la forme du gouvernement, de l'organisation des sociétés, comme en tout, cessons-nous de prendre pour guide le céleste flambeau, l'astre de vérité, comment éviter de nous égarer dans le labyrinthe des sophismes et de l'erreur? Dès lors, tout s'obscurcit et se confond; le bien, la justice ne nous apparaissent plus qu'à travers d'épais nuages qui souvent parviennent à les dérober entièrement à nos yeux.

Mais, lorsque après l'avoir perdu de vue, cet astre de vérité, nous mettons nos soins à le retrouver, lorsque nous cherchons de bonne foi à revenir vers ce conducteur infaillible, sa lumière, comme par l'effet d'une puissance secrète, se rapproche de nous; les ombres et les fantômes imposteurs des préjugés fuient et se dissipent devant elle, pour laisser briller et pénétrer librement sa vivifiante clarté sur tous les points, sur les ramifications les plus éloignées de la science et du droit. Et plus nous en embrasserons l'ensemble, plus aussi nous demeurerons convaincus que toutes les parties de cette science, quelles que soient les dénominations qu'on leur donne, la religion, la philosophie, la morale, ou la politique, reposent sur les mêmes bases; qu'à chacune de ces parties appartiennent des principes certains, indépendants de la volonté des peuples et des rois, immuables et éternels, concordants, et tendant tous vers un but commun, le bien-être général de l'humanité et le bonheur des peuples et des hommes en particulier.

Le corps de doctrine résultant du rapprochement de ces principes ne peut donc pas être assimilé à ces vaines et insignifiantes théories, productions, sinon dangereuses, au moins inutiles, d'une imagination ardente et exaltée, que l'étude et la méditation n'ont pas mûries, et qui, pour rendre la société plus parfaite, exigeraient que l'on commençât par en détruire les véritables bases et les premiers fondements.

Cette doctrine est, au contraire, le résumé et comme

la substance des plus grandes vérités que les progrès de la civilisation ont mis les publicistes et les législateurs modernes en état de reconnaître, et qu'en partie l'opinion publique a déjà adoptées et consacrées.

En effet, si, dans son ensemble et sous son point de vue véritable, l'on considère cette partie si importante de la science du droit, proprement dite constitutive et organique, c'est-à-dire relative à la forme du gouvernement, à la constitution ou organisation sociale; en résumé, qu'y reconnait-on ?

On y reconnaît d'abord cet égal éloignement (non pas seulement inné dans toute âme généreuse, mais encore raisonné, et clairement motivé aux yeux de l'homme sage), cet éloignement, cette aversion égale et pour l'anarchie et pour le despotisme (c'est-à-dire pour tout gouvernement où, les pouvoirs étant confondus dans les mêmes mains, l'autorité se trouve par là absolue et arbitraire).

On y reconnaît la nécessité universelle de l'établissement ou de la consolidation d'un gouvernement mixte, modéré et monarchique, entièrement dégagé de tous les préjugés funestes, de tous les excès, abus et dangers résultant d'un mélange ou d'une admission quelconque de théocratie, d'olygarchie, d'aristocratie; d'un gouvernement dans lequel l'exacte séparation des pouvoirs est prise pour base invariable des principes et des détails de l'organisation.

On y trouve, quant à l'exercice de toutes les attributions de la puissance législative, le concours de la sanction royale et de la volonté librement exprimée de deux chambres représentatives et bien constituées; puis, comme se rattachant essentiellement à ce premier principe, l'inviolabilité, l'indépendance, la publicité, bien entendues, de ces chambres, l'application du même principe et des règles qui en découlent aux différents degrés de la division territoriale et de la hiérarchie législative, enfin à l'institution des colléges électoraux.

On y trouve, en ce qui concerne les principes relatifs au pouvoir exécutif, la réunion non moins scrupuleuse de toutes les attributions de ce pouvoir entre les mains du prince, afin d'en assurer l'unité, la promptitude et la force; et, dans ce but (comme aussi pour assurer la stabilité du gouvernement), l'inviolabilité du monarque, la prérogative proprement dite ou droit de grace, et autres droits spécialement inhérents à la couronne, l'organisation et la division des attributions du conseil-d'état et du ministère d'après leur distinction et leurs bases naturelles, telles, entre autres, que l'application de ce principe d'unité et l'application du principe de la responsabilité ministérielle.

On y trouve encore ces bases et principes appliqués aux différents degrés de la hiérarchie dans la branche exécutive ou d'administration, à la composition des préfectures, sous-préfectures et mairies; la consécration du principe (appuyé et démontré par l'utilité sociale) de la légitimité ou transmission légale et régulière des droits du trône (sans partage ni division, et à l'exclusion des femmes) par voie d'hérédité, d'adoption, et d'élection; la déclaration des principes et règles relatifs à la durée de la minorité du roi, à la régence du royaume, à la garde et tutelle du prince, dans les cas de simple absence, de démence, et de minorité.

On y trouve en dernier lieu, relativement à l'organisation et aux attributions de la puissance judiciaire, la centralisation et uniformité de la jurisprudence, l'admission des trois dégrés de juridiction dans ses différentes branches, le principe de l'indépendance de la magistrature appliquée à ces divers degrés de juridiction et à ces diverses branches, celui de la publicité des audiences et des jugements; l'utilité et l'organisation d'une cour suprême, des cours d'appel ou de département, des tribunaux d'arrondissement, des justices communales, institués d'après ces principes, et conséquemment aussi d'après ceux de l'inviolabilité et de l'inamovibilité.

Or, ne sont-ce pas là les points essentiels et capitaux de la partie organique d'une bonne constitution, aussi universellement et aussi formellement résolus par l'opinion concordante des publicistes éclairés, que le sont tous les principes dont le respect et l'observation en seront le résultat, c'est-à-dire les principes du droit public, du droit politique et du droit des gens?

Il n'est du moins, à ce qu'il semble, aucun homme de sens qui puisse, après avoir lu ce qui précède, méconnaître de bonne foi que la mise à exécution des principes importants d'organisation qui s'y trouvent rassemblés serait un moyen efficace d'assurer l'observation des principes du droit philosophique ou moral, et de faire par conséquent que les sociétés humaines, par l'établissement et la jouissance du meilleur gouvernement possible, atteignissent à leurs fins.

Et, si cela est, il n'est pas moins clair qu'il importe à tous les hommes, quelles que soient leur position, leurs professions et leurs fortunes, que ces bases et tous ces détails de l'organisation soient entièrement pratiqués.

Il n'en est pas un seul, roi, législateur, ministre, administrateur, magistrat, propriétaire, négociant, militaire, simple prolétaire enfin, dont le bonheur réel ne soit intéressé à leur exécution, et qui ne doive en conséquence, chacun selon sa dose d'influence et de force, y coopérer avec zèle.

Cependant quels obstacles, résultant de l'ignorance, de l'aveuglement des passions, du stupide égoïsme surtout, ne se rencontrent pas encore à cette complète exécution!

Si l'on se reporte à cet égard à ce que nous avons développé, en terminant le premier livre de la seconde partie tant de la *Science du Publiciste* (vol. V, p. 326 et suiv.) que de ce Résumé (voy. ci-dessus, p. 160.), on reconnaîtra que ces obstacles sont tels, si grands et si nombreux encore, que le roi le plus puissant ne le serait peut-être pas assez pour les surmonter facilement.

Il faut donc rechercher quels peuvent être les moyens sûrs et prompts d'y parvenir, sans violence et sans secousse.

Cette recherche est le sujet du livre suivant.

LIVRE III. — MOYENS DE TRANSITION.

CHAPITRE Ier.

Nécessité et Rédaction de la Constitution.

§ Ier. NÉCESSITÉ DE LA CONSTITUTION.

Sans qu'il soit besoin de rappeler ici les divers passages cités dans la *Science du Publiciste* (vol. XI, p. 323 et suiv.) pour appuyer la démonstration de la nécessité d'une constitution écrite, nous reconnaîtrons que cette nécessité ne saurait être douteuse, surtout quant à ce qui concerne les principes de l'organisation.

En effet, pour que ces principes puissent être facilement mis en pratique, il ne suffit pas d'en avoir suivi le développement et la démonstration ainsi que nous venons de le faire; il faut les résumer d'une manière encore plus succincte, afin que la substance en soit comme resserrée dans le plus petit cadre possible et que l'intelligence puisse d'un coup d'œil en saisir l'ensemble.

C'est un plan qu'il faut dresser, afin qu'il s'exécute facilement et sans obstacle. Le sauvage, dans le désert, peut bien construire sa hutte, sinon sans aucune règle, du moins sans plan fixe et arrêté d'avance; mais les vents et l'orage ne tardent guère à la renverser. L'architecte habile qui veut construire un vaste monument en détermine les bases, en dessine les parties, les coordonne toutes d'après les principes certains de son art, et s'assure par là de l'exactitude et de la justesse de leurs proportions. Ce n'est qu'après ce premier travail qu'il met les ouvriers à l'œuvre. Et alors, si l'édifice s'élève et se construit, sa masse imposante et solide bravera les coups de la tempête et les outrages du temps.

De même un peuple peu avancé en civilisation reste long-temps sans constitution et sans lois écrites, concordantes et régulières. Son organisation, ses usages et coutumes divers et souvent opposés, sont tels, pour ainsi dire, que le hasard et les circonstances, bien plus que la science et la réflexion, les lui ont données. Aussi cette organisation, ces coutumes, ces usages, sont-ils assez souvent, comme la hutte du sauvage, exposés à être bouleversés et détruits par le choc des révolutions: tandis qu'une nation où les sciences et les lettres sont en honneur, chez laquelle il existe des hommes laborieux et éclairés, qui observent et méditent sur la nature, les principes et les résultats de l'organisation des sociétés, éprouve et comprend chaque jour davantage le besoin de régulariser cette organisation dans toutes ses parties, de les mettre entre elles dans un rapport, dans une harmonie complète. Mais elle ne peut encore y parvenir que lorsque l'ensemble des règles et dispositions y relatives en aura été rédigé avec assez de clarté pour qu'il puisse être approuvé, si ce n'est de tous, au moins du plus grand nombre.

C'est alors que, par le concours et les travaux des uns ou des autres, peut-être même par le résultat et la force combinée de volontés opposées et divergentes, l'édifice social s'affermira insensiblement sur ses bases véritables, et qu'enfin il offrira aux générations futures un asyle paisible, où tout sera dans l'ordre, dans lequel les volontés et les actions seront concordantes, et marcheront vers un même but, la prospérité générale et le bonheur réel de chacun en particulier.

§ II. De la rédaction de la constitution.

Cette vérité reconnue, que, sous le rapport de l'admission et de l'ensemble des principes de l'organisation sociale surtout, une constitution écrite est nécessaire, se présente naturellement la question de savoir par qui cette constitution doit être rédigée.

Quelques-unes des anciennes Républiques de la Grèce ne confièrent, comme on sait, l'établissement des lois de cette importance qu'à des étrangers. Pour changer celles de Sparte, Lycurgue se crut du moins obligé d'abdiquer la royauté.

On en conçoit le motif, ainsi que de la préférence donnée à des étrangers; on voulait un entier désintéressement pour garantie d'une entière impartialité.

Sous un autre point de vue, celui du droit que peut avoir le rédacteur à la rédaction, le même mode peut ne pas paraître fondé en raison. Le droit naissant de l'intérêt véritable, c'est une question de savoir si le citoyen n'en aura pas ici plus que l'étranger, et le chef de l'état, plus qu'aucun autre?

A la vérité, tout homme a bien un intérêt très réel à ce que les principes du droit en général soient respectés et suivis partout; mais un citoyen a un intérêt plus pressant et plus direct à ce que les premiers et les plus sacrés de ces principes, ceux du droit public, soient scrupuleusement observés dans la société dont il est membre. S'il est intéressé à remplir avec exactitude ses devoirs envers cette société, il ne l'est pas moins à ce que les autres membres de cette société, à ce que la société tout entière, les remplissent envers lui.

Et peut-être aura-t-on quelque raison de dire que, de tous ces membres, il n'en est aucun pour qui cet intérêt soit plus fort que celui qui, dans un gouvernement monarchique, se trouve placé au sommet, et qui par cela est plus qu'aucun autre exposé à ressentir et à craindre les secousses imprimées à sa base.

Or, par la raison que la régularité de l'organisation est, ainsi que nous l'avons vu, le moyen le plus efficace et peut-être le seul moyen de parvenir à l'entière observation des premiers principes du droit, des maximes universelles d'équité, on serait conduit à en induire qu'il n'est de même personne à qui cette régularité et cette perfection d'organisation importe davantage qu'au citoyen et surtout au premier de tous les citoyens, au roi, dans une monarchie. Et, dans cette hypothèse, on pourrait considérer celui-ci comme étant spécialement appelé à la rédaction de la constitution.

Cette conclusion sera bientôt redressée si l'on remarque que ce n'est pas ici sous le rapport du droit et de l'intérêt individuels que la question doit principalement être envisagée, pour être résolue, mais bien sous le rapport de l'utilité générale.

Et, sous cet autre point de vue, qui est le véritable, qu'importe-t-il que cette rédaction soit l'ouvrage de tel ou tel homme, du prince, du citoyen, ou de l'étranger? Qu'elle soit juste, bonne et utile, la mission de son auteur sera prouvée par là, et le reste n'importe guère.

Le propriétaire qui veut construire une maison ne rejette pas, s'il est sage, le plan qui remplit son but, par cela seulement que l'architecte n'est point de sa famille, ou parce qu'il n'a pu le tracer lui-même. Si je suis malade, je ne refuse pas un remède salutaire, parce que le médecin qui le conseille n'est pas l'un de mes parents.

Il doit en être de même ici; et, si l'on nous propose une constitution qui soit réellement bonne et propre à avancer les progrès de la civilisation, nous devons être disposés à l'accueillir et à faire ce qui dépend de nous pour que les autres membres de la société et les autres sociétés l'acceptent, sans nous embarrasser de savoir d'où elle vient et quel en est l'auteur.

Mais, dira-t-on, qui prouvera que cette constitution proposée est en effet préférable à une autre, et que l'état ou la société doit l'accepter?

Une telle question est naturelle lorsque cette constitution n'existe pas encore, même théoriquement. Si elle était rédigée, le doute ne serait plus fondé ni même possible.

Dans ce cas, c'est-à-dire cette constitution étant aussi parfaite qu'elle puisse l'être, elle en portera des preuves et des caractères si évidents et si certains, que tout homme judicieux ne pourra les méconnaître. En sorte que l'acquiescement, l'approbation du plus grand nombre finira par se manifester.

Puisqu'il est permis de rapprocher les petites choses des grandes pour rendre la démonstration de celles-ci plus sensible, on peut comparer une société politique, un peuple, à une réunion de personnes qui auraient des intérêts différents et même opposés, dans une affaire litigieuse, telle, par exemple, qu'une faillite, une union de créanciers.

Ces parties ont déjà contesté, discuté long-temps, sans être parvenues à s'entendre; mais un jurisconsulte instruit, après avoir reconnu les points de difficulté, après avoir attentivement pesé les raisons alléguées, reconnaît et fixe les droits et les concessions respectifs, trouve ainsi le moyen de concilier les parties, rédige l'acte de leur accord; et chacune d'elles, à sa lecture, est prête à y acquiescer.

C'est de cette manière que, dans des transactions plus ou moins difficiles, les choses se passent souvent.

Pourquoi jusqu'à présent n'en a-t-il pas été ainsi entre tous les membres d'une même nation, en ce qui touche le premier de leurs intérêts, celui qui comprend et renferme tous les autres, celui qui a pour objet de déterminer les bases, la forme, les règles, et conséquemment aussi les résultats de leur association ?

Pourquoi? La raison en est simple; c'est surtout parce que la rédaction du pacte qui doit régler ce grand intérêt est beaucoup plus compliquée et plus difficile que ne l'est celle d'une transaction ordinaire, et qu'il ne s'est pas rencontré de jurisconsulte ou de publiciste assez habile ou assez persévérant pour saisir et rassembler tous les points capitaux de discussion, pour approfondir et rédiger clairement toutes les clauses essentielles de cet acte d'association ou d'accord social.

Et l'on peut bien moins s'en prendre à la droiture du cœur humain qu'à la faiblesse, au peu d'étendue relative de notre intelligence, à la difficulté qu'en toutes choses notre esprit éprouve à étendre le cercle de ses connaissances et à y apporter un nouveau degré de perfection.

Comment accuser la mauvaise foi et l'égoïsme des princes, des ministres, des législateurs, dont tous les jours sont consacrés à des travaux utiles aussi à la patrie, se succédant, se renouvelant sans cesse, et d'autant plus pénibles, embarrassants et nombreux, que l'organisation est moins parfaite?

Comment accuser la volonté du citoyen pour qui les soins de l'agriculture, de l'industrie, d'une profession quelconque absorbent tous les moments?

Et cela, lorsque les hommes qui, par vocation et en quelque sorte aussi par état, ont consacré leur vie entière à l'étude des institutions et des lois, à la recherche des moyens propres à perfectionner cette science de l'organisation sociale n'ont encore pu en découvrir ou du moins en rassembler tous les éléments épars et en composer ce corps de doctrine certaine, cet acte fondamental et constitutionnel qu'attendent le jugement et l'approbation de leurs contemporains ou de la postérité.

« Veut-on, a dit Voltaire, que le peuple puisse embrasser la saine raison, quand elle n'est connue ni des législateurs ni des sages de la terre. »

Qu'un publiciste zélé, infatigable, que rien ne puisse rebuter, libre de tous autres soins, à l'abri par position de toute prévention et de toute partialité, n'ayant d'autre vue, d'autre désir, que la découverte de la vérité et le triomphe de la justice, commence par remplir convenablement cette grande tâche; et, lorsqu'ayant parcouru la carrière, il en aura décrit, tracé intelligiblement et distinctement toutes les routes et les issues, c'est alors seulement que, si les autres ne marchent pas sur ses traces, il sera temps de faire tomber sur eux la censure et le blâme.

Mais nous n'en sommes pas encore là. « La *Science du Gouvernement*, dit l'auteur de l'ouvrage connu sous ce titre, n'est pas au point de perfection où le genre humain a intérêt qu'elle soit portée. Les connaissances nécessaires pour régir les états sont dispersées. » — « Il n'existe même pas encore, dit un autre auteur, de forme de gouvernement par laquelle la liberté publique soit convenablement assurée, et l'ambition des chefs efficacement contenue, point de constitution politique bien ordonnée sur la terre. » — « A-t-on indiqué, ainsi que s'exprimait Hélvétius, la forme du gouvernement la plus propre à rendre les hommes heureux? A-t-on seulement fait le roman d'une bonne législation, telle qn'on pourrait, à la tête d'une colonie, l'établir sur quelque côte déserte de l'Amérique. »

Les tentatives faites depuis l'époque où ces réflexions ont été écrites ont échoué; on en trouvera les principales causes développées dans la troisième partie de la

Science du Publiciste, si nous nous déterminons à la publier. Mais cela même prouve ce que nous avions le dessein d'établir ici. Et l'expérience démontre assez ce qui arriverait, lorsque ce pacte important aurait été rédigé : car, d'une part, il résulte de cette expérience journalière qu'en général, dans quelque branche des sciences et des arts que ce soit, rien n'a été perfectionné, rien chaque jour ne s'y fait de mieux ni de plus parfait, à moins que cette amélioration n'ait été préparée et indiquée par les hommes qui s'occupent spécialement du progrès de la partie des connaissances humaines à laquelle elle appartient ou se rattache; et, d'autre part, que le mieux ainsi découvert et démontré ne reste pas habituellement sans utilité et sans application.

Chapitre II.

Acceptation et Révision de la Constitution.

§ Ier. Acceptation de la constitution.

L'acceptation prompte, réciproque et formelle de la constitution, de la part de ceux qui gouvernent et de ceux qui sont gouvernés, aurait l'immense avantage d'arriver de suite au but et d'éviter bien des secousses, des vacillations, et des malheurs peut-être. N'y aurait-il donc pas un moyen d'y parvenir? N'existe-t-il pas quelque lueur d'espérance qu'elle puisse un jour s'effectuer franchement?

On peut concevoir deux manières différentes, et applicables selon les pays et les circonstances, par lesquelles le mode de l'acceptation de la constitution pourrait-être réglé.

La première est simple, et n'est guère exécutable cependant que dans quelques cas particuliers, après une révolution, par exemple, si, pour mettre un terme à l'anarchie, un homme d'un grand caractère, est parvenu à s'emparer de l'autorité et s'il veut en faire un bon usage. Ce mode d'acceptation peut être expliqué par une disposition qui terminerait la constitution et qui serait conçue ainsi: « La présente constitution ne sera considérée comme loi de l'état, qu'après que son exécution aura été ordonnée et maintenue par le roi (ou le chef du gouvernement) pendant un certain nombre d'années ; ensuite proposée comme loi, discutée et acceptée dans les chambres représentatives nationales par *oui* et par *non*, sans modification *; puis, proposée et acceptée successivement, avec l'intervalle d'une année au moins entre chaque acceptation, dans les chambres représentatives départementales, cantonnales et communales, également sans aucune modification à ses dispositions.

On pourrait même la soumettre, en dernier lieu, à l'acceptation de tous les citoyens, propriétaires ou exerçant une profession libre et indépendante, appelés à faire partie des collèges électoraux de commune ou de premier degré, et jouissant de l'intégralité de tous leurs autres droits civils.

Voilà comment il serait possible qu'une constitution dont toutes les dispositions consacreraient avec précision les vrais principes du droit, fût en effet una-

* Voyez, relativement au mode de Revision, le paragraphe suivant, pag. 556 et suiv.

nimement acceptée, dans certains cas, sans nouvelle secousse, sans violence, sans inconvénients, de manière à ce qu'elle fût considérée comme une manifestation réelle, un acte libre de la volonté générale, et par conséquent aussi de manière à y attacher le caractère de force et de puissance que la sanction nationale doit donner à un tel acte.

Quant au second mode pour parvenir à l'acceptation de la constitution, il faut remarquer que, dans quelques pays, tels, par exemple, que l'Angleterre et la France, les premiers principes d'une bonne constitution, la distinction des trois pouvoirs et celle du pouvoir législatif en trois branches, ainsi qu'une sorte de système représentatif, sont déjà admis.

Alors, considérant aussi, ce que cet ouvrage a en partie pour but de prouver, qu'il ne s'agit pas de déplacer les hommes et qu'il y a toujours du danger à vouloir le faire; qu'en réformant les institutions, on apporte naturellement dans les hommes les changements et les améliorations désirables; que la nature agit lentement dans ses opérations les plus graves, qu'elle exerce conséquemment son empire bien moins sur le présent que sur l'avenir, et qu'en cela le législateur doit s'attacher à la prendre pour modèle; que, par des motifs analogues, on doit en ce sens aussi mettre son attention à enter, autant qu'il se peut, un nouveau système politique sur celui auquel il doit succéder, on reconnaîtra peut-être que, dans les pays dont il est question il serait plus convenable et d'une exécution plus facile de compléter l'établissement du gouvernement constitutionnel dans toutes ses parties, en respectant les droits supposés acquis, ne fût-ce que par la possession actuelle.

De sorte que le roi, en donnant son acquiescement et sa sanction à la constitution, déclarerait que la chambre des lords ou des pairs, serait considérée comme chambre représentative de la propriété foncière, et la chambre des communes ou des députés, comme chambre représentative de l'industrie; qu'en France, les magistrats composant la cour de cassation, le comité du contentieux au conseil d'état, et la cour des comptes, constitueraient la cour suprême nationale judiciaire, etc.; les modifications résultant de la constitution ne devant s'effectuer que par la suite et progressivement, au fur et à mesure des extinctions.

On ne pourrait alors supposer aucun obstacle de la part de ces premiers corps de l'état, puisque, non-seulement l'ordre, la justice, le bien public, mais encore l'intérêt particulier de chacun de leurs membres se trouveraient par là consolidés et affermis.

Autrement, il faudrait donc admettre aussi cette autre supposition déraisonnable, que les hommes seraient ennemis du bonheur public, même lorsqu'il s'accorde et se trouve en harmonie parfaite avec leur intérêt personnel bien constant et bien démontré.

§ II. Révision de la constitution.

« Il y a véritablement, dit M. Necker, une sorte d'imbécillité à solliciter la subordination comme un complément de la constitution, comme un hommage à lui rendre, tandis qu'elle en doit être l'œuvre et le résultat. Quelle est en effet l'obligation imposée à l'instituteur d'un ordre social, à son premier fondateur?....

L'on attend de lui, l'on exige de son génie que, par un profond sentiment des hommes et de leurs passions, que, par une savante organisation des forces et des pouvoirs, il fasse naître cette obéissance, il garantisse cette soumission, et qu'il y parvienne sans porter aucune atteinte à la liberté. Voilà les deux conditions qu'il doit remplir; s'il manque à l'une ou à l'autre, il n'a rien fait; et l'on voit clairement qu'il n'a pas connu l'étendue de sa mission, ou qu'il n'a pas eu le souffle nécessaire pour arriver jusqu'au terme. »

Ce passage signifie, et il faut en effet reconnaître, que les mauvaises institutions, celles qui heurtent les principes de justice et qui ne tendent pas à établir, mais à détruire la liberté, seront toujours chancelantes, incertaines et précaires, et qu'elles finiront tôt ou tard par être elles-mêmes détruites et renversées. Les promesses des peuples, les serments des rois, la mort d'un nouveau Lycurgue, quelque noble, quelque généreux que pût être son dévouement, tout cela ne saurait aujourd'hui les sauver de leur ruine; elles s'affaissent et s'écroulent par leurs bases, et nulle puissance ne serait assez grande pour les raffermir sur ces bases imparfaites.

Les bonnes institutions, au contraire, les institutions qui ont leur appui dans la vérité; qui, conformes aux principes du droit et de la nature, sont propres à en assurer le triomphe, à leur donner une nouvelle force par leur concordance et leur union mutuelle, celles-là sont solides et durables; le temps, au lieu de les miner et de les détruire, les cimente et les perfectionne.

Mais, si d'un côté la nature de ces institutions est un motif fondé d'avoir confiance dans leur durée et leur stabilité, d'une autre part une sorte de réserve et de prévoyance inséparables de la sagesse doit porter à penser que l'œuvre du législateur, conçu et médité avec le plus de soin et de réflexion, rédigé avec le plus d'impartialité et de bonne foi, ne peut encore être exempt de quelque lacune, de quelque erreur. Nous ne devons donc pas exhéréder nos descendants, ni nous priver nous-mêmes du droit de réformer ce que le temps et l'expérience prouveront être inutile ou nuisible, et d'adopter ce qui sera plus tard reconnu favorable et utile. « *Non videntur, qui errant, consentire.* »

Il y aura d'ailleurs d'autant moins de danger et d'inconvénient à adopter cette règle en fait de droit constitutionnel, que les institutions existantes se rapprocheront davantage de leurs véritables éléments.

Une constitution rédigée d'après les principes les plus certains de l'ordre et de la stabilité, doit encore déterminer et prescrire le mode par lequel il pourra être procédé à sa révision; et toutes celles qui ne contiennent aucune disposition à cet égard peuvent être considérées comme incomplètes. Elles laissent du moins subsister une lacune peu propre à faire augurer favorablement de la prévoyance et de la sagesse de leurs autres dispositions, puisqu'elles livrent et abandonnent au hasard et au désordre qui en est l'effet ordinaire, ce qu'il n'est pas hors de la puissance du législateur de régler à l'avance et conformément à l'ordre et à la raison.

Nous avons rapporté (*Science du Publiciste*, vol. XI, pag. 371 et suiv.) les dispositions des précédentes constitutions de la France sur ce point.

En Angleterre, les trois branches du parlement, le

roi et les deux chambres, agissant concurremment, ainsi que pour les autres actes de la puissance législative, sont considérées comme ayant le droit de réformer, de modifier, de changer la constitution même (*Ibid.*).

Si cette constitution était d'abord assise sur ses véritables bases fondamentales, et s'il s'était écoulé un laps de temps suffisant pour qu'en prenant racine et s'affermissant par degrés, elle eût déjà pu produire quelques résultats, ce système pourrait être admissible.

Mais il est préférable, peut-être, dans cette hypothèse, d'appliquer à la révision de cette constitution, le mode qui vient d'être déterminé pour son acceptation, c'est-à-dire que, lorsqu'après avoir été acceptée dans cette forme, elle aurait continué d'être exécutée et tenue en vigueur pendant un certain nombre d'années, l'acte de révision pourrait être proposé successivement par le roi aux chambres représentatives nationales, départementales, cantonnales et communales, et enfin même, dans les colléges électoraux de commune ou de premier degré.

Nous avons dû terminer la seconde partie de la *Science du Publiciste* (voy. vol. XI, pag. 381 et suiv.), par une conclusion semblable à celle qui termine la première, en examinant d'abord quelle peut être la force obligatoire des principes du droit constitutionnel ou organique, et en recherchant ensuite si, comme nécessaires à l'accomplissement de ses desseins, ils ne sont pas dans les vues de la Providence.

1° En matière de droit civil, de conventions, de contrats synallagmatiques, une seule partie ne s'engage pas envers elle-même, mais il existe deux ou plusieurs personnes contractant dans des intérêts distincts et opposés. Lorsqu'il s'agit, au contraire, du pacte constitutionnel, on ne doit considérer, il n'existe réellement qu'une seule partie, laquelle contracte ou agit, si l'on veut, avec elle-même, mais dans un seul et unique intérêt, toujours semblable, toujours fixe et identique. Le peuple, le prince, le simple citoyen, ne doivent pas être regardés comme autant de personnes distinctes, ayant à défendre, à stipuler, à faire reconnaître et consacrer des intérêts opposés. Ils ne forment qu'un tout, qu'une seule personne agissant d'après les mêmes vues et dans le même but, celui de l'avantage commun, de l'utilité générale.

D'ailleurs, les conventions ordinaires entre parties ne sont habituellement, ou pour la plupart du moins, que de justice purement relative, c'est-à-dire, essentiellement dépendantes des consentements et engagements librement et réciproquement pris par les parties contractantes les unes envers les autres, lesquels sont variables et peuvent différer à l'infini; tandis que les règles principales et essentielles de l'organisation sociale, aussi bien que les principes du droit naturel dont on peut dire qu'elles font partie, ont, comme nous l'avons vu, des bases fixes et certaines, et sont par conséquent positives, invariables, universelles; et non pas incertaines, changeantes et mobiles, au gré et suivant la volonté vacillante et capricieuse des peuples ou des rois.

C'est faute de les connaître assez, que des hommes, d'ailleurs érudits, les considèrent encore comme douteuses, polémiques, et pour ainsi dire arbitraires; d'où il suit qu'ils doivent penser en effet qu'elles ne peuvent acquérir de validité et devenir obligatoires que par suite d'un engagement, d'une convention formelle.

Mais, s'il en était ainsi, si les règles de l'organisation dépendaient d'un engagement, d'une simple convention, on serait naturellement conduit à en induire que la société pourrait, par un semblable engagement, s'enchaîner et se lier à son propre préjudice ; ce qui est une chose évidemment absurde et dérisoire.

Si l'on veut tirer, pour en faire ici l'application, quelque induction exacte, quelque argument solide des principes en matière d'obligations contractuelles, il existe deux rapprochements à faire.

D'abord, il faut considérer qu'au nombre de ces contrats et obligations conventionnelles, il en est plusieurs qui seraient nulles et sans force, quoique pouvant s'appuyer sur un consentement réciproque.

Ainsi, par exemple, l'obligation par laquelle un homme aliénerait sa vie, sa personne, par laquelle il engagerait sa liberté envers un autre homme, et s'engagerait à vivre dans l'esclavage, est nulle, comme contraire aux principes du droit naturel, aux droits sacrés inaliénables et imprescriptibles de l'homme.

L'acte par lequel il serait stipulé, entre un homme et une femme, en contractant mariage, que le mari demeurerait soumis à sa femme, ou que les enfants à naître de leur union commanderaient à leur père ou à leur mère, ou à tous les deux, serait sans valeur, et comme non avenu à cet égard; parce que cet acte se trouverait aussi en opposition avec les principes immuables et éternels du droit de la nature.

Il en est de même, et peut-être à plus forte raison, relativement à l'acte, le plus formel, le plus libre et le plus solennel que l'on puisse supposer, par lequel une société entière consentirait à aliéner tous ses droits, et à se soumettre, elle et sa postérité, au pouvoir arbitraire, absolu ou despotique, d'un ou de plusieurs de ses membres : les principes du droit naturel sur ce point ne sont pas moins certains, immuables et éternels.

On peut encore faire un autre raisonnement.

Lorsqu'en fait de conventions civiles, l'objet principal qui forme la matière de l'obligation ou engagement est constant et reconnu certain, toutes les clauses et conditions accessoires qui en sont une juste conséquence, qui ont pour but d'assurer son exécution, sont valides, et n'ont pas besoin d'être littéralement exprimées et prévues pour être obligatoires.

Lorsque, par exemple, une société particulière de commerce ou autre existe; par une suite nécessaire de son existence, tout ce qui tend réellement à l'accomplissement de l'objet pour lequel elle a été formée est valable et obligatoire pour chacun des associés, et pour la société entière, sans qu'aucune condition précise et formelle l'ait exprimé.

De même aussi, ce raisonnement s'applique, soit en matière du droit philosophique ou moral, soit en ce qui a rapport aux principes de l'organisation sociale, ou du droit organique et constitutionnel.

L'état de société est propre et naturel à l'homme : donc cet état de société doit exister; l'intérêt de tous, l'intérêt particulier, le veulent ainsi.

Les fins pour lesquelles il existe sont constantes et certaines; elles dérivent de ses causes mêmes : c'en est assez pour rendre certain et légitime tout ce qui tend à une entière et parfaite exécution.

Cela bien compris, il en résulte qu'une constitution

peut être obligatoire sans avoir besoin d'être réciproquement acceptée; il suffit que toutes ses dispositions soient conformes aux principes de l'ordre et du droit, et propres par conséquent à produire le bien, l'utilité générale de la société.

« *Satis apparet suprà mentem nostram esse legem quæ veritas dicitur* ».

2° Si notre intelligence, notre raison et notre conscience nous forcent à reconnaître l'exactitude et l'harmonie des dispositions d'une constitution écrite, en ce qu'elles ont rapport à l'organisation sociale, à la partie constitutionnelle, comme en ce qui concerne la consécration des principes du droit philosophique et moral; s'il nous est démontré qu'il doit ressortir de l'exécution de ces dispositions un état de choses moins imparfait que ce qui a existé et que ce qui existe encore aujourd'hui, nous devrons la considérer, non plus comme l'ouvrage d'un seul homme, mais comme celui des sages, comme le résumé substantiel de leurs pensées, de leurs méditations et de leurs travaux, tendant à l'exécution de la volonté divine; car les sages sur la terre ne sont réellement que l'émanation, le verbe, la parole de la Divinité, ou l'instrument dont elle se sert pour se manifester plus clairement aux autres hommes.

Cette vérité peut encore être démontrée par un autre raisonnement aussi simple.

Dieu, source immuable et éternelle de toute justice, veut le bien-être de l'humanité; tel est, aux yeux de l'homme raisonnable, l'un de ses attributs, de ses caractères distinctifs les plus incontestables, tenant à sa nature et à son essence.

Et, parce que les vrais principes du droit philosophique et moral ont pour but le bien de l'humanité, nous avons reconnu qu'ils doivent être considérés comme la manifestation de la volonté divine, comme étant dictés par la Divinité même (Voy. ci-dessus, p. 112 et 113).

Or, les principes du droit organique ou constitutionnel ayant pour objet et pour résultat l'exécution des principes du droit philosophique et moral et le bien-être du genre humain, il faut en conclure aussi que l'observation de ces principes entre infailliblement dans les vues et les desseins de Dieu.

« C'est une chose étonnante, dit Bossuet, que l'homme entende tant de vérités, sans entendre en même temps que toute vérité vient de Dieu; qu'elle est en Dieu, qu'elle est Dieu même. »

« *Ubi veritas, ibi Deus.* »

FIN.

TABLE DES MATIÈRES.

Observation préliminaire. . . . . Page 1

Plan et Division de l'Ouvrage. 2

Définition du Droit naturel, du Droit public, du Droit politique, du Droit des gens, et du Droit constitutionnel. . *ibid.*

PREMIÈRE PARTIE.

LIVRE PREMIER. — DROIT PUBLIC.

Chapitre Ier. — *Base des Principes.*

§ I. L'état de société est pour l'homme le véritable état de nature 3

§ II. Cette Vérité, vainement contestée, est la base des principes du droit public, des droits et devoirs de l'homme considéré comme citoyen. 4

Chapitre II.

Titre I. — *Principes.*

Droits.

§ I. De la Sûreté individuelle. — Elle est l'un des droits imprescriptibles de l'homme en état de société. 5

§ II. De la Liberté. — Elle est de même un droit sacré de l'homme et du citoyen. — Développement au sujet de sa définition. . . . . *ibid.*

§ III. De la Propriété. — Elle est encore un droit individuel et sacré de l'homme en société. — Son origine et ses causes. . 8

Devoirs.

§ IV. Défense de la patrie. — C'est un des devoirs naturels du citoyen. 11

§ V. Acquittement des charges et dépenses publiques. — Autre devoir de l'homme envers la société dont il est membre. — Ces charges doivent être supportées dans une juste proportion des facultés de chacun. . . . . *ibid.*

§ VI. Bonne foi, Bienveillance, Protection. — Autres devoirs réciproques des membres de chaque société civile (ou nationale). — Cette société est tenue d'en réprimer les infractions. 12

§ VII. De l'Égalité sociale. — Elle consiste dans la scrupuleuse observation des droits et des devoirs, dont elle est l'expression générique et abrégée.—Elle n'exclut pas les récompenses et distinctions personnelles et non héréditaires. . *ibid.*

Universalité des Principes du Droit public. — Notions premières et bases essentielles du *juste* et de l'*injuste* en cette matière. 14

TITRE II. — *Religion.* — *Droit civil et pénal.*

§ Ier De la Religion. — Elle est un sentiment inhérent à la constitution humaine, et un moyen de faire respecter les principes du droit public. — Lorsqu'elle est éclairée, elle les consacre et les sanctionne. — Elle doit être une quant à sa morale, mais tolérante et persuasive. — Ses ministres ne doivent jamais exercer la puissance temporelle, et doivent y rester soumis comme tous les autres citoyens. . . . . *ibid.*

§ II. Du Droit civil. — Sa définition, sa légitimité, son étendue. — Esprit dans lequel il doit être rédigé. 16

§ III. Du Droit pénal. — Aperçu général des législations anciennes. — Insuffisance et dangers des supplices, de la peine de mort, et des autres peines corporelles. — Esprit et conditions essentielles de la rédaction du droit pénal. 17

Nécessité d'une bonne Organisation sociale, sous ce premier rapport de l'observation des principes et des conséquences du droit public ou social. 22

LIVRE II. — DROIT POLITIQUE.

CHAPITRE Ier. — *Base des principes.*

La Vérité qui doit servir de base aux principes du droit politique (d'après la définition que Burlamaqui en a donnée et qu'il faut adopter), c'est que « la paix des nations n'est pas moins nécessaire au bonheur des hommes que leur réunion en société. » — Réfutation des sophismes par lesquels cette vérité a été combattue ; et conséquences immédiates qu'il faut induire de sa démonstration. 23

Chapitre II.

Titre Ier. — *Principes.*

§ Ier. De l'Esprit national. — En quel sens il doit être compté au rang des principes du droit politique. — Il est naturel à l'homme ; il est opposé à l'esprit de parti. — Moyens de le conserver. — Causes et dangers de son affaiblissement et de sa disparition. 25

§ II. Population, et Étendue du territoire.

1° La Population ne peut être nuisible, si l'on prend les précautions naturelles et simples qui doivent en prévenir les inconvénients. 26

2° L'Extension du territoire devient souvent une cause d'affaiblissement. — Il est nécessaire que l'industrie supplée aux barrières naturelles entre les peuples. — Règle à suivre à ce sujet. 29

§ III. Des Armées. — Il est utile d'entretenir sur pied, même en temps de paix, une armée de ligne bien disciplinée. — La force de cette armée ne doit pas excéder les bornes d'une légitime défense. — Mode de son recrutement. — Définition de l'honneur et de la gloire véritables. 30

§ IV. Des Alliances et des Traités. — Quel doit être leur but. — Réfutation de Machiavel. — Si, d'une part, les Conventions faites entre ennemis doivent être exécutées, il importe aussi aux vainqueurs qu'elles ne soient pas oppressives pour les vaincus. — Esprit et mode de leur rédaction. . . . 32

§ V. De la Liberté des mers. — Son véritable fondement. — Intérêt des peuples à la conserver, et moyens d'y parvenir. 34

§ VI. De la Guerre.

1° Ses causes et son objet. — Usage utile et seul légitime du droit de conquête. 35

2° Quelque légitime que soit la guerre, sa déclaration doit précéder les hostilités. — Les lois de la guerre réprouvent les cruautés, et en général tout le mal commis sans nécessité, ou sans objet pour la fin de la guerre. 36

3° Les inondations et les incendies peuvent être licites comme moyens de défense, non comme moyens d'agression. — L'empoisonnement des vivres, des eaux, des armes, n'est licite dans aucun cas. 38

4° De la Prescription en matière de droit politique, et de son application. *ibid.*

5° Qu'entend-on par droit de *Postliminie*, et par droit de *Recousse* ? 39

§ VII. De l'Égalité politique. — Inductions qu'il faut en tirer au sujet des prétentions de privilèges, prérogatives et préséances de peuple à peuple. — Autre déduction du même principe, relativement à l'illégalité du monopole, ou commerce extérieur par exclusion. — Analogie de l'égalité politique avec la liberté politique, et ce qu'il faut en conclure. . *ibid.*

Universalité des Principes du Droit politique. . . . 40

TITRE II.

Quelle induction y aurait-il à tirer de ce que quelques peuples, et même tous les peuples en général, ne régleraient pas strictement leur conduite d'après les vrais principes du droit politique. — Opinion pernicieuse de Machiavel à ce sujet. — Si la Religion, le Droit civil et pénal (Droit politique écrit), ou les Conventions et Traités sont insuffisants pour assurer l'observation de ces vrais principes, il y a encore nécessité de reconnaître, sous ce rapport, l'utilité d'une bonne Constitution ou Organisation sociale. 41

LIVRE III. — DROIT DES GENS.

Chapitre Ier. — *Base des Principes.*

Vérités servant de base aux principes du droit des gens, *en temps de paix* et *en temps de guerre*. 42

Chapitre II.

Titre Ier. — *Principes.*

§ Ier. La Protection due aux étrangers, d'une part, et, d'autre part, la soumission de ceux-ci aux lois du pays où ils se trouvent, sont une conséquence immédiate de la première des vérités qui servent de base aux divers principes du droit des gens. — Application du principe de la Protection due aux étrangers, à l'exécution des jugements rendus en pays étranger, à l'égard des étrangers et des régnicoles. — Objet des jugements de *Pareatis*. — Opinion de Vatel sur ce sujet. — Les déclarations de guerre ne motivent pas l'infraction du principe. . . . . *ibid.*

Corollaires. — 1° Origine, applications diverses et adoucissements progressifs des droits d'Aubaine, de Pérégrinité, et de Détraction. — Leur entière abolition en France. — Inconséquence et absurdité de ces prétendus droits. — Solutions des questions auxquelles la supression de ces droits donne naissance, relativement à la transmission des biens mobiliers et immobiliers de l'étranger, par succession, ou par donation entre-vifs ou testamentaire, quant au fond et quant aux formes. 48

2° Injustice et barbarie de l'application que l'on a faite pendant long-temps du prétendu droit de Naufrage. — Abandon et suppression presque universelle de ce prétendu droit. — État actuel de la législation, sur cette matière en France entre autres, et en Angleterre. — Réflexions à ce sujet. . 58

3° Distinction fondée que font les auteurs, relativement à l'application du droit d'Asile sur une terre étrangère. . . 64

4° Tout système prohibitif des productions et marchandises étrangères est contraire à l'intérêt particulier et à la prospérité générale des peuples. — Il faut y renoncer, si l'on veut parvenir à un bien-être réel et à une paix durable. . . 65

5° Objet et effets de la Naturalisation. — Comment elle doit s'acquérir et s'opérer. 67

§ II. De l'Inviolabilité des Ambassadeurs et autres Agents diplomatiques. — Extension et abus que le faux honneur et la vaine gloire ont faits de ce principe. — Pour être juste, il ne doit s'appliquer qu'aux faits et actes de l'ambassadeur (ou autre agent diplomatique) comme personne publique et agissant en vertu de ses pouvoirs, et non pas à ses actions et obligations privées. — Réfutation d'un argument, tiré de Grotius et de quelques autres auteurs, contraire à la saine doctrine sur ce point de droit. — Opinions conformes à cette doctrine 69

§ III. Même en temps de guerre et en pays ennemi, la Personne, la Liberté, les Propriétés particulières dé l'Étranger doivent être protégées, et surtout les enfants, les vieillards, les femmes, et autres personnes sans défense. — Faits qu'à cet égard l'on peut proposer pour modèles. — Motifs de cette règle fondés sur le raisonnement, la bonne politique et l'intérêt personnel. — Opinions qui y sont conformes. . 80

Corollaires. 1° Distinction nécessaire à établir, pour que la Course sur mer ne soit pas une violation manifeste du droit des gens. — Opinion de Burlamaqui et autres, relativement à la libre navigation des neutres. 83

2° Les lois de la guerre proscrivent l'assassinat et l'empoisonnement. — Dangers de ces Attentats, pour les hommes mêmes qui les commettent ou les ordonnent. — Exemples dont à ce sujet il faut conserver la mémoire. 85

§ IV. 1° Les Soldats ennemis pris les armes à la main, ne peuvent être réduits à l'état d'Esclavage. — Dans aucun cas, l'homme ne peut valablement renoncer à sa liberté.

— Tout Prisonnier doit être traité avec humanité; et sa détention, si elle est nécessaire pour la propre sûreté du vainqueur, ne doit être que passagère. — Lois que le droit des gens prescrit pour rendre l'exécution de ce principe facile, et en écarter les dangers. 86

2° Les Prisonniers doivent être restitués, après la guerre. — Obligation relative à leur Échange ou à leur Rachat, même pendant le cours des hostilités. 89

§ V. Une politique éclairée réprouve les actes de Représailles ou prétendues Retorsions de droit, comme étant odieux en eux-mêmes et d'ailleurs plus nuisibles qu'utiles aux fins de la guerre. 90

§ VI. De *l'Androlepsie* chez les Grecs, ou de l'usage de retenir des Otages. — Pourquoi cet usage est-il et doit-il être négligé dans l'état actuel de la civilisation. — Quelle conduite doit-on tenir à l'égard de ces Otages, lorsqu'on en exige. — Opinions et exemples à ce sujet. 93

§ VII. Des Transfuges. — Le droit des gens autorise-t-il à les accueillir? Controverse des auteurs sur cette question. — En la résolvant par l'affirmative, quelle conduite doit-on tenir à l'égard de ces Transfuges. — Opinions et exemples à l'appui du principe. 96

Considération générale, et *Universalité* des Principes du Droit des gens, *en temps de paix* et *en temps de guerre*. . 100

TITRE II.

Si la Religion, si le Droit écrit (civil et pénal), les Conventions et Traités des puissances entre elles, ont été jusqu'ici, et sont encore, dans l'état actuel de la civilisation, insuffisants pour garantir la stricte observation des principes du droit des gens, il en résulte encore, pour tout esprit éclairé, un motif puissant de reconnaître, sous ce troisième rapport, la nécessité du Perfectionnement des Institutions et d'une bonne Organisation sociale. 108

CONCLUSION DE LA PREMIÈRE PARTIE.

1° Les Principes élémentaires du Droit public, du Droit politique, du Droit des gens (*Droit philosophique* ou *moral*), sont obligatoires par eux-mêmes, parce qu'ils tendent au plus grand bien de l'humanité. 112

2° Par le même motif, ces Principes doivent être considérés comme l'expression des volontés les plus constantes de la Divinité. . . . . *ibid.*

DEUXIÈME PARTIE.

LIVRE Ier. — GOUVERNEMENTS DIVERS.

CHAPITRE Ier. — *Base des Principes.*

§ Ier. Nécessité du Gouvernement en général. — La Société ne peut pas plus exister sans Gouvernement, que les hommes ne peuvent vivre sans société. — Qu'est-ce que le Gouvernement? — Définitions inexactes des auteurs. — Quel est le meilleur Gouvernement possible. — Sa véritable définition. . 113

§ II. Définition des Puissances législative, exécutive, judiciaire. — Étendue et limites des Attributions de ces trois Puissances constitutives et distinctes. 117

CHAPITRE II. — *Principes.*

Définition des Gouvernements *simples* et des Gouvernements *mixtes*. 121

TITRE Ier. — *Gouvernements simples*

Qu'entend-on par Gouvernements démocratique, aristocratique (ou polygarchique), oligarchique, despotique (ou autocratique), et théocratique, *simples*? — Autre dénomination générique qui leur est propre. 122

§ Ier. Dangers inhérents à la nature des Gouvernements *simples*. 125

1° Gouvernement *démocratique*. — Ce Gouvernement dans son entière simplicité n'a jamais existé et ne peut exister . . . 127

2° Gouvernement *polygarchique* (ou *aristocratique*). — Il

donne naissance aux prérogatives et aux privilèges, et de plus à la transmission de ces privilèges par voie d'hérédité. — Opinion de Montesquieu sur les inconvénients de cette hérédité. 131

3° Gouvernement *olygarchique*. — Il renferme dans son essence un germe de division et de révolution. 135

4° Gouvernement *despotique* (ou *autocratique*). — Il est un foyer permanent de projets ambitieux, de méfiance respective entre le prince et les sujets, et de terreur. — « Le pouvoir va croissant et la sûreté diminuant jusqu'au despote, sur la tête duquel est l'excès du pouvoir et du danger. » (*Esprit des Lois*) 136

5° Gouvernements *théocratiques*. — Les dangers de cette nature de Gouvernement sont plus grands encore que ceux des autres Gouvernements *simples*, parce que les pouvoirs, confondus dans les mêmes mains, y reçoivent un nouveau degré d'extension et de violence, par l'union de la Puissance spirituelle et de la Puissance temporelle. 137

§ II. 1° Quels sont les Gouvernements *simples* dont la nature n'exclut pas l'admission du Système représentatif. — Notions importantes sur ce système. — Son admission dans ceux des Gouvernements *simples* qui, de leur nature, n'en sont pas exclusifs, n'en prévient pas les dangers. — Exemples. . . 140

2° Distinction des Gouvernements *simples* dans lesquels la Souveraineté ne peut être transmise que par voie d'Élection, et de ceux où elle peut l'être et par voie d'Hérédité et par Élection. —Inconvénients de cette Transmission de la Souveraineté, soit par voie d'Hérédité, soit par Élection, dans ces Gouvernements *simples* 143

3° Aucune forme de Gouvernement n'exclut le Système fédératif; mais la Fédération des Gouvernements *simples* ne rectifie pas les vices intrinsèques de la forme de ces Gouvernements. 146

§ III. 1° Insuffisance de quelques Systèmes imaginés pour prévenir le despotisme. — L'existence des Pouvoirs *intermé-*

diaires subordonnés et dépendants ne suffit pas pour constituer un Gouvernement *mixte* ou *modéré*. — Il en est de même de l'existence des *Corps politiques judiciaires*. . . 147

2° Deux ou plusieurs Corps politiques distincts, mais concourant ensemble à l'exercice des Puissances constitutives, confondues et non distinctes, ne constituent pas encore ce qu'il faut entendre par Gouvernement *mixte* ou *modéré*. . 149

3° Principe important d'Organisation. — Quelle est la forme de Gouvernement *simple* la plus propre de sa nature à l'exercice particulier de chacune des Puissances constitutives ? — Le principe résultant de la solution de cette question est appuyé, entre autres, de l'autorité de Montesquieu et de Jean-Jacques. 151

Titre II. — *Gouvernements mixtes.*

§ Ier. Définition de la Monarchie. — La Monarchie est un Gouvernement *mixte* et *modéré*, en opposition avec le Despotisme. 153

§ II. Inconvénients du Système représentatif, même dans les Gouvernements *mixtes*, si l'on ne prend, pour les prévenir, les précautions que la nature des choses indique. — L'Hérédité des Droits de la Couronne est la seule hérédité de pouvoir qui puisse avoir quelque avantage réel pour la société dans la Monarchie bien constituée. — Le perfectionnement des Gouvernements *mixtes*, loin de mettre obstacle à leur Fédération, serait le moyen le plus efficace de faciliter et d'affermir ce genre d'association politique. 154

§ III. Excellence du Gouvernement *démocrati-monarchique* (c'est-à-dire qui participe exclusivement du gouvernement d'un seul et de la démocratie), ou de la Monarchie *Constitutionnelle*. — Similitude de ce Gouvernement avec celui du bon père de famille. 155

Universalité des Principes généraux contenus dans ce livre. — Obstacles qui se rencontrent à leur pleine et entière exécution. — Influence des causes morales et physiques. — Et, *vice versâ*, Influence du Gouvernement sur les mœurs et même sur le climat 160

LIVRE II. — MONARCHIE CONSTITUTIONNELLE.

CHAPITRE Ier. — *Base des Principes.*

PROPOSITION GÉNÉRALE. Distinction des trois Puissances constitutives. — *Première Proposition subsidiaire.* Division du Pouvoir législatif en trois branches. — *Deuxième Proposition subsidiaire.* Unité dans l'Exécution. — *Troisième Proposition subsidiaire.* Uniformité de la Jurisprudence. . . 165

CHAPITRE II. — *Principes.*

TITRE Ier. — *Pouvoir législatif.*

Application du Principe de la Distinction des trois Puissances. — Exercice du Pouvoir législatif dans une société de peu d'étendue. — Classification ayant pour base la distinction naturelle de la Propriété et de l'Industrie. — Participation de ces deux classes à l'exercice de la Puissance législative. — Concours et Sanction nécessaires du Prince. 167

§ Ier. CHAMBRES NATIONALES. — Organisation.

1° Application du Principe de la Division du Pouvoir législatif en trois branches, à l'admission du Système représentatif dans la Monarchie. 184

2° Du Nombre des Députés ou Représentants, et du rapport que ce nombre doit avoir avec la population, la division territoriale, etc. 186

3° Principes relatifs à l'Éligibilité des Représentants dans les Chambres nationales. 188

4° Incompatibilités, Exercice, Durée, des fonctions représentatives. 213

5° Inviolabilité, Indépendance, Publicité, des Chambres nationales. 229

Attributions de ces Chambres. 238

CHAMBRES PROVINCIALES ET MUNICIPALES. Organisation. 239

Attributions. 246

§ II. Collèges électoraux. Organisation.

1° Conséquence de la Division du peuple en trois classes, non exclusives, mais distinctes. 247

2° Du Nombre des Électeurs, et Nécessité du triple degré d'Élection. 249

3° Conditions auxquelles la Constitution peut subordonner la qualité d'Électeur, sans blesser l'égalité, et sans altérer la nature du Gouvernement. 253

4° Fonctions avec lesquelles la qualité d'Électeur est essentiellement incompatible. 256

5° Inviolabilité, Indépendance, Mode de procéder, des Collèges électoraux. 259

Attributions, ou Objet unique de ces Collèges. . . . 268

Titre II. — *Pouvoir exécutif.*

Application du Principe d'Unité. 273

§ Ier. Du Roi. — De son Inviolabilité. 274

Attributions, Droits, Prérogative, spécialement inhérents à la Couronne. 279

Liste-civile et Domaine du Prince. 282

Droit de Grace et de Commutation. 288

Commandement des armées; limite du droit qui s'y rattache. 297

Conseil-d'état. — Ministère. Organisation.

1° Application du Principe d'Unité à cette organisation. 300

2° Du Nombre des Conseillers-d'état et des Ministres. 301

3° Nomination de ces Agents du Pouvoir exécutif . . 303

4° Incompatibilités, Exercice, Durée de leurs fonctions. 305

5° Responsabilité ministérielle. 308

Attributions.

1° Distinction essentielle entre les Attributions du Conseil-d'état et les Attributions du Ministère. 314

2° Attributions du Conseil-d'état. 321

Comités de Législation. 322

Comités des Ordonnances, ou d'Exécution . . . . . *ibid.*

Comités du Contentieux administratif. . . . . *ibid.*

3° Attributions du Ministère 326

Ministères
- de l'Intérieur . . . . . Sous-ministères
  - *de la Religion ou des Cultes* . 332
  - *de l'Instruction publique.* . . 333
  - *de la Justice.* 334
  - *de l'Agriculture.* 335
  - *de l'Industrie et du Commerce.* 337
  - *des Armées.* 338
  - *des Flottes* 339
  - *de la Police.* 342
  - *des Domaines et Finances.* . 345
- des Relations extérieures 346
- du Trésor public 347

Préfectures. Sous-Préfectures. Mairies. Organisation.

1° Application du Principe d'Unité à cette organisation. . 349

2° Du Nombre des Préfets, Sous-Préfets, Maires, Conseillers de Préfecture, etc. 350

3° Nomination de ces Agents du Pouvoir exécutif. . . 351

4° Incompatibilité, Exercice, Durée, de leurs fonctions. 352

5° Responsabilité. 357

Attributions.

1° Distinction des Attributions des Préfets, Sous-Préfets, et Maires; et des Attributions des Conseils de préfecture, sous-préfecture, et mairie. 359

2° et 3° Attributions
- des Préfets, Sous-Préfets et Maires.
  - *Cultes et Religions* 361
  - *Instruction publique.* 362
  - *État-civil, Fonctions judiciaires.* . . *ibid.*
  - *Agriculture.* . . . . *ibid.*
  - *Industrie et Commerce.* 363
  - *Recrutement et Organisat. de l'armée.* 364
  - *Marine.* 365
  - *Police.* 366
  - *Domaines et Finances*
    - *Domaines, eaux et forêts.* 368
    - *Contributions directes.* . 369
    - *Contributions indirectes.* *ibid.*
- des Conseils de préfecture, etc. *Bureaux*
  - *Législatif.* 371
  - *d'Exécution et des Réglements* . . . *ibid.*
  - *du Contentieux* 372

§ II. Transmission des Droits du Trône.

1° Vérités qui servent de base aux Principes relatifs à cette Transmission, p. 374. — De la *Légitimité* ou *Hérédité*, 377. — Que le Trône n'est pas susceptible de partage, 380. — Dévolution à la ligne descendante, 382. — Droit de *Primogéniture*, 383. — Exclusion des femmes, 384 ; et des enfants naturels, 389. — Dévolution à la ligne collatérale ou Succession *linéale*, 391. — Droit d'*Adoption*, 392. — Droit d'*Élection*, et exercice de ce droit. 393

2° Durée de la Minorité. 395

3° Régence du royaume.—Garde et Tutelle du Prince (dans les cas d'*Absence*, p. 400 ; de *Démence*, 402 ; de *Minorité*, 403). —Distinction de la Régence du royaume et de la Tutelle du prince, 404. — Nature, objet, étendue et exercice, force et conséquences, forme, durée, de la Régence, 405 ; et de la Tutelle, 412. — Age et Qualités du régent et du tuteur ou gardien du prince, 414. — Régence et Tutelle *légitimaires* ou *héréditaires*, 416. — Régence et Tutelle *adoptives*, *testamentaires* ou *datives*, 420. — Régence et Tutelle *électives*. 423

Titre III. — *Pouvoir judiciaire.*

Vérités servant de base à cette partie de l'Organisation sociale, p. 425. — Tendance et Réunion des diverses branches du Pouvoir judiciaire vers un centre commun, propre à conserver l'uniformité de la jurisprudence, 426. — Examen de la question relative aux trois degrés de juridiction, 428. — Indépendance de la magistrature, 431. — Publicité des audiences et des jugements, 436. — Liberté de la défense, 439. — De l'Ordre des avocats, 442. — Devoirs réciproques de la profession d'avocat et de la magistrature 446

§ Ier. Cour-Suprême judiciaire. Organisation.

1° Application du principe de centralisation et d'uniformité. 458

2° Du Nombre des Membres de la Cour-Suprême. . 459

3° Conditions de leur Éligibilité. 461

4° Incompatibilités, Exercice, Durée, de leurs fonctions. 462
5° Inviolabilité, Indépendance, Publicité. 467
Question préliminaire. 469

Attributions.
ordinaires . . .
Section civile et commerciale. 484
Section du contentieux et de comptabilité. 485
Section correctionnelle et criminelle. 486
extraordinaires.
Arrêt définitif après un premier renvoi et un second arrêt 488
Arrêt définitif sur les demandes contradictoires en réglement de juges . . . *ibid.*
Réglements des conflits d'autorités. . 489
Prise à partie contre une cour entière. 491
Jugement *des ministres*. 492
Jugement *des membres des chamb*. 500
Jugement *des membres de la cour*. 505

Cours et tribunaux inférieurs. Organisation.
1° Application du Principe d'Uniformité. 507
2° Du Nombre des Membres de ces Cours et Tribunaux. 509
3° Conditions d'Éligibilité. 511
4° Incompatibilités, Exercice, Durée, des fonctions. . 516
5° Inviolabilité, Indépendance, Publicité. 524

Attributions.
Section civile et commerciale. 526
Section du contentieux et de comptabilité. 527
Section correctionnelle et criminelle. 528

§ II. Renouvellement de la Cour-Suprême judiciaire, des Cours et Tribunaux inférieurs. — Examen des principes qui s'y rattachent 529

Universalité et *Immuabilité* des Principes d'Organisation de la Monarchie *Constitutionnelle*. 538

LIVRE III. — MOYENS DE TRANSITION.

Chapitre Ier.

§ Ier. Nécessité d'une Constitution écrite. 545
§ II. De la Rédaction de cette Constitution. — Par qui doit-elle être rédigée ? 547

CHAPITRE II.

§ Ier. De l'Acceptation de la Constitution. — Quel est le mode le plus convenable pour cette acceptation ? . . . 553

§ II. De la Révision de la Constitution. — La Révision de la Constitution écrite est-elle nécessaire ? — Quel doit être le mode de cette révision ? 556

CONCLUSION DE LA DEUXIÈME PARTIE.

1° Les Principes élémentaires du Droit constitutionnel ou organique, comme ceux du Droit philosophique, sont obligatoires par eux-mêmes. 559

2° Preuve qu'ils doivent être considérés, aussi bien que les Principes du Droit philosophique ou moral, comme une expression évidente et formelle de la Volonté divine. . . 563

FIN DE LA TABLE.

PROJET
D'ACTE SOCIAL

EXTRAIT DE L'ESPRIT DU DROIT ET DE LA SCIENCE DU PUBLICISTE,

PAR L'AUTEUR DE CES OUVRAGES.

(Intellige et age.)

PREMIÈRE PARTIE. —— ÉLÉMENS D'ORGANISATION.

TITRE PREMIER. — Pouvoir législatif.

§ I. Chambres nationales et provinciales.

[illegible]

§ II. Colléges électoraux.

[illegible]

TITRE II. — Pouvoir exécutif.

§ I. Agens de la puissance exécutive.

[illegible]

§ II. Transmission des droits du chef de l'État.

[illegible]

TITRE III. — Pouvoir judiciaire.

§ I. Compagnies judiciaires, Cours et Tribunaux.

[illegible]

§ II. Des tribunaux des Cours et Tribunaux.

[illegible]

DEUXIÈME PARTIE. — ÉLÉMENS DE LÉGISLATION ET DISPOSITIONS TRANSITOIRES.

TITRE PREMIER. — Élémens de législation en matière de droit public, de droit politique et de droit des gens.

§ I. Droit public (ou Droit social intérieur).

[illegible]

§ II. Droit politique (ou Droit extérieur, Droit des nations).

XXXVII. L'accroissement du territoire n'aura jamais lieu par voie de conquête.

XXXVIII. La liberté des mers et l'égalité politique des nations seront respectées, et défendues contre toute atteinte et violation étrangères.

[illegible]

§ III. Droit des gens (ou Droit commun, Droit individuel des étrangers).

XL. Même en temps de guerre, la sûreté, la liberté, la propriété, individuelles, des étrangers [illegible]

XLI. Les étrangers jouiront de l'intégralité des droits civils ; et, s'ils se font naturaliser [illegible] par la loi, ils acquièrent la jouissance des droits constitutionnels ou civiques.

Les prétendus droits d'aubaine, de pérégrinité, de détraction, de naufrage, et tous autres [illegible] du droit des gens, sont à jamais abolis, et ils ne pourront être rendus ou signés sous quelque prétexte [illegible]

[illegible]

TITRE II.

Dispositions transitoires.

[illegible]

IMPRIMERIE DE H. FOURNIER, RUE DE SEINE, N. 14.

Nota. Ce projet est spécialement soumis à l'examen des législateurs, des hommes d'état et des jurisconsultes.

L'auteur recevra les observations qui lui seront faites verbalement, ou adressées (*franc de port*), à Paris, rue Dauphine, n° 36, en face de la rue Christine, première cour du passage.

L'Esprit du Droit (deuxième édition, 1 vol. in-8°, prix 9 fr.) ; et *la Science du Publiciste* (première édition, 11 v. in-8°, prix 77 francs) se trouvent

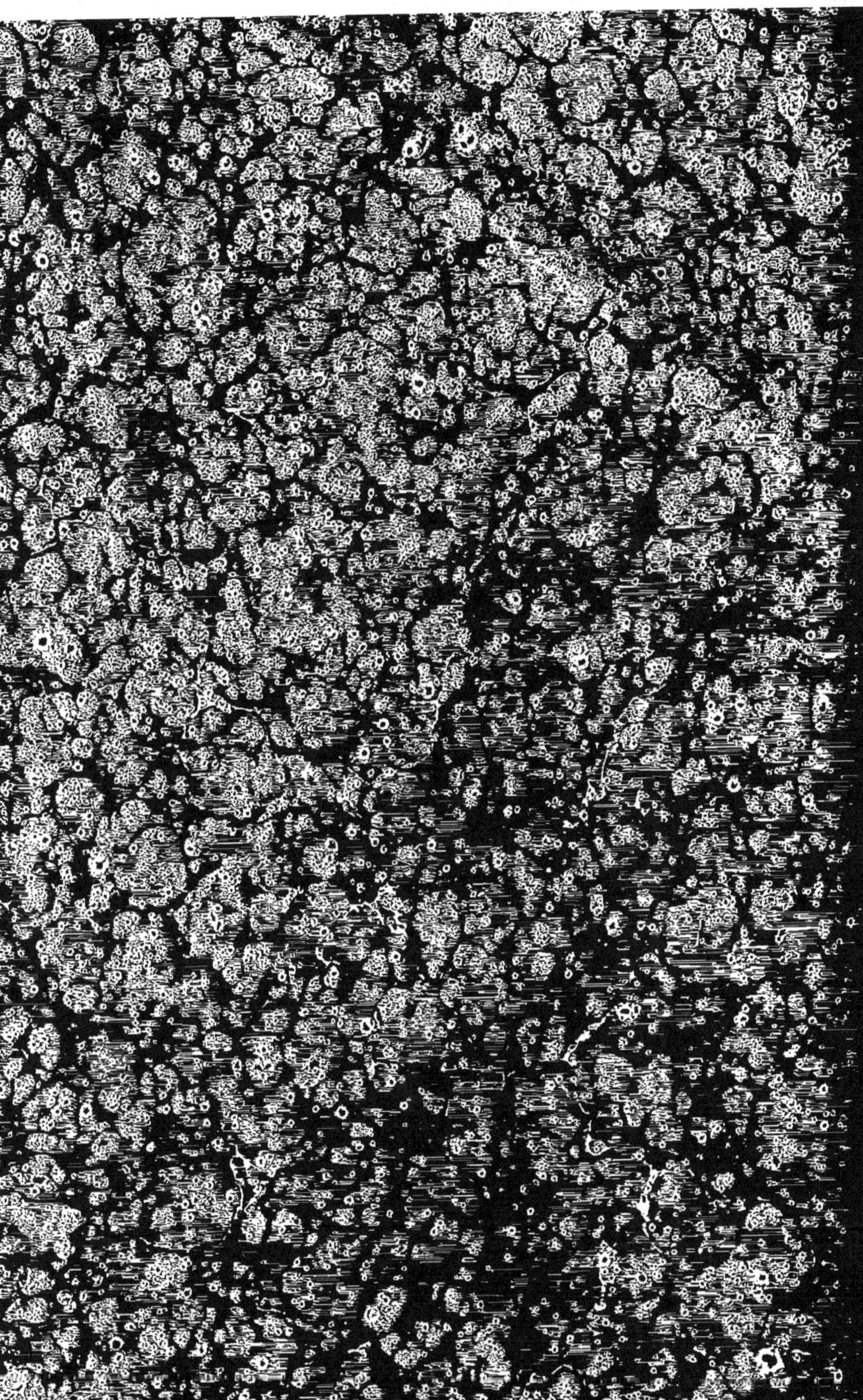

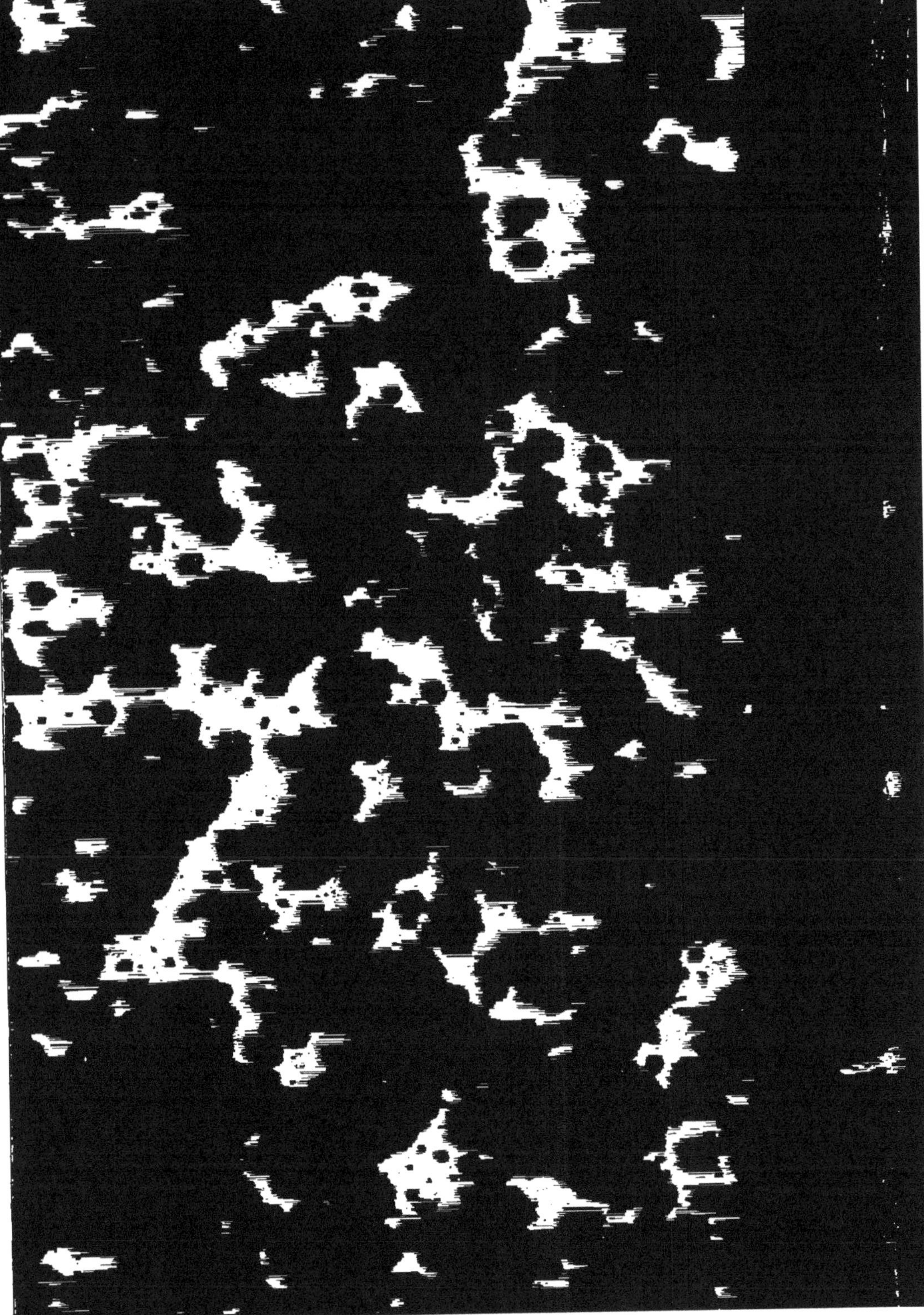

www.ingramcontent.com/pod-product-compliance
Lightning Source LLC
Chambersburg PA
CBHW031725210326
41599CB00018B/2513
* 9 7 8 2 0 1 3 5 1 6 7 5 4 *